技術經濟學
工程技術專案評價理論與方法
（第二版）

主　編　何建洪、任志霞
副主編　趙　超

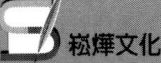

前言

在市場經濟體系中，任何經濟主體對工程技術項目的評價都不再局限於對技術方案可行性的考察，而必須考察其經濟可行性。那些技術先進、「看起來很美」而無法獲得經濟收益的工程技術項目可能不會付諸實施；同樣，那些市場需求大、盈利前景好而技術水準不夠的項目也只能是張通過眼睛「充飢」的畫餅，無法最終實現。因此，對工程技術項目的評價需要在技術可行和經濟可行的二維標準下進行，需要對既定的工程技術方案進行經濟學分析。

技術經濟學是一門跨專業課程，旨在闡述技術項目或工程項目運行中的經濟問題，闡釋項目中技術解決方案和工程解決方案的經濟含義，並給出可行性評價。這一學科的內容體系由三個方面的知識構成：其一是技術創新規律和特徵方面的知識，即有關技術創新的原理、動因、組織體系、誘發因素與促進因素等問題；其二是關於技術與經濟的相互作用或影響方面的知識，主要關注技術在經濟增長中的貢獻，包括對這種貢獻的原理分析、貢獻率測度等，一般認為，技術已經成為推動經濟持續增長的最重要的源泉；其三是關於技術經濟學的應用性知識，主要包括技術的經濟效果評價、技術使用過程中的經濟性理念、對技術實踐的經濟性進行評價的方法、技術活動經濟效果數據的獲取與處理等方面的內容。因此，可以說技術經濟學研究領域十分廣泛，從宏觀到微觀，包括國家、產業、企業和工程項目等層次的技術經濟問題。從這個意義上說，技術經濟學是典型的「經世濟民」的應用型經濟學科。在經濟全球化、科技國際化以及中國將改革開放真正融入全球經濟而建設資源節約型和環境友好型社會的大背景下，技術經濟學面臨巨大的發展機遇和挑戰。

從培養目標來看，無論是經濟管理類專業的學生還是理工類專業的學生，都將培養學生的綜合素質與能力放在了重要的位置，都注重對學生進行技術能力、創新意識、人文素養、經濟思維等方面的教育與引導。這就要求我們為學生開設一些涉及面廣、綜合性強、導向性顯著的課程，並編寫出能夠適應這種特殊要求的教材。本教材正是基於這樣的思想，將技術發展在經濟發展中的作用、項目評估與控制、技術經濟價值評價、時間價值、技術創新的原理與過程管理、項目投融資基礎等內容有機結合起來，充分體現了將技術創新方法、經濟分析思維、技術

研發與應用緊密結合的教學理念，有助於提升學生的綜合素質與能力

本書在充分借鑑吸收國內外優秀教材和最新研究成果的基礎上，根據編者多年從事技術經濟學的教學、科研工作的累積編寫而成。在整體上力求結構新穎、內容豐富，理論與實際相結合，繼承與發展緊密結合。在編寫過程中，按照理論、方法和應用的邏輯思路，博採眾長，「通」「專」相宜，力求既便於教師課堂教學又便於學生課下自學。全書的主要內容分為三個大的部分，即理論基礎、技術經濟分析方法和技術經濟分析原理的應用，各個部分環環相扣，銜接緊密。這三個部分又分為十一章，每章設計有內容提要、本章小結、思考與練習等模塊內容，以方便使用者學習和參考。

　　全書的編寫主要由何建洪、任志霞完成，同時得到了盧安文、付德強等老師的大力幫助；在本書的編寫過程中，我們學習、參閱和引用了許多同行的學術成果，以及國內外相關的優秀教材的資料；在出版過程中，我們得到了出版社的田園老師給予的熱情支持和幫助。對此，我們一併表示衷心的感謝。

　　由於水準有限，書中錯誤和不當之處在所難免，敬請讀者批評指正。

編者

目錄

第一篇　理論篇

第一章　技術經濟學概論　　3

第一節　技術經濟學特徵與性質　　3
第二節　技術經濟學的產生與發展　　6
第三節　技術經濟學的研究對象與內容　　9
第四節　技術經濟學的研究方法與程序　　12

第二章　技術進步與經濟發展　　15

第一節　技術進步對經濟增長的推動　　15
第二節　經濟增長中技術貢獻的測度　　21
第三節　國家創新體系　　28

第三章　技術創新　　33

第一節　技術創新理論的形成與發展　　33
第二節　企業技術創新戰略　　40
第三節　技術創新管理　　50

第二篇　方法篇

第四章　技術項目現金流的構成　61

第一節　現金流量　61
第二節　現金流的構成　67

第五章　資金的時間價值　84

第一節　時間價值的含義　84
第二節　資金等值計算　91

第六章　技術經濟預測方法　105

第一節　判斷預測法　105
第二節　時間序列預測法　110
第三節　線性迴歸預測　118

第七章　確定性分析方法　127

第一節　靜態分析法　127
第二節　動態分析法　132
第三節　多方案比較分析法　142

第八章　不確定性分析　158

第一節　不確定性分析概述　158
第二節　盈虧平衡分析　161
第三節　敏感性分析　167
第四節　概率分析　173

第三篇　應用篇

第九章　設備管理的技術經濟分析　　191

第一節　設備磨損　　191
第二節　設備的維修及其技術經濟分析　　200
第三節　設備更新的技術經濟分析　　204

第十章　可行性分析　　215

第一節　可行性分析概述　　215
第二節　技術可行性分析　　231
第三節　經濟可行性分析　　236

第十一章　項目後評價簡介　　249

第一節　項目後評價概述　　249
第二節　項目後評價的內容　　254
第三節　項目後評價的實施　　260

附錄1　資金等值計算系數　　268

附錄2　正態分佈數值表　　284

第一篇　理論篇

第一章 技術經濟學概論

 內容提要

　　技術經濟學是研究技術發展與經濟發展相互推動、最佳結合規律及其實現方法的科學，這一學科具有較為悠久的歷史，也有一些獨特的研究和分析方法。本章內容著力於介紹技術經濟學這一學科的相關背景及其發展過程，共分四節：第一節介紹技術經濟學的性質和特點；第二節回顧技術經濟學這門學科的產生與發展演變過程；第三節介紹技術經濟學的研究對象；第四節分析技術經濟學中常用的分析與研究方法。

● 第一節　技術經濟學特徵與性質

一、技術與經濟

　　學習和研究技術經濟學，首先要瞭解技術和經濟的基本含義，以及兩者的相互關係。

　　（一）技術

　　對「技術」（Technology）一詞始於《大不列顛百科全書》，由希臘詞 techne（藝術，手工藝）和 logos（詞，言語）組成。古希臘先哲亞里士多德曾把技術視為人們在生產活動中的技藝能力或者技能。Technology 最早出現在英文中是 17 世紀，且僅被用來討論意識應用，到 20 世紀其含義被擴展，隨著時間的推移，歸納起來，主要有狹義和廣義之分。

技術經濟學——工程技術項目評價理論與方法

狹義的技術是指用於改造自然的各種生產工具、裝備、工藝等物質手段的總和，即物化形態的「硬技術」，具體表現為：①技術是技巧、技能或操作方法的總稱；②技術是勞動手段的總和；③技術是客觀的自然規律在生產時間中有意識的運用，是根據生產實踐經驗和科學原理而發展成的各種工藝操作方法與技能。狹義技術的基礎和核心是勞動工具，其缺點是忽略了技術的動態過程。

廣義的技術是指技術在人類認識自然和改造自然的實踐中，按照科學原理及一定的經濟需要和社會目的發展起來的，為達到預期目的而對自然、社會進行協調、控制、改造的知識、技能、手段、方法和規則的複雜系統，包括了「硬技術」和「軟技術」。具體表現為：①技術是完成某種特定目標而協同運作的方法、手段和規則的完整體系；②技術是按照某種價值的實踐目的，用來控制改造和創作自然與社會的過程，並受科學方法制約的總和。廣義的技術是技術經濟學的研究對象。

（二）經濟

經濟（Economy）一詞在不同範疇內有不同的含義。在古漢語中的經濟是「經邦救世」「經世濟民」，意指治理國家，救濟庶民，包括政治、經濟、文化、軍事、外交等一切治國方針。現在我們通用的「經濟」，是由日本學者從「Economy」一詞翻譯而來的，其主要含義有：①經濟指社會生產關係的總和，是人類歷史發展到一定階段的社會經濟制度，是政治和思想等上層建築存在的基礎；②經濟指物質資料的生產、交換、分配、消費等活動的總稱；③經濟指一個社會或者國家的國民經濟的總稱及其組成部分，如工業經濟、農業經濟等部門經濟；④經濟指節約或者寄生，如經濟效益，經濟的合理性等，它強調對資源的合理配置、利用和節約。

隨著科技進步和社會經濟的發展，人們形成了大經濟觀，即經濟為一個動態的、開放的大系統，系統內各生產要素協調組合，人流、物流、信息流有序進行，形成經濟與環境，社會系統協調發展的運行機制和體系。在大經濟觀的系統運行中，各要素對外進行物質、能量、信息的交換互補，在市場機制的作用下，不斷優化系統內的產業結構、產品結構與技術結構，保證經濟持續穩定地發展。

（三）技術與經濟的關係

技術和經濟（The Interact of Technology and Economy）在人類進行物質生產和交換活動中始終並存，是不可分割的兩個方面。技術具有強烈的應用性和明顯的經濟目的性，沒有應用價值和經濟效益的技術是沒有生命力的；而經濟的發展必須依賴於一定的技術手段，世界中不存在沒有技術基礎的經濟發展。技術與經濟是相互依存，相互促進而又相互制約，存在著極為密切的，不可分割的關係。

1. 技術進步是經濟發展的重要基礎和手段

技術進步（Technical progress）是社會經濟發展中的最活躍、最關鍵的要素之一。人類社會發展的歷史證明，從第一次技術革命，人類從手工業步入大機器工業時代（蒸汽機的發明），到第二次技術革命，人類進入電器時代（電子、電機應用，無線電通訊），到第三次技術革命進入核能時代（相對論，原子彈），到第四次技術

第一章　技術經濟學概論

革命進入信息時代（計算機技術的飛速發展），人類的每次跨越都伴隨著新技術、新方法的出現和發展。根據有關統計數據表明，20世紀初，工業勞動生產率的提高只有5%~30%是靠運用新技術達到的，而現在有60%~70%為科學技術成果投入應用做出的貢獻。

2. 經濟發展的需要是技術進步的基本動力

技術進步不僅推動社會經濟的快速發展，同時，經濟發展（Econimic Development）對先進技術成果的需求又成為技術進步的直接動力。任何新技術的產生與應用都需要經濟的支持，受到經濟的制約。綜觀世界各國，凡是科技領先的國家和產品超群的企業，無一不是研究與開發高投入的國家。美國、日本、德國、英國、法國等國家的研究與開發費用在20世紀80年代就已經占國民生產總值的2.3%~2.8%，而大部分發展中國家由於經濟的制約只能在1%以下。在中國，由於經濟持續增長和政策的激勵，2016年為2.11%，2017年達到了2.12%。

3. 技術和經濟的協調發展

技術和經濟是對立統一的關係。技術進步是推動經濟發展的主要條件和手段，是經濟發展的主要因素。同時，技術的發展也受到經濟條件的制約。因此，只有技術和經濟協調發展才能取得好的經濟效益。

二、技術經濟學的性質與特點

技術經濟學（Technology Economics）是研究技術發展與經濟發展相互推動，最佳結合的規律及其實現方法的科學，它是一門研究技術與經濟最佳結合的新興學科。技術經濟學主要研究技術方案的經濟效果（Economic Effect），技術與經濟相互促進、相互協調發展以及技術進步與經濟增長（Economis Growth）的相互關係及其規律性。技術經濟學應用理論經濟學的基本原理，研究技術領域經濟問題和經濟規律，技術進步與經濟增長的相互關係，技術領域內資源的最佳配置，尋找技術與經濟的最佳結合，以求可持續發展。

技術經濟學是一門經濟類的學科，但它是介於技術科學與經濟科學之間的一門講求經濟效益的應用性、交叉性的邊緣學科，是技術與經濟相互結合，相互滲透的學科，是以特定的技術科學或泛指的技術科學為基礎，研究經濟問題的學科。它具有綜合性、系統性、實踐性、預測性等特點。

（一）綜合性

技術經濟學研究領域廣泛，既包括技術科學的內容，也包括經濟學的內容，並將技術與經濟問題置於客觀規律和經濟理論基礎中進行綜合研究，體現了學科的綜合性。從學科性質來看，技術經濟學是技術科學和經濟科學相互融合而形成的交叉學科或者邊緣學科，它建立在數學、統計學、管理學、經濟學、運籌學、會計學、工程學、技術學、組織行為學、市場行銷、計算機應用等多門學科的基礎之上，因

此，它是一門綜合性很強的學科。

（二）系統性

技術經濟系統是一個跨技術、經濟、社會、生態等多領域的複雜系統，其面臨問題涉及技術、經濟、社會、資源、環境等多個方面，而且大多是多目標、多因素、多層次的問題。技術經濟方案最優化的實現，這些多因素、多目標、多指標的組合才能達到，而且這些因素都是在不斷運動和變化的。因此，在進行技術經濟學研究時，要有系統觀念，必須運用系統工程的理論與方法，將影響預期目標效果的全部因素納入到一個系統中，分清主次，明確重點，進行綜合分析。

（三）預測性

技術經濟是一門決策性的科學，主要是對未來實施的工程項目、技術方案技術政策、技術規劃、市場需求、風險估計等進行事前分析和論證。這就決定了技術經濟的分析預測是在事件實際發生之前進行的，它需要有一定的假設條件，或者是以以往的統計數據為分析依據，並根據過去和現在的實際情況，推斷未來情形。由於它的預測性，它所提供的結果只能是近似值，而不是實際值，這也就決定了它的分析帶有一定的風險性。

（四）選擇性

多方案比較選擇是技術經濟學突出的特點，也是管理科學化，決策民主化的要求。在對技術方案分析取捨之前，都應該找出可以類比的被選方案；而任何一種技術，又可以找出若干不同的採納方式機和條件，技術經濟評價（Technical and Economic Evauation）首先就是對備選方案進行技術經濟分析，確定方案的可行性，並通過多方案的比較、分析、評價選取綜合效益最優者。在進行方案比較研究時，要注意被選方案的可比性，保證方案的技術先進性和經濟合理性。

（五）實踐性

技術經濟學是一門實用性的科學，它所研究的是行業生產、建設中實際的技術經濟問題，以及跨行業共同需要解決的技術經濟問題。技術經濟學研究的成果又直接用於生產、建設實踐，並通過實踐檢驗分析研究成果的正確性。隨著科學技術的迅速發展，新的科技成果在各行業生產建設中的推廣、應用，技術創新、轉移、擴散的深入發展，實踐中湧現出的技術經濟問題越來越多，這也為技術經濟學科的發展開闢了廣闊的前景。

第二節　技術經濟學的產生與發展

技術經濟學是具有中國特色的應用經濟學的一個分支。它是中國廣大技術經濟工作者在總結中國經濟建設的實踐經驗的基礎上，廣泛吸收國外相近學科的有益部

第一章　技術經濟學概論

分，由中國人自己建立起來的新型綜合性交叉學科。中國技術經濟學科開拓者之一傅家驥教授曾指出，在中國的經濟管理學科中，至今為止，我們還沒有發現哪一個學科像技術經濟學科這樣具有中國特色。或許，這正是技術經濟學科興旺發達、長盛不衰，成為中國經濟管理學科「常青樹」的「本源」所在，也是一代代經濟研究者矢志努力的「靈魂」所在。

一、技術經濟學的產生與發展歷程

技術經濟學產生於 20 世紀 60 年代初期，它的產生和發展大致經歷了三個階段。

（一）技術經濟學的開創階段

20 世紀 50 年代，中國在引進蘇聯科學技術的同時，在計劃工作、基本建設工作和企業管理中也引進了技術分析和論證方法，特別是在規劃、設計 156 項重點建設項目時，都進行了不同程度的技術經濟分析、論證，這對當時實現投資效果和「一五」計劃的順利完成起到了非常重要的作用。在 60 年代初期，中國通過分析和總結國民經濟發展的經驗和教訓，在經濟理論界開展了對社會主義經濟效果問題的廣泛討論，對經濟效果的一般概念、實質、範圍、評價標準、指標體系以及具體的計量方法的問題進行了認真的探討。其中，著名經濟學家孫冶方、於光遠等發表了極為重要的觀點。1963 年中共中央和國務院批准了中國第二個科學技術發展規劃綱要，即《全國 1963—1972 年科學技術發展規劃綱要》。綱要中將「科學經濟與管理現代化研究」列為科學技術發展的重點領域，明確指出，任何技術工作，必須既有技術上的優越性，又有經濟上的合理性，並要求結合項技術的具體內容進行經濟效果的計算和分析。

20 世紀 60 年代初期，中國一批 50 年代留學蘇聯的工程經濟專家與 50 年代留學英美的工程經濟專家，在於光遠同志的提倡下，在中國創立了技術經濟學學科，並闡明了它的研究對象和內容。通過實踐，技術經濟分析方法在工程建設和技術領域中得到了廣泛的應用，成為工程建設方案優選和決策的重要科學依據。由於留學蘇聯的工程經濟專家在外期間學習的主要是項目的技術經濟評價與設備管理，留學英美的工程經濟專家在海外留學期間學習的主要是項目的財務分析，因此，這一時期的主要研究內容是「項目和技術活動中的經濟分析」，著重於研究技術的經濟效果，故稱之為經濟效果學。

（二）技術經濟學的挫折停滯階段

20 世紀 60 年代後期到 70 年代後期，由於中國特定的歷史環境，經濟與管理學科都被批判，致使技術機構的隊伍拆散，機構瓦解，研究工作完全停頓，技術經濟學科基本沒有得到發展，甚至受到壓制和批判否定。

（三）技術經濟學的全面發展階段

20 世紀 80 年代以後，技術經濟進入了一個全面發展、欣欣向榮的階段。黨的

技術經濟學——工程技術項目評價理論與方法

十一屆三中全會後,「科學的春天」真正到來了,一批國內成長起來的科技哲學及經濟管理學者加入到了技術經濟學科之列,成為技術經濟學科重要的生力軍,技術經濟學進入了新的歷史發展時期。1978年11月成立了中國技術經濟學研究會,重建研究機構和隊伍。1980年中國社會科學院成立了全國第一個技術經濟研究所,很多部門成立了技術經濟研究機構。

隨著國家經濟建設和科技進步,技術經濟學的研究對象也不斷演變,根據不同對象賦予其理論方法及其應用研究新的內容,從而產生了不同的研究學派,如效果學派、關係論學派、技術資源最優配置學派等,從而使技術經濟學進入全面發展時期。這個時期,技術經濟學理論方法體系得到了不斷的改進和完善,學科的分支也越來越多,技術經濟分析方法在實踐應用中發揮了巨大作用。在社會主義市場經濟條件下,技術經濟學這門學科越來越重要,研究工作正向深度和廣度發展。

技術經濟學將伴隨中國經濟建設的時間需要而不斷發展。隨著市場經濟的發展,技術經學方法的應用範圍將不斷擴大,廣泛應用於各種技術政策、產業政策的評論與評價,包括:生產力佈局、轉移的論證與評價;經濟規模的論證與評價;資源開發利用與有效配置的論證與評價;企業技術改造的論證與評價;技術轉移與技術擴散的經濟分析與技術引進的論證與評價;企業技術創新、新技術開發、新產品研製與項目評價;企業技術經濟潛力的分析、論證與評價;技術發展戰略的研究、論證與評價等。

技術經濟理論方法也將應用於環境研究領域中,如環境污染與生態破壞的經濟損失估計、綠色CDP核算體系、環境政策與管理的經濟分析。在資源技術經濟領域,將研究節能技術的經濟評價,替代能源及新能源技術開發的經濟分析,重大能源項目的經濟分析,人力資源配置、技術進步、增長方式轉變與就業形勢分析等;在信息經濟領域,將應用技術進步與信息化戰略,企業信息化技術經濟評價理論與方法等。知識經濟研究也將技術與經濟互動關係的研究帶入到一個新的天地,相關的研究針對知識經濟的發展背景、概念、知識經濟與高技術產業的關係、知識經濟與工業化現代化的關係、國家技術創新體系等展開。

二、國外相關學科概述

國外雖然沒有中國的技術經濟學完全對應的學科,但相近學科很多,如歐美各國流行的工程經濟學、可行性研究、費用效益分析,以及價值工程;蘇聯、東歐等國家和地區的技術經濟分析、部門經濟學;日本的經濟性工學;英法等國的業績分析、經濟計算等。

與技術經濟學最接近的是工程經濟學(Engineering Economics)。1887年亞瑟姆·惠靈頓(Arthar M. Wellington)的著作《鐵路佈局的經濟理論》(The Eocimic Theory of Railway Location)問世。在該書中,他首次將成本分析方法應用於鐵路的

第一章 技術經濟學概論

最佳長度或路線的曲線選擇中，開創了工程領域中的經濟評價研究，標誌著工程經濟學的誕生。1930 年格蘭特（Eugene L. Grant）在其著作《工程經濟原理》中指出了古典工程經濟的局限性，提出了以複利計算為基礎，討論了判別因子和短期投資評價的重要性以及資本長期投資的一般比較，被稱之為「工程經濟之父」，20 世紀30 年代美國在開發田納西河流域中，開始推行可行性研究，將技術與項目的經濟問題研究提高到一個新的階段，通過不斷總結和完善，逐步形成了一套比較完整的理論、工作程序和評價方法，使工程經濟學得到新的發展。

技術經濟學在蘇聯被稱之為「技術經濟分析」或「部門經濟學」，它採用統計、分析和對比的方法進行方案優選，是在生產工藝學、技術定額學、勞動組織學、統計學等基礎上建立的，它是中國技術經濟學發展的主要來源之一。

西方「技術經濟學」（Economics of Technology）所研究的領域中國學者多有涉獵，可以相互借鑑。在研究方法上，國外更加強調經濟學分析範式的運用和理論的形成和創新。西方國家有關技術經濟學方面的研究主要集中在：技術在不同的企業、不同的產業和不同的地區之間的轉移和擴散，新技術的生成，新技術對企業的影響，新技術如何影響市場份額和保持競爭地位、企業的規模和特徵如何影響技術創新的類型和數量，以及技術變化對產業發展和經濟增長的作用等。

西方國家對技術的轉移和擴散及其影響方面的研究非常重視，不僅學術界有大量的研究文獻湧現，政府的推動也進一步促進了技術轉移和擴散政策方面的深入研究。如 2004 年召開的 OECD 國家部長級科技政策會議，其主題是「科技和創新政策的主要挑戰」。OECD 國家非常重視國際知識的跨國傳播和進行國際合作，強調知識的產生和傳播是創新、經濟可持續發展和社會福利的重要推動力。如在 2004—2005 年間，西方國家有關技術與經濟方面的研究主要集中在以下幾個領域：①技術變化與經濟增長。②技術生成的主要過程，研究者如何選擇、模仿和試驗新的概念，如何建立模型模擬這些過程。③技術變化的增長效益。④技術創造如何進入內生經濟增長模型。⑤是什麼因素引起地區之間經濟增長率的差異。

第三節　技術經濟學的研究對象與內容

一、技術經濟學的研究對象

作為一門獨立的學科，必須有自己的特有的研究對象和獨立於其他學科的理論方法體系。技術經濟學雖然已初步形成了具有中國特色的理論架構和方法體系，然而，作為一門新型的學科，其研究對象及內容、範圍和方法體系，至今沒有一個統一的表述，隨著科學技術和經濟的發展，其研究對象的認識在不斷深化和完善。歸納起來，主要有以下幾個觀點：

9

技術經濟學——工程技術項目評價理論與方法

（一）技術經濟學是一門研究技術方案經濟效果的科學

效果論學者認為，技術經濟學是研究技術方案、技術措施、技術政策、新技術裝備的經濟效果，尋求提高經濟效果的途徑和方法的科學，或稱之為技術的經濟效果學。從經濟效果的角度出發，來研究技術實踐中的投入產出關係、技術選擇、資源有效配置等問題。按此觀點又有三種提法：①研究技術先進性與經濟合理性兩者協調發展的經濟效益科學；②研究技術和經濟的關係、技術和經濟的最佳結合及其運行規律，其目的是求最佳的經濟效果；③研究技術與經濟相互關係及其對立統一的科學，它是通過各種實踐活動的技術分析、經濟比較和效益評價，尋求技術與經濟的最佳組合，確定技術先進，經濟合理的最優經濟界限。

（二）技術經濟學是研究技術發展的相互推動，最佳結合的規律及其實現方法的科學

關係論學者認為，技術經濟學是研究技術與經濟的關係，尋求技術與經濟相互促進、協調發展，使兩者達到最佳結合和合理配置。它包含著以下三層含義：①技術發展與經濟發展相互作用的規律；②技術發展與經濟發展最佳結合協調發展的規律；③技術與經濟最佳結合的實現形式與方法。

（三）技術經濟學是研究如何最有效地利用技術資源促進經濟增長規律的科學

動因論學者認為，技術經濟學是研究如何合理、科學、有效地利用技術資源，使之成為經濟增長動力的學科。作為一門應用經濟學，技術經濟學的分析評價方法在各種資源的配置方面起著過濾和優化作用，它不僅從微觀方面研究資源優化配置的方法，如建設項目的財務評價方法、產品成本優化設計的價值分析方法等，而且也從宏觀方面研究技術與經濟的最佳結合的政策評價、建設項目的國民經濟評價和可持續發展評價等問題。

（四）技術經濟學是研究技術因素與經濟因素最優結合的學科

因素論學者和問題論學者認為，技術經濟學是研究生產、建設領域技術經濟問題的學科。如何提高技術方案的經濟效果，把技術上的先進和經濟上的合理性巧妙地統一起來，從而使技術進步能夠很好地促進經濟增長，是技術經濟學研究的核心問題。這個觀點顯然與20世紀80年代以來引進技術和加大建設項目投資的時代要求有關。

（五）技術經濟學是研究技術、經濟、社會、生態、價值構成的大系統結構、功能及其規律的學科

綜合論（系統論）學者認為，技術經濟學是研究技術、經濟、社會、生態、價值構成的大系統結構、功能及其規律的學科。這反應了學術界希望在更廣泛的人類社會大系統中研究技術問題的願望。

綜合來看，技術經濟學的研究對象可界定在三個領域、四個層次、三個方面。技術經濟學的研究領域主要包括：①技術領域中的經濟活動規律；②經濟領域中的技術發展規律；③技術發展的內在規律。圍繞這三個研究領域，技術經濟學科的研

第一章 技術經濟學概論

究層次主要包括：
(1) 工程項目層面的技術經濟問題；
(2) 企業層面的技術經濟問題；
(3) 產業層面的技術經濟問題；
(4) 國家層面的技術經濟問題。

具體而言，技術經濟學的研究內容主要有：
(1) 技術經濟學科的基礎問題；
(2) 技術經濟的學科方法；
(3) 經書經濟學科基礎理論、基本方法的現實技術經濟活動中的應用問題，如項目財務評價、技術創新、技術整合等理論與方法在現實中的應用。

二、技術經濟學的研究內容與範圍

技術經濟學的研究內容十分豐富，它既包括西方工程經濟學、蘇聯的部門經濟學、日本的經濟性工學、英國的業績分析等內容，也包括歐美的管理經濟學、公共經濟學、日本的經營工學、生產工學、蘇聯的生產組織學、技術定額學的部分內容；既涉及國民經濟的生產、分配、交換、消費的各個領域，又涉及國民經濟的各個部門，還設計具體投資建設、工程項目的各個階段。技術經濟的研究範圍也十分廣泛，從宏觀到微觀，包括國民經濟的各個部門，凡是存在技術活動的地方，都存在經濟效果問題，這些都是經濟經濟學所涉及的範圍。

從橫向（即按部門）來劃分，可分為工業技術經濟學、農業技術經濟學、商業技術經濟學、建設技術經濟學、能源技術經濟學、交通運輸技術經濟學、郵電技術經濟學、環境保護技術經濟學等。

從縱向（即按層次）來劃分，可分為宏觀技術經濟學和微觀技術經濟學。宏觀技術經濟問題主要涉及國民經濟全局性和戰略性問題，因此，宏觀技術經濟學主要研究技術進步對經濟發展速度、比例、效果、結構的影響，以及它們之間的最佳關係問題。具體包括：
(1) 經濟效益與經濟發展速度、比例、結構的關係問題；
(2) 生產裡的合理佈局、合理轉移及其論證分析；
(3) 投資方向、投資選擇問題；
(4) 能源的開發與供應、生產與運輸、節約與代替問題；
(5) 技術引進方案的論證問題；
(6) 外資的利用與償還，引進前的可行性研究與引進後的經濟效果評價問題；
(7) 技術政策的論證、物流流通方式與渠道的選擇性問題。

微觀技術經濟問題主要涉及局部性問題，如具體的建設項目、技術方案、技術措施、技術經濟分析論證等。因此，微觀技術經濟學的研究內容主要包括：

11

（1）需求分析與項目論證問題；
（2）廠址的選擇與論證；
（3）產品方向的確定與論證；
（4）技術設備的選擇、使用與更新分析；
（5）原材料路線的選擇；
（6）新技術、新工藝的經濟效果分析；
（7）新產品開發的論證與評價。

第四節　技術經濟學的研究方法與程序

一、技術經濟學的研究方法

技術經濟學是一門以技術經濟分析方法為主體的應用學科，因此，方法是技術經濟學的重要組成部分。其方法體系主要為三個層次：第一層次是哲學意義上的方法論，如唯物辯證法，是技術經濟學的基本分析方法論；第二層次分為基本方法和專門方法，基本方法是適用於解決技術經濟問題的普遍方法，專門方法是技術經濟學某些特定領域或者解決每個特點問題的方法；第三層次則是一些具體的分析方法。

（一）系統分析法

系統分析法（System Analysis Method）是將研究對象置身於一個系統內，採用系統分析、因素分析、因果分析、需求分析、人均分析、彈性分析等方法進行研究，然後對系統研究成果進行整體分析與最優分析，以整體最優為準則選擇最佳方案。該方法常用於宏觀的技術經濟研究中，如經濟社會發展戰略、地區發展戰略、技術發展戰略、技術發展規劃以及建設研製、推廣與應用等活動中，它是一種以定量為主、定量與定性相結合的研究方法。

（二）方案比較法

方案比較法（Project Contrast Method）是技術經濟方法中應用最廣、最成熟的一種，現已有一套比較完整、成熟的工作程序與評價方法。主要通過對待選方案的選擇與比較，對內外部各種條件的選擇與比較，對技術經濟指標與指標體系的選擇與比較，對最優方案的選擇與比較，對完成同一任務、同一經濟活動目標而進行的技術經濟分析、評價。

（三）效益評價法

效益評價法（Benefit Evaluating Method）主要通過對成果與消耗、所得與所費、產出與投入的對比分析，並最後選擇經濟效益好的利國利民的技術方案。

第一章　技術經濟學概論

二、技術經濟學分析的一般程序

技術經濟分析是技術經濟學的主要研究過程，它通過對各種可行的技術方案進行綜合分析、計算、比較和評價，在全面評價經濟效果的基礎上，進行選擇和決策。一般而言，技術經濟分析的程序包括以下幾個步驟：

（一）確定目標

目標分析是技術經濟學分析的首要步驟。所有的技術方案，包括技術路線、技術政策、技術措施等都不是孤立存在的，他們是整個社會的技術經濟系統中的一個有機組成部分。在作經濟決策時，我們追求的不光是子系統、小系統的目標，而是整個大系統的目標。一個項目或一個技術方案的目標，可以是單目標，也可以是多目標。當方案有多個目標時，應該明確目標之間的主次、隸屬關係。此外，還應該確定實現目標的具體指標和具體內容。

（二）調研分析

根據確定的目標，進行針對性的調查研究，並廣泛搜集有關技術、經濟、市場、政策、法規等信息、資料和數據。這些調研資料可以用作探索和擬定各種備選方案，也可以用作評價時的參考。在方案評價中，特別是大型工程建設項目，由於影響因素複雜，因此還應建立模型進行定量分析，尋求各種影響因素之間的數量關係和最優條件，從被選方案中選擇最優方案，在方案實施過程中，進行跟蹤評價。

（三）設計被選方案

在調研分析的基礎上，結合實際情況，設計被選方案，這一步很關鍵，在設計過程中應該考慮到盡可能多的影響因素和風險，可以通過成立專家小組或採取頭腦風暴法來進行被選方案的設計，這樣可以產生智力積聚效應，有利於設計出更全面、考慮更周密的被選方案。

（四）擬定評價指標

設計評價指標是選擇實施方案過渡步驟，可以從市場需求、技術選擇、經濟分析、效益評價等方面來設計項目可行性的評價指標。有了備選方案就必須要對其進行評價，從中選擇最優方案。指標可以是定量的數據指標，也可以是定性的評價指標，要依據項目的具體情況而定。評價指標的設計和選擇要符合項目的具體目標。

（五）方案綜合評價

有了備選方案和評價指標就可以對所有方案進行評估，以選擇最優方案。在這一步驟中，同樣可以利用頭腦風暴法產生智力積聚效應，對影響備選方案的成本、風險和收益盡力考慮周全，如果最終沒有確定令人滿意的備選方案，就必須重新回到第三步，重新設計備選方案，直到確定最優方案為止。

（六）確定最優方案

通過方案綜合評價，從成本、收益和風險等因素進行分析，最終將確定符合項

目目標的實施方案。由於方案只是在對將來未知情況的假設的前提下設計的，所以，最後的方案應該有一定的可變動性，以應變將來市場或其他方面的變化。

（七）方案實施與完善

這一步驟是實施方案的過程。由於方案的設計是在對將來未知的情況下設計的，因此，在實施過程中可以提供當時情況的改變而對方案作適當的變動；同時在實施過程中應注意對項目實施的控制和管理，盡量保證按照預期目標完成項目。

 ## 本章小結

技術和經濟在人類進行物質生產、交換活動中始終存在，是不可分割的兩個方面。技術和經濟是相互依存、相互促進而又相互制約，存在極為密切而不可分割的聯繫。

技術經濟學是一門技術學與經濟學相互滲透的交叉科學，它是應用經濟學的一個分支，技術經濟學具有鮮明的中國特色，它是中國廣大技術經濟工作者在總結中國經濟建設的實踐經驗的基礎上，建立起來的新興的綜合性交叉學科。

技術經濟學是研究技術發展與經濟發展相互推動、最佳結合規律及其實現方法的科學，具體的研究對象包括：研究技術方案的經濟發展，尋找具有最佳經濟效果的方案；研究技術和經濟相互促進與協調發展；研究技術創新，推動技術進步，促進企業發展和國民經濟增長。

學習和研究技術經濟學具有重要的意義和作用。技術經濟學是實現投資決策科學化的重要手段，也是連接技術與經濟的紐帶，更是培養優秀工程師和經營管理者的重要搖籃。要運用好技術經濟學的基本理論和方法，必須樹立系統觀念和動態觀念，把握好兩類問題，即技術領域中的經濟活動規律、經濟領域中的技術發展規律，不斷從國民經濟建設、改革和發展中尋找問題、研究現實、發現規律、提升理論、建立方法，為國民經濟發展和技術經濟學科發展做出貢獻。在中國改革開放30週年的今天，學習技術經濟學具有更為重要的意義。

 ## 思考與練習

1. 怎樣理解技術與經濟的關係？
2. 技術經濟學的研究對象與內容是什麼？
3. 學習技術經濟學在目前的全球金融經濟時代有什麼意義？對於經濟轉軌的中國有什麼意義？

第二章 技術進步與經濟發展

 內容提要

在技術經濟學的研究中,技術進步與經濟發展有密切的聯繫,經濟學家們通過嚴密的邏輯證實了這種聯繫的存在性,並建立了度量技術進步對經濟增長的貢獻率的相關模型,因此作為經濟管理機構的政府應當充分重視技術進步,通過有效的制度和管理體系的建設為技術進步提供條件。本章共分三節,第一節介紹了技術進步對經濟增長的推動作用,說明技術進步是經濟持續增長的不竭源泉;第二節介紹了度量技術進步對經濟增長的貢獻率的常見方法和工具;第三節介紹了國家推動技術進步從而刺激經濟增長的方法。

● 第一節 技術進步對經濟增長的推動

一、技術進步的含義

(一) 技術進步的含義

技術進步 (Technology Progress) 是指在經濟活動過程中技術系統為實現既定的目標而進行的技術變革的動態過程。嚴格地說,技術進步是一個經濟學術語,通常可以從生產函數的角度進行考察,技術進步表現為生產函數向更高生產率的方向變動。同時,經濟學意義上的技術進步並不局限於工藝的範圍,並非只強調工藝技術變化對生產方式的改變。即技術進步並不僅僅指工藝上的進步或生產設施、生產方式、生產程序的改變,而是包括了所有的導致產量增加或成本降低的經濟活動。這

種廣義的技術進步定義把一些非技術性的因素如制度因素、社會文化因素以及由自然條件的變化而引起的單位投入的產出變化都包含了進來。因此，弗里曼認為，技術進步可以在資本、勞動不變的情況下，使經濟的格局發生巨大的改變。

從經濟學意義上考察的技術進步不同於我們常識中的技術進步，我們生活常識中的技術進步通常是指技術本身的變革或發展，包括由於技術自身隨著時間的推移而得到的提高，它對人類的作用既有積極的一面，也有不利的一面，如技術變革可能引發軍備競賽或環境破壞等。經濟學中的技術進步概念不僅是一個技術概念，更是一個經濟概念，其根本意義是指技術變革在實現經濟增長目標中取得的進步。也就是說，只有當技術變革取得經濟上的收益時，才會被稱作為技術進步。

技術進步有狹義與廣義之分。狹義的技術進步主要是指自然技術（如硬技術）的變化對經濟增長產生的作用。其內容通常包括：生產裝備技術水準的提高；採用先進工藝替代或改進老工藝；開發並生產新產品；開發並利用新材料、新能源；研究並採用新的技術方案；提升勞動者的技術素質。

廣義的技術進步是指技術成果從研究到應用、推廣全過程對經濟增長的作用，既包括自然技術又包括社會技術（硬技術和軟技術）。其內容可概括為：生產要素質量的提高；知識進展；生產要素結合效率的提高；規模經濟的合理性；資源的合理配置；管理、決策理論和方法的科學化；制定和實現科學的經濟技術改進和發展戰略等。

值得注意的是，雖然在經濟學的意義上，任何技術進步都具有商業應用價值，都表現為生產效率的提高。但是，促進技術進步的初始動因卻不一定與商業價值或勞動效率的提高有必然的聯繫。技術進步的動因可以分為兩大類：一是自發的技術進步，它是指人類出於對自然規律的探尋精神而得到的技術成果；另一類是引致的技術進步，它是指人們為追逐經濟上的利益而進行的技術發明。引致的技術發明往往具有直接的應用價值，自發的技術成果則不一定具有這樣的價值。

（二）當代技術進步的特點

無論是從技術進步的動因還是從技術進步的演進軌道上看，技術進步既受外部條件的約束又有其自身特徵。這些特徵表現為：

（1）技術革新的週期縮短。由於技術發展與變革過程中知識和信息的不斷累積，新技術出現的速度日益加快，技術產品的壽命週期也越來越短。這種技術進步的新趨勢要求我們能夠以更快的速度將技術產品化，不斷地縮短技術轉化為產品的時間，以使技術進步的成果能夠更有效地為經濟的持續發展服務。

（2）技術進步有很強的系統性。與過去的技術進步只是某一領域、某一學科的變革不同，當代技術進步涉及的領域廣闊，如電子計算機涉及電子學、光電子學、高等數學、邏輯學等學科，具有明顯的系統趨勢。在種系統性下，技術進步更容易衍生出功能多樣，高附加值的產品，使產品的商業或經濟收益明顯上升。

（3）技術進步與經濟發展的關係密切。當代技術進步兩個最明顯、最重要的特

第二章　技術進步與經濟發展

點是依靠科學進步和為經濟發展服務。一方面，科學越來越成為技術進步的決定性因素，另一方面，社會經濟的發展越來越依賴於技術進步。技術進步與經濟增長的關係日益密切，因為沒有較雄厚的經濟實力，基礎研究難以進行，就難於取得重大的技術進步，同時，如果沒有較好的經濟效益，對於基礎理論研究的動力不足，就不會導致重大的技術進步。

（4）進步技術中高科技化特徵顯著。當代高技術的主要發展方向是以計算機為核心的信息技術和製造業新技術、新材料技術、新能源技術、生物技術和空間技術等。世界主要的經濟體都加大了在這些領域中的研發投入，使高科技領域的競爭日益激烈，有力地推動了經濟發展中的產業升級。另一方面，在產業升級這一趨勢下，以信息技術為主的高科技領域中的技術進步顯著，直接導致了高科技產業的興起，並迅速向其他產業擴散和滲透。

二、技術進步是經濟增長的本源

歷史上，亞當·斯密 1776 年在《國富論》中提出，為什麼世界上一些國家經濟迅速增長，而另外一些地方卻很窮；為什麼有些地方希望趕上先進國家，實際上卻沒能擺脫貧窮？對這些問題有多種回答，有從一個國家的資源禀賦角度解釋的，有從國家的政治制度進行分析的，還有從地理因素或國民的資本累積角度解釋的。從現代的意義上看，這些說法都有一定的道理，這些因素都會影響一國的經濟增長，但這些說法並沒有準確地解釋經濟持續增長的根本原因。歷史經驗表明，一個國家經濟增長的主要來源在於技術的進步，即以技術創新為核心，以創新擴散、技術擴散、技術轉移、技術升級為過程的技術進步。

（一）索洛模型中的技術

在新古典經濟學的研究中，索洛在 1956 年構造的經濟增長模型中證明，只有儲蓄而沒有技術進步的經濟不可能實現持久的增長，這種情況下的經濟增長（率）存在上限，在某個較高的水準上，經濟增長將出現停滯的局面，因此實現經濟持續增長的唯一途徑就是技術創新與升級。這一理論提出後，他又在統計分析基礎上證明了美國經濟增長有大約 80% 源於技術創新，僅 20% 左右來源於資本累積。在他看來，技術創新是美國經濟長期增長的根本動力，正是由於技術創新帶來的技術進步，美國才能以 2% 的農業人口養活國內 98% 的消費者。

（二）技術在經濟長波週期中的作用

1. 技術進步是經濟長波週期的主要動因

經濟長波通常是指經濟發展過程中存在的持續時間為 50 年左右的週期波動。最早系統、明確地提出長波理論的是俄國經濟學家康德拉季耶夫（Nikolai D. Kondratieff）。他在 1925 年的《經濟生活中的長期波動》一文中運用英國、法國、美國和德國等主要資本主義國家的價格、利率、進口額、出口額、煤炭和生鐵產量等時間

序列統計資料對經濟發展的長波進行了實證研究。通過研究康德拉季耶夫認為在資本主義經濟發展過程中存在著長度為48年到60年、平均為50年的長期波動。此後，許多經濟學家對長波產生的動因進行了定性分析，得出了不同的結論，其中影響最大、居於主流地位的是以熊彼特（Joseph A. Schumpeter）、門斯（G. Mensch）和範·杜因（J. J. van Duijn）等為代表的技術創新長波論。

熊彼特在《經濟發展理論——對於利潤、資本、信貸、利息和經濟週期的考察》一書中提出了技術創新長波論。他認為，資本主義社會中那些具有魄力、眼光、進取、敢於冒險和創造精神（即企業家精神）的企業家是技術創新活動的主體。企業家的創新活動在時間上不是均勻分佈的，而是「蜂聚」在某些時間裡。企業家的創新活動會帶來盈利機會和超額利潤，從而引起大批企業仿效和跟進，出現「創新浪潮」，成為促進經濟繁榮的驅動力，使經濟處於週期的上升階段。隨著時間的推移，創新活動會被社會消化，變成普通和一般的東西，不再有利可圖，此時經濟會出現收縮和不景氣，從而進入週期的下降階段。經濟不景氣持續一段時間後，那些有遠見的、為追求超額利潤而力圖保持技術領先的企業家們會轉向關注那些可能取得技術突破的新技術、新產品和新領域，新的創新活動會再次出現……，如此周而復始，經濟的週期波動也由此產生。

美籍德國經濟學家門斯在其代表作《技術的僵局》一書中繼承和發展了熊彼特的技術創新長波論，認為技術創新是經濟增長和長期波動的主要動因，並且利用美國1900—1979年耐用生產設備方面的固定投資的時間序列總量數據證實了技術創新長波論。之後，荷蘭經濟學家範·杜因在熊彼特技術創新長波論的基礎上，批判吸收了門斯長波理論的合理成分，提出了創新生命週期理論，並以此為基礎構建了自己的長波理論。範·杜因認為，任何一項基本創新活動都要經歷引進、增長、成熟和下降四個階段，這四個階段構成基本技術創新的生命週期。範·杜因進一步將經濟長波的四個階段和基本技術創新生命週期的四個階段聯繫起來，認為經濟長波的繁榮、衰退、蕭條和復甦分別對應於創新生命週期中的增長、成熟、下降和引進階段。在創新生命週期的帶動下，經濟出現了長週期波動。

2. 技術進步引致經濟長波的實證檢驗

通過前述對長波理論的綜述可以看出，大多數經濟學家都承認技術創新是引致長波運動的主要動因。為了更準確地證明技術進步對經濟波動的影響，經濟學家們紛紛對這一結論進行了驗證。這裡給出一種簡單的相關關係分析法，這種方法的基本做法就是利用英國和美國的數據資料來驗證技術創新導致經濟出現長週期波動的結論，應用英國和美國的專利數量近似代表其技術創新，來考察技術創新的變動與經濟長波之間的相關性，具體數值如圖2-1所示。

圖2-1中的兩條曲線分別代表英國GDP的九年移動平均增長率（GDP）和英國專利數量的九年移動平均增長率（PATENT）；而圖2-2中的兩條曲線則分別代表美國GDP的九年移動平均增長率（GDP）和美國專利數量的九年移動平均增長率

第二章 技術進步與經濟發展

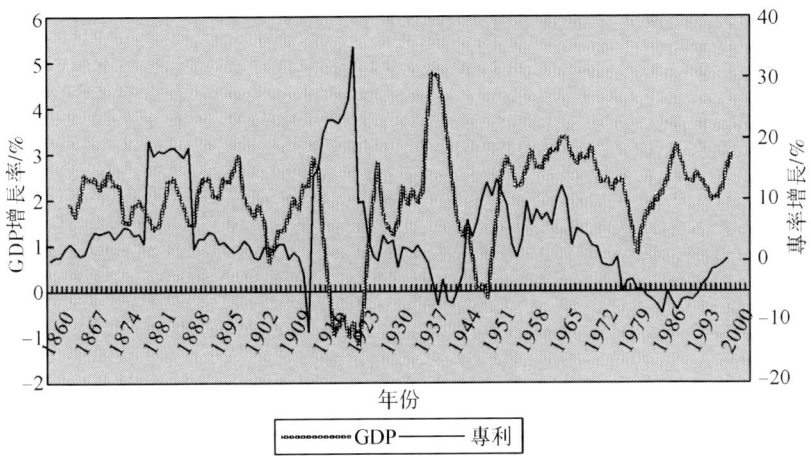

圖 2-1 英國專利和 GDP 增長率的變化

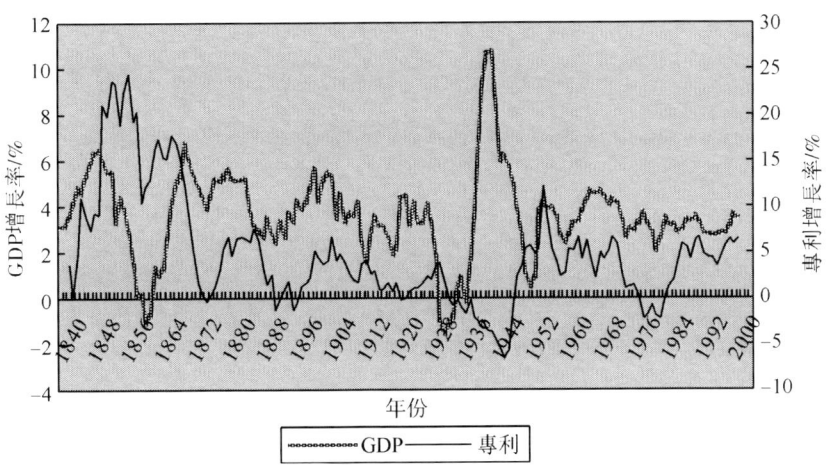

圖 2-2 美國專利和 GDP 增長率的變化

(PATENT)。從這兩個圖中曲線之間的關係來看,專利數量的變化與經濟的長期波動呈反相關:每當經濟長波處於谷底時,會出現專利數量的大幅增長,即會出現大批技術創新浪潮,將經濟長波在下一個時期推向高漲;而隨著該技術創新浪潮的潛力發揮始盡,經濟長波又會在下一個時期進入下降階段,此時又會出現專利數量的大幅增長和技術創新浪潮。因此,從圖上來看,專利數量變動的高點正好對應著經濟長波的谷底;而專利數量變動的低點則正好對應著經濟長波的波峰,這在很大程度上反應了技術創新對經濟長波變動的推動作用。

(三) 西方經濟史上長波週期中技術的影響

根據康德拉季耶夫的研究,西方發達國家的經濟增長通常呈現出 50~60 年的長

波週期，在這類長波週期中，重大技術創新及其衍生集群對經濟繁榮起著關鍵的推動作用。以下我們可以簡單地看一看西方國家的幾個重要的長波週期，以及這些週期中技術變革與進步的作用。

1. 1770—1825 年週期

這一長波週期首先發生在英格蘭，啟動該長波的重大技術創新主要是水力發電機的發明及其在紡織業中的廣泛應用，該長波以 1925 年英國的經濟危機結束。

2. 1826—1875 年週期

首先發生在歐洲。啟動這一長波的重大技術創新主要是蒸汽機的發明及其在水陸交通運輸業和製造業中的應用，由於 1873—1875 年發生在英、法、德的經濟危機而結束。

3. 1876—1935 年週期

首先發生在美國和德國，其後擴展到其他西方國家。啟動這一長波的重大技術創新主要是內燃機、電氣化等，此間還發生了「泰勒制」的管理創新，由於 1929—1933 年的經濟大蕭條而結束。

4. 1935—1982 年週期

首先發生在美國等發達國家，啟動這一長波的重大技術創新主要是電子技術、飛機引擎技術等的發展與應用，此間還出現了企業管理上的「福特制」創新。這些創新的出現，推動和誘發了電子工業、汽車製造業、石化工業等的快速發展，同時也帶動和推動了航空運輸、高速公路運輸等行業的發展。由於 1979—1982 年的石油危機而引發的經濟衰退導致了這一長波的結束。

由此不難看出，每一次經濟發展長波中都離不開技術進步史上的重大變革的身影，經濟長波的繁榮由這些重大技術變革所推動，當這些技術變革的成果不再具有創新性時，經濟發展的速度也會隨之放緩並步入衰退。

三、技術進步對經濟增長的作用機制

雖然不同的人對技術進步促進經濟增長的作用機制還有爭論，但一般來講，技術進步促進經濟增長的方式主要有以下幾種方式：

第一，技術進步提高了生產要素的質量，改進了生產過程中各要素間的組合方式，提高了要素使用效率；

第二，隨著技術的發展，改變了企業的最優經濟規模以及生產要素使用過程中的經濟與非經濟區域，促進了產品平均成本的降低，提高了經濟效益；

第三，由於技術水準的不斷發展，人類更有能力對自然資源進行綜合利用和合理配置，提了資源的利用效率；

第四，技術進步促進產業結構不斷優化，技術變革首先帶來技術體系自身結構的優化，這種優化帶動了產業結構的優化，進而帶來了經濟增長。

第二章　技術進步與經濟發展

　　以下我們可以簡單考察一下技術進步推動產業升級、從而推動經濟發展的過程：

　　技術進步促進了產業結構的不斷調整，促進了新生產力替代舊生產方式的過程，改變社會資源的配置方式，提高了資源的使用效率。僅僅從世界經濟近50年的發展來看，從上個世紀50年代起，世界經濟的產業結構幾乎每十年進行一次大的調整：在50~60年代，各國重點發展的還是原材料工業和深加工工業，而到7,0年代，隨著技術進步帶來的微電子技術的成熟，使世界經濟中的主導產業升級為微電子產業；而由於同樣的原因，80年代的主導產業升級為以計算機為主體的信息產業；90年代信息技術、生物技術等高新技術產業得到全面發展，使世界產業結構邁向了一個更高的層次。更進一步考察，技術進步對產業結構的促進作用主要體現在以下幾個方面：

　　(1) 技術進步創造新的產業。這主要通過科技產業化，特別是高新技術產業化來實現。技術進步所形成的新材料或新的生產方式往往可以為消費者提供新的產品或消費方式，為消費者提供更高的附加價值，其產業化的結果便是新的產業的形成。

　　(2) 高新技術滲入傳統產業，改變傳統產業的內部結構。如：機電一體化技術、信息技術、激光技術等滲入機械工業，促使機械工業內部結構通過產業衍生、延伸、替代而發生變化。

　　(3) 科技進步改變投資結構，進而改變產業結構。研究開發活動是高投入高效益活動，科技含量高的產業最具盈利性和發展前途。在利益導向機制的作用下，引起投資結構的改變；投資結構的變化又進一步引起產業結構的變化。目前，美國有80%的資金投入競爭力強的高新技術產業，15%的資金投入一般產業。

● 第二節　經濟增長中技術貢獻的測度

　　在證實了技術進步對經濟增長的推動作用之後，人們將目光集中到如何測試技術進步對經濟增長的貢獻上來，即是說將一個定性的問題轉化為一個定量的問題，通過對經濟增長中各種要素作用的分離計算，明確界定技術進步在經濟增長中起了多大的作用。因此，經濟學家們設計了大量的計量模型，從不同的角度對技術在經濟增長的貢獻進行了測度，這些模型都是以經濟增長理論為基礎的。

一、經濟增長理論簡述

　　關於經濟增長的理論同樣可以追溯到英國古典政治經濟學的創立者亞當·斯密，他在《國富論》一書中指出，分工引起的勞動生產率的提高和生產性勞動在全部勞動中所占比例的提高，是決定國民財富增長的主要因素。這其中，生產勞動的數量依存於資本的數量。在亞當·斯密之後，大衛·李嘉圖在1817年出版的《政治經濟

學反賦稅原理》一書中，也強調了技術的作用，他認為如果沒有技術的進步，穀物價格的高漲就會引起貨幣工資的持續上漲，最終導致資本累積的停止，而在這種情況下，整個社會就只能實現簡單的再生產了。

對經濟增長進行系統研究起始於上個世紀三十年代以後。1939年哈羅德發表了《論動態理論》一文，對不完全競爭理論、國際貿易和經濟週期理論做出了令人信服的論述，他所建立的經濟增長模型說明了在什麼條件下能獲得持續穩步的經濟增長。1946年，美國經濟學家多馬發表了《資本擴大、經濟增長率和就業》一文，提出了一套與哈羅德相同的經濟增長理論，從而構建了「哈羅德—多馬」增長模型，這一模型中人口、資本、技術條件等因素被看成是變動的量，從各個時期來分析這些變量對於經濟增長的作用，分析每個時期經濟穩定增長的條件。此後，美國經濟學家索格採用產出增長型技術進步模型，即希克斯中性技術進步模型，揭示了技術進步作為一種過程在經濟增長中所起的巨大作用，強化了技術在經濟增長理論模型中的地位。使整個經濟學在關於驅動經濟增長的因素方面形成了比較一致的觀點，即一個相當長的時期裡，一國的經濟增長主要取決於下列三個要素：一是隨著時間的推移而發生的生產性資源的累積；二是在一國的技術知識既定的情況下，現有資源存量的使用效率；三是直接的技術進步。

20世紀80年代後，羅默、盧卡斯等人明確提出了內生增長理論，其核心思想是認為經濟能夠不依賴外力推動實現持續增長，內生的技術進步是保證經濟持續增長的決定因素。上個世紀90年代初，內生增長理論進一步指出，經濟的長期增長率是由內生因素解釋的，也就是說，在勞動投入過程中包含著因正規教育、培訓、在職學習等而形成的人力資本，在物質資本累積過程中包含著因研究與開發、發明、創新等活動而形成的技術進步，從而把技術進步等要素內生化，得到因技術進步的存在要素收益會遞增而長期增長率是正的結論。

從上面的介紹中我們可以看出，技術進步在經濟增長中起決定性作用的觀點得到了普遍的認可。然而，雖然經濟學家們用富有邏輯的推理方式解釋了這一觀點，但還需要對技術進步在經濟中的貢獻率進行準確測度，才能使這一觀點更具有現實意義。

二、技術貢獻率測度的生產函數方法

在測度技術貢獻率的生產函數方法中，假設投入與產出之間存在著一種依存關係，投入一定數量的要素，就會有一定數量的產出相對應。這種關係可以用生產函數（production function）形式表示出來，其基本形式為：

$$Y = f(L、K、N、E\cdots)$$

其中 Y 代表產出，L、K、N、E 分別代表勞動、資本、土地、企業家才能等生產性要素。在具體估算時，由於土地可以被視為固定值，企業家才能難以估算，因

第二章 技術進步與經濟發展

此，生產函數又可以寫為：

$Y = f(L、K、A)$

式中 A 為綜合變量。這一函數表明，在一定技術水準時，生產 Y 的產量，需要一定數量的勞動與資本的組合。同樣，生產函數也表明，在勞動與資本的數量與組合為已知時，也就可以推算出最大的產量。

1. 柯布——道格拉斯生產函數

這一函數形式是由美國經濟學家道格拉斯（Douglas）與數學家柯布（Cobb）合作，於1928年提出來的，他們在研究美國製造業1899—1922年的歷史資料後指出，生產函數的形式可以規定為：

$$Y = a L^{\alpha} K^{\beta} \tag{2-1}$$

式中 Y 是產出，L 和 K 分別表示勞動和資本投入量，a 表示技術進步率，α 表示勞動對產出的貢獻或叫勞動的產出彈性，β 表示資本對產出的貢獻，或叫資本的產出彈性。其中，$\alpha+\beta<1$ 為規模收益遞減，$\alpha+\beta=1$ 為規模收益不變，$\alpha+\beta>1$ 為規模收益遞增。在確定了生產函數的形式後，只要設法求出彈性 α 和 β，就可以求出技術進步率 a。

雖然柯布——道格拉斯生產函數方法形式上簡單明了，但其有效性受到了較嚴格的限制，它要求有較苛刻的前提，包括：①市場是完全競爭的，資本和勞動都以其邊際成本作為報酬；②資本和勞動兩種生產要素可以無條件地相互替代；③技術進步是中性的，這意味著當生產過程中的資本勞動比不變時，生產函數在技術進步之前和之後的邊際產品之比也保持不變。

2. 索洛的餘值法

索洛餘值法又稱全要素生產率法（Total Factors Productivity，TFP），這一方法由美國著名經濟學家索洛於20世紀50年代中期提出，其主要思想是將技術進步納入到生產函數中，通過計算將資本和勞動對經濟增長的貢獻剝離，然後將剩餘的部分歸結為廣義的技術進步的貢獻。

索洛餘值法採用科布—道格拉斯生產函數形式，其基本假設有：

假定一：僅有資本和勞動兩個生產要素，這兩個生產要素是能夠互相替代的，並且能夠以可變的比例相配合。

假定二：經濟發展處於完全競爭的條件下，生產要素和勞動都以其邊際產品作為報酬。

假定三：在任何時候，資本和勞動都可以得到充分利用。

假定四：技術進步是中性的，即當資本與勞動力之比 K/L 不變時，技術進步在前後生產函數中的邊際產品之比也保持不變。

假定五：生產函數滿足 Inada 條件：

$$\lim_{K \to \infty} F_K(K, L) = 0, \lim_{L \to \infty} F_L(K, L) = 0$$

$$\lim_{K \to 0} F_K(K, L) = \infty, \lim_{L \to \infty} F_L(K, L) = \infty$$

即當資本存量足夠大或投入的勞動力數量足夠大時，其邊際生產率是充分小的；反之，當資本存量和勞動力數量足夠小時，其邊際生產率則充分大。

具體而言，索洛餘值法的推導過程如下：

首先，假定存在著如下形式的生產函數：

$$Y = A_t f(L, K) \tag{2-2}$$

式中，Y 為總產出，L 為勞動的投入量，K 為資本的投入量，A_t 代表一段時間內技術變化的累積效應，也即 t 時期的技術水準。

其次，對上式求微分，變換後可得

$$\frac{1}{Y}\frac{dY}{dt} = \frac{1}{A}\frac{dA}{dt} + \alpha \frac{1}{K}\frac{dK}{dt} + \beta \frac{1}{L}\frac{dL}{dt} \tag{2-3}$$

式中，α 和 β 分別是勞動和資本的產出彈性，$\alpha = \frac{\partial Y}{\partial K}\frac{K}{Y}$，$\beta = \frac{\partial Y}{\partial L}\frac{L}{Y}$。公式 (2-3) 常被稱作增長速度方程。將此公式進一步變換後可以得

$$\frac{\Delta A}{A} = \frac{\Delta Y}{Y} - \alpha \frac{\Delta K}{K} - \beta \frac{\Delta L}{L} \tag{2-4}$$

這充分表明技術進步對經濟增長的貢獻可以通過計算勞動貢獻率和資本貢獻率的餘值獲得。

索洛根據這一方法對美國 1909—1949 年的數據進行了計算，最後得出在美國經濟中，$\alpha = 1/3$，$\beta = 2/3$。由於美國在這一段時間內的產出增長了 216%，勞動投入量增加了 54%，資本投入量增加了 102%，將這些數據代入公式（2-4）就可以得到

$$\frac{\Delta A}{A} = 216\% - 1/3 \times 102\% - 2/3 \times 54\% = 146\%$$

即在此期間技術進步速度為 146%。進一步可以計算出技術進步對產出的貢獻率為

$$E_A = (146\%/216\%) \times 100\% = 68\%$$

三、技術貢獻測度的指標體系方法

指數體系在經濟分析中具有重要意義，具體表現在兩個方面：其一可以用來研究複雜社會經濟現象的變動及其受各個構成因素變動的影響程度和所帶來的實際經濟效果；其二可以通過已知的兩個指數值，推測另一個未知的指數值。測度經濟增長中進步貢獻率的指標體系法是通過一系列相互聯繫的經濟指標來衡量技術進步經濟效益大小，反應技術進步狀態及其發展變化趨勢的方法。在應用過程中，根據選擇數據的範圍和指標所涵蓋的層次的不同，可以將指標體系分為微觀指標體系和宏觀指標體系。

第二章 技術進步與經濟發展

（一）微觀指標體系

與微觀經濟相對應，反應企業行為的主要經濟指標構成了微觀經濟指標體系，比如銷售收入、成本、稅金等微觀經濟指標。從企業採集到的各項數據指標的組合形成了微觀經濟指標體系。這些指標既包括反應企業綜合情況的數據，也包括反應企業生產產品或經營項目的產品、項目的數據。衡量技術貢獻的微觀指標包括兩類：

（1）技術水準評價指標。即從企業技術水準的影響因素角度反應企業的技術進步狀況的指標，通常包括勞動的機械化或自動化水準、設備先進水準、生產工藝的先進水準、勞動者素質水準及企業管理水準等。

（2）經濟效益評價指標。通常包括利用新技術帶來的利潤增加額、生產過程中利用新技術帶來的成本降低數值、使用新技術帶來的綜合經濟效益、生產活動對新技術的依存度等。

（二）宏觀指標體系

宏觀指標體系中包含的度量指標通常是採用經濟中反應整體經濟績效的數據來評價技術進步在總體上對一個經濟體的增長的貢獻水準。主要包括以下幾種：

（1）年技術進步速度，其基本的表達式為：

$$a = y - \alpha k - \beta l \tag{2-5}$$

其中 a 表示年技術進步速度，y 表示產出的增長率，α 為資本的產出彈性，β 為勞動的產出彈性，k 和 l 分別表示資本和勞動投入的增長率。

2. 技術進步對淨產值增長率的貢獻。這是一種簡單的指標方式，前提是已知經濟中的技術進步速度和經濟增長率，然後求出二者的比值即可。其基本的表達式為 $E_A = a/y$。其中 E_A 表示技術進步對淨產值的貢獻率。

3. 技術進步對投資效果的貢獻。其基本計算公式為

$$E_1 = a/Si \tag{2-6}$$

其中 E_1 表示技術進步對國民經濟投資效果的貢獻，a 表示年技術進步速度，S 表示經濟投資效果系數，i 為投資率，即年度固定資產投資與當年部產出的比值。

4. 技術水準指數。這一指數反應了計算期技術水準與基期技術水準間的變化情況，其基本表達式為

$$A_t = \frac{1}{n} \sum_{i=1}^{n} \frac{Y}{D_i X_i} \tag{2-7}$$

其中 Y 為產出水準，X_i 為第 i 種投入要素的數量，D_i 為第 i 種要素單位投入的標準效率，n 表示要素的各類數。

除了以上介紹的幾種宏觀指標外，有時也可以用生產性資產的節約額、能源消耗水準等指標來度量技術進步對經濟增長的貢獻。

四、因素分離模型與方法

從事經濟增長因素分析的經濟學家，把經濟增長因素分為生產要素投入量和生

產要素生產率兩類，從而形成了度量技術進步貢獻率的因素分離方法與模型。其中，最具有代表性的有肯德里克分析方法和丹尼森的因素分析法。

（一）肯德里克對經濟增長因素的分析

西方經濟學家重視技術進步和由此產生的生產率的提高對經濟增長的重要作用。50年代以來，肯德里克（J. W. Kendrick）等人根據一定時期的實際統計資料具體來估算技術進步對產量增長的貢獻。他們在計算時，首先估算出這一時期內的勞動力投入量的增加和資本投入量的增加各自對這一時期的產量增長所做出的貢獻，然後把這種貢獻從該時期內實際增加量中減去，剩下來的數值就是技術進步對產量的增長所做出的貢獻。

肯德里克從美國國民收入統計資料進行整理分析入手來確定經濟增長中來自於生產率的提高和來源於投入量的增加占多大比重，以考察生產率的提高（即技術進步）對經濟增長所做的貢獻。分析時，肯德里克用的是全部要素生產率這一概念，即產量和全部要素投入量之比，全部要素投入量包括勞動力、資本、土地三大類。

肯德里克也分析了影響生產率提高的因素，主要有：無形投資（對研究、發展、教育、訓練的投資）的增加，資源配置的合理化及其適應經濟變化的速度，技術革新的擴散程度，生產規模的變動，人力資源與自然資源固有的質量等。但是，肯德里克並沒有分析這些因素各對生產率提高的程度，所以沒有給出定量化計算的具體方法。

（二）丹尼森對經濟增長因素的分析

20世紀60年代初，丹尼森（E. F. Denison）在庫茲涅茨的國民收入核算和分析的基礎上，明確地提出了經濟增長的因素分析方法。概括而言，丹尼森（E. F. Denison）認為經濟增長的因素主要有五個方面，其中屬於生產要素投入量方面的有：勞動力在數量上的增加和質量上的提高；資本（包括土地）在數量上的增加；資源配置的改善；規模的節約；知識進展和它在生產上的應用。對這些經濟增長因素的具體分析思路為：

1. 勞動力在數量上的增加和質量上的提高

丹尼森把勞動質量的變化分為三個方面：一是由於正常勞動時間的縮短而引起的勞動力質量的變化。根據生產率計算的結果，1929年之後，美國縮短工作日比起不縮短工作日，必然遭受減產的損失，而且這種損失會逐步加大。這就是由於正常勞動時間的縮短而引起勞動力質量的變化。

二是由於正常教育年限的增加而引起的平均的勞動力質量的變化。丹尼森認為勞動者的教育水準的提高，不但促進經濟增長，而且有可能通過教育途徑來改變未來的投資增長。他認為，教育年限的提高增加了個人對生產的貢獻能力，並且提高了個人收入。因此，教育水準的提高對於經濟增長會起重要推動作用。

三是因年齡與性別構成的變化而引起的平均勞動力質量的變化。丹尼森認為勞動力的年齡、性別構成也影響勞動力本質的平均質量水準。

第二章　技術進步與經濟發展

2. 資本（包括土地）在數量上的增加

丹尼森把能夠再生產的資本投入量分為五類：企業建築物和設備、非農業的住宅建築、存貨、本國居民在國外的資產、外國人在本國的資產。這五類資本的投入量等於用不變價格計算的、各自總的資本存量的價值。他認為，用不變價格計算資本存量的價值，就能把不同時期，不同成本和不同性能特徵的真實資本存量，完全換算成假定在基期生產時所具有的價值。通過對美國經濟增長中資本存量變化的分析，丹尼森認為資本存量的增長是經濟增長因素中一個比較重要的因素。

3. 資源配置的改善

資源配置的改善的主要指兩種人力資源的改善：一種是配置到農業上的過多勞動力從農業中轉移出來；第二種是非農業性的獨立經營和在那些本小利微的小企業中參加勞動，但不領取報酬的業主家屬從該企業轉移到大企業，充當工資勞動者。丹尼森認為，資源配置的改善是提高全部要素生產率的因素。

4. 規模的節約

在具體分析經濟增長因素時，丹尼森提出：假定每一種要素都按一定比例增加，那麼國民總產品將會增加多少？即經濟中經常涉及的規模節約問題——隨著生產規模的擴大，報酬是遞增的？不變的？還是遞減的？首先，丹尼森認為，作為整體的一個經濟體系，局部規模上的不經濟總會被別處發生的規模節約所抵消，在他看來，作為整體的經濟體系，不存在報酬遞減的問題。其次，丹尼森把亞當‧斯密的勞動分工受市場範圍限制的理論，用市場範圍的擴大來表示規模的節約。丹尼森所謂的市場可以是世界市場、國內市場、區域性市場或地方性市場。他認為一個經濟體系的增長就意味著企業提供最終產品的市場規模的擴大；市場的擴大就有機會提高行業之間、企業之間的專業化程度，擴大企業規模。因此，隨著市場的擴大與生產和銷售規模的增加，就有可能獲得遞增的報酬。

5. 知識進展和其在生產上的應用

丹尼森認為，新技術的採用對於經濟增長是很重要的，但是新技術的採用只是在知識有所進展的情況下才有可能實現。

他認為，知識進展能使同樣的勞動力、資本、土地投入量生產更多的產品。丹尼森的「知識進展」包括以下幾層含義：

（1）知識進展的內容。丹尼森認為，知識進展包括技術知識、管理知識的進展和由於採用新的知識而產生的結構和設備的更有效的設計在內，還包括從國內、國外有組織的研究，個別研究人員和發明家在簡單的觀察和經驗中得來的知識。

（2）知識進展與其他增長因素的區別。丹尼森認為，知識進展和其他因素不同的重要方面就是，任何一個地方的科學發現、科學理論或者有關新產品、新物質、新技術和新經驗的知識會很快擴散到其他地方。因此，就增長率而言，獲得的只是短暫的。

（3）知識進展在經濟增長中作用的估算。知識進展雖然在經濟增長中起重要作

用，但是丹尼森也承認無法直接估算知識進展的貢獻，只能把它作為「剩餘」估算出來，即從經濟增長率中減去所有其他經濟增長因素的作用後，剩餘的數字就是知識進展對增長率的貢獻。

第三節　國家創新體系

技術進步在經濟增長的作用被充分肯定後，世界各國都開始致力於尋找促進技術進步的有效手段，並從政策和資源的角度構建能夠確保技術持續進步的機制，到目前為止，人們普遍認可，通過創建國家創新體系可以加快一國技術進步的速度，從而為經濟的增長提供不竭動力。

一、國家創新體系思想的提出

國家創新體系的研究是技術創新研究的一個新的發展階段，它的提出是對科學技術與經濟發展關係的認識不斷深化的結果。國家創新體系的理論淵源可以追溯到19世紀德國著名經濟學家弗里德里・李斯特，他在1841年發表的《政治經濟學的國家體系》一書中首先提出了國家體系這一概念且分析了「國家專有因素」如何影響一國的經濟發展實績，以及後進國家的技術政策選擇等問題，從而為國家創新體系理論奠定了第一塊理論基石。

而國家創新體系這一概念的提出則與熊彼特密切相關，他最早強調創新對經濟發展的意義，從而引發了人們對創新的關注。同時，熊彼特明確地將發明與技術創新區別開來，認為發明與創新是由兩種不同性質的人來完成的性質完全不同的兩種事務，並據此闡明了創新在資本主義經濟發展中的核心作用，從而為國家創新體系理論奠定了第二塊理論基石。

到了20世紀50年代，索洛提出技術進步成為經濟發展的重要因素的時候，索洛同樣認為技術進步是外生的，人們深信，對基礎研究的投資可自動地轉化為一國的經濟競爭力。但隨後人們發現，開發設計、質量控制、教育、培訓及來自市場的反饋等都對科學技術成果商業化有著重要的影響。技術創新作為一種以商業化為目的、與科技密切相關的活動，雖然是以企業為主體的，但它涉及的絕不僅僅只有企業，而包括科技部門、社會機構、教育機構、仲介部門等都對進步的發展起著重要作用。同時，人們還發現，許多技術創新可在沒有正式的研究開發的基礎上產生，於是意識到創新的發生是一個體系綜合作用的結果，而不簡單是某一部門或企業獨立完成的，由此引發了對創新體系的深入思考。國家創新體系的概念正是在這樣的背景下被提出來的。

從單純地強調技術創新到對國家創新體系的認識，反應了人們對技術進步與經

第二章 技術進步與經濟發展

濟發展關係的進一步理解。國家創新體系（系統）的概念的產生與 20 世紀 70 年代以來世界上出現的幾大變化相關。一是隨著冷戰的結束，競爭力取代軍事對抗成為新一輪競爭的焦點，各國的科學技術政策從關注「基礎研究」向技術創新轉移，傳統的研究與開發體系概念讓位於創新體系的概念，政策從注重科技知識的創造轉向知識的創造、擴散、轉移和應用並重。即技術創新不僅是一個過程，而是一個體系。二是產業政策和創新政策成為推動一國經濟發展的重要手段，這一思想在日本獲得了巨大的成功，它通過產業政策、政府干預使本國的經濟發展出現飛躍，這強化了國家在推動技術進步和經濟發展中的重要作用，為國家創新體系概念的提出奠定了又一個堅實的基礎。

事實上，國家創新體系的提出者弗里曼正是在研究日本的經濟發展規律時提出這一概念的。他在 1987 年研究日本經濟時發現，日本在技術落後的情況下，以技術創新為主導，輔之以組織創新和制度創新，只用短短幾十年的時間，便使國家的經濟出現了強勁的發展勢頭，成為工業化大國。這說明國家在推動有目的技術創新中能起到十分重要的作用。

二、國家創新體系的含義及內容

（一）國家創新體系的含義

不同的學者常採用不同的國家創新體系定義。一派以丹麥阿爾伯格大學倫德沃爾教授及其同事為代表，倫德佛爾認為，根本的經濟學問題是生產廠商與用戶的互相作用，因此他把「創新看作是用戶和製造商的互動過程」，國家創新體系的側重點是生產企業和用戶、企業和供應商的互相作用。另一派以費里曼和美國的納爾遜為代表，他們認為國家創新體系是一種制度，因此，制度的設定和功能是決定創新體系效率的關鍵。

經合組織（OECD）也對國家創新體系給出了原則性的定義，這一組織在其 1997 年的《國家創新體系》報告指出：「創新是不同主體和機構間複雜的互相作用的結果。技術變革並不以一個完美的線性方式出現，而是這一系統內各要素之間的反饋、互相作用的結果。這一系統的核心是企業，也是企業組織生產和創新、獲取外部知識的方式。這種外部知識的主要來源是企業、公共或私有研究部門，大學和仲介部門。」因此，企業、科研機構和高校、仲介機構是這一創新體系中的主要部門。

綜合各種學派的觀點我們可以看出，國家創新體系是指由科研機構、大學、企業及政府等組成的網絡，它能夠更加有效地提升創新能力和創新效率，使得科學技術與社會經濟融為一體，協調發展。國家創新體系的概念的核心內涵是實現國家對提高全社會技術創新能力和效率的有效調控和推動、扶持與激勵，以取得競爭優勢。在知識經濟時代，知識基礎成為企業、區域乃至國家提高核心競爭力的重要平臺，

因此國家創新體系既包括提高技術創新能力與效率，也包括提升全社會的知識基礎等重要內涵。

(二) 國家創新體系的主要內容

從對國家創新體系的定義中可以看出，國家創新體系的構築應當遵守以下原則：

(1) 創新是具有經濟和社會目標導向的行為，創新的實質是發展經濟。國家創新體系必須的目的是促進經濟整體質量的提高和經濟結構的優化，提高國家經濟實力和競爭力；

(2) 國家創新體系的建設應當從體制上、機制上解決好技術進步與經濟發展相結合的問題，創新的關鍵是提高科技促進經濟社會發展的能力和實力；

(3) 國家創新體系下的技術進步不僅表現為知識和技術的轉移，而且應當表現在創新系統多元化及其要素的有效使用與協同，構成知識與技術的創造、獲取、轉移和應用的網絡。

具體來看，為了集中國家資源，為技術進步營造一個良好的環境，國家創新系統應當包括教育、金融和財政、研究與發展、政府調節等多個子系統，這些子系統構成了國家創新體系的主要內容。

1. 教育子系統

教育（包括培訓）的目的是為了提高和普及人們的知識水準，而知識是技術創新的前提，因此，教育是國家創新體系中最重要的子系統之一。在教育系統中，教育投入與適應創新為主導模式的高等教育結構又起著重要的作用。一個國家各類科技人員的合理比例應取決於發展科學技術和國民經濟的需要以及科學技術和經濟發展水準所提供的可能性，而教育系統的構建正是對這種需求的一種回應。

2. 財政與金融子系統

這一系統的最主要的功能是向國家創新體系注入必要資金資源。資金是企業技術創新的最重要的資源，尤其是對發展中國家而言，這個問題更為突出。在實踐過程中，為了確保這一系統的有效性，各國都為創新活動建立不同的融資手段，各國政府都有各種研究與發展的稅收優惠及各種風險投資銀行以支持技術的發展。

3. 研究與發展子系統

包括公共的私人的研究機構，其中公共的研究機構重點在於基礎研究和關鍵性技術研究。沒有促進一系列科學和技術可能性的基礎研究，就不可能有長期的重大技術創新。大多數基礎研究是沒有直接經濟效益的，私人機構一般不會進行這樣的研究，但它們卻是大多數創新得以產生的基礎，這就需要超越企業局部利益的公共研究機構承擔起組織、資助基礎研究的責任。

4. 政府調節子系統

技術創新是在一定的制度、組織和文化環境下進行的活動，在激勵創新方面這些環境因素雖然具有一定的自我組織、自我加強的作用，但也存在著較明顯的缺陷，因而很難使技術的發展和創新活動處於社會需求的最優水準。這主要表現在市場常

第二章　技術進步與經濟發展

常以高收益去引誘人們冒創新風險，而這種做法並不能從根本上解決基礎研究與創新的風險和動力問題。正是基於市場在激勵創新上的有限性，政府需要積極參與到國有創新體系的構建過程中來，通過產業發展戰略與政策引導，以及政府各部門在工作職能上的協調一致和集成，在協調各種創新活動中發揮積極作用。

在國家創新體系中，只有當這些組成部分有效地發揮各自的功能，並能夠協調發展，才能促進技術創新與進步。尤其是隨著知識經濟時代的到來，國家創新體系在推動知識的生產、傳播、轉移和應用的過程中的主導作用越來越顯著，對推動技術創新與進步的影響也越來越大。因此，國家創新體系的構建被視為推動一國技術進步、促進經濟持續發展的重要手段。

三、國家創新體系的現實意義

國家創新體系應當成為現代技術發展的內在結構及其運行機制，在推進現代技術革命和產業升級中起到決定性作用，其對技術進步和經濟發展的意義表現為：

1. 國家創新體系有助於解決市場失靈問題

對於企業創新活動中的市場失靈問題，傳統的藥方是加強政府的直接干預，如建立知識領域與經濟活動之間的仲介機構、加大對基礎研究的政府投入、擴大技術貿易、開闢高新技術園區等。這些方法雖然都有一定的成效，但也存在著各自的局限性。例如，加大公益性知識研究力度當然可以緩解市場機制對非營利性知識的直接或間接的抑制作用，但也往往導致公益性知識研究日益脫離經濟社會發展的供求環境，這既不利於公益性知識研究促進經濟社會的發展，也不利於經濟社會推動公益性知識研究的進步。而建立國家創新體系既強調創新活動的技術推動，又強調創新活動的需求拉動，能夠比較科學地解決技術的公有物品性質和私人特性之間的內在矛盾，既可以充分發揮市場機制的驅動作用，又可以有效防治市場失靈的負面效應。

2. 解決政府失靈問題

從促進技術進步的角度看，所謂政府失靈有兩個方面的含義：一是政府的作用有其特定的內涵，政府不能代替市場機制去配置社會資源，也不能代替大學和研究機構從事基礎研究；其二，政府失靈是指政府的創新政策有可能導致經濟動機的扭曲。國家創新體系是一個綜合性的社會建制，企業及其創新能力則是核心環節。這一體系通過強調企業在技術創新中的主體地位來克服政府過度干預或錯誤干預造成對創新活動的扭曲。國家創新體系不僅不排斥政府的作用，而且還為政府干預創新活動提供了行為準則和分析框架，即政府干預創新活動不能超越或破壞國家創新體系的整體功能。所以說，國家創新體系的建立既可以保證政府在科技領域與經濟活動之間的應有作用，又可以克服政府失靈問題。

3. 解決系統失靈問題

所謂系統失靈是指在國家創新體系中各個行為主體之間相互作用的缺乏，包括公共研究部門的基礎研究與產業部門的應用研究之間的失衡；技術轉移機制不科學和信息的不對稱；科研機構技術供給與企業的技術吸收能力不均衡等，這些系統失靈都會導致一個國家的技術創新活動貧乏。國家創新體系本身就是一個強調系統化的社會工程，具有政策兼容性，它既強調市場機制，但也肯定政府作用；它認為企業是創新的主體，但也極其重視大學和研究機構的重要作用。因此構建國家創新體系是整治系統失靈問題的最佳方案之一。

總之，國家創新體系的作用體現在對其組成主體的政府、企業、科研機構和大學的組織與協調，使它們相互作用，發揮各自的優勢，其本質是在創新主體間形成協調機制，在技術創新與進步中產生協同，為經濟增長提供動力。

本章小結

技術進步（Technology Progress）是一個經濟學術語，指在經濟活動過程中技術系統為實現既定的目標而進行的技術變革的動態過程，技術進步通常可以從生產函數的角度進行考察，技術進步表現為生產函數向更高生產率的方向變動。

歷史經驗表明，一個國家經濟增長的主要來源在於技術的進步，即以技術創新為核心，以創新擴散、技術擴散、技術轉移、技術升級為過程的技術進步。為此，經濟學家們設計了大量的計量模型，從不同的角度對技術在經濟增長的貢獻進行了測度，而這些模型都是以經濟增長理論為基礎的。

技術進步在經濟增長的作用被充分肯定後，世界各國都開始致力於尋找促進技術進步的有效手段，並從政策和資源的角度構建能夠確保技術持續進步的機制。國家創新體系被認為是能實現這一目標的有效方式，因此許多國家都在構建適合本國技術進步與經濟發展的國家創新體系。

思考與練習

1. 什麼是技術進步，它與技術創新有什麼區別和聯繫？
2. 促進經濟增長的因素有哪些，為什麼說技術進步是經濟增長的根本源泉？
3. 你在生活中觀察到技術進步促進產業升級的例子嗎，請具體描述一下這樣的例子。
4. 根據本章的介紹，生產函數方法是根據什麼思路推導出技術進步在經濟增長中的貢獻率的，想一想我們應該如何使用統計數據來驗證這種方法。
5. 什麼是國家創新體系，它與技術進步和經濟增長有什麼關係。
6. 根據本章對國家創新體系的介紹，你認為大學在這一體系中發揮什麼功能。

第三章 技術創新

內容提要

随著科學技術的發展，技術變革對人類社會和經濟發展產生了巨大的影響，而技術創新作為企業生存的條件、發展的基礎和提高競爭力的源泉和手段，成為經濟增長的根本動力。本章將簡要地介紹技術創新的基本理論和管理方法，包括三節內容，第一節回顧技術創新理論的形成與發展，第二節介紹企業技術創新戰略的內容與形式，第三節介紹技術創新過程的管理。

第一節 技術創新理論的形成與發展

一、技術變革與技術創新

人類在創新中進步，社會在創新中發展，企業在創新中生存。創新是企業的生命，是企業持續發展的不竭動力，更是企業在市場經濟競爭中的立足之本。沒有創新，企業就是強弩之末，無源之水，無本之木。

人類運用科學技術改造世界的過程，就是技術進步和技術變革的過程。技術變革大體上要經過發明、創新、擴散三個階段，其中發明是基礎研究和應用研究的結果，創新是試驗發展的結果，擴散則帶動整個社會技術水準的提高。隨著科學技術的發展，技術變革對人類社會和經濟發展產生了巨大的影響，而技術創新作為企業生存的條件、發展的基礎和提高競爭力的源泉和手段，成為經濟增長的根本動力。

(一) 技術變革

新技術代替舊技術，新產品代替老產品，新工藝代替過時工藝，這是不以人們意志為轉移的客觀規律。無論是何種類型的工業企業，都必須通過對技術生命週期的正確分析，合理選擇技術變革項目，有效地發揮資源利用率，才能取得理想的經濟效益。據報導，許多公司常常因為對技術變革缺乏預見而遭受巨大損失。如晶體管在美國興起並在電子行業中占據優勢後，使很多生產電子管的技術力量很強且資金雄厚的公司遭受失敗和破產。因此在技術變革上人們不應處於一種消極被動狀態，相反，需要積極地發揮人們的主觀能動性，很好地利用與發揮技術變革的積極方面，使之成為不斷發展生產和提高經濟效益的有力手段。在技術變革的過程中，發明是指有史以來第一次提出技術的新概念、新思想、新原理，是人類認識世界的過程。而「技術創新」則是繼發明之後的一個改造世界的實用階段，是科學技術轉化為直接生產力的階段。發明、專利與技術創新的關係如圖 3-1 所示。

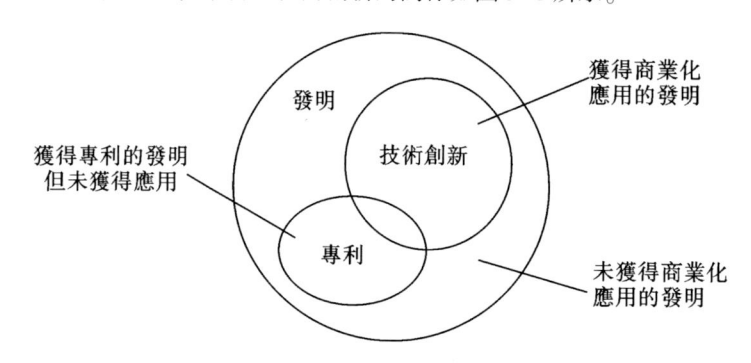

圖 3-1 發明、專利與技術創新的關係

(二) 技術創新的概念

從論證技術變革對經濟非均衡增長以及社會發展非穩定性的影響出發，美籍奧地利經濟學家約瑟夫·阿羅斯·熊彼特（Sohumpeter）於 1912 年在其著作《經濟發展理論》中首先提出了技術創新理論。他將「創新」定義為建立一種新的生產函數，即將生產要素和生產條件進行重新組合併引入生產體系。他認為技術創新包括五種情況：①引進新產品，即產品創新；②引進新的生產方法，即工藝創新；③開闢新市場，即市場行銷創新；④調控原材料的新供應來源，即利用和開發新的資源；⑤實現企業的新組織，即組織體制和管理的創新。熊彼特指出，創新首先且主要是經濟上的概念，創新不同於發明，只有用於經濟之中，並帶來利潤的發明，才算是創新。

熊彼特的繼承者們，從納爾遜—溫特的進化學派，到英國蘇賽克斯大學的 SPUR 群體，都繼承了創新研究的這一經濟學傳統。他們研究技術創新是為了研究經濟成長，是為了幫助企業和政府發展經濟。技術創新屬於經濟學範疇，其基本含義是指與新技術（新產品、新工藝）的研究開發、生產、市場行銷等有關的技術經

第三章　技術創新

濟活動。

技術創新的定義有許多種，不同的學者根據研究工作的需要對技術創新進行了不同的定義。如國外學者曼斯菲爾德、森谷正規、弗里曼、德魯克；國內學者許慶端、傅家驥等人都對技術創新的理論進行了深入研究。較典型的觀點認為，技術創新是指與新產品的製造、新工藝過程或設備的首次商業化應用有關的技術、設計、製造及商業的活動，它包括產品創新、過程創新和擴散。

綜合上述技術創新的含義，可把技術創新定義為在經濟活動中引入新產品或新工藝，從而實現生產要素的重新組合，並在市場上獲得成功的過程。這樣的定義明確了創新的界定，表明了創新與發明、擴散等相關概念的區別。這裡技術創新不是傳統理解意義上的技術改造、科技開發，它涉及新科技成果的開發、產品的設計、試製、生產、行銷和市場化的一系列環節，是包括科技、組織、商業、金融等一系列活動的綜合過程。技術創新歸根到底是社會經濟行為，是科技成果市場化、產業化的全過程。

(三) 技術創新的特徵

由於技術創新對於企業成長與發展具有特殊重要性，因而在經濟學與管理學研究中佔有十分重要的地位。一般認為，技術創新具有以下幾個基本特徵：

1. 創造性

創造性是指技術上的新發現與發明並應用於企業生產活動之中。這裡有兩層創造活動：一是技術上的創造；二是將技術新發現和發明在企業生產活動中的第一次應用。技術的新發現和發明並不是技術創新，但它是技術創新的前提條件，二者結合起來，才構成技術創新活動。就創新者而言，其創新活動屬探索性領域，其取得的結果是不確定的新成果。

2. 先進性

先進性是指此項技術創新要比目前的技術水準先進，有其獨到之處。先進性是反應技術成果的價值大小和技術水準高低的標誌，它主要體現在三個方面：技術原理的進步，技術結構的進步與技術效果的進步。

3. 主動性

主動性是指創新活動的主體——創新者的主觀能動性，創新者具有獻身精神，富有想像力並敢於承擔風險去爭取成功。熊彼特認為，企業家的職能就是實現創新，企業家通過創新活動，使其的創造力、敢於承擔風險的能力得到體現。

4. 實用性

實用性是指技術創新能夠在生產中得到應用。包括三個條件：符合科學規律、具備設施條件和滿足社會需要。在企業面向市場進行生產的今天，實用性尤其重要，一項技術創新儘管具備了先進性和新穎性，但脫離了市場需求，那麼這種技術創新仍不能認為是成功的。

5. 經濟性

經濟性是指技術創新能夠為公司的生產經營與社會帶來經濟效益，它包括生產的經濟性和使用的經濟性。

6. 高風險性

高風險性是指創新活動的各個過程都具有探索的性質，包含著許多不確定性因素，從而使技術創新呈現出高風險，高風險性帶來的是技術創新的高額利潤或巨大損失。成功的技術創新會使企業在技術上處於領先優勢，具有較強的競爭力；反之，失敗的技術創新會使企業的技術創新投資一無所獲。

（四）技術創新的類型

技術創新的分類可以從兩個方面進行考慮：一是根據技術創新過程中技術變化強度的不同，技術創新可分為漸進性創新和根本性創新；二是根據技術創新中創新對象的不同，技術創新可分為產品創新和過程（工藝）創新。

1. 漸進性創新和根本性創新

漸進性創新（也稱為改進型創新）是指通過對現有技術的改進而引起的漸進的、連續的創新，如洗衣機產品從半自動到全自動的創新。

根本性創新（也稱為重大創新）是指技術有重大突破的技術創新。它常常伴隨著一系列漸進性的產品創新和工藝創新，並在一段時間內引起產業結構的變化。

2. 產品創新和過程（工藝）創新

產品創新是指技術上有變化的產品的商業化。按照技術變化量的大小，產品創新可分成重大（全新）的產品創新和漸近（改進）的產品創新。廣義的產品包括服務（無形產品），因此，產品創新也包括服務創新，如網上銀行業務的推出。

產品用途及其應用原理有顯著變化者可稱為重大產品創新。如美國貝爾公司發明的電話和半導體晶體管、美國得克薩斯儀器公司首先推出的集成電路等，對人類的生產和生活產生了重大影響。重大的產品創新往往與技術上的重大突破相聯繫。如杜邦公司和法本公司首創的人造橡膠、杜邦公司推出的尼龍和帝國化學公司生產出的聚乙烯這三項創新奠定了三大合成材料的基礎。

漸進（改進）的產品創新是指在技術原理沒有重大變化的情況下，基於市場需要對現有產品所做的功能上的擴展和技術上的改進。如索尼公司取得巨大成功的「隨身聽」就是對原有錄音機產品的功能作了某些微小的變動或者對不同產品的功能進行重新組合開發出來的。我們不能輕視漸進或改進式的創新，正是這類創新，不斷地吸引大量的顧客，為企業產品開闢了廣闊的市場前景。

過程創新，也稱為工藝創新，是指產品的生產技術的變革，它包括新工藝、新設備和新的組織管理方式。過程（工藝）創新同樣也有重大和漸進之分。如煉鋼用的氧氣頂吹轉爐、鋼鐵生產中的連鑄系統、早期福特公司採用的流水作業生產方式以及現代的計算機集成製造系統等，都是重大的過程創新。這些過程創新往往伴有重大的技術變化，與採用新的技術原理相聯繫。另外，也有很多漸進式的過程（工

第三章　技術創新

藝）創新，如對產品生產工藝的某些改進，提高生產效率的一些措施，或導致生產成本降低的一些方法等。過程（工藝）創新與提高產品質量，降低原材料和能源的消耗，提高生產效率有著密切的關係，是技術創新中不可忽視的內容。

上述按技術創新內容和程度進行的組合可以用圖 3-2 進行顯示和分析。

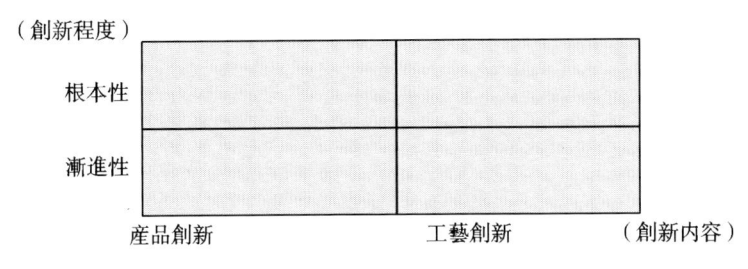

```
（創新程度）
根本性  ┌─────────┬─────────┐
        │         │         │
漸進性  │         │         │
        └─────────┴─────────┘
        產品創新    工藝創新    （創新內容）
```

圖 3-2　技術創新類型組合

除了以上兩種主要分類方法以外，還有根據技術創新的規模進行分類，分為元件層次上的創新和系統層次上的創新；從與環境友善的技術角度看，分為不使用和使用產生污染物的綠色產品創新，以及減少生產過程污染排放的清潔工藝創新等等。

二、技術創新的理論發展

近 70 多年來，技術創新的理論一直處於不斷發展的過程中。其中主要包括以下基本內容：

（一）技術創新的要素

影響技術創新的要素有：機會、環境、支持系統、創新者。四種要素相互作用、相互影響，如圖 3-3 所示。創新者是指能夠使創新結果商業化的企業家、科研單位負責人、政府計劃管理人員等，這些創新者根據市場需求信息與技術進步信息，捕捉創新機會，通過把市場需求與技術上的可能性結合起來，產生新的思想。新的思想在合適的經營環境與創新政策的鼓勵下（包括有吸引力的價格、公平的競爭、對技術創新的鼓勵政策等），利用可得到的資源（包括資金、科技人員、信息等）和內部的組織功能（研究開發、試製、生產、行銷），從而發展成技術創新。四種因素缺一不可，而其中創新者是最主要的。

（二）技術創新過程

技術創新總體而言是一個「在市場需求和技術發展推動下，將發明的新設想通過研究開發和生產，演變為具有商品價值的新產品、新技術」的過程。

1. 技術創新的鏈式過程

鏈狀模式（圖 3-4）適用於以技術推動為主、創新目標明確、市場需求和技術變化都不快的環境。主要的過程包括：首先由科學研究開始，特別是基礎研究與應用研究獲得新的設想或思想；其次，經過研究開發出模型、樣品及相關實驗數據，並為小批試製提供參數；再次，經過小批試製為設計生產線提供依據；最後，將新

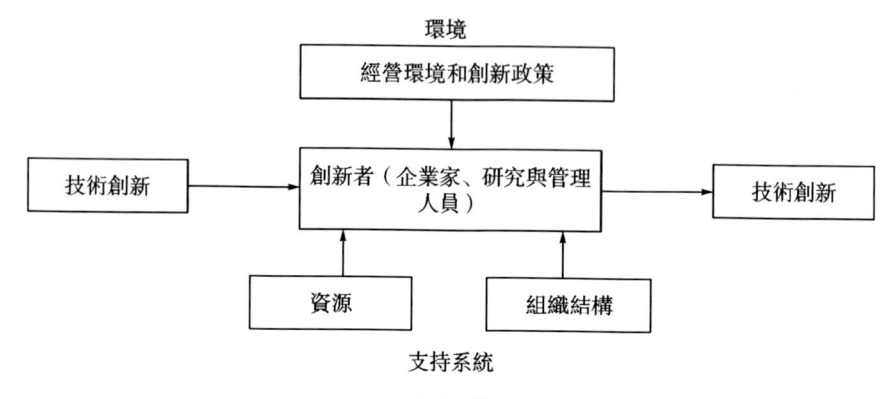

圖 3-3 技術創新要素圖

產品投入市場或將新工藝投入使用,並將成果擴散。

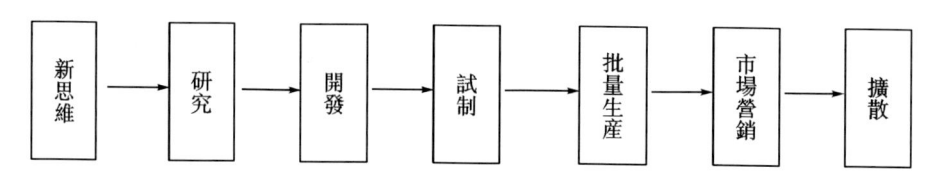

圖 3-4 技術創新的鏈式過程

2. 技術創新的複合環狀過程

技術創新的複合環狀過程（圖 3-5）主要適用於技術發展速度、綜合程度和複雜性日益提高、市場需求變化很快的環境。這種模式要求創新者在創新的每一個階段都密切注意環境的變化,尤其是科技的進展和市場需求的變化,據此確定和修改工作目標,並與其他階段相協調。組織結構和運行機制對該模式的效果具有重要的影響作用,該模式要求企業在具有較強的研究開發能力的基礎上,管理、行銷、生產的能力和財力也要具備一定的條件。

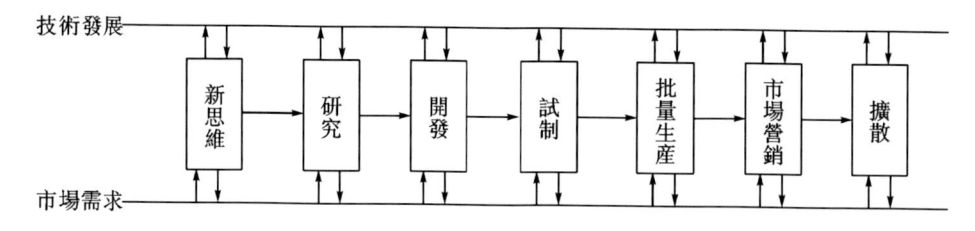

圖 3-5 技術創新的複合環狀過程

另外,從管理決策的角度看,技術創新又可以被認為是一個多階段的決策過程。美國學者 E. 羅伯茨把這一過程分為「確認機會、思想形成、問題求解、問題得以解決、批量生產的開發、技術的應用與擴散」六個階段,其中每一個階段都是根據不同的管理決策問題設計的。

第三章　技術創新

（三）技術創新的動力

1. 技術推動模式

技術推動模式是最早的創新動力模式。如圖3-6所示，該模式認為技術創新是由科學發展和技術發明推動的，研究開發是創新的主要來源，市場是創新成果的被動接受者，研究開發產生的成果在尋求應用過程中推動創新的完成。無線電、晶體管、計算機的發明導致的大量創新均為此類創新。有效利用技術發展的成果及相應規律可以促進技術創新的成功。

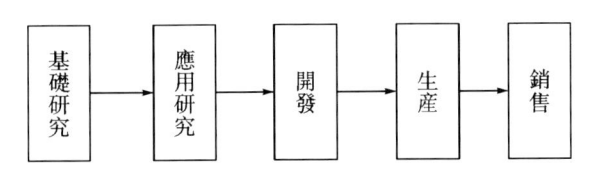

基礎研究 → 應用研究 → 開發 → 生產 → 銷售

圖3-6　技術推動模式

2. 需求拉動模式

20世紀60年代中期，人們通過對大量技術創新的實際考察發現：大多數技術創新不是由技術推動引發的，需求拉動起了更重要的作用。需求拉動模式（圖3-7）認為技術創新是市場需求和生產需要激發產生的。研究表明，60%~80%的創新是由市場需求引發的。因此，對企業而言，研究需求、有效通過需求拉動技術創新更為重要。

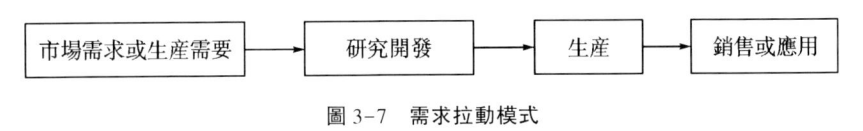

市場需求或生產需要 → 研究開發 → 生產 → 銷售或應用

圖3-7　需求拉動模式

3. 技術推動與需求拉動相結合的交互式模式

交互式模式是20紀70年代末到80年代初在綜合前兩種模式的基礎上提出的。該模式認為技術創新是由技術和市場共同作用引發的，同時強調研究開發與市場行銷組織間的意見交流、反饋具有重要的意義。各種研究與事實證明，加強技術的推動和市場的拉動在創新決策中的結合作用更有利於創新的成功。近年來，技術創新的發展主要以「並行開發」「注重與客戶、供應商的密切聯繫」和「橫向合作創新」為特點，技術創新的管理和組織更具有柔性，這些都為使產品更具有個性化創造了條件。

（四）動態的技術創新過程

一項重大的技術創新往往會帶動一系列後續的創新產生，這些創新可能對老產業產生重大的變革，甚至引發新產業的出現與成長。美國哈佛大學的阿伯納西（N. Abemathy）和麻省理工學院的厄特巴克（J. M. Utterback）將系列創新過程分為三個創新階段：不穩定階段、過渡階段、穩定階段（見圖3-8）。

39

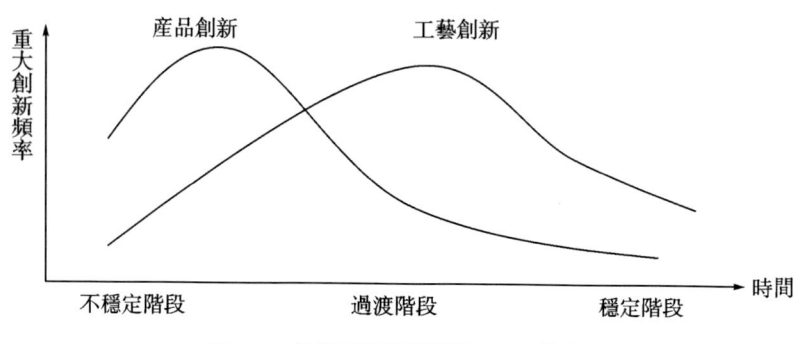

图 3-8　技术创新动态模型（A-U 模式）

不稳定阶段产品创新的频率较高，工艺创新较少，企业往往以潜在需求为市场目标，通过产品原理、结构等方式的改变使产品设计相应的功能不断完善。该阶段进入市场的产品类型、功能差异性大，制造工艺和生产组织不稳定，企业的 R&D 支出较高，但经济效益往往不显著。

过渡阶段产品的功能和基本结构经过市场和生产实践后已趋于成熟，产品的主导设计和标准已经确定，产品的创新频率大大下降。企业为了降低生产成本，提高经济效益，把创新的重点放在工艺创新上，工艺创新的频率迅速上升。

稳定阶段产品和工艺技术均已成熟，创新频率都较低，市场需求稳定，企业创新的目标在于进一步降低成本，提高质量，满足各类用户的差异性需求。稳定阶段的创新大多为产品和工艺的渐进性创新。

尽管 A-U 模式为我们理解企业个体与技术创新之间的关系、创新与组织之间的关系提供了线索，但该模式未能回答企业在成熟阶段后如何进一步创新的问题。要使企业在激烈的市场竞争中长期生存，就必须实现持续的技术创新，国内外众多成功企业的实践表明，完整的持续技术创新过程就是从产品家族创新到战略技术创新，经战略技术创新再到新的产品家族创新的多次循环过程。其中产品家族创新就是企业基于既定的技术范式，沿着特定的技术轨道进行的渐进的量变过程；而战略技术创新就是企业改变企业战略，寻找新的技术范式和主导设计的质变过程，其结果是企业从一个老的产品家族跃入另一全新的产品家族。

第二节　企业技术创新战略

企业技术创新战略是指企业对技术创新活动的总的谋划。企业技术创新战略主要解决企业技术创新的基本原则、根本目标和主要规划等企业技术创新经济活动中一些带有全局性、长远性和方向性的问题。企业所选择和实施的技术创新战略将对企业竞争力、发展前途产生重大而深远的影响。

第三章　技術創新

一、技術創新的戰略框架

（一）企業技術創新戰略內容框架

企業技術創新戰略主要是從宏觀上解決三類問題：①技術創新面向市場競爭採取何種態勢，是進攻型或是防衛型；②研究開發何種技術；③採用何種方式進行技術的研究和開發。由於技術創新戰略是按照企業實際情況制定的，各企業情況千差萬別，技術創新戰略也各不相同。因此，不存在普遍適用的企業技術創新戰略。下面僅對一般企業技術創新戰略給出一個參考規範，各企業要根據自身情況進行取捨、補充。

1. 企業外部環境和內部條件分析

企業內外部環境、條件分析是制定技術創新戰略的前提。在制定技術創新戰略之前要預測和分析技術發展、經濟和社會發展趨勢及機遇、挑戰；競爭者的情況和競爭壓力；企業總體戰略對技術創新戰略提出的要求，企業技術能力等。

2. 戰略目標

企業技術創新戰略目標可分為長期戰略目標和階段戰略目標兩類。

（1）長期戰略目標。長期戰略目標具有長期性、穩定性和超越性等特點。長期性是指所制定的目標須經過長期努力才能實現；穩定性是指所制定的目標保持相對穩定不輕易改變；超越性是指所制定的目標往往超過當前企業能力所能達到的水準。長期戰略的作用，一是指導企業長期奮鬥的方向，引導企業一步步達到較高的境界；二是使企業明確差距，激勵企業不斷努力，以逐步接近目標。

為了實現長期戰略目標，企業需要將其分解為具體的階段戰略目標。

（2）階段戰略目標。階段戰略目標是企業在中、近期內要達到的目標。和僅起指導、激勵作用的長期目標不同，階段目標必須在限期內實現，因此具有較強的可操作性。階段戰略目標通常包括：在預定期限內要達到的技術能力和技術水準，要進入的產業，要占領的市場和取得的市場份額等。

3. 戰略指導思想

戰略指導思想是實現戰略目標的基本思路，包括擬採取的基本技術路線、獲取技術能力的基本方式、實施戰略的基本策略等。例如，聯想集團在分析了企業內外環境、條件，衡量了自身能力以後，制定了「貿—工—技」的基本發展思路，即：第一步，通過做國外大計算機廠商的代理商等方式瞭解IT行業市場，學習市場行銷知識，累積開拓市場的經驗，建立市場行銷網絡；第二步，引進消化國外技術，進行局部創新，開始自主生產計算機等產品，並推向市場；第三步，開發擁有自主知識產權的產品，創立自己的品牌。聯想集團所確定的指導思想，成功地引導企業一步步走向成熟，成長為中國最大的計算機集團公司。

4. 戰略方案

戰略方案是在戰略目標和戰略思想指導下的行動方案。其基本內容有：

（1）戰略模式選擇：對可能選擇的戰略模式進行分析比較，選擇可行的模式。

（2）戰略性技術選擇：對企業主導性、基礎性技術做出定位和選擇。

（3）技術能力建設方案：從技術能力獲取、培養、運用等方面進行方案設計。

（4）技術支撐體系建設方案：對實現戰略目標所需要的技術支撐體系做出設計。

5. 戰略實施要點

戰略實施要點是實施戰略要抓住的關鍵和重點。企業技術創新戰略的實施通常要重視以下要點：

（1）戰略時機把握：對出現的技術機會、產業機會、市場機會等重大機會進行分析，做出對策。

（2）資源配置：對實施戰略所需要的資金、設備儀器、人力等做出規劃，確定基本來源和供給方式。

（3）人力資源開發：對人才引進、培養、使用等做出基本安排。

（4）運行機制設計：對技術研究開發機構內部、相關部門之間和技術活動環節間的基本運行模式、激勵方式等進行設計。

（5）技術創新活動的組織：對技術研究開發部門內部、技術部門與相關部門關聯的組織方式做出設計。

（二）企業技術創新戰略的分類

由於區別標準的選定和不同的分析角度，企業技術創新戰略有不同的分類標準。就創新經濟學主流而言，企業技術創新戰略主要有兩種不同的分類。

1. 從技術開發的角度分類

從技術開發的角度而言，企業技術創新可分為自主創新、模仿創新和合作創新三種基本戰略類型。

所謂自主創新，是指企業主要依靠自身的創新人力資源和技術資源進行研究開發，實現創新科技成果的商品化，並最終獲得市場的創新收益。

所謂模仿創新，是指在率先創新者的示範影響和利益機制驅動之下，企業通過合法手段（如通過購買專有技術或專利許可方式）引進技術，並在率先創新者技術的基礎上進行改造的創新模式。

所謂合作創新，是指以企業為主體，企業、高等院校或科研院所、政府相互或共同合作實現創新經濟活動的創新方式。

2. 從面向市場的表現分類

就企業面向市場的表現而言，企業創新戰略包括進攻型戰略、防衛型戰略和跟隨模仿型戰略。

（1）進攻型戰略。企業之所以採取進攻型戰略，主要是力圖在引入創新產品方

面領先於其他競爭對手,從而獲得市場領導者的地位。

（2）防衛型戰略。防衛型企業與進攻型企業的主要區別在於創新的性質和時間。防衛型企業既不願意成為行業或某領域率先創新者,也不願意成為一個落後者。其創新經濟活動主要表現為從早期創新者的經驗中學習,並期望從創新者成功開闢的市場中獲利。

（3）跟隨模仿型戰略。模仿者願意與創新者保持一段距離,並投入適量經濟資源於技術服務和培訓等,期望創新者成功後,模仿創新者的商品進入市場並獲取市場收益。

上述幾種戰略類型是企業技術創新戰略的最基本形式。各種戰略的特點見表3-1。在企業具體實踐中,往往根據不同的發展階段,選擇不同的創新戰略;並且愈來愈多的企業採用一種戰略為主、其他戰略為輔的組合戰略。

表3-1　　　　　　　　各種技術創新戰略的特點

戰略類型	有利性	不利性	適用範圍
自主創新	有利於建立自己的核心能力和優勢	開發投資大,週期長,風險大	技術開發能力強,經濟實力強或掌握了獨特技術的壟斷權
模仿創新	風險小,週期短,投資少	技術上處於被動地位,競爭力弱	與先進技術有差距,技術、經濟實力較弱,但有一定開發能力
合作創新	減少開發投資,縮短開發週期,分散風險	不能獨占技術,合作方有時形成競爭對手	開發難度大,投資大,風險大的技術領域,合作條件好的企業
進攻型	處於競爭的主動地位,可爭取新的領地	往往要付出很大代價,風險大	往往掌握了某種技術優勢,具備向已占領的技術和市場陣地進攻的能力
防衛型	風險小,代價小	往往處於競爭的被動地位	技術、市場地位較高,且穩固的企業
跟隨模仿型	風險較小,投資較少,若實施得當也可超過領先者	處於競爭劣勢地位,市場份額一般較領先者小	有較強的消化吸收能力,有一定開發能力

二、技術創新戰略模式選擇的基本步驟

（一）機會、目標及競爭態勢識別

在調查和掌握充分信息的基礎上,對技術機會、產業機會和市場機會進行鑑別;預測技術發展前景、市場規模大小、競爭者可能採取的行動;從而估計本企業的可能活動空間;明確本企業的發展目標和總體規劃及對技術發展的要求。

（二）能力評價

對本企業的技術能力及資源調動、運用能力進行評價,並與潛在競爭者進行比

較，鑑別本企業的優勢與劣勢。

（三）機會、目標與能力的匹配分析

技術、市場、產業機會是否能被企業利用，企業總體目標對技術的要求能否達到，取決於企業技術能力與將機會和要求變為現實的需求之間的匹配，例如，企業的技術能力能否解決關鍵技術問題等。企業要對這些匹配關係進行恰當的分析與判斷。

（四）基本戰略的選擇

在對機會、目標和能力深入分析的基礎上，對企業擬採取的基本技術戰略做出選擇。這是關鍵步驟，也是一個複雜而重大的決策。決策者要在錯綜複雜的眾多的往往是相互矛盾和相互牽制的因素中進行權衡。戰略選擇的一般規律見圖3-9。

企業熟悉市場的能力			
強	引進型技術創新戰略	聯合型技術創新戰略	進攻型技術創新戰略
	引進型技術創新戰略、漸進型技術創新戰略	聯合型技術創新戰略、模仿型技術創新戰略	進攻型技術創新戰略、防守型技術創新戰略
弱	漸進型技術創新戰略	漸進型技術創新戰略、模仿型技術創新戰略	防守型技術創新戰略
	弱		強
		企業技術能力	

圖3-9　企業技術創新戰略模式的選擇

（五）主要戰略部署的決策

在基本戰略選定後，還要就實施戰略的一些關鍵問題做出決策，主要有：

（1）技術定位，即對主要技術發展方向做出選擇；市場定位，即對企業擬占領的市場做出選擇；產業定位，即對擬進入的產業做出選擇。

（2）技術創新與技術進步的跨度選擇。

（3）時機選擇，即對技術開發、生產、推向市場的時機做出選擇。

（4）配套的組織與制度安排。

三、技術創新戰略的基本模式

（一）自主創新戰略

1. 自主創新的基本特點

（1）技術突破的內生性。自主創新所需的核心技術來源於企業內部的技術突破，是企業依靠自身力量，通過獨立的研究開發活動而獲得的，這是自主創新的本質特點，也是自主創新戰略與其他創新戰略的本質區別。自主創新技術突破的內生性有助於企業形成較強的技術壁壘，通過專利保護的形式從法律上確定自主創新者

44

第三章　技術創新

的技術壟斷地位，形成創新的集群現象和簇射現象。

如美國英特爾公司在計算機微處理器方面可謂是自主創新的典範，從1970年自主開發推出世界上第一塊微處理器Intel4004，到1973年推出Intel8080，後來又相繼推出Intel80286、Intel80386、Intel80486系列，至1994年推出風靡全球的Pentium微處理器，該公司始終掌握著最先進的、其他公司無法破譯的計算機微處理器的關鍵技術，確保了英特爾公司在國際微處理器市場中的霸主地位。

對某一企業而言，自主創新並不意味著要獨立研究開發其中的所有技術，只要企業獨立開發了其中的關鍵性核心技術，打通了創新中最困難的技術環節，獨自掌握了核心技術原理即可。輔助性技術研究與開發既可自己進行，也可委託其他企業和組織進行或通過技術購買解決。

（2）技術與市場方面的率先性。率先性雖然不是自主創新的本質特點，但卻是自主創新努力追求的目標。新技術成果是具有獨占性的，在技術開發的競爭中，真正法律上的成功者只能有一個，其他晚於率先註冊專利者的同類成果不僅不能受到專利保護，而且不能夠被合法使用。因此，在同一市場中，非率先性的自主創新是沒有意義的。技術上的率先性必然要求和帶動市場開發方面的率先性。自主創新企業能先於其他企業獲得產品成本和質量控制方面的競爭優勢，並通過制定產品的行業標準和技術規範來奠定自主創新企業在行業中穩固的核心地位。自主創新作為新市場的開拓者，能夠為企業帶來豐厚的利潤，因此，自主創新企業還應將市場領先作為努力追求的目標，以防止跟隨者搶占市場，侵占其技術開發的成果。

（3）知識和能力支持的內在性。知識和能力支持是創新成功的內在基礎和必要條件，在研究、開發、設計、生產製造、銷售等創新的每一環節，都需要相應的知識和能力的支持。自主創新不僅技術突破是內生的，且創新的後續過程也主要是依靠自身的力量推進的。同時，自主創新過程本身也為企業提供了獨特的知識與能力累積的良好環境，有效地提高了企業的研究開發能力。在自主創新過程中，一些輔助性工作或零配件可通過委託加工或轉包生產讓其他企業承擔，技術創新的主體工作及主要過程都是通過企業自身知識與能力支持實現的。此點與合作創新有根本性區別，在合作創新中，創新的推進是通過合作雙方（或多方）的共同努力進行的；合作群體中的任何一方都沒有能力獨自推動創新的進程。

2. 自主創新戰略實施應注意的問題

（1）自主創新戰略具有顯著的優點，但還應注意到其高投入和高風險性的特徵。為了獲得有效的技術突破，企業不僅需要有較大的研究與開發投入，而且還要擁有一支實力雄厚的科研人員隊伍。自主研究開發的成功率是相當低的，而開發產出在時間上又是高度不確定的，短則數月、數年，長則十幾年。為了有效降低這種率先探索的風險和產出的不確定性，自主創新企業往往需要進行多方位、多項目的複合投資，因此，自主創新研究開發投資的負擔和風險都是很高的。

（2）充分利用專利制度保護知識產權。自主創新企業的優勢在很大程度上是通

過自主研究開發，形成並掌握新的核心技術而建立的。能否獨占並控制其核心技術，是自主創新戰略能否奏效，達到理想效果的前提。要保證自主創新企業對新技術的獨占性，僅僅依靠技術的自然壁壘是遠遠不夠的，還必須求助於專利制度的法律保護。

（3）靈活恰當地進行技術轉讓。自主創新企業所開發的新技術一經授予專利，便成為企業合法的無形財富。自主創新企業既可保持對新技術的獨占性，也可對技術進行合理的轉讓。實踐表明，不轉讓、過早轉讓、過晚轉讓或向不恰當的對象轉讓自主開發的新技術對企業自身發展都是不利的。正確的技術轉讓策略應該是：在適當的時候、向適當的對象對所持有的新技術進行適度的轉讓。技術轉讓不僅可以使自主創新企業獲得豐厚的經濟回報，這種回報有時甚至能遠遠超過研究開發的成本投入，而且對改善產業結構，加速新興產業的發展，強化自主創新企業的競爭優勢，奠定企業在產業中的核心地位具有十分積極的作用。

此外，還應注意自主創新產品的自我完善，重視對創新後續環節的投入等等。

（二）模仿創新戰略

模仿創新的基本特點如下：

（1）模仿跟隨性。模仿創新的重要特點在於最大程度地吸取率先者成功的經驗與失敗的教訓，吸收與繼承率先創新者的成果。在技術方面，模仿創新不做新技術的開拓探索者和率先使用者，而是做有價值的新技術的積極追隨學習者；在市場方面，模仿創新者也不獨自開闢新市場，而是充分利用並進一步發展率先者所開闢的市場。模仿創新這方面的特點與自主創新及合作創新具有鮮明的區別，模仿創新戰略是不以率先而取勝的戰略，而是巧妙地利用跟隨和延遲所帶來的優勢，化被動為主動，變不利為有利的一種戰略。在某些情況下，這種跟隨和延遲是自然形成的，如在研究開發能力方面落後於率先者，對市場需求信息不敏感等等，致使模仿創新企業在起步階段落後於率先創新者，而不得不扮演追趕者的角色。許多模仿創新企業都屬於這種類型。如佳能公司對複印機新產品的開發，IBM 公司對於個人計算機的開發等。在某些情況下這種跟隨和延遲是模仿創新企業為迴避風險而故意發生或者造成的。如摩托羅拉公司在 RISC 芯片開發方面就故意延緩了其開發行動，待仙童公司、MIPS 公司、AMD 公司等率先開發的 RISC 芯片產品推向市場，用戶需求不斷增長，市場風險和技術風險等率先開發的風險大幅下降後，才推出了自己開發的 RISC 芯片。

（2）研究開發的針對性。模仿創新並不是單純的模仿，而應屬於一種漸進性創新行為。模仿創新並不是照搬、照抄率先者的技術，它同樣需要投入足夠的研究開發力量，從事其特有的研究開發活動。模仿創新的研究開發不僅僅包括對率先者技術的反求，還包括對率先者技術的完善或進一步開發，從而實現後來居上，在產品質量、性能、價格等方面建立自己的競爭優勢。與自主創新或合作創新不同的是：模仿創新的研發投入具有高度的針對性，能夠免費獲得的公開技術或能夠以合理價

第三章　技術創新

格引進購買到的技術不再重複開發，其研發活動主要偏重於破譯無法獲得的關鍵技術、技術秘密以及對產品的功能與生產工藝的發展與改進。相比較而言，模仿創新的研究開發更偏重於工藝的研究開發。

（3）資源投入的中間聚積性。模仿創新在資源投入方面，與率先創新有較大的區別。率先創新面臨著艱鉅的新技術和新市場開發的任務，必然要在創新鏈的前期和後期投入足夠的人力物力，因此，率先創新在創新鏈上的資源分佈較為均衡。在某些情況下，為了集中資源進行強勢投入，率先創新甚至會犧牲在創新鏈中段的投入，如美國的許多公司已將生產製造環節轉包給國外企業，在本國只保留研究開發和銷售部門。而由於模仿創新省去了新技術探索性開發的大量早期投入和新市場開發建設的大量風險投入，因而能夠集中力量在創新鏈的中游環節投入較多的人力物力，即在產品設計、工藝製造、裝備等方面投入大量的人力和物力，使得創新鏈上的資源分佈向中部聚積。這是模仿創新戰略的一個重要特點，也是模仿創新的優勢所在。

2. 模仿創新戰略實施應注意的問題

（1）正確認識模仿創新戰略的劣勢。模仿創新戰略在提高企業競爭力方面具有諸多的優勢，但同時也存在一些缺陷。

模仿創新戰略的主要缺點是被動性。由於模仿創新者不做研究開發方面的廣泛探索和超前投資，而是做先進技術的跟進者，因此，在技術方面有時只能被動適應，在技術累積方面難以進行長遠的規劃。在市場方面，被動跟隨和市場定位經常性地變換也不利於行銷渠道的鞏固和發展。

模仿創新戰略有時會受進入壁壘的制約而影響實施的效果。這種壁壘一方面是自然壁壘，如核心技術信息被封鎖，反求困難，模仿創新難以進行，率先企業先期建立的完備的行銷網難以突破等等。另一方面是法律保護壁壘，模仿創新有時會和率先者知識產權發生矛盾，產品技術受專利保護的率先創新企業會通過法律保護自身的利益，阻礙模仿創新的發生。由於這方面的原因，也使得模仿創新戰略的實施受到一定程度的影響。

（2）模仿創新與中國企業創新戰略選擇。從總體上看，模仿創新不失為中國企業現階段創新戰略的現實選擇，是中國大多數企業技術創新的優選戰略。其原因在於：首先，從資金方面看，目前中國企業創新資金投入明顯不足，且在近期內難有根本好轉。因此，在選擇創新戰略時，應特別要考慮降低風險，提高資金使用效率。而模仿創新就能夠有效緩解中國企業創新資金緊缺的局面。其次，模仿創新是與一定的經濟發展階段相適應的。大量的事實證明，模仿創新正是後進國家以最小的代價、最快的速度實現技術自立的現實途徑，是實現向自主創新過渡的必經階段。要提高社會總體技術水準，技術擴散與技術轉移起著十分重要的作用。模仿創新能夠將擴散活動與擴散總體的經濟效益緊密聯繫起來，成為目前最積極、最主動、最具效率的擴散方式。

（3）正確理解模仿創新與技術引進的關係。技術引進是模仿創新的重要途徑，但並不一定導致模仿創新。如在中國目前的引進實踐中，有相當部分的技術引進還只是引進生產能力，未能很好地對引進技術加以模仿複製，未能實現消化、吸收和二次創新。當然，模仿創新也不一定必須通過技術引進這一途徑，也需要自主的學習和創造。中國企業如何通過提高自身的快速反應能力、學習吸收能力和技術改進能力，實現跨越式發展成為值得深入研究的問題。

最後，關於妥善處理知識產權保護與模仿創新之間的關係問題，也應得到充分重視。在某些情況下，模仿創新和知識產權保護可能會發生一定的矛盾。模仿創新通常會涉及專利技術、技術秘訣、商標、著作權（含軟件），因此，要通過知識產權的合法交易，來保證模仿創新合法、有序地進行；由此，不僅保護了率先創新者的合法權益，而且也使模仿創新者的合法權益不被其他模仿者非法模仿。這一切，都有賴於政府、企業、社會協同努力來實現。

（三）合作創新戰略

1. 合作創新的必要性

當今世界全球性的技術競爭的不斷加劇，企業技術創新活動中面對的技術問題越來越複雜，技術的綜合性和集群性越來越強。即使是技術實力雄厚的大企業，也會面臨技術資源短缺的問題，單個企業依靠自身能力取得技術進展越來越難。因此，以企業間分工合作的方式進行重大技術創新，通過外部技術資源的內部化，實現資源共享和優勢互補，成為新形勢下企業技術創新的必然趨勢。

具體而言，合作創新可以縮短收集資料、信息的時間，提高信息質量，增加信息佔有量，降低信息費用。合作創新可以使創新資源組合趨於優化，使創新的各個環節能有一個比較好的接口環境和接口條件，從而縮短創新過程所需的時間。合作創新可以通過合作各方技術經驗和教訓的交流，集中各方智慧，減少創新過程中的因判斷失誤所造成的時間損失和資源浪費。合作創新能使更多的企業參與分攤創新成本和分散創新風險，從而為參與合作的企業贏得市場，帶來經濟效益，提高企業在市場競爭中的地位。

2. 合作創新的一般形式

由於合作創新的成功取決於很多因素，除技術與組織因素外，還包括市場特徵、公司文化、戰略考慮、人際關係等等，因此，合作創新也就有多種多樣的形式，如荷蘭菲利浦公司樂於採用合資方式，而中國企業顯示了各種合作創新的產、學、研合作方式。表3-2顯示了各種合作創新的形式及其優缺點。

第三章　技術創新

表 3-2　　　　　　　　　　　　合作創新的形式

合作形式	適用期限	優點	缺點
合同方式	短期	降低成本和風險 縮短週期	尋找費用 產品性能和質量
技術許可證	定期	引進技術 加快速度	合同費和約束
聯合研究 （產、學、研聯合）	中期	專場互補，設定標準 費用共擔	知識泄漏 相應多樣化
戰略聯盟	靈活的	優先承諾 獲取市場	潛在鎖定 知識泄漏
合資	長期	專用技術訣竅的互補 改進管理	文化不融合
創新網絡	長期	動態的學習潛力	信息交流的複雜性

　　表 3-2 介紹的幾種合作創新的方式各有其特點，企業必須根據自身需要，同對方在平等、互利的原則下，考慮兼顧各方面因素，因時因地制宜採用最合適的形式，同合作夥伴在技術、產品、市場等能力上達到優勢互補。如在合同方式中，麻省理工學院馮‧希伯爾教授提出的「領先用戶法」；日本製造商與供應商的合作創新模式都在實踐中得到了成功的應用。下面就進入 21 世紀以來日益重要的幾種合作創新方式予以簡單介紹。

　　(1) 聯合研究（發展）。聯合研究（發展）是指若干個組織在一個具體的項目上進行共同的研究（發展）。聯合研究可能存在多種形式，如美國較常用集中式，合作者同在一處進行工作；而歐洲企業較常用分散式，合作者分散在各單位定期進行交流；日本則兩者混用，並在汽車零部件、半導體隨機動態存儲器開發上得到了成功的應用。中國的產、學、研合作大多採用分散型，僅在一些由政府組織的重大攻關項目上採用集中型。對於中國缺乏研究力量的中小企業，依靠大學和研究院所在研究階段的合作與支持，具有十分重要的意義。

　　(2) 動態（戰略）聯盟。所謂動態聯盟是指多個企業之間或者特定事業和職能部門間，為實現某種共同的目標，通過公司協議和聯合組織等方式，將各企業的核心能力和資源通過信息網絡集成在一起，形成一個臨時性的開放的組織，來進行產品或技術的合作開發。在這個虛擬組織中，各企業各自負責整個項目的子任務塊，在自己的優勢領域獨立運作，並通過彼此之間的協調和合作達到整個項目的實現。動態聯盟中各企業完成項目後，該組織自行解散，各企業繼續參加其他的市場機會。

　　據統計，從 20 世紀 80 年代以來，西方發達國家企業間的戰略聯盟日益盛行。如戴姆勒—克萊斯勒公司與其競爭對手福特公司結成戰略聯盟，合作開發燃料電池汽車，戴姆勒—克萊斯勒擁有將燃料電池用於運輸車輛的技術，福特公司則在電動驅動系統上領先一步，兩家公司都不想獨自生產燃料電池，因此都從加拿大重要的

燃料電池生產商巴拉德動力系統公司購買技術，並都與巴拉德公司合作成立了一系列公司，這些公司使得兩大公司的經營業務得以進一步拓展。

第三節　技術創新管理

一、企業組織結構與技術創新

企業是由一系列職能部門構成的經濟組織，企業的組織結構必然影響到技術創新的效率，因此，技術創新如何與企業組織結構相協調，成為技術創新管理的一個重要議題。企業要成功地實現技術創新，企業組織結構必須具備下述功能：

（1）企業組織結構中各單元能有效地進行信息傳遞；
（2）組織結構能協調各個職能部門的創新活動；
（3）組織結構必須能有效激發員工的創新積極性。

下文將對常見的企業組織結構基本形式與企業技術創新的對應關係進行簡單的分析。

（一）直線職能式企業組織結構與技術創新

目前中國企業盛行的直線職能式組織結構是依職能而構建的，強調職能分工的專業化和信息的縱向聯繫。這種組織結構使企業上層易於實施創新戰略，而且研發部門獨立於其他部門之外，有利於研發管理。但是，該種組織結構對於技術創新特別是產品創新有較為不利的一面，首先，產品創新涉及多個部門，直線職能式組織結構難以使各部門有效配合；其次，各部門專業化程度高，剛性大，不利於對創新產生快速反應，或造成產品創新成果運用產生時滯。因此，要根據技術創新的要求及時調整企業組織結構。

（二）事業部型企業組織結構與技術創新

事業部型組織結構可按不同管理目標劃分為產品型、地區型和顧客型。它們共同的特點是：使企業具有戰略協調能力；增強了企業的創新能力。在該類組織中，信息在事業部內流動加快，對創新的反應能力增強，營運靈活性大大提高；多個部門創新、管理、生產的報酬獨立核算，既保證了總部的重大創新戰略和各事業部創新之間的協調，又保證了各事業部的靈活創新能力和創新優勢。但事業部型組織結構的弊端在於，它將創新過多地分散於各事業部，不利創新經驗的累積；同時加大了單個事業部的創新風險。

（三）矩陣型組織結構與技術創新

隨著市場競爭日益激烈，產品更新速度加快，對企業的應變能力和技術創新能力提出了更高的要求，矩陣式組織結構應運而生。該結構是把以項目或產品為中心的橫向直線型組織與傳統的以職能為中心的縱向直線型組織實行交匯組成的雙元權

第三章 技術創新

責結構,從而為一些複雜的和具有較大不確定性的任務的完成提供了更大的靈活性,有助於提高企業的創新能力。

它可以通過組成研究與開發項目小組達到事業部的效果。項目小組內信息傳遞暢通,有利於協調合作;而且能夠充分利用已有的創新,實行交匯,激發出創新意念。如在現代並行工程中廣泛應用的集成產品開發團隊,是指根據產品開發過程的複雜程度,將來自不同部門和不同學科領域的專業人員或與產品生命週期相關的技術人員組織起來,組成一個產品開發團隊。團隊成員之間協同工作,使產品開發過程順利進行。

最後,前面介紹的動態聯盟是矩陣式企業中項目小組的外部化,是跨企業形成的一種項目組,它的虛擬性、靈活性使它比矩陣式結構更具優勢,有利於縮短產品創新的時滯,減少創新成本。

(四) 組織結構與企業文化的匹配

為了更有效地促進技術創新活動,企業需要進行適度的組織創新,而進行組織創新的同時,還要考慮到組織結構與企業文化的相互匹配。只有當組織結構與企業文化相協調,彼此適應時,組織結構才會穩定,也才能有效發揮企業內部資源的功能,建立起高效的企業技術創新運行機制。因此,企業需要培育建立更高層次的、更富於創新精神的、與組織模式相匹配的企業文化。在企業文化沒有任何變化的情況下,不能盲目調整組織結構,尤其不能不切實際地趕時髦,企業應該致力於組織創新與企業文化相融合的組合創新活動。

二、基於核心能力的企業技術創新能力

(一) 企業技術創新能力構成

技術創新能力是企業從事技術創新活動的基礎,對技術創新的成效起著決定性的作用。從技術創新的過程來看,技術創新能力包括投入能力、研究開發能力、製造(生產)能力、行銷能力和創新管理能力。

1. 投入能力

技術創新是一種資源重新組合的經濟行為,因此,創新的投入是啓動創新和維持創新的基礎條件,創新的投入能力主要包括以下方面:

(1) 資金投入:研究開發、新產品生產準備、新產品行銷等所需資金的籌集能力、資金的運用能力。

(2) 人員投入:研究開發、新產品試製、新產品生產、新產品行銷所需要的設計、工藝和售後服務人員的招募、培訓、調配能力。

(3) 項目建設:研究、試驗、生產設施等項目的談判、採購、項目建設過程的組織與管理能力。

2. 研發開發能力

（1）技術選擇能力：跟蹤、預測技術發展動態、確定研究開發方向、選擇開發項目、識別技術問題的能力。

（2）解決技術問題的能力：應用現有技術和知識解決技術問題，通過研究開發新知識突破技術難題的能力。

（3）模仿能力：通過「反求工程」等方法模仿已有產品並加以改進的能力。

（4）創造能力：產生新發明、進行創造性新設計的能力。

（5）研究開發組織能力：分解技術問題、物色合作夥伴、監督檢查合作項目的能力。

3. 製造能力

（1）新產品試製能力：新產品試製所需設備、儀器、工具、材料準備與使用能力，新產品試製工藝制定與實施能力。

（2）新產品生產能力：廠房、設備的生產能力，工藝制定與實施能力，質量保證能力，對產品設計變更的應變能力。

（3）配套能力：原材料、零配件、部件的外部協作組織、實施、監督能力。

4. 行銷能力

（1）市場研究能力：市場調查與預測能力，對潛在市場的鑑別能力。

（2）市場開發能力：全新市場的開拓能力，擴大現有市場的能力，建立細分市場的能力。

（3）銷售能力：行銷體系建設和運作能力，售後服務能力。

5. 創新管理能力

（1）技術創新戰略管理能力：創新戰略制定、實施能力，企業家的決策能力。

（2）技術創新過程管理能力：創新計劃制定與執行能力，創新過程各環節內的管理能力，部門和環節協調能力。

（3）創新機制建立與運作能力：激勵機制的設計與實施能力，人員考核、獎勵和積極性調動能力。

（二）核心能力的概念和構成

1. 核心能力的概念

企業建立技術創新能力的本質意義在於創造競爭優勢。技術創新能力是多方面能力的集成，其中有些能力較易通過引入外部資源或模仿獲得，例如，製造能力中的設備生產能力可通過購置先進設備和對工人進行培訓獲得。但是，那些可以通過市場從外部引入或可以模仿的能力，並不能為企業提供長久的競爭優勢，因為競爭者既可以通過市場購買先進設備和先進技術，也可以通過「反求工程」仿造已有的產品。因此，在技術創新能力中真正能提供長久競爭優勢的能力才是最為關鍵的。基於這種認識，普拉哈拉德（Prahalad）和海默（Hamel）於 1990 年提出了核心能力的概念。

第三章　技術創新

核心能力是指使企業能在特定行業保持競爭優勢的基礎性能力。核心能力具有以下特點：

第一，富有企業特色，是企業獨特的能力；第二，是其他企業難以模仿的能力；第三，是基礎性的能力，它包含在企業內部技術、產品、理念、人員、組織和企業文化等層面中。基於這種能力，企業可以在一系列產品上獲得競爭優勢，並實現持續發展。

2. 核心能力的構成

關於核心能力的構成有多種觀點，這裡選擇其中較實用的一種予以介紹。核心能力由以下四個部分構成：

（1）職工的知識和技能。職工的知識和技能體現在各類職工的數量、文化水準、專業知識水準、知識面、技能累積水準等方面。

（2）技術體系。技術體系包括企業對某類技術的研究、開發、設計、工藝等子系統。

（3）管理體系。管理體系包括以下幾方面：系統的規章制度、活動規則、工作程序、組織結構、權力結構、組織控制、交流機制、分配制度、激勵方式與強度等。

（3）價值觀念與行為規範。價值觀念和行為規範涉及以下各方面：職工的理想、信念和追求、觀念和意識、精神、情感、道德觀、習慣與傳統、團結與協作等。

3. 核心能力各構成部分之間的關係

職工的知識和技能是基礎；技術體系依賴於職工的知識和技能，又影響知識和技能的獲取、變化、組織和發揮；知識、技能和技術體系決定和影響管理體系的效能，管理體系又決定知識技能和技術體系的組織狀態、發揮程度；價值觀念和行為規範則決定上述三個方面的形成、發展及發揮。這四個方面構成了一個互相關聯、互相影響、互相促進的有機整體。

（三）提高技術創新能力的途徑

提高企業技術創新能力的關鍵在於培育、形成企業的核心能力。核心能力的建設首先要從整體上進行規劃和設計，通過從外部引入與整合、自己培養等途徑累積基礎，建設起完整的體系。

1. 核心能力規劃

核心能力是支撐企業長久競爭力的基礎性能力，因而也是戰略性能力，它必須與企業長期戰略相一致。因此必須從戰略的高度對核心能力的建設進行規劃。核心能力規劃要明確以下幾個問題：

（1）目標：要進入（守住）什麼領域，占領什麼市場；

（2）方向：掌握什麼樣的關鍵技術；

（3）途徑：通過什麼方式形成核心能力。

2. 技術創新能力的外部引入

（1）引進—創新。從外部引進技術僅是為技術入門提供前提，引進其本身還不

是企業的核心能力。要形成企業核心能力，則必須通過引進、消化、累積知識和技能，在此基礎上進行創新，從而逐步形成特有的能力。

（2）合作—學習。技術合作包括合作研究開發、合作進行新產品生產或新工藝應用，比單純的技術引進更能培養本企業技術人員的知識、技能，因為技術人員可以介入技術活動過程。通過技術合作提高技術能力的關鍵是善於在合作中學習，通過學習，掌握知識、技能和方法，進而結合本企業實際開發出新的技術。

（3）購並—整合。通過收購、兼併的方式，企業不僅可以獲得被購並企業（或研究機構）的技術，而且連同掌握技術的人才也進入了本企業，是一種快速獲得新能力、進入新領域的途徑。通過購並獲得核心能力的關鍵在於做好併購後新舊企業能力的整合工作。並入本企業的機構雖然在組織上歸屬本企業，但在行為方式、文化等方面要真正融入本企業則需要一定的時間和要做一定的努力。因此，不僅要在組織上，而且要在技術、管理、文化諸方面使其並入機構與本企業相融合，真正成為本企業的有機組成部分。

3. 培養

（1）培訓。企業員工的知識、技能固然可以通過招募新員工得到補充和調整，但招募新員工只能影響知識和技能的增量。原有員工的提高則仍要靠培訓等方式解決，而且新招募的員工也要通過培訓，使他們的知識和技能與企業的實際工作結合起來。企業的培訓工作要在核心能力規劃指導下，有目的、有步驟地進行，使員工能適應企業發展的要求。員工的培訓還要分層次進行，對技術工人、技術人員、管理人員、高層決策者分別根據戰略和計劃需要進行技能、專業知識、管理知識的單項或多項培訓，要重視複合知識和技能的教育和訓練，以適應技術創新的需要。

（2）在實踐中學習。在技術創新理論中，「干中學」被認為是最重要的學習方式。「干中學」不僅包括企業員工在技術創新活動中累積知識、技能和經驗，增強處理實際問題的能力，而且包括企業內各級各類組織及整個企業在技術創新實踐中的學習，即組織的學習。通過技術創新實踐，組織可以學會如何提高本組織的效率，如何管理好本組織的人員和活動，如何協調與其他組織的關係等等，從而提高組織的能力。

4. 體系建設

企業要在職工知識技能體系、技術體系、管理體系和文化體系諸方面進行全面建設，從而建立和提高企業的技術創新能力。

三、企業技術創新系統的建設與管理

企業技術創新活動是一項複雜的系統工程，它不僅依賴於研究與發展部門、生產製造部門與行銷部門的協同運作、有效整合，而且要求企業建立完善的企業創新內部支撐系統。企業創新的內部支撐系統包含以下關鍵要素。

第三章 技術創新

1. 企業領導與企業家精神

企業家作為企業的經營者和企業的靈魂是技術創新的推動者,只有他們有能力通過技術創新,推出適應市場的新產品,從而提高企業的持續競爭力。企業家或高層領導參與技術創新的主要責任在於:熱情參與技術創新項目的選擇及投資決策,為技術創新安排合適的人選,保證技術創新所需的資源,在技術創新項目的「繼續與終止」決策和創新支出決策中發揮重要作用。

由此可以看出,企業家精神應體現在以下幾個方面:①創新意識,企業家要有靈活的經營思想,要有推動創新的魄力,要成為創新的倡導者和實幹家;②成就意識,創新過程中,企業家的回報來自於成就感,為取得創新的成功,要不怕挫折、困難,才能成就一番大事業;③機會意識,成功的企業家必須重視尋找和利用技術機會和市場機會,具有把握機會、快速反應的能力,這往往是創新成功的關鍵。

領導和參與技術創新活動的高層領導主要包括:公司總裁(CEO),CEO在制定技術戰略、選擇項目優先級和分配相應資源方面發揮十分重要的作用;其次是技術副總裁(CTO),CTO在技術創新中的作用已越來越受到重視。技術副總裁在企業中的具體職能是參與企業全局戰略的制定、指導企業技術戰略的制定、控制研究與發展資源的分配、領導研究與發展活動、致力於企業與外部技術組織之間的聯繫、監測和評估外部技術、決策企業在外部技術方面的投資等。企業若想在技術密集的現代社會中參與競爭,首要的任務就是將技術主管的地位提到一個相當的高度,以使他能夠與其他高層領導就企業總體戰略的制定和實施問題進行交流和協商,從而將企業的技術與總體戰略密切結合起來。

2. 研究與發展體系

研究與發展是技術創新的前提。一個企業要進行有效的創新,就必須具有合理的研究、試驗發展的佈局,以及與企業外部(研究所、高校)研究與發展力量的協同。研究與發展人員要接受加強市場意識的培訓,並且與事業部的技術人員經常交流。這樣,研究與發展人員在保持技術領先性的同時,與基層的創新保持著必要的聯繫。為了保證公司研究與各分廠、事業部的技術和知識交流,還必須改變公司研究與發展費用的負擔方式。例如3M公司研究中心的費用原來有2/3來自公司的撥款,其餘來自公司各事業部或外部客戶的合同,而現在75%的資金都來自於這些合同。這樣就既保證了公司與各事業部的技術和知識關聯,又加強了基層創新機構對公司一級創新機構的費用監督。

3. 教育培訓與人力資源

教育培訓的目的是為了提高和普及人們的知識水準,而知識是技術創新的前提,沒有高素質的研究與發展人員,企業技術創新就很難進行下去。在企業創新中,除了企業本身進行技術培訓外,還應重視技術培訓的外在化,即充分利用高等學校的優勢來培訓人才,並引進外部人才。

許多創新型企業普遍認識到技術創新的關鍵成功因素在於在創新的各個環節安

排合適的人員。有效的人力資源管理有助於管理者成功地實施創新戰略。人力資源部門的職能包括吸引、發展和獎勵有合適技能的管理者和員工，在獲取對技術創新極為重要的人力資源方面發揮重要作用。為創造和激勵一支成功的研究與發展人員隊伍，人力資源部門需要設計一套合理的政策，來確認、發展、評價和獎勵與企業的創新目標一致的活動。企業通過良好的聲譽或優厚的待遇吸引優秀的科技人員加盟，將其安排到合適的崗位，鼓勵他們盡快提高自己，以達到較高水準。激勵他們融入企業的組織群體中，並與他人分享企業成功所必需的信息、知識、技能和工作態度，引導他們走向明晰、激動人心的未來。

4. 資金供應與管理

資金供應是保證技術創新成功的另一個重要因素，包括對研究與發展、工藝創新和技術改造以及技術引進的財力支持。在許多企業中，資金都是一個瓶頸問題，許多企業制定了明確的戰略目標和詳盡的執行計劃，但卻不能提供足夠的資金，這是許多技術創新項目業績不好的原因之一。因此保證足夠的技術創新資金是非常重要的。

對美國企業的調查分析表明，不論哪個行業，凡是技術創新的投資率（研究與發展費用佔銷售收入的百分比）不低於 4% 的企業，都有明顯的高增長率。投資率在 3%~4% 之間的企業，其長期增長率在 80% 的時間裡不低於美國國民生產總值增長率的一半，而投資率低於 2% 的大企業的增長率明顯低於美國國民生產總值的增長率。最終的結果表明，那些在技術創新上投資率低於 3% 的企業只能維持現狀。因而，企業要發展必須以一定的技術創新投資作保證。

儘管如此，與其他投資不同，技術創新的投資具有更多的不確定性和特殊性，它的投資收益不與投資量成正比，多花了一倍的投資一定就得到多一倍的產出（如利潤、新產品）是不現實的。但是不進行技術創新也是不現實的。因此，既要能保證技術創新的順利進行，又要能保證企業的年收入（或利潤）不受影響，這就要求有一個合理的投資預算標準。通過對技術創新投資預算進行高標準定位，不僅投資預算易於制訂，更重要的是使投資更具經濟性。因此，要根據行業的不同特性保證充足的創新資金。

5. 完善的創新管理工具

創新管理工具指支持創新過程的有關方法、軟件系統和工具。系統和工具範圍很廣泛。一個組織究竟需要何種系統和工具要視該組織的情況而定，但任何一個組織都有一套專門服務於核心過程的系統和工具，包括：

（1）產品開發過程的支持系統和不同職能部門間的通信系統。

（2）有利於進行更快、更有效的產品開發的工具。

（3）設計質量的管理方法，用於創新過程自我分析和自我提高的方法。

軟件系統包括計算機輔助策劃系統（CIS，Computer-Aided Logistic System），計算機輔助設計系統（CAD，Computer-Aided Design），產品數據管理系統（PDM，

第三章　技術創新

Product Data Management）等等；技術工具包括支持工程的 DFx 技術（包括面向性能設計 DFP、面向裝配設計 DFM、面向製造設計 DFM、面向測試設計 DFT、面向成本設計 DFC 和面向服務設計 DFS）以及質量功能展開 QFD，快速原型化工具，製造設計法等。

國際互聯網（Internet）和企業內部網（Intranet）的發展使得企業獲取、分析、交流和發布信息的效率和效果大大改善。通過使用電子郵件、遠程登錄計算機、共享數據庫、新型電視會議、高級工作站技術，分佈於全球各地的研究與發展人員可以突破空間的限制，以「虛擬團隊」的形式共同開發項目。

6. 創新文化

與信息、資金與組織結構相比，創新文化對技術創新同樣具有重要作用。創新文化包括四個方面：價值觀、制度體系、行為規範、實物載體。

（1）價值觀是文化的根本特徵。當代創新文化應以企業家精神為核心，追求超前、開拓、變革、卓越的文化。創新文化決定著企業技術創新的價值導向。企業技術創新的規模、水準、重點以及方式往往由其價值導向決定。如日本索尼公司一直以「技術領先」為其創新文化的根本導向，其技術創新活動十分活躍，在電視機、數字音響等方面取得了世界領先的成果。

（2）創新文化得以運行，必須以一定的制度體系為基礎。與技術創新相關的制度包括研究與發展制度、人力資源開發制度等。3M 為在整個公司範圍內激勵創新的熱情，就推出了「15%規則」的創新制度。「15%規則」允許所有的技術人員將其工作時間的 15%用於自選課題，而不需要經過批准，管理者甚至無權過問。技術人員將這部分時間用於訪問其他實驗室或客戶。通常，人們將這部分時間用於幫助其他部門的同事解決問題。

（3）行為規範是文化的基本特徵與具體表現。創新文化在行為規範方面表現為企業家和企業員工理解創新、參與創新與重視創新，鼓勵與容忍失敗，對員工的背景（國籍、所在地區和家庭等）的尊重。3M 公司共有多達 45 個業務部門，但是管理者努力建立員工對整個公司而不是特定部門的強烈歸屬感。公司力圖使跨部門界限的技術人員互相幫助、共享項目和技術信息。這使得 3M 的許多業務部門的技術能夠很好地應用到其他業務部門。各部門的技術主管負責將他們的客戶的需求傳達給公司內所有的技術專家。公司有一句格言：「產品屬於業務部門，但是技術屬於整個公司。」

（4）實物載體是創新文化的客觀標誌，具有明顯的指導與示範效果。如許多創新型公司非常鼓勵個性化辦公室的建立、設立明顯的最佳創新員工標誌、建設企業創新產品的展示場地。這種場地向企業內外的人員開放，以建立企業員工對本企業創新產品的榮譽感。

7. 企業制度

技術創新要最大限度地發揮出經濟效益，還必須同時進行相應的一整套制度創

新。中國企業的技術創新實踐表明，包括產權體制、法人治理結構、科研體制、勞動人事體制、行銷體制、生產體制在內的企業制度建設是技術創新成功的重要保證。

本章小結

技術變革會經過發明、創新、擴散三個階段，技術創新是在經濟活動中引入新產品或新工藝，從而實現生產要素的重新組合，並在市場上獲得成功的過程。根據技術創新中創新對象的不同，技術創新可分為產品創新和過程（工藝）創新。

企業技術創新戰略主要解決企業技術創新的基本原則、根本目標和主要規劃等企業技術創新經濟活動中帶有全局性、長遠性和方向性的問題。企業技術創新分為自主創新、模仿創新和合作創新三種基本模式。

企業技術創新管理包括適應技術創新要求的組織結構調整；以提高核心能力為中心的技術創新能力的形成和培養；建立包含企業家、研究與發展體系、人力資源、資金、技術工具、創新文化和企業制度諸因素的完善的技術創新系統。

思考與練習

1. 什麼是技術創新？技術創新與發明之間的關係是什麼？
2. 技術創新有哪些類型？試分別舉例說明。
3. 影響技術創新成功的主要因素有哪些？
4. 聯繫某產業發展，論述該產業內技術創新的動力模式。
5. 企業技術創新戰略主要包括哪些內容？
6. 試比較自主、模仿、合作三種技術創新模式的優缺點，談談中國企業技術創新戰略模式的選擇。
7. 簡述企業核心能力的概念及構成。
8. 如何評價企業的技術創新能力？
9. 為什麼要重視技術創新的集成化管理，建立完善的企業創新系統？

第二篇 方法篇

第四章 技術項目現金流的構成

內容提要

對技術項目進行經濟分析，一般不使用會計的方法來描述項目的成本和利潤，而是通過分析現金流量來評價。技術項目的現金流往往發生在不同的時間點上，而由於資金具有時間價值，不同時間點上的相同貨幣金額並不等值，在計算時需要作相應的轉換。本章首先介紹了技術經濟分析中的現金流，然後分析了資金產生時間價值的原因，最後介紹了一套將不同時間點的貨幣換算到同一時間點的方法，從而使我們能夠對技術項目的現金流量進行定量評價。

第一節 現金流量

一、現金流的概念

現金流量是技術經濟分析的基礎，是對技術項目在壽命週期內的活動狀況的量化描述。

一般來說，不管是對宏觀經濟運轉過程還是對技術經濟項目的活動過程，都可以從物質形態和貨幣形態兩個方面來進行考察。從物質形態來看，經濟過程表現為經濟行為人使用工具、設備以及一定數量的能源，改變物質資料的形態和使用屬性，使其形成具有更高價值的物質形態。從貨幣形態來看，技術經濟過程的實質就是通過一定量的初始貨幣投入，以及一定的營運費用來獲取收益的過程。企業進行技術經濟活動的任何環節，都伴隨著貨幣的流動。技術的研發需要企業投入資金雇傭技

術人員、購買實驗設施、租用或購買實驗場所，技術轉化為產品的過程同樣需要企業購入原材料、雇傭工人，這些活動所帶來的是現金的流出。而企業通過產品或技術銷售、產權交易、證券投資等活動可以獲得收益，這些活動帶來的是現金的流入。我們把技術項目在各個時間點上實際發生的這種現金流出或流入稱為現金流。通過對技術經濟活動中的現金流入和流出情況整理，對數據進行恰當分析，我們就可以從經濟上判斷技術項目的效益及可行性。

有人把現金流比喻為支撐技術項目運行的血液，承擔著向技術項目輸送養分的任務，尤其是對於一些需要大量現金投入、很高的現金流動速度的行業來說，現金的時間規劃與流動的合理性更是決定項目成功的關鍵因素。因此，通過有效管理，使現金流在時間上合理分佈，以滿足技術項目的投資建設、生產營運以及庫存和銷售等活動的需求，在技術經濟分析中就顯得尤為重要。

二、現金流的分類

現金流是伴隨著技術項目的存在而存在的，根據技術項目的不同階段，可以把現金流分為三種類型，即籌資現金流、投資現金流和營運現金流。

1. 籌資現金流

技術項目往往以籌資活動為起點，然後進行相應投資，最後通過營運活動收回投資並獲取利潤。在整個壽命週期內，籌資活動是決定技術項目規模的根本因素，籌資的來源多、數量大，技術項目才可能大規模投資。籌資的來源包括企業自有資金累積、借債、權益資金籌集，以及獲取風險資金或戰略投資資金。其中通過借債資金需要在一定的時期償還本金和相應的利息，籌集權益資金需要按期向股東支付紅利。因此籌資活動中既包括現金的流入，又包括現金的流出。一般而言，在技術項目的起始階段，籌資活動意味著企業從外部獲取生產經營所必需的資金，現金主要表現為流入；在項目的結束階段，籌資活動表現為償還債務和利息、支付紅利或回購股份，主要表現為現金流出。

2. 投資現金流

技術項目的投資活動意味著企業向外部支付現金，以獲取生產營運所需的基礎設施、固定資產、無形資產以及遞延資產等。此外，企業使用一定量的資金進行長期投資也會產生投資現金流。投資現金流一般表現為流出，其數值為投資支出減去固定資產處置和長期投資收入。雖然從理論上講，在技術項目的整個壽命週期內都可能發生投資活動，但投資活動主要發生在項目的開始階段，而且，項目開始階段的投資產生的現金流出量往往大於營運活動所產生的淨現金流入，所以技術項目開始階段的淨現金流通常表現為負值。

例如，如果某生產性企業原處於市區的中心商業區內，土地使用成本很高，為節約成本，企業決定出售市區的廠房，在市郊的開發區內重建廠房，同時更新一批

第四章　技術項目現金流的構成

生產設備。在當年出售舊廠房獲得 10,000 萬元資金，投入 500 萬元進行設備更新，3,000 萬元購置土地建設新廠房，同時，出售老化設備獲得 50 萬元。其當年的現金流淨值就為 10,000+50-500-3,000=6,550 萬元。

3. 營運現金流

營運現金流也稱經營現金流，同樣也由營運現金流入和營運現金流出兩部分組成。其中現金流入指產品或服務的銷售所獲得的收益；而現金流出則由流動資產投資和營運活動中所產生的一系列費用構成。營運活動中產生現金流的活動較多，在技術經濟分析中，現金流分析的主要目的在於獲取某個時期的現金流入和流出的情況，從而通過一定的計算來評價技術項目的經濟可行性，因此將只考慮營運活動中能直接夠產生現金流動的活動。用 CF（Cash Flow）表示現金淨流量，CI 表示現金流入，CO 表示現金流出，則有

$$CF=CI-CO$$

其中，CI 和 CO 雖然主要表示技術項目營運過程中產生的現金流動，但其數量大小往往由行業特徵和投資額共同決定。有的行業一次性投資的數額不大，但日常營運所需要的流動資金量卻很大，如在日用百貨或家用電器零售業中，需要大量的現金進貨，資金的運轉速度也很快，所以一定時期內現金的流入都很大。而在一些經營週期較長、資金運行比較穩定的行業如投資性商業地產、農林業項目中，投資往往是一次性行為，資金需要的數量較大，收益是長期而緩慢的行為，營運過程中 CI 和 CO 的數值都較小。在技術經濟分析中，為了簡化起見，我們一般假設投資額越大，所帶來的淨現金流量就越大。

三、現金流的表示和簡單計算

現金流是反應技術項目是否健康運行的重要指標，在企業中，經常用現金流量表來總結前一段時期（通常為一年）的生產營運狀況，通過現金流量的大小考察企業經營活動的活躍程度，現金流量的正值或負值表示企業持續經營的能力。而在技術經濟分析時，我們主要考察的是技術項目壽命週期內每年的現金流量，在此基礎上形成現金流量的時間分佈，通常以現金流量圖將其表現出來。所以，在表示現金流時首先應該計算出各年的現金流量。

1. 年現金流量

年現金流一般由當年的投資支出、資產處置、長期投資收益、營運中的銷售收入、經營成本等構成。

【例 4-1】某企業擬投資一軟件開發項目，計劃第一年初投資額為 500 萬元，項目的壽命期為 5 年，預計每年的銷售收入和成本費用分別為 600 萬元和 400 萬元，每年提取的折舊為 100 萬元，上繳稅收的稅率為 20%，項目在第 5 年末殘值 30 萬元。計算各年的現金流量。

分析：項目的投資、成本費用和稅收構成現金流出、銷售收入和殘值構成現金流入，但折舊費需要從銷售收入中提取然後再計算應交稅收，而折舊費不構成現金流出，所以最後應該將其加回現金流入中。在不考慮年初的投資和壽命期末的殘值回收的情況下，每年的現金流量為：

年銷售收入	600
年成本費用	−400
稅前現金流	200
折舊費	−100
稅前利潤	100
稅金（100×20%）	−20
稅後利潤	80
折舊費	100
淨現金流	180（萬元）

由此，各年的現金流量可用下表表示：

表 4-1　　　　　　　　　某企業的年現金流量　　　　　　　　單位：萬元

年	0	1	2	3	4	5	合計
現金流入	—	600	600	600	600	630	
現金流出	−500	−420	−420	−420	−420	−420	
淨現金流	−500	180	180	180	180	210	430

由此可以看出，企業的軟件開發項目在整個壽命期內有正的現金流，各年的現金流分佈也比較均勻，對資金的需求沒有太大的波動。

如果技術項目在壽命期內各年的現金流不相等，也可以通過列表的方式來計算其現金流狀況。

2. 現金流量表

現金流量表是表示技術項目現金流分佈或變化的另一種方式，是對一定時期內企業營運、投資和籌資活動對現金產生的影響的全面報告。如果現金流量表的報告期為一年或一季度，對表中各項流入和流出的匯總就形成了當期的淨現金流。表 4-2 是某企業 2017 年下半年至 2018 年第一季度的現金流量表的摘錄。

表 4-2　　　　　　　　　　　現金流量表　　　　　　　　　（單位：元）

報告期	2018-03-31	2017-12-31	2017-09-30	2017-06-30
一、經營活動產生的現金流量				
銷售商品、提供勞務收到的現金	363,698,412	1,705,013,071	1,128,860,052	618,706,209

第四章 技術項目現金流的構成

表4-2(續)

報告期	2018-03-31	2017-12-31	2017-09-30	2017-06-30
經營活動現金流入小計	363,698,412	1,705,013,071	1,128,860,052	618,706,209
購買商品接受勞務支付的現金	358,804,395	1,494,795,230	1,015,576,689	554,296,436
支付給職工以及為職工支付的現金	14,058,322	48,692,537	50,236,458	32,025,357
支付的各項稅費	8,523,548	28,235,932	16,525,790	10,444,227
支付的其他與經營活動有關的現金	13,302,802	81,588,608	21,618,337	17,224,512
經營活動現金流出小計	394,689,066	1,653,312,307	1,103,957,274	613,990,533
經營活動產生的現金流量淨額	-30,990,654	51,700,764	24,902,778	4,715,677
二、投資活動產生的現金流量				
收回投資所收到的現金	——	466,542,778	205,264,000	83,750,000
取得投資收益所收到的現金	6,250,000	13,401,748	9,236,254	7,962,035
處置固定無形和長期資產收回的現金	253,647	543,000	350,257	203,564
收到的其他與投資活動有關的現金	——	83,884,604	50,640,000	——
投資活動現金流入小計	6,503,647	564,372,130	265,490,511	128,869,599
購建固定無形和長期資產支付的現金	36,056,255	404,566,709	225,256,458	114,258,660
投資所支付的現金	——	125,762,731	168,483,136	48,607,797
投資活動現金流出小計	36,056,255	530,329,440	418,805,213	187,106,095
投資活動產生的現金流量淨額	-29,552,608	34,042,690	-153,314,702	-58,236,496
三、籌資活動產生的現金流量				
吸收權益性投資所收到的現金	——	——	——	——
發行債券所收到的現金	——	——	——	——
借款所收到的現金	——	530,000,000	110,000,000	51,000,000
收到的其他與籌資活動有關的現金	——	2,541,773	——	——
籌資活動現金流入小計	——	623,420,785	110,000,000	51,000,000
償還債務所支付的現金	——	559,500,000	5,000,000	5,000,000
發生籌資費用所支付的現金	——	——	——	——
分配股利或利潤所支付的現金	——	——	——	——
融資租賃所支付的現金	——	——	——	——

表4-2(續)

報告期	2018-03-31	2017-12-31	2017-09-30	2017-06-30
籌資活動現金流出小計	2,085,235	571,248,847	9,681,257	8,560,042
籌資活動產生的現金流量淨額	-2,085,235	52,171,938	100,318,743	42,439,958
四、匯率變動對現金的影響	——	7,708	425,366	290,032
五、現金及現金等價物淨增加額	-62,628,497	137,923,100	-27,667,816	-10,790,830

由現金流量表我們可以看，現金流量主要由營運活動所生產的現金流、投資活動所生產的現金流，以及籌資活動所產生的現金流三部分組成。對於技術項目來說，可以通過詳細預測各年的投資與營運情況，估計出現金流動的總量，形成對技術項目進行經濟評價的基礎。

3. 現金流量圖

現金流量圖是在對技術項目進行分析時繪製的直觀反應項目的運行情況的有效工具，通過現金流量圖，我們可以簡潔地表示出現金流的性質（流動方向）、發生的時間以及數量的大小。典型的現金流量圖如下圖所示：

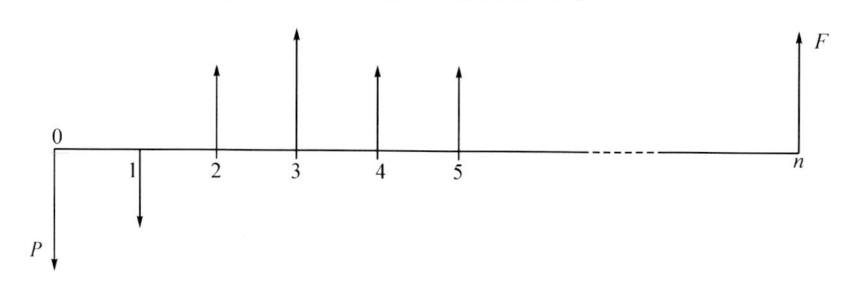

圖4-1 現金流量圖

為使現金流量圖更規範，便於直接觀察圖中現金流的性質和時間間隔，在繪製圖形時應遵循以下規則：

（1）現金流的起點時間為第0年，也就是第一年年初。時間標度為1的點表示第1年年末和第2年年初，標度為2的表示第2年年末和第3年年初。依此類推，標度為n的時間點表示第n年年末。這樣的表示法有利於計量資金時間價值時利息計算週期數的確定，比如要計算第0年的10,000萬資金在第n年年末的時間價值，計息週期數（利息期）就為n-0=n；同樣，計算第3年的10,000萬資金在第10年年末的時間價值，計息週期數就為10-3=7。原因在於從第0年到第n年年末期間正好有n個365天的時間長，第3年年末到第10年年末正好有7個365天的時間長。如果不約定所提到的第幾年是指年末或者年初，則可能發生混亂。

（2）在現金流量圖上，水準線表示時間，計算利息的週期數不能直接使用水準線上的時間標度來表示，必須計算利息所對應的兩個時間點之間的距離。

第四章 技術項目現金流的構成

（3）垂直方向上的帶箭頭的線條表示現金的流動，其中向上的線條表示現金的流入，向下的線條表示現金的流出，線條的長短表示現金流的大小。

第二節 現金流的構成

一、現金流出：投資、費用和成本

（一）投資

投資是技術經濟項目中的重要活動，投資所形成的現金流也是技術經濟分析中現金流出的重要組成部分。明確投資的含義以及投資所引起的資金變動和貨幣向實物形態的變動情況，有助於我們理解技術項目的運動規律。

1. 投資的含義

從廣義上講，所謂投資就是放棄一部分財產（可以是貨幣形態也可以是物質形態）現期的某些權利來獲取未來期的收益的行為。這裡面的投資涉及幾個重要要素，其一是投資行為必須建立在一定的財產權基礎上，有了這樣的產權基礎，投資的行為主體才能對財產進行某種方式的使用；其二是投資行為是以獲取未來期的更高收益作為激勵的，沒有對未來期的更高的財產價值的預期，投資者就不會放棄現期財產的部分權利。如我們將現在不花的貨幣存入銀行的目的是獲得一定時期後的本金和相應的利息，如果銀行不承諾支付利息，我們就會考慮將貨幣存放在如家中的保險箱之類的更安全、更便於提取的地方。其三是投資行為必然對一定財產權利的放棄，從某種意義上講，正是我們放棄了一部分財產權利，才使我們有理由要求獲得一定數量的收益率。如我們將貨幣財產用於購買股票，我們就放棄了自由地將貨幣財產作為他用（購買一件時尚的衣服）的權利，也放棄了隨意和免費地將財產轉化了現金的權利，即我們放棄了對貨幣的使用權和控制權。其四是投資行為往往伴隨著一定程度的風險，理論上講，任何投資行為都會有風險，投資購買股票有不能獲得紅利甚至不能收回本金的風險，投資於技術經濟項目中可能遇到市場萎縮而產品滯銷、原材料價格上漲帶來成本上升，從而使項目無法獲得預期收益的風險。決定投資行為的另一個因素是時間，這是決定投資所能獲取的收益率大小的重要因素，一般來說投資的期限越長，投資的風險就越大，我們所要求的投資回報率就越高，這也是銀行公布的存貸款利率隨期限的增加而增加的原因。

從經濟學上講，投資僅僅是指對生產要素的購買。從這個意義上講，企業購置土地、機械設備或雇傭勞動力進行生產的行為叫作投資，而個人為了以後更好地生活而將現期的收入存入銀行或用於購買養老基金的行為叫作儲蓄而不叫投資。在技術經濟分析中，我們將投資定義為企業在經營活動中為了保證生產經營活動的持續性而預先墊付資金的行為。企業墊付資金的目的可能在於購買土地、機械設備或者

雇傭勞動力，也可能在於增加流動資金的數量以增強經營的靈活性。

2. 投資所形成的資產分類

投資行為改變了資產的屬性或形態，或者將貨幣資產轉變為實物資產，或者將個人資產轉變為企業（公司）資產。在技術項目中，投資將資產的形態轉化為企業的固定資產、無形資產、遞延資產和流動資產等資產類別，這些類別資產的有效利用能為企業帶來必要的收入現金流。

（1）固定資產。區別固定資產與流動資產的標準既包括使用期限的差異，又包括其流動性上的差異。流動性即是指將資產轉變為現金的能力或速度，有時候也叫變現能力。一般來說，使用期限在一年以上的資產叫固定資產。固定資產的流動性較差，比如將一套房屋轉變為現金往往需要較長的時間去尋找合適的買家，其間可能還需要支付一定的仲介費用，並承擔資產價值隨著物價水準變動而變動的風險，因此進行固定資產投資往往需要一個比流動資產投資更高的收益率。固定資產的形態包括機器設備、廠房及其他基礎設施等，圖2-2說明了技術項目在固定資產中的投資以及常見的固定資產形式。

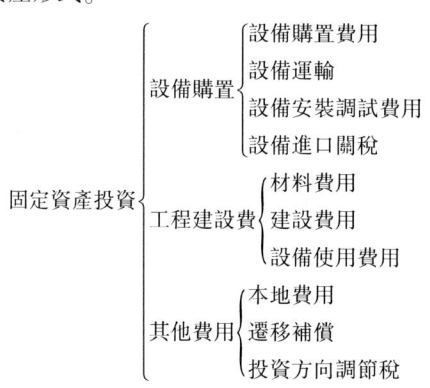

$$
\text{固定資產投資}\begin{cases}\text{設備購置}\begin{cases}\text{設備購置費用}\\ \text{設備運輸}\\ \text{設備安裝調試費用}\\ \text{設備進口關稅}\end{cases}\\ \text{工程建設費}\begin{cases}\text{材料費用}\\ \text{建設費用}\\ \text{設備使用費用}\end{cases}\\ \text{其他費用}\begin{cases}\text{本地費用}\\ \text{遷移補償}\\ \text{投資方向調節稅}\end{cases}\end{cases}
$$

圖4-2　固定資產投資

值得注意的是，固定資產的價值可以從多個角度進行評估，從不同角度評估所得到的數值具有不同含義。以固定資產購入時的價格衡量的價值叫作固定資產的原值；固定資產在使用期間，其原值減去累計折舊額叫作淨值；固定資產使用到期後進行報廢或其他方式的處置所獲得的價值叫作固定資產的殘值；在固定資產的使用壽命期內購置同樣資產所花的代價叫作固定資產的重置值。

例如，某企業在2007年年初花費25萬元購置了一輛商務汽車用於接送企業的員工，汽車的使用年限預計為10年，在2016年年末報廢，報廢時能回收1萬元資金。當汽車使用至2010年年初時，由於汽車生產技術的改進和汽車行業競爭的加劇，市場上出現了大量質量更優良、價格更低的汽車，致使購置同樣品牌和功能的汽車只需要花費18萬元。若企業決定將舊車出售，更換新車，舊車在市場上的出售價格僅為15萬元。在這種情況下，企業的這輛汽車在使用壽命期內的原值始終為

第四章 技術項目現金流的構成

25 萬元，使用期末的殘值為 1 萬元，在 2010 年年初的重置值為 18 萬元。由此可見，在評估技術項目中的資產價值時，使用不同的估價方式將會對資產的總價值量產生重大影響。

（2）流動資產。流動資產是指使用期限在一年內的資產，或者說是指能夠在一年內變現或者因為生產經營活動而被完全耗費，從而轉變為其他價值形態的資產。企業的投資可以轉變成的流動資產類型如圖 4-3 所示。

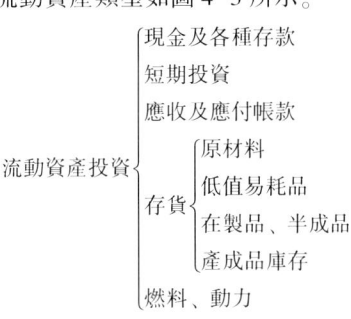

$$\text{流動資產投資}\begin{cases} \text{現金及各種存款} \\ \text{短期投資} \\ \text{應收及應付帳款} \\ \text{存貨}\begin{cases} \text{原材料} \\ \text{低值易耗品} \\ \text{在製品、半成品} \\ \text{產成品庫存} \end{cases} \\ \text{燃料、動力} \end{cases}$$

圖 4-3　流動資產投資

企業進行流動資產投資的目的要麼在於應付預期的較短時間之內的資金需求，如每月月底向員工支付工資；要麼在於應付計劃之外的資金需求，例如對於一家禽類藥物的生產企業來說，如果年內該地區發現禽流感，市場需求會急遽上升，企業就需要組織資金迅速購置原料來提高產量，以應對市場需求的變化。因為企業經營活動中有大量的易耗品需要在短時間內重複購買，所以流動資產投資的另一種目的在於及時購買經營活動所必需的流動性資產。

（3）無形資產。根據國際會計準則委員會的定義，無形資產是指可辨認的、無實物形態的非貨幣性資產。企業投資所獲得的無形資產需要滿足兩個條件：一是企業擁有完全的產權，能夠行使佔有、使用或者轉讓的權利，從而能夠將其用於生產、提供商品或勞務，或用於提高管理效率，以獲取收益現金流；二是無形資產和其他資產一樣，也存在著一定的存續期，其價值也可能隨著時間而變化。如國家對任何專利的保護都會設立一個保護期限，過了這個期限國家將不再保護專利技術的排他性使用權。正因為如此，一些企業為了更為長久地獨享專有技術帶來的收益，寧可自己採取措施防止專有技術的洩露而不願申請專利保護。由於無形資產價值隨時間而變化，所以我們在計算其價值的時間也和固定資產一樣，可以從不同的角度來評估。

根據無形資產的定義，我們可以歸納出無形資產的特徵表現為以下幾個方面：第一，無實體性。無形資產是「無形」的，是看不見摸不著的，不占或少占空間，它是無形資產最明顯的特徵，這一特徵使無形資產的功能作用不能在感性上直觀，只能在觀念上直覺。第二，收益性。企業擁有通過無形資產獲得收益的權利。無形資產能帶來收益的原因在於其功能上的高效性，即無形資產往往能給企業帶來高於

一般水準的收益。第三，獨占性，又稱壟斷性。這一特徵表明無形資產僅與特定的主體有關，在法律、契約、制度的保護下，禁止非所有權人無償取得。獨占性的存在在於無形資產生產的單一性，為此就產生無形資產價值確定的困難性和價格嚴重背離價值的必然性。圖4-4給出了無形資產的常見形式。

$$無形資產投資\begin{cases}專利和專有技術\\版權\\商標和商譽\\許可證\\專營權\\土地、礦山等資源的使用權\\銷售渠道\\客戶或供應商關係\end{cases}$$

圖4-4　無形資產投資

(4)遞延資產。遞延資產是指一次性支付了的，而又不能全部計入當期損益中，應當在以後年度內分期攤銷的各種費用。如企業的開辦費、一次性支付的以後多年的房租等。遞延資產投資的形式和以後收回投資的方式都與固定資產相同，都是通過一次性的現金流出獲取，然後從以後多年的收入現金流中取得補償。

3. 固定資產折舊

在技術經濟項目中，對於購入固定資產的投資，應在技術項目壽命週期內以收益的方式收回，這就要求按照財務會計的計算方法將固定資產的原始成本合理地分配到資產的各個使用期內，這就是固定資產的折舊。折舊數額的確定方法主要有直線法、工作量法和加速折舊法。具體使用什麼樣的方法由固定資產的物質特性和企業的經營思路決定。

(1) 直線法。所謂直線法又稱平均年限法，即是將固定資產的折舊成本平均分攤於資產的使用年限中的折舊方法。在直線折舊法中，每年提取的折舊額和折舊率都相等。其計算公式為：

$$年折舊額 = \frac{固定資產原值 - 預計殘值}{預計使用年限}$$

$$年折舊率 = \frac{固定資產年折舊額}{固定資產原值}$$

【例4-2】某企業為開拓移動通訊增值服務業務，於2005年購入一批價值30萬元的電腦設備，預計使用期為5年，5年後電腦設備的處置可以收回2,000元資金，若採用直線法提取折舊，每年應提的折舊費為：

$$年折舊額 = \frac{300,000 - 2,000}{5} = 59,600 元$$

直線法最大的優點在於計算簡單而且容易理解，因此是一種廣泛使用的方法。

第四章 技術項目現金流的構成

(2) 工作量法。工作量法是將固定資產應提的折舊額平均分攤到資產預計能夠完成的工作量上的一種方法。這種方法主要適用於那些使用壽命期隨著使用頻率的增加而下降、同時又能準確度量其完成的工作量的資產。其計算公式為：

$$單位工作量折舊額 = \frac{固定資產原值 - 預計殘值}{預計工作總量}$$

年折舊額 = 單位工作量折舊額 × 年工作量

【例4-3】某服裝公司購入一批價值100萬元的縫紉機械，預計使用期為5年，期末無殘值。由於在5年期內各年計劃的產量不同，因此對機械的損耗及由資產使用帶來的收益也不同，因此決定採用工作量法提取折舊。公司預計在未來5年內生產服裝的總產量為10萬套，各年的產量及折舊額如表4-3所示。

$$單位工作量折舊額 = \frac{100}{10} = 10 元$$

表4-3　　　　　　某服裝公司的折舊計算　　　　　　單位：元

年	單位工作量折舊額	年產量（套）	年折舊額	累計折舊額
1	10	15,000	150,000	150,000
2	10	20,000	200,000	350,000
3	10	25,000	250,000	600,000
4	10	25,000	250,000	850,000
5	10	15,000	150,000	1,000,000

(3) 加速折舊法。加速折舊法的本質是通過一定的方法使每年提取的折舊額逐年遞減，從而便於固定資產使用的時期多提折舊，後期少提。常用的加速折舊的方法有雙倍餘額遞減法和年數總和法兩種。雙倍餘額遞減法是根據雙倍的直線法折舊率和逐年遞減的固定資產淨值計算各年的折舊額的方法。在雙倍餘額遞減法下，

$$年折舊率 = 2 \times \frac{1}{預計使用年限}$$

年折舊額 = 年折舊率 × 固定資產的淨值

如在上例中，第一年的折舊率為 $\frac{2}{5}$，折舊額為 $\frac{2}{5} \times 100 = 40$ 萬元，第二年的折舊率仍為 $\frac{2}{5}$，折舊額為 $\frac{2}{5} \times (100-40) = 24$ 萬元，以後各年的計算方法同此。

而在年數總法折舊法中，

$$第 i 年折舊率 = \frac{總年限 - 已使用年限}{使用年限的總和}$$

年折舊額 = (固定資產原值 - 淨值) × 第 i 年折舊率

若固定資產的使用年限為5年，使用年限總和就為 5+4+3+2+1=15，第一年的

折舊率為 $\frac{5}{15}$，第二年的折舊為 $\frac{4}{15}$，依此類推，第五年的折舊率就為 $\frac{1}{15}$。

以例 4-2 中所列數據為例，使用直線法、雙倍餘額遞減法和年數總和法得到的各年折舊情況如表 4-4 所示。

表 4-4　　　　　　　　　　不同折舊方法的計算

年	折舊率			年折舊額（元）			累計折舊額（元）		
	直線法	雙倍餘額法	年數總和法	直線法	雙倍餘額法	年數總和法	直線法	雙倍餘額法	年數總和法
1	19.87%	$\frac{2}{5}$	$\frac{5}{15}$	59,600	120,000	99,333	59,600	120,000	99,333
2	19.87%	$\frac{2}{5}$	$\frac{4}{15}$	59,600	72,000	79,467	119,200	192,000	178,800
3	19.87%	$\frac{2}{5}$	$\frac{3}{15}$	59,600	43,200	59,600	178,800	235,200	238,400
4	19.87%	$\frac{2}{5}$	$\frac{2}{15}$	59,600	31,400	39,733	238,400	266,600	278,133
5	19.87%	$\frac{2}{5}$	$\frac{1}{15}$	59,600	31,400	19,866	298,000	298,000	298,000

值得注意的是，在雙倍餘額遞減法中，前面幾年的年折舊額是用年折舊率乘以固定資產的淨值（原值-累計折舊額），而不是乘以預計提取的折舊總額；同時，為保證將應提折舊金額足額提取，最後兩年往往使用直線法，即將倒數第二年年初的淨值減去殘值後，再平均分攤到最後兩年，得到各年應提取的折舊額。

使用加速折舊法的依據在於以下幾個方面：

第一，防止各年的帳面利潤產生太大的波動。由於企業的帳面利潤是從每年的收益現金流中減去折舊和固定資產的維修費用的結果，而固定資產在使用初期維修費用較低，後期維修費用很高，所以採用加速折舊的方法可以使花費在固定資產上的成本在各年較平均地分佈，以免引起企業帳面利潤的不正常波動。

第二，企業經營收益現金流受相當多的外部因素影響，技術項目後期的收益具有很大的不確定性，有可能出現收益現金流不足，從而無法提取折舊的風險，使用加速折舊法可以減少這樣的風險。

第三，加速折舊法可以推遲納稅。使用加速折舊法使技術項目在經營的前期利潤額較低，因而應繳納的企業所得稅也低，後期的利潤額較高，應繳納的所得稅較高。從現金流量上看，項目前期因為納稅而產生的現金流出量較低，後期較高，有助於提高資金的使用效率。

【例 4-4】某企業購入一批價值 12 萬的設備，預計使用期為 6 年，使用後無殘值，預計 6 年內每年銷售收入為 5 萬元，企業所得稅率為 33%，計算各年的折舊和

第四章 技術項目現金流的構成

企業所得稅如表4-5所示：

表4-5　　　　　　　　　　折舊方法與所得稅額　　　　　　　單位：萬元

年	銷售收入	年折舊額		所得稅額		當年利潤	
		直線法	年數總和	直線法	年數總和	直線法	年數總和
1	5	2	3.43	0.99	0.52	3	1.57
2	5	2	2.86	0.99	0.71	3	2.14
3	5	2	2.29	0.99	0.89	3	2.71
4	5	2	1.71	0.99	1.09	3	3.29
5	5	2	1.14	0.99	1.27	3	3.86
6	5	2	0.57	0.99	1.46	3	4.43

（二）費用和成本

在財務會計中，費用和成本是兩個不同的概念，成本是取得資產的代價，費用是取得收入的代價；成本是按一定的產品或勞務對象所歸集的費用，如生產成本或製造成本，費用是企業為銷售商品、提供勞務等日常活動所發生的經濟利益的流出，如管理費用、銷售費用等。但從現金的流動方向上看，不論是會計上的費用還是成本，都是指現金從技術項目系統內流出，因此我們在分析技術項目的經濟效果時不區分費用和成本，將其視為同一個概念。一般來說，技術項目營運初期的投資、營運期間的各項費用和稅金是現金流出的主要組成部分。

1. 費用或成本的構成

在一定時期內發生的總費用成本可以分為製造成本和期間費用兩大部分，其中製造成本又叫生產成本，是指與生產活動直接相關的成本，包括生產過程中的物資耗費和人員工資支出等。期間費用則是指一般管理活動所耗費的成本，包括支付給管理人員的報酬，管理活動所帶來的資金成本的支付和物資耗費等內容。其具體構成如圖4-6所示：

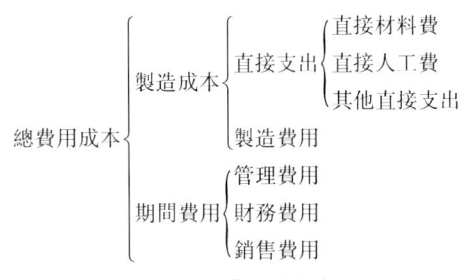

總費用成本 { 製造成本 { 直接支出 { 直接材料費 / 直接人工費 / 其他直接支出 } / 製造費用 } / 期間費用 { 管理費用 / 財務費用 / 銷售費用 } }

圖4-6　費用的構成

在圖4-6中，直接支出指發生在生成作業單位（廠房或車間）的直接費用，主要包括生成過程中所消耗的原材料、輔助材料、外購半成品、燃料動力等要素的費

用，以及支付給生產人員的工資、獎金、津貼。而製造費用則是指發生在生產單位的間接費用，是生產單位管理人員組織、管理生產活動時所產生的費用，主要包括生產單位管理人員的工資和福利、生產工人的福利費用、投入到生產過程中的固定資產的折舊費和維護費。

管理費用是指企業職能部門進行組織管理活動時所消耗的直接和間接的費用，包括職能部門員工的薪資和福利費用、投放在職能部門的固定資產的折舊費，以及管理人員工作中的消耗（辦公費、差旅費等）。

財務費用是指企業為籌集資金而發生的各項費用，包括利息、支付給銀行的手續費、支付給金融仲介機構的費用、外幣匯兌損失。例如企業在公開市場上發行股票籌集資金的過程中，會請金融仲介機構作為推薦人，支付給仲介機構的報酬就是財務費用。

銷售費用是指企業在銷售產品或向消費者提供勞務的過程中發生的費用，主要包括支付給銷售人員和售後服務人員的薪資和福利、銷售過程中的包裝運輸和庫存費用以及舉辦銷售推廣活動而支付的費用。

2. 其他的成本概念

我們在評價技術項目的經濟可行性時，如果只按照財務帳目的記錄列出項目的現金流並根據現金流做出最終評價可能會做出錯誤判斷，原因在於帳面的現金流出項中可能忽略了一些隱性的成本。這些隱性成本主要包括機會成本和沉沒成本。

（1）機會成本。機會成本是指一定的資源用於現有用途之外的其他用途所能帶來的最高收益。機會成本的存在源於資源的多用途性及其數量的有限性，一塊地可以用於開發房地產，也可以用修建運動場；10,000元的資金可以用於消費，也可以用於儲蓄以獲取利息收益，還可以投資於證券市場，但在特定的時間段，我們只能將資源使用到某一種特定的用途。當我們將資源用於某種特定的用途時，就意味著我們放棄了將其用於其他用途的機會，也就放棄了從其他用途中獲得收益的機會，這種放棄就形成了將資源用於特定用途的代價，即機會成本。對於任何一個理性資源的所有者來說，使用資源的目標是獲取最大的收益，因此我們把其他可能的用途中能夠帶來的最高收益作為資源的機會成本。

例如，如果企業使用自有資金1,000萬元和估價為3,000萬元的無形資產進行生產經營活動，在一年中產生800元的銷售收入，一年中總的營運費用700萬元，按財務帳目計算，可以得出企業的年利潤為800-700=100萬元。然而，如果1,000萬元資金轉為他用可以帶來10%的年收益率，3,000萬元的無形資產如果轉讓給他人也可以帶來5%的年收益率，那麼考慮到資源的機會成本，企業本年度經營利潤就應為800-700-1,000×10%-3,000×5%=-150萬元，企業實際上是虧損的。扣除機會成本後的利潤較真實地反應了企業的盈利狀況，一般來說，使用機會成本的概念有利於我們準確地判斷企業對資源的利用效率。

（2）沉沒成本。沉沒成本是指以前發生的，不會對未來收益狀況產生任何影響

第四章　技術項目現金流的構成

的費用。沉沒成本的例子很多，比如張先生花 500 元購買一張 2005 年 6 月 10 晚上 8 點的演唱會門票，但由於路上堵車在演唱會結束時也未能趕到現場，他沒有使用這張門票，但在門票上付出的 500 元資金雖然沒給他帶來任何收穫，也不再有價值，形成了沉沒成本。沉沒成本對於過去來說是實實在在地發生了的，即企業是付出了代價的，然而它不再對未來的經營活動產生任何影響。按照斯蒂格利茨的說法，「如果一項開支已經付出並且無論如何也不可能收回，一個理性的人就會忽略它。」然而很多人在做經濟決策時卻難以做到這一點，比如某商業企業 80 年代花 10,000 元購回一臺 12 英吋的黑白電視機準備出售，由於行銷策略失誤和中國電視生產技術的飛速提升，到 2005 年仍沒有銷售出去。其作為存貨資產的價值接近於零，但企業仍在財務帳目中按原值 10,000 元將其記為資產，作為企業總資產的一部分，這會對企業的營利能力產生負面的影響。

二、現金淨流入——銷售收入及稅金

技術項目的現金流入主要由銷售收入、投資收益以及資產轉讓和處置的收益組成，其中最主要的是銷售收入。在計算上，企業的銷售總量乘以價格就構成銷售收入，但銷售收入中包含了應納稅額，而稅金對於企業來說是一個現金的流出項。有時候不單獨把稅金作為現金流出的一個項目，在計算銷售收入所產生的現金流入時，應先將稅金扣出，得到技術項目的淨現金流入。將稅金從銷售收入中扣除的方法取決於應納稅金的性質和繳納方式，在中國，企業所應繳納的稅收主要有流轉稅、財產稅、資源稅、所得稅以及特定目的稅五類，下面簡單介紹一下技術項目中可能涉及的稅收內容：

（一）流轉稅

按中國稅法規定，流轉類稅是以商品生產、商品流通和提供勞務的流轉額為徵稅對象的稅種。流轉稅的計算基礎是企業營運活動中的銷售額或營業額，主要包括增值稅、消費稅和營業稅。

1. 增值稅

顧名思義，增值稅是以企業生產經營活動的銷售收入中增值的一部分為依據徵收的流轉類稅。增值稅的徵收對象為在中國境內銷售或提供加工、修理修配勞務，以及進口貨物的單位和個人。增值稅的稅率分為三檔：①納稅人銷售或進口貨物、提供加工或勞務，多數情況下適用的 17% 的標準稅率；②納稅人銷售或進口糧食、煤氣、自來水、書刊、飲料、農機、農藥等，適用 13% 的低稅率；③納稅人出口貨物，一般適用零稅率，通常的做法是納稅人先按規定的稅率繳納稅額，在出口業務完成後再到相關部門退回。

在具體計算上，增值稅採用購進扣稅法，即

應納稅額 = 銷項稅額 − 進項稅額

其中，銷項稅額＝銷售額×稅率，進項稅額則為購進貨物或應稅勞務時已交納的增值稅。例如，某企業購入一批價值200萬元的設備進行生產活動，按價外稅的方式另交了34萬元的增值稅，並依法取得了增值稅發票。經過正常的經營活動，在當期取得1,000萬元的銷售額，則應交納的增值稅為1,000×17%－34＝136萬元。

在技術項目中估計增值稅所帶來的現金流出時還應注意，如果企業已取得小規模納稅人資格，則可以按照簡易辦法和6%的低稅率交納。

2. 消費稅

在中國，對一些特殊商品在徵收增值稅的基礎上，還會另外徵收消費稅，主要目的在於調節消費結構，引導消費方向，並增加國家的財政收入。消費稅在有的國家屬於常用稅種，即對任何商品或勞務的消費都應交納，在中國現行的消費稅制，屬於特種消費稅，僅對少數品種的商品銷售和消費徵收。中國消費稅的稅率從5%～48%，共分15檔。目前應稅商品有20種，大體分為五類：①特殊消費品，如菸、酒、焰火等；②奢侈品和非生活必需品，如化妝品、貴重首飾和珠寶玉石等；③高能耗消費品，如摩托車、小轎車等；④不可再生稀缺資源消費品，如汽油、柴油等；⑤消費普遍、稅基廣，具有一定財政意義的消費品：如護膚護髮用品、飲料、汽車輪胎等。

3. 營業稅

營業稅是對有償提供應稅勞務、轉讓無形資產和銷售不動產的單位和個人，就其營業收入額徵收的一種稅。營業稅的納稅人是在中華人民共和國境內提供應稅勞務、轉讓無形資產或者銷售不動產的單位和個人。與其他稅種相比，其特點表現為：徵收範圍廣，稅源普遍；稅收負擔輕、稅負均衡，較好地體現了公平稅負的原則；政策明了，適用性強；計算簡單，操作方便，納稅人容易理解。

營業的計稅依據是提供應稅勞務的營業額，轉讓無形資產的轉讓額或者銷售不動產的銷售額，統稱為營業額。它是納稅人向對方收取的全部價款和在價款之外取得的一切費用，包括的稅率按不同行業可以分為幾個檔次：

（1）交通運輸業（陸路運輸、水路運輸航空運輸、管道運輸、裝卸搬運）；建築業（建築、安裝、修繕裝飾及其他工程作業），以及文化體育業、郵電通信業，稅率為3%；

（2）金融保險業、服務業、轉讓無形資產和銷售不動產，以及服務代理業、旅店業、飲食業、旅遊業、倉儲業、租賃業廣告業及其他服務業，稅率為5%；

（3）娛樂業，包括歌廳、舞廳、OK歌舞廳、音樂茶座、臺球、高爾夫球、保齡球、遊藝等，稅率為5～20%。

另外，在下列公益性強、收入水準較低而需要國家扶持的項目，可以免交營業稅：①托兒所、幼兒園、養老院、殘疾人福利機構提供的育養服務，婚姻介紹，殯葬服務；②殘疾人員個人提供的勞務；③醫院、診所和其他醫療機構提供的醫療服務，以及學校和其他教育機構提供的教育勞務，學生勤工儉學提供的勞務；④農業

第四章 技術項目現金流的構成

機耕、排灌、病蟲害防治、植保、農牧保險以及相關技術培訓業務，家禽、牲畜、水生動物的配種和疾病防治；⑤紀念館、博物館、文化館、美術館、展覽館、書畫院、圖書館、文物保護單位舉辦文化活動的門票收入，宗教場所舉辦文化、宗教活動的門票收入。除前款規定外，營業稅的免稅、減稅項目由國務院規定。任何地區、部門均不得規定免稅、減稅項目。

(二) 所得稅

所得稅又稱所得課稅、收益稅，指國家對法人、自然人和其他經濟組織在一定時期內的各種所得徵收的一類稅收。所得稅的特點主要是：第一，通常以純所得為徵稅對象。第二，通常以經過計算得出的應納稅所得額為計稅依據。第三，納稅人和實際負擔人通常是一致的，因而可以直接調節納稅人的收入。特別是在採用累進稅率的情況下，所得稅在調節個人收入差距方面具有較明顯的作用。對企業徵收所得稅，還可以發揮貫徹國家特定政策、調節經濟的槓桿作用。第四，應納稅稅額的計算涉及納稅人的成本、費用的各個方面，有利於加強稅務監督，促使納稅人建立、健全財務會計制度和改善經營管理。中國的所得稅按徵收對象分為個人所得稅和企業所得稅兩種，企業年得稅按徵收對象、徵收方式和稅率的差異又分為一般企業所得稅和外部投資企業及外國企業所得稅兩種。由於個人所得稅對技術項目的經濟評價不產生直接的影響，企業所得稅的支付是技術項目現金流中的重要流出項，所以這裡只介紹企業所得稅。

1. 企業所得稅

企業所得稅是對各類內資企業和組織的生產、經營所得和其他所得徵收的一種稅。中國現行的企業所得稅是 1993 年 12 月 13 日由國務院發布《中華人民共和國企業所得稅暫行條例》，從 1994 年 1 月 1 日起實行的。企業所得稅的納稅人為中國境內實行獨立經濟核算的各類內資企業或組織。具體包括國有、集體、私營、股份制、聯營企業和其他組織。徵稅對象為來源於中國境內的從事物質生產、交通運輸、商品流通、勞務服務和其他營利事業取得的所得，以及取得的股息、利息、租金、轉讓資產收益、特許權使用費和營業外收益等所得。

2007 年 3 月 16 日中華人民共和國第十屆全國人民代表大會第五次會議正式通過《中華人民共和國企業所得稅法》，自 2008 年 1 月 1 日起施行。企業所得稅的計稅依據為應納稅所得額，即納稅人每一納稅年度內的收入總額減除準予扣除的成本、費用、稅金和損失等項目後的餘額。但下列項目在計算應納稅所得額時，不得扣除：資本性支出；無形資產受讓、開發支出；違法經營的罰款和被沒收財物的損失；各項稅收滯納金、罰款和罰金；自然災害或意外事故損失有賠償的部分；各類捐贈超過扣除標準的部分；各種非廣告性質的贊助支出；與取得收入無關的其他各項支出。

企業所得稅的稅率有法定稅率和優惠稅率兩種。從稅率上看，法定稅率是 25%；符合條件的小型微利企業，減按 20% 的稅率徵收企業所得稅；國家需要重點扶持的高新技術企業，減按 15% 的稅率徵收企業所得稅。計稅公式為：

應納稅額＝應納稅所得額×稅率

其中，應納稅所得額＝收入總額−準予扣除項目金額

2. 外資企業所得稅

外商投資企業和外國企業所得稅是對外商投資企業和外國企業的所得稅徵收的一種稅。中國現行的外商投資企業和外國企業所得稅是 1991 年 4 月 9 日由第七屆全國人大四次會議通過並公布《中華人民共和國外商投資企業所得稅法》，從 1991 年 7 月 1 日起實行的。其納稅人為①外商投資企業，包括中外合資經營企業、中外合作經營企業、外資企業；②外國企業，包括在中國境內設立機構、場所，從事生產、經營和雖未設立機構、場所，而有來源於中國境內所得的外國公司、企業和其他經濟組織。香港、澳門、臺灣同胞和華僑投資興辦企業，視同外資企業繳納外商投資企業和外國企業所得稅的納稅人。計稅依據為應納稅所得額，即納稅人在中國境內設立的從事生產、經營的機構、場所每一納稅年度的收入總額，減除成本、費用和損失的餘額。

外商投資和外國企業所得稅實行比例稅率：①對從事生產經營的應稅所得，實行 30% 的比例稅率；另外按應納稅所得額徵收 3% 的地方所得稅，合計稅率為 33%；②對在中國境內未設立機構、場所而來源於中國境內的利潤、利息、股息、租金、特許權使用費和其他所得，或者雖設立機構場所，但上述所得與其機構、場所沒有關聯的，按 10% 的稅率徵收預提所得稅。

3. 企業所得稅的稅收優惠

目前中國的企業所得稅優惠政策包括以下幾個方面：

（1）國務院批准的高新技術產業開發區內的企業，減按 15% 的稅率徵收所得稅；新辦的高新技術企業自投產年度起免徵所得稅兩年。

（2）為了支持和鼓勵發展第三產業企業（包括全民所有制工業企業轉換經營機制舉辦的第三產業企業），可按產業政策在一定期限內減徵或者免徵所得稅。具體規定為：①對農村的為農業生產的產前、產中、產後服務的企業，其提供的技術服務或勞務所取得的收入，以及城鎮其他種類事業單位開展上述技術服務或勞務所得的收入暫免徵收所得稅。②對科研單位和大專院校服務各業的技術成果轉讓、技術培訓、技術諮詢、技術服務、技術承包所取得的技術性服務收入暫免徵收所得稅；③對新辦的獨立核算的從事諮詢業（包括科技、法律、會計、審計、稅務等諮詢業）、信息業、技術服務業的企業或經營單位，自開業之日起，第一年至第二年免徵所得稅；④對新辦的獨立核算的從事交通運輸業、郵電通訊業的企業或經營單位，自開業之日起，第一年免徵所得稅，第二年減半徵收所得稅；⑤對新辦的獨立核算的從事公用事業、商業、物資業、對外貿易業、旅遊業、倉儲業、居民服務業、飲食業、教育文化事業、衛生事業的企業或經營單位，自開業之日起，報經主管稅務機關批准，可減徵或者免徵所得稅一年；⑥對新辦的三產企業經營餐業的，按其經營主業（以其實際營業數計算）來確定減免稅政策。

第四章 技術項目現金流的構成

(3) 企業利用廢水、廢氣、廢渣等廢棄物為主要原料進行生產的，可在五年內減徵或者免徵所得稅。

(4) 企事業單位進行技術轉讓，以及在技術轉讓過程中發生的與技術轉讓有關的技術諮詢、技術服務、技術培訓的所得年淨收入在 30 萬元以下的，暫免徵收所得稅。

此外，可以享受所得稅減免的情況還包括：企業遇有風、火、水、震等嚴重自然災害，可在一定期限內減徵或者免徵所得稅；新辦的勞動就業服務企業，當年安置城鎮待業人員達到規定比例的，可在三年內減徵或者免徵所得稅；國家確定的「老、少、邊、窮」地區新辦的企業，可在三年內減徵或者免徵所得稅；高等學校和中小學辦工廠，可減徵或者免徵所得稅；民政部門舉辦的福利生產企業可減徵或者免徵所得稅；鄉鎮企業可按應繳稅款減徵 10%，用於補助社會性開支的費用。

(三) 資源稅類

中國目前的資源稅是對自然資源徵稅的稅種的總稱。資源稅的納稅人是指在中華人民共和國境內從事開採資源稅應稅礦產品及生產鹽的單位和個人。

資源稅實行的是地區差別、分類分級和幅度相應的定額稅率，現行的基本徵收標準如下表所示：

表 4-6　　　　　　　　　　資源稅稅目稅額幅度表

稅目	稅額幅度
原油	8~30 元/噸
天然氣	2~15 元/千立方米
煤炭	0.3~5 元/噸
其他非金屬礦原礦	0.5~20 元/噸或者立方米
黑色金屬礦原礦	2~30 元/噸
有色金屬礦原礦	0.4~30 元/噸
固體鹽	10~60 元/噸
液體鹽	2~10 元/噸

(四) 財產稅

財產稅又稱財產課稅，指以法人和自然人擁有的財產數量或者財產價值為徵稅對象的一類稅收。財產稅徵稅對象一般可以分為不動產和動產兩大類，不動產包括土地和土地上的建築物，動產包括有形資產 (如耐用消費品、家具、車輛等) 和無形資產 (如股票、債券、現金、銀行存款等)。目前世界各國對財產徵收的稅收主要有：房產稅、土地稅、固定資產稅、流動資產稅、遺產稅和贈與稅等。

財產稅的主要特點是：第一，土地、房產等不動產的位置固定，標誌明顯，作為徵稅對象具有收入的穩定性，稅收不易逃漏。第二，徵稅可以調節財富的分配，抑制財產過於集中於少數人的趨勢，體現社會分配的公正性。第三，納稅人的財產大多分散於全國各地，當地政府易於瞭解，便於因地制宜地實施徵收管理。因此，許多國家都將財產稅作為稅制中的輔助稅，劃入地方稅。現行稅制中的房產稅、城

市房地產稅和遺產稅（中國目前沒有正式立法開徵）等三種稅都屬於財產稅。

（五）特定目的稅

特定目的稅是國家為達到某種特定目的而設立的稅種。其特點主要有：第一、政策目的鮮明。例如，為了合理使用能源，促進企業節約用油，並加速以煤炭代替燒用石油的進程，開徵了燒油特別稅；為了促進產業調整和升級而開徵國定資產投資方向調節稅等。第二、政策目的超過財政目的。特定目的稅的實施成效，不以收入多寡而論，是其不同於一般稅種的一大特徵。第三、靈活性較大。在稅種設置、稅率設計、減稅免稅等方面，根據貫徹國家政策的需要適時調整，不是固定不變的，如燒油特別稅現已被並入消費稅。中國現行的特定目的稅主要包括：

1. 城鄉維護建設稅

在中國，為了加強城市的維護建設，擴大和穩定城市維護建設資金的來源，開徵了城鄉維護建設稅，其納稅人為繳納產品稅、增值稅、營業稅的單位和個人，以納稅人實際繳納的產品稅、增值稅、營業稅稅額為計稅依據，分別與產品稅、增值稅、營業稅同時繳納。

城市維護建設稅的稅率視納稅人所在區域而定，具體為：納稅人所在地在市區的，稅率為7%；納稅人所在地在縣城、鎮的，稅率為5%；納稅人所在地不在市區、縣城或鎮的，稅率為1%。

2. 固定資產投資方向調節稅

固定資產投資方向調節稅是以投資行為為徵收對象的稅種，有時簡稱投資方向調節稅，其目的是為了貫徹國家產業政策，控制投資規模，引導投資方向，調整投資結構，加強重點建設，促進國民經濟持續、穩定、協調發展，是典型的政策性稅收。其納稅人為在中華人民共和國境內進行固定資產投資的單位和個人，為固定資產投資方向調節稅的納稅義務人。

投資方向調節稅根據國家產業政策和項目經濟規模實行差別稅率，分為0%、5%、10%、15%、30%五個檔次。固定資產投資項目按其單位工程分別確定適用的稅率，稅目、稅率依照國務院所調整的《固定資產投資方向調節稅稅目稅率表》執行，對於稅目稅率表未列出的固定資產投資（不包括更新改造投資）行為，稅率為15%；除適用稅目稅率表中零稅率以外的更新改造投資，稅率均為10%。中國的《固定資產投資方向調節稅稅目稅率表》由國務院定期調整。

3. 土地增值稅

土地增值稅是對有償轉讓國有土地使用權及地上建築物和其他附著物產權、取得增值性收入的單位和個人徵收的一種稅。國務院於1993年12月13日發布了《中華人民共和國土地增值稅暫行條例》，財政部於1995年1月27日頒布了《中華人民共和國土地增值稅暫行條例實施細則》，自1994年1月1日起在全國開徵。土地增值稅的納稅人為轉讓國有土地使用權及地上建築物和其他附著物產權、並取得收入的單位和個人，徵稅對象和範圍是指有償轉讓國有土地使用權及地上建築物和其他

第四章　技術項目現金流的構成

附著物產權所取得的增值額。

土地增值稅的計算方法依據交易行為所帶來的收入額、扣除項目金額以及增值額、增值率的大小而確定，其中，增值額和增值率分別為：

增值額＝收入額−扣除項目金額

增值率＝增值額÷扣除項目金額

土地增值稅的稅率如表4−7所示：

表4−7　　　　　　　　　　土地增值稅的稅率

級數	增值額與扣除項目金額的比率（%）	稅率（%）
1	不超過50%的部分	30
2	超過50%～100%的部分	40
3	超過100%～200%的部分	50
4	超過200%的部分	60

三、現金流項目與會計上相關項目的差異

（一）會計收支與現金流量

按照中國的會計準則，會計在記錄銷售收入時多採用權責發生制，即只要企業與其他經濟主體間的交易已經發生，交易的金額已經約定，會計上就會記錄相應的收入或者支出。而現金流量考察的是現金實際的流入與流出，記錄現金的流入量或流出量是依據現金是否轉入企業內部或從企業內部轉移出去。只有這樣，在技術項目的分析中才能給資金計算時間價值，因為擁有所有權但不在企業系統內部的現金是不會給企業帶來時間價值的。

例如企業當年的銷售額為1,000萬元，其中200萬元還未收回，同時，企業與供應商約定，購買原材料的100萬元貨款在下一年度支付。會計上記錄的當年銷售收入為1,000萬元，當年銷售利潤為1,000−100＝900萬元。其中有200萬元為應收帳款，100萬元為應付帳款。而在技術經濟的現金流量記錄中，只記錄現金淨流入量為1,000−200＝800萬元。

（二）關於折舊費

在會計中，折舊費是作為使用固定資產的費用計入成本或者費用項目的，會計在計算企業的經營利潤時會從銷售收入中扣除折舊費的金額；而在技術經濟分析中，折舊費既不作為現金流入項目，也不作為現金流出項目，因為會計提取折舊的行為並不導致現金在企業系統內部和外部間的流動。因此如果要將會計中的利潤作為現金流入項目，應加上折舊費的金額。這也是在例2−1中計算現金流量時，最後又將折舊加上的原因。同樣，遞延資產處理中的攤銷也不計為現金流量。

（三）經營成本的概念

在技術經濟分析中，有時候會使用經營成本這個概念來表示現金流出，與會計中的成本費用相比，經營成本就是從總成本費用中分離出來的一部分費用，其數額為：

經營成本＝總成本費用－折舊與攤銷－借款利息支出

折舊和攤銷既不產生現金流出，也不構成現金流入，因此在計算現金流出時應從總成本費用中扣除。對於借款利息，它表示使用外來資金的代價，在支付的過程中形成現金流出，但由於考慮經營成本時往往不考慮資金的來源，因此借款利息也不計入現金流量。如果分析過程中必須考慮資金的來源，則在經營成本之外另列一個現金流出量來表示借款利息的支付。

【例4-5】某企業2017年取得500萬元的銷售收入，固定資產的折舊費為50萬元，發生的其他費用為300萬元，償還銀行利息50萬元，所得稅率為33%。分別計算企業所取得的利潤和當年的淨現金流量。

2017年的會計利潤：

年銷售收入	500
當年費用	−300
借款利息	−50
稅前利潤	150
折舊費	−50
稅前利潤	100
稅金（100×33%）	−33
稅後利潤	67（萬元）

即企業2017取得的利潤額為67萬元。而當年的淨現金流量而為：

年銷售收入	500
當年費用	−300
借款利息	−50
稅前現金流	150
折舊費	−50
稅前利潤	100
稅金（100×33%）	−33
稅後利潤	67
折舊費	50
借款利息	50
淨現金流	167（萬元）

第四章　技術項目現金流的構成

本章小結

　　現金流量是技術經濟分析的基礎，是對技術項目在壽命週期內的活動狀況的量化描述。現金流量在技術項目運轉過程中起著十分重要的作用，有人認為現金流量就像是人身上的血液，為項目的發展提供動力。

　　根據來源和用途的不同，現金流量可以分為籌資現金流、營運現金流和投資現金流。

　　在技術項目中，可以使用圖示法和表格法來表示現金流的具體狀況，但不管使用什麼方法表示，現金流的構成都是不變的，主要都包括流入和流出兩部分。其中現金流入主要由銷售收入構成，現金流出主要由投資、費用或成本，以及稅金構成。

思考與練習

1. 什麼是現金流？你能舉例說明現金流在技術項目營運中的重要作用嗎？

2. 固定資產折舊的方法有哪些，各有什麼樣的特點？

3. 某企業購入一批設備，價值 1,000 萬元，預計使用期為 10 年，第 10 年末的殘值為 50 萬元，試分別使用直線折舊和加速折舊的方法計算其各年的折舊額。

4. 什麼是經營成本？在技術經濟分析中引入經營成本概念的目的是什麼？

5. 某企業欲向銀行借款 1,000 萬元，借款期為 3 年，銀行提出了兩種借款方案，甲方案為年利息 6%，按月計複利。乙方案為年利息 6.15%，按年計複利。問企業會選擇哪種方案？

第五章　資金的時間價值

內容提要

　　技術經濟分析中的現金流是發生在不同時間點上的現金序列組成的，而我們從直覺上也能意識到，不同時點上的相同數量的資金是具有不同的價值的，即資金價值不僅應從數量上考察，還應從時間上考察。因此，一般情況下，在對現金流進行計算時，我們不能將發生在不同時點上的現金流量進行簡單的加減，而應該將不同時點上的資金折算到同一點上，然後進行相應的計算。這就需要確定一個時點上的資金折算到另一個時點的利息率（簡稱利率）。本節先介紹資金時間價值或利率產生的理論依據，然後分析利息和利率的表示方式，最後介紹幾種常見的現金流的時間價值計算方法。

第一節　時間價值的含義

　　資金具有時間價值是對資金進行利率計算的理論基礎。資金時間價值產生的原因以及影響資金時間價值大小的因素都很多，既包括人們主觀的對財產（貨幣的和非貨幣的）的時間偏好，也包括宏觀上的市場供求狀況。

一、資金時間價值的依據

　　在經濟學中，對資金為什麼需要取得利息即資金為什麼具有時間價值這個問題存在著多種不同的解釋，歸結起來有以下幾個方面：

第五章　資金的時間價值

（1）人們主觀上對「現在財產」和「未來財產」有著不同的評價，即人們對現在消費一定量的商品和未來消費同樣數量的商品具有不同的偏好，因此會認為現在同量財產與未來的同量財產具有不同的價值。產生這種心理預期的原因可能在於：第一，如果人們普遍認為未來經濟會發展，未來的收入總量會比現在高，那麼未來的一單位財產所能帶來的滿足就沒有現在的一單位財產所能帶來的滿足感強。第二，現在的財產如果不消費而是儲蓄起來，可以在將來帶來更多的財產。實現這種財產增值的途徑很多，可以是有意識的投資行為，有的時候甚至可以是一種自然現象，例如現在的一棵樹如果不砍掉，未來可以產生出更多數量的木材。第三，現在財產比未來財產具有更強的現實性，對現在財產的佔有與消費不具有風險，而未來財產的獲得卻有較強的不確定性。

（2）生產性資金的獲取來自於人們的儲蓄，而人們的儲蓄行為是忍耐和放棄現期消費的結果。人們的忍耐是一種心理代價，需要獲得一定的補償，即需要獲得未來時期的數量更多的財產才能激勵人們放棄現期的消費。

（3）從資金的需求角度看，因為資金投入到生產經營過程中會帶來更高價值的財產。因此，資金的借貸者才願意通過資金的生產性使用，在獲得一定的收益後，從生產性收益中拿出一部支付給出借資金的人，作為使用資金的代價。

二、時間價值的決定的因素

我們通常用利息率來表示資金時間價值的大小，決定利息率大小的因素包括以下幾個方面：

1. 市場供給與需求量的大小

在古典經濟學中，利息率是資本需求與資本供給達到均衡時的價格。資本的需求取決於資本的生產能力，即企業應用資本進行生產所能帶來的利潤的高低，如果社會上可供投資的機會多，資本帶來的利潤就高，企業就願意支付更高的代價（利息）來獲得資本。資本的供給來自於居民和企業和儲蓄，供給量的大小由人們的時間偏好、「節儉」等心理或行為決定。從現在的觀點上看，決定資本供求數量的因素遠不止這些，因此資本（或資金）供求數量只是影響利率的因素之一。

2. 風險

從資金的供給角度看，利息是資金所有者在一定期限內放棄資金的控制權所索取的代價。例如居民將資金存放在銀行並不失去資金的所有權，但在約定的期限內沒有自由使用這部分資金的權利，作為交換的條件，銀行承諾存款到期後，支付給居民一筆高於本金的資金。在這種交易過程中，提供資金的一方叫作債權人，借入資金的一方叫作債務人。然而，任何交易行為都可能具有風險，債務人可能因為經營不善而倒閉，從而無法向居民支付資金的利息甚至本金。對於收回資金和利息可能性的交易，債權人可能會索要較低的利息率，對於違約可能性大的交易，債權人

索要的利息率就較高。

3. 通貨膨脹

通貨膨脹是指總體價格的持續上漲，它影響到相同數量的資金在不同時點上的購買能力。而人們獲得利息的目的是想得到更高的消費能力，即保證自己在投資結束時收回的本金和利息所能購買到的商品數量比本金在投資初期能購買的商品數量要多。所以，如果投資者預期在某一個時期內存在通貨膨脹，將會索要一個更高的利息率。

4. 期限

利息率還會隨著計息期限的長短而變化，例如總期限為一年的一年期利率就比總期限為五年的一年期利率要低，存在這種現象的根本原因在於上面提到的風險和通貨膨脹因素。一般來說，投資的期限越長，投資者收不回利息和本金的風險就越大，發生通貨膨脹的可能性也越大，所以需要一個較高的利息率才能使投資者出借資金。下面的表5-1是中國人民銀行2018年6月規定的中國各商業銀行執行的各種期限的利率水準，反應了利率水準隨期限的增加而增加的現象。

表 5-1　　　　　　中國銀行人民幣存貸款利率表（年利率）

金融機構人民幣存款基準利率	年利率（%）
一、城鄉居民及單位存款	
（一）活期	0.3
（二）定期	
1. 整存整取	
三個月	1.35
半年	1.55
一年	1.75
二年	2.25
三年	2.75
五年	2.75
2. 零存整取、整存零取、存本取息	
一年	1.35
三年	1.55
五年	1.55
3. 定活兩便	按一年以內定期整存整取同檔次利率打6折
二、協定存款	1
三、通知存款	.

第五章　資金的時間價值

表5-1(續)

金融機構人民幣存款基準利率	年利率（%）
一天	0.55
七天	1.1
一、短期貸款	
六個月（含）	4.35
六個月至一年（含）	4.35
二、中長期貸款	
一至三年（含）	4.75
三至五年（含）	4.75
五年以上	4.9

三、資金時間價值的表示——利息和利息率

（一）利息與利息率（利率）

利息和利率都是與一定的時間期間相對應的，利息是投資者經過一段時間的投資後獲得的報酬總額，利息率則是利息與資本金的比值。如果以 P 表示資本金或者現值，F 表示資金在投資期末的本利和或終值，以 I 表示利息的總和，i 表示利率，則有：

$$I = F - P$$

$$i = \frac{F-P}{P} \times 100\%$$

例如，若某企業在2017年年初投入500萬元的資金進行短期投資，到6月末本金和收益共為505萬元，到年末收回本金和20萬元的收益。則這筆投資在前6個月獲得的利息為5萬元，利息率為 $5 \div 500 = 1\%$。在一年期裡，這筆投資獲得的利息為20萬元，利息率為 $20 \div 500 = 4\%$。

在計算利息時應注意利息率所對應的計息週期，計息週期是指利率所對應的時期長度，如果是年利率，其計息週期就為一年，如果是月利率，計息週期就為一個月。在技術經濟分析中，利率週期一般為一年，如果需要按其他週期計算時間價值，則可以根據已給出的年利率作相應的換算。例如，如果已知年利率為6%，需要按月計算利息，就可以直接得到月利率為 $6\% \div 12 = 0.5\%$；如果需要按季度計算，同樣可直接得到每季度的利率為 $6\% \div 4 = 1.5\%$。

在對資金進行時間價值計算時，計算的時間長度往往與利率所對應的時間長度（通常為一年）不一致，我們把計算時間價值的時間長度除以計息週期的值叫作計息週期數，用 n 來表示。如假設一次投資的持續時間為3年，利率按年利率給出，

則計息週期數 $n=3$；利率若按月給出，計息週期數 $n=36$。

(二) 單利和複利

1. 單利

所謂單利，指的是在整個利息的計算期內獲得的利息不再支付利息，所有利息和本金在投資期末一次性支付的計息方式。如果投資的期初價值（現值）為 P，投資的年利率為 i，有 n 個計息週期，則投資的期末價值（終值）為：

$$F = P + n \times P \times i = P(1+n \times i)$$

反之，如果投資的期末價值可以確定為 F，年利率為 i，計息週期數為 n，則投資的期初價值（現值）為：

$$P = \frac{F}{1+n \times i}$$

【例 5-1】某企業在年初獲得貸款 100 萬元，借款期為 5 年，年利率為 6%，若按

單利計息，第 5 年年末應還的本利和為多少？如果企業不直接向銀行借款，而是用自己的一張 5 年後到期的數額為 100 萬的銀行存款單到銀行融資，同樣按單利計算，年利率不變，問企業能獲得多少資金？

解：企業向銀行借款時，

第 5 年年末企業應償還的總利息 $=100 \times 5 \times 6\% = 30$ 萬元

第 5 年年末應償還的本利和 $=100+30=130$ 萬元

若用存單融資，可以獲得的資金為：

$$\frac{100}{1+5 \times 6\%} = 76.92 \text{ 萬元}$$

2. 複利

複利是指在計算資金時間價值時既計算本金的利息又計算利息的利息的方法。即如果一筆 1,000 元的投資的期限為三年期，利息按每年 5% 計算，在第一年末，這筆資金會產生 $1,000 \times 5\% = 50$ 元的利息，這部分利息如果沒有在第一年末由投資人收回而是繼續留存在所投資的技術項目中，直到第 5 年末才收回，則應當計算其從第 1 年末到第 5 年末這段時間所產生的利息。根據資金時間價值的含義，資金在任何單位的時間段中都會產生利息，而不管資金的性質是什麼，所以複利是一種較充分地反應資金時間價值的一種計息方式。所以，在一般情況下，利息都是以複利的方式計算的。

【例 5-2】現有借款 1,000 元，期限為 3 年，約定的年利率為 6%，若按複利計息，三年後這筆借款的價值的計算過程如下：

第 0 年本金 1,000

第 1 年年末利息為 $1,000 \times 6\% = 60$，本利和為 1,060

第 2 年年末利息為 $1,060 \times 6\% = 63.6$，本利和為 1,123.6

第五章 資金的時間價值

第 3 年年末利息為 1,123.6×6% = 67.42，本利和為 1,191.02 元。

一般來說，如果資金的期初價值為 P，投資的期限為 n 年，按年利率 i 計算複利，在第 n 年年末資金的價值為 F，則有

$$F = P(1+i)^n$$

在上例中，1,000 元借款第 3 年末的本利和就為 $1,000 \times (1+6\%)^3 =$ 1,191.02 元。

（三）名義利率與實際利率

1. 名義利率與實際利率的關係

對期限為一年的資金進行複利計算時，可能會因為使用的利率所對應的計息週期不同而得到不同的利息率。先看下面的例子：

【例5-3】一份期限為一年的 100 萬元的借款，年利率為 6%，若按月計算複利，到年末應支付多少利息？按實際所支付的利息計算的年利率為多少？

分析：若按月計算複利，月利率為 6%÷12 = 0.5%

而在一年中有 12 個月，即計息週期數 n = 12

所以，借款的年末終值 $F = 100 \times (1+0.5\%)^{12} = 106.17$ 萬元

即 100 萬元借款到年末應支付的利息為 106.17 − 100 = 6.17 萬元，實際所支付的利率應為 $i = \dfrac{100.17-100}{100} = 6.17\%$，這個利率值比事先給出的年利率 6% 要大。

在技術經濟分析中，若事先給出的利率所對應的計息週期（在沒有特殊說明的情況下均為一年）與複利的實際週期不一致時，我們將事先給出的年利率叫作名義利率，用 r 來表示，而將實際計算得到的年利率叫作實際利率，用 i 來表示。按照 1973 年通過的「借貸真實性法」的規定，其值等於期末所獲利息與期初的本金的比值，即 $i = \dfrac{F-P}{P} \times 100\%$。

一般來說，在名義利率給定的情況下，實際計算時採用的利率週期越小，或者計息的週期數越多，最後得到的實際利率就越大。同樣以上例的數據為例，若現在要求按季度計算利息，而所得到的實際利率就為：

$$i = \frac{100 \times (1+6\% \div 4)^4 - 100}{100} = 6.14\%$$

這個值小於按月計算出的實際年利率 6.17%。

【例5-4】某企業欲向銀行借款 1,000 萬元，借款期為 3 年，銀行提出了兩種借款方案，甲方案為年利息 6%，按月計複利。乙方案為年利息 6.15%，按年計複利。問企業會選擇哪種方案？

分析：甲方案按月計算複利，月利率為 6%÷12 = 0.5%，借款在第 3 年末終值為 $F = 1,000 \times (1+0.5\%)^{35} = 1,196.68$ 萬元

乙方案按年計算複利，第 3 年末的終值為

$F = 1,000 \times (1+6.15\%)^3 = 1,196.08$ 萬元

即甲方案 1,000 萬元借款到第 3 年末應支付的利息為 $1,196.68 - 1,000 = 196.68$ 萬元，而乙方案為 $1,196.08 - 1,000 = 196.08$ 萬元，雖然乙方案的年利率要高，但由於計息方式不同，最終實際支付的利息比甲方案少。

通常情況下，如果給出的名義年利率為 r，一年中計算複利的次數即計息週期數為 m，P 為年初價值，則名義年利率與實際年利率 i 有以下關係：

$$i = \frac{P \times (1+\frac{r}{m})^m - P}{P} = (1+\frac{r}{m})^n - 1$$

2. 連續複利

從以上關於名義利率與實際利率的關係中可以看出，當名義年利率給定的情況下，實際利率會隨著實際計算中的週期數的增加而增加。而從理論上講，計息週期是可以拆分到無窮小的，即計息週期數可以無限地增加，這時計算出來的利率才是真正意義上的複利，我們叫作連續複利，通過連續複利計算得到的年實際利率為：

$$i = \lim_{m \to \infty} \frac{P(1+\frac{r}{m})^m - P}{P} = \lim_{m \to \infty}\left((1+\frac{r}{m})^m - 1\right) = e^r - 1$$

3. 通貨膨脹與實際利率

以上的名義利率和實際利率的概念是從技術經濟分析的角度給出的，主要是為了區分名義上給出的以年為計算週期的利率與實際計算時所採用的與其他計算週期計算的利息率。但經濟學文獻的名義利率和實際利率的概念卻是從通貨膨脹的角度給出的，名義利率是指通貨膨脹影響的利率，主要是指以貨幣度量的利率；實際利率是指扣除了通貨膨脹影響的利率，主要是指以購買力度量的利率。其中購買力是名義貨幣額除以當期的價格指數的結果，通貨膨脹率指期末的價格指數相對期初的價格指數的上漲，一般用 f 表示，其值為：

$$f = \frac{P_t - P_0}{P_0}$$

其中，P_t 表示期末的價格指數，P_0 表示期初的價格指數。

現在假設期初存在 1 單位的貨幣，其購買力可以用 $\frac{1}{P_0}$ 表示。若以名義利率 r 計息，到期末的終值就為 $1+r$，其購買力為 $\frac{1+r}{P_t}$，則實際利率為：

$$i = \frac{\frac{1+r}{P_t} - \frac{1}{P_0}}{\frac{1}{P_0}}$$

第五章　資金的時間價值

$$= \frac{\frac{(1+r)\,P_0 - P_t}{P_0 P_t}}{\frac{1}{P_0}}$$

$$= \frac{rP_0 + P_0 - P_t}{P_0}$$

$$= r - \frac{P_t - P_0}{P_0}$$

$$= r - f$$

即實際利率為名義利率減去通貨膨脹率。這是衡量一定量的貨幣在經過一段時期投資後實際所得的有效方法，而僅僅使用名義利率表示投資所得可能會得出錯誤的結論。例如某人在年初將 10 萬元的資金存放到銀行，年末收回資金總額為 10.3 萬元，年利息率為 3%，看起來是有正的收益。若當年物價持續上漲，最終通貨膨脹率為 7%，則其實際的收益率應為 3%-7% = -4%，即此人年收益率為負值，也即其年末收回的資金所能購買到的商品總量沒有年初花 10 萬元購買的商品數量多。

● 第二節　資金等值計算

通過上節的分析，我們知道技術經濟分析是以技術項目所產生的現金流為基礎的，現金流是對技術項目在壽命期內各年所產生的資金流動的原始記錄，由於不同時間點上的相同數額的資金並不相等，所以我們不能直接對現金流上的資金進行加減處理，而必須將其折算到相同的時間點上，這種將一個時間點上的資金折算到另一個時間點的方法就叫作資金的等值計算。

1. 折現和現值

在資金的等值計算方法中，原則上我們可以以任何一個時間點作為計算的基準時間，把其他時間上的資金折算到基準時間點上，然後進行加總。但在技術項目的經濟分析中，最常用的方法是將所有資金折算到現在（通常叫作第 0 年，即第 1 年初），這種把投資現金流上的資金折算到現在的時點上，然後加總得到的數額就是我們常說的現值。現值在技術經濟分析中是個重要的概念，它既是評價一項技術是否具有經濟可行性的重要指標，又是估算一項資產真實價值的重要方法。

【例 5-5】某人投資 10 萬元購買了一輛汽車用於出租，出租期為 5 年，從第 1 年起每年年末他能收到 2 萬元的租金，到第 5 年末他將汽車賣掉，收回的資金為 3.5 萬元。計算其所有收回資金的現值總共為多少？這項投資是否值得？（假設銀行的 5 年期年利率為 3.6%）

分析：這項投資未來收入現金流的總和為 $R = 2 \times 5 + 3.5 = 13.5$ 萬元，大於投入的

91

資本金 10 萬元，然而，由於資金具有時間價值，這並不能作為衡量這項投資的經濟性的依據，應該計算這項投資所有未來收入折現的總和，其值為

$$PV = \frac{2}{1+3.6\%} + \frac{2}{(1+3.6\%)^2} + \frac{2}{(1+3.6\%)^3} + \frac{2}{(1+3.6\%)^4} + \frac{2}{(1+3.6\%)^5}$$

$$= 9.95 \text{ 萬元}$$

由此可見，這項投資未來收入現金流的現值總和小於投入的資本金，不能帶來真正的收益，所以不值得投資。

在上面的計算中，將未來某個時點上的貨幣折算到當前時點的過程就叫作折現。一般來說，如果我們要將第 t 年末的總量為 F 的貨幣折算到現在，其值就為：

$$P = F (1+i_0)^{-t}$$

其中 i_0 叫作基準折現率，$(1+i_0)^{-t}$ 叫作折現因子。若計算的是未來一系列現金流的現值總和，計算方法則為

$$PV = \sum_{t=0}^{n} A_i (1+i_0)^{-t}$$

其中 A_i 表示第 i 年年的現金流量。

現值原則是資產價值評價以及技術經濟評價中普遍使用的原則。即是說我們在評價一項資產如一處房產、一塊種植用的土地或者一項專利技術等的價值時，主要不是看我們購買這項資產時所花費的成本，也不是看生產這項資產所耗費的人力物力成本，而應看這項資產在其壽命期內所能帶來的收益或價值，而由於資產在壽命期內帶來的收益可能發生在不同的時間上，所以應當先將這些收益折現，然後加總得到資產在當前的價值或價格。

【例 5-6】某人欲購買一份財政部發的為期 3 年的國債，國債的票面價值為 100 元，承諾的年利率為 3.6%，國家不徵收利息稅，利息每年年末支付，此人願出什麼價格購買這份債券？

分析：購買人願意出的價格即是國債所有收益的現值的和，其值為

$$P_0 = PV = \frac{3.6}{1+3.6\%} + \frac{3.6}{(1+3.6\%)^2} + \frac{103.6}{(1+3.6\%)^3}$$

其中，P_0 表示證券的當前價格，PV 表示證券未來收入的總現值。

2. 一次性支付的現金流

如果現金流動只有一次，發生在第 t 年，對其作等值計算即是將其折算到其他時點。

在技術經濟分析中，一般是將未來某一時間的現金流折算到現在，然後從現在的時點上評價現金流的價值。如甲公司若承諾你如果能繼續工作 5 年，就支付你一筆數量為 50,000 元的額外獎金，而乙公司承諾你如果現在到公司工作，就一次性支付你一筆 40,000 元的簽約金，你必須現在就對這兩筆資金的實際價值做出判斷，以決定答應哪家公司的要求。這就是一次性支付的現金流進行等值計算的主要用途，

第五章 資金的時間價值

假設基準折現率為 i_0（以年為計算週期），總的年限為 n，F 表示一次性支付現金流的未來值，P 表示一次性支付現金流的現值，則二者的關係為

$$P = F(1+i_0)^{-n}$$

這就是一次性支付現金流的現值計算公式，其中 $(1+i_0)^{-n}$ 叫作一次性支付現金流的現值系數，用 $(P/F, i_0, n)$ 表示。反之，如果已知 P、i_0、n，則一次性支付的終值就為

$$F = P(1+i_0)^n$$

其中 $(1+i_0)^{-n}$ 叫作一次性支付現金流的終值系數，用 $(F/P,, i, n)$ 表示。

【例5-7】某公司為了留住技術開發人員，制定了一項期權激勵計劃，規定如果技術人員能夠在公司內工作5年，則能一次性免費獲得10,000股公司的股票。假設公司股票在5年後的價格為25元每股，問技術人員所獲獎勵的現值是多少？若有人現在出價20元購買這10,000股的期權，技術人員可否出售？（$i_0 = 6\%$）

分析：技術人員可能獲得的期權獎勵的終值 $F = 25 \times 10,000 = 250,000$ 元，其現值為

$P = 250,000 \times (P/F, 6\%, 5) = 186,814.54$ 元 < 20 萬元

所以，技術人員可以考慮出售這部分期權。

三、等額分付的現金流

我們常見的現金流往往不是一次性支付的，而是分佈在項目壽命期內的各年上，這就形成了現金流序列，對現金流序列的終值和現值計算要複雜一些，在技術經濟分析中，未來現金流通常是通過估計得到的。為了計算的方便，在估計現金流時，一般是假設現金流的分佈是呈現一定規律的，要麼是等額地分佈在各年，要麼按一定的數額增減，或按一定比例增減。這裡我們先考慮項目壽命期內現金流等額分佈的情況。

（一）等額分付現金流終值計算公式

假設現金流序列如圖5-1所示，

即從第1年末起到第 n 年末止，每年年末都發生一筆現金流，其數額為 A，稱為等額年值。此時計算這一現金流在第 n 年末的等額數值 F 即是等額分付現金流的終值，計算時可以將現金流中每年發生的數額分解為 n 個一次性支付的現金流，分別計算其終值，然後再加總為 F，若基準折現率為 i_0，則 F 的計算公式為

$$F = A(1+i_0)^1 + A(1+i_0)^2 + A(1+i_0)^3 + \cdots + A(1+i_0)^{n-2} + A(1+i_0)^{n-1}$$

$$= A[1 + (i+i_0) + (1+i_0)^1 + (1+i_0)^2 + \cdots + (1+i_0)^{n-2} + (1+i_0)^{n-2}]$$

$$= A \frac{1 \times [1 - (1+i_0)^n]}{1 - (1+i_0)}$$

$$= A \frac{(1+i_0)^n - 1}{i}$$

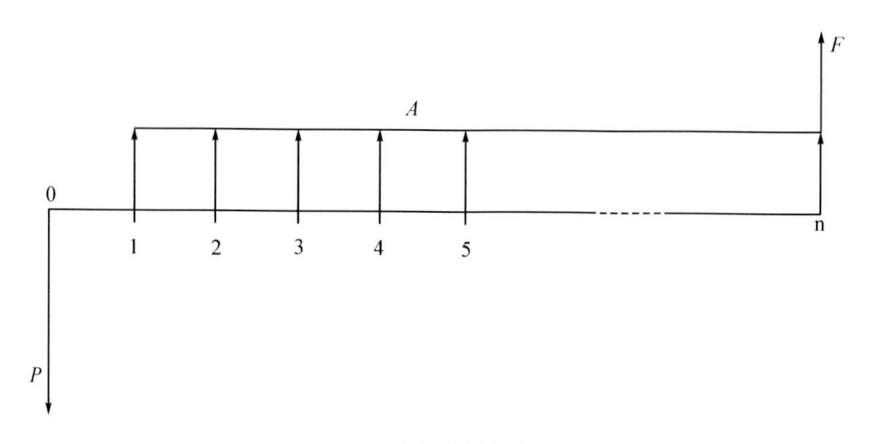

其中，$\dfrac{(1+i_0)^n-1}{i}$ 稱為等額分付現金流的終值係數，用 $(F/A, i, n)$ 表示。

【例 5-8】若有一項儲蓄計劃，擬於第 1 年起每年年末在銀行存入 20,000 元，銀行按 3% 的利率計算複利，儲蓄期為 15 年，則 15 年後這項計劃的總金額為多少？

分析：由於 20,000 元的現金流是每年都發生的，所以這是一個典型的等額分付現金流問題，其中年值 $A = 20{,}000$，年限 $n = 15$，折現率 $i = 3\%$，現金流的終值為

$$F = 20{,}000 \times \dfrac{(1+3\%)^{15}-1}{3\%}$$

$= 20{,}000 \times 18.599$

$= 371{,}980$ 元

（二）等額分付償債基金的年值計算公式

如果在現金流中，已知與現金流等值的終值 F、折現率 i，年限 n，求每年發生的數額 A 的過程就叫作等額分付償債基金的年值計算。這是等額分付終值的逆運算，顯然，可以從 $F = A \dfrac{(1+i_0)^n-1}{i}$ 直接導出等額分付的年值

$$A = F \dfrac{i}{(1+i_0)^n - 1}$$

其中，$\dfrac{i}{(1+i_0)^n - 1}$ 叫作等額分付的償債基金係數，用符號 $(A/F, i, n)$ 表示。

【例 5-9】若一家長準備每年存入銀行一筆資金為子女積攢學費，用時 5 年，5 年末所需費用總額為 8 萬元，銀行存款利率為 3%，問每年應存多少錢？

分析：從題目中可知，資金的終值 $F = 8$ 萬元，與其等值的等額現金流年值則為

$$A = F \dfrac{i}{(1+i_0)^n - 1}$$

第五章 資金的時間價值

= 8×0.188,35

= 1.51 萬元

即該家長每年應存入的資金為 1.51 萬元。

(三) 等額分付現金流的現值

對於由一系列的現金流動所產生的現金流的現值的計算，就是將各個現金流分別折現，然後進行加總。如果各年的現金流量值相等，則構成等額現金流，就如圖 2-7 所示，已知各年發生的現金流量為 A，折現率為 i，現金流序列由第 1 年末開始，在第 n 年末結束，則其終值為 $F = A \dfrac{(1+i)^n - 1}{i}$，然後將終值進行相應轉化，即可得到等額分付現金流序列的現值公式，具體為

$$P = F(1+i)^{-n}$$

$$= A \frac{(1+i)^n - 1}{i} \times (1+i)^{-n}$$

$$= A \frac{(1+i)^n - 1}{i(1+i)^n}$$

其中，$\dfrac{(1+i)^n - 1}{i(1+i)^n}$ 叫作等額分析現金流的現值系數，可以用符號 $(P/A, i, n)$ 表示。

(四) 資金回收公式

若考慮這樣一種情況，某項目初始投資額為 P，計劃用 n 年的收益來補償這部分投資。假設以後的現金收益是等額分佈的，每年的發生額為 A，在考慮時間價值的情況下，每年的收益 A 應等於多少才能有效收回投資？這就是資金回收問題，對 A 的計算實際上是等額分付現金流現值計算的逆運算，即

$$A = P \frac{i(1+i)^n}{(1+i)^n - 1}$$

其中 $\dfrac{i(1+i)^n}{(1+i)^n - 1}$ 叫作等額分付現金流的資金回收系數，可以用符號 $(A/P, i, n)$ 表示。

【例 5-10】某項目的投資額為 1,000 萬元，預期的壽命期為 8 年，基準折現率為 6%，若每年的淨收益相同，則每年至少應有多少淨收益才能保證項目盈利？

分析：根據等額分付現金流的資金回收公式，項目每年的淨收益應為：

$$A = P \frac{i(1+i)^n}{(1+i)^n - 1}$$

= 1,000 $(A/P, i, n)$

= 161 萬元

即項目的年淨收益達到 161 萬元以上時，才能保證盈利。

在使用公式計算等額分付現金流時應注意以下幾個問題：

1. 公式所對應的現金流序列必須是圖 5-1 所示的現金流，即等額分付的數額從第 1 年末開始發生，至第 n 年末結束，等額年值 A 共發生 n 筆。如果計算的現金流不同於 5-1，則應作相應的換算。

【例 5-11】銀行的助學貸款項目允許某學生每年年初從銀行貸款 5,000 元用於繳納學費，共 4 年時間，若銀行按 4% 的優惠利率計算複利，第 4 年末該生應向銀行歸還的本息和應為多少？若銀行允許該生參加工作 3 年後一次性歸還貸款，該生應歸還的本利和又是多少？

分析：從學生的角度看，本例中現金流可用圖 5-2 進行描述。

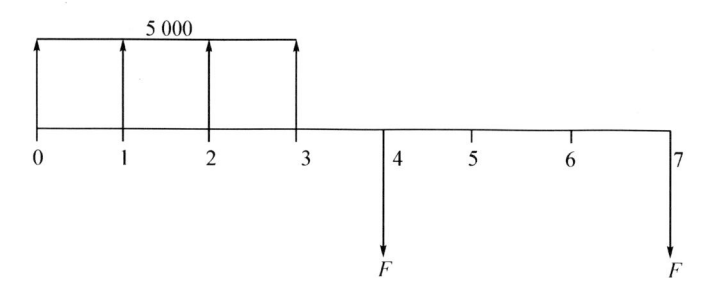

圖 5-2 助學貸款的現金流量圖

由於在借款期各年的現金流入都發生在年初，因此按照公式 $F = A \dfrac{(1+i_0)^n - 1}{i}$ 計算得到的終值表示的是等額現金流在第 4 年初（或第 3 年末）的值，要知道在第 4 年或者第 7 年末該生需要還的本利和，就需要進行進一步的等值計算。在第 4 年末該生應歸還的本利和為

$$F = A \dfrac{(1+i_0)^n - 1}{i} \times (1+i_0)$$

$= 5,000 \times 4.246 \times 1.04$

$= 22,079.2$

若該生在工作 3 年後再還款，則還款總額為

$$F = A \dfrac{(1+i_0)^n - 1}{i} \times (1+i_0)$$

$= 5,000 \times 4.246 \times 1.17$

$= 24,836.1$

2. 公式中 n 的值不是由現金流發生的時間跨度決定的，而是由等額的現金流的筆數決定。

【例 5-12】某技術項目計劃在第一、第二年初分別投入 200 萬元和 150 萬元進行建設，在第二年末的時候有 80 萬元的收益，從第三年末起每年經營費用為 60 萬

第五章 資金的時間價值

元,每年收益相同。若計劃在第7年末收回全部投資,則每年的收益應為多少? ($i=6\%$)

分析:根據題意,此技術項目的現金流狀況可以用下表描述出來。

表 3-2　　　　　　　　　　　　　　　　　　　　單位:萬元

年限	0	1	2	3-7
投資額	200	150		
收益			80	A
經營費用				60
淨現金流	-200	-150	80	A-60

若要在第7年末收回全部投資,即是使截止到第7年末的所有收益的現值等於所有投資的現值,因此有

$$200+\frac{150}{1+6\%}=\frac{80}{(1+6\%)^2}+(A-60)(P/A,6\%,5)\frac{1}{(1+6\%)^2}$$

計算可得 $A=132.11$(萬元)

四、等差與等比序列現金流

有時候我們分析的現金流序列並不是等額發生的,尤其是在做一些技術項目的籌資計劃時,為了使預測的現金流更具現實性和吸引力,我們一方面應注意項目的收益流量的變化,另一方面應充分表示出項目的成長性,從而提高投資者的信心。在具體操作中,為了計算的方便,通常預測未來現金流序列按一定規律遞增。遞增的方式包括等數額遞增和等比例遞增,前者形成等差序列現金流,後者形成等比序列現金流。

1. 等差序列現金流

若未來各年的現金流按相同的數額遞增,如圖5-3所示。

在等差序列現金流中,第1年年末的現金流量為 A,以後每年增加的數量為 G,則第 t 年的現金流量就為 $A^t=A+(t-1)G$,其終值為

$$F=\sum_{t=0}^{n}A_t(1+i)^{n-1}$$

如果把第2年的現金流分解為一次數額為 A 的現金流和一次數額為 G 的現金流的和,把第3年的現金流分解為一次數額為 A 的現金流和兩次數額為 G 的現金流的和,依次類推,將第 n 年的現金流分解為一次數額為 A 的現金流和 $(n-1)$ 次數額為 G 的現金流之和,則可以將以上等差現金流序列視為一個以 A 為年值的等額序列現金流和 $(n-1)$ 個以 G 為年值的等額序列現金流的和,這 $(n-1)$ 個等額序列現金流的年數分別為 $(n-1),(n,2),\cdots,1$。則這個等差序列現金流的終值就為

97

图 5-3 等差序列现金流

$$F = A\ (F/A,\ i,\ n)\ + G\frac{(1+i)-1}{i} + G\frac{(1+i)^2-1}{i} + G\frac{(1+i)^3-1}{i} + \cdots$$

$$+ G\frac{(1+i)^{n-2}-1}{i} + G\frac{(1+i)^{n-1}-1}{i}$$

$$= A\ (F/A,\ i,\ n)\ + \frac{G}{i}\ [\ (1+i) + (1+i)^2 + (1+i)^3 + \cdots + (1+i)^{n-2} + (1+i)^{n-1}$$

$$-\ (n-1)\ ]$$

$$= A\ (F/A,\ i,\ n)\ + \frac{G}{i}\ [1 + (1+i) + (1+i)^2 + (1+i)^3 + \cdots + (1+i)^{n-2}$$

$$+\ (1+i)^{n-1} - n\ ]$$

$$= A\ (F/A,\ i,\ n)\ + \frac{G}{i}\left[\frac{1-(1+i)^n}{1-(1+i)} - n\right]$$

$$= A\ (F/A,\ i,\ n)\ + G\frac{(1+i)^n - 1 - ni}{i^2}$$

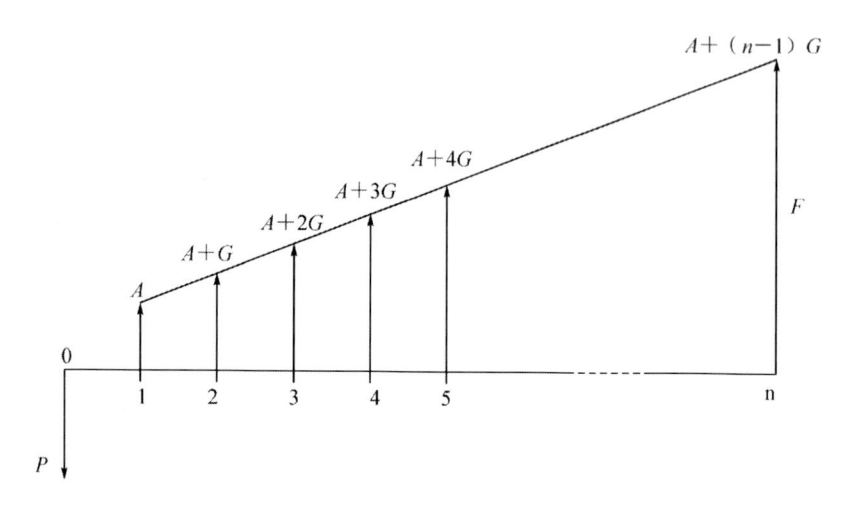

根據終值公式，很容易就可以求出等差序列現金流的現值，即

$$P = F\ (P/F,\ i,\ n)$$

$$= \frac{F}{(1+i)^n}$$

$$= A\ (F/A,\ i,\ n)\ (1+i)^{-n} + G\frac{(1+i)^n - 1 - ni}{i^2}\ (1+i)^{-n}$$

$$= A\ (P/A,\ i,\ n)\ + G\frac{(1+i)^n - 1 - ni}{i^2\ (1+i)^n}$$

【例 5-13】某處房產現在售價為 30 萬元，10 年後售價估計為 25 萬元，買賣的

第五章　資金的時間價值

交易費用各為房價的 3%，無其他費用。若不購買而考慮租用，第 1 年的租金為 12,000 元，以後每年遞增 600 元，年末支付。以 10 年為計算期，購買還是租用更加經濟？（$i=6\%$）

分析：如果購買，所支付資金的現值為

$$P_0 = 30（1+3\%）-\frac{25（1+3\%）}{（1+6）^{10}}$$

$$= 16.52 \text{ 萬元}$$

如果租用，所有的資金支付可以看作是等差序列現金流，其中 $A=12,000$ 元，$G=600$，

其現值為

$$P_1 = A（P/A, 6\%, 10）+ G\frac{（1+6\%）^{10}-1-10\times 6\%}{0.06^2（1+6\%）^{10}}$$

$$= 12,000\times 7.36 + 600\times\frac{（1+6\%）^{10}-1-10\times 6\%}{0.06^2（1+6\%）^{10}}$$

$$= 106,081.39 \text{ 元}$$

可見租用房產所花費的現值要少，所以也更經濟。

在等差序列現金流中，如果不考慮現金流中以 A 為年值的等額分付的部分，則現金流就轉變為圖 5-4 所示的情況，

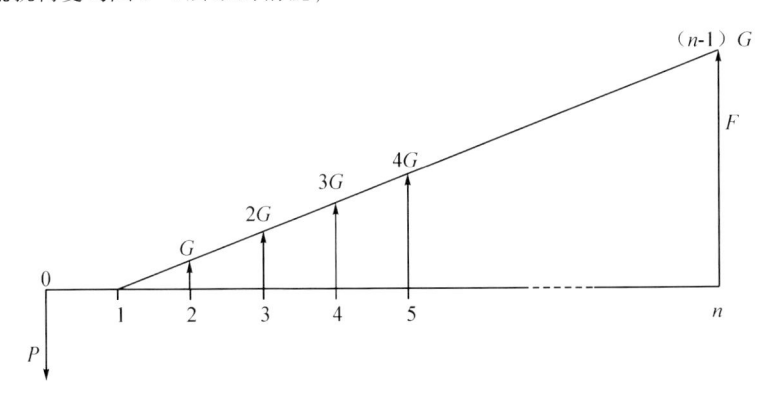

圖 5-4　等差序列現金流

此現金流第 1 年發生的數額為 0，第 2 年為 G，以後每年以 G 的數額遞增，其現值為

$$P = G\frac{（1+i）^n-1-ni}{i^2（1+i）^n}$$

在技術項目的分析中，如果項目具有較強的成長性，往往將其未來收益現金流估計為等差遞增的模式。例如一個電子商務項目，其建設期不會太長，但要得到顧客的熟悉和認可往往需要一定的時間，公司員工也需要一定的時間來熟悉和合理規

劃業務流程，從而縮減服務成本。因此，在項目開展的前期收益數額不會太大，隨著時間的推移，商品或服務的銷售規模逐漸擴大，營運成本逐漸下降，收益現金流就會逐步放大。當然，對於一些投資和推廣期較短，市場較為成熟的項目，其收益現金流則很可能是等額分佈的，當我們已經估計出項目的收益現金流為等差序列，且確知項目的壽命期的情況下，如何估計出一個與等差序列現金流現值相等的等額序列現金流呢？我們可以通過上面介紹的公式進行轉換，在已知期限的情況下，要估計一個等額序列現金流的實質就是求出等額序列現金流的年值，即

$$A = P\ (P/A,\ i,\ n)$$
$$= G\frac{(1+i)^n - 1 - ni}{i^2\ (1+i)^n}\ (P/A,\ i,\ n)$$
$$= G\frac{(1+i)^n - 1 - ni}{i^2\ (1+i)^n} \times \frac{i\ (1+i)^n}{(1+i)^n - 1}$$
$$= G\frac{(1+i)^n - 1 - ni}{i\ [\ (1+i)^n - 1\ ]}$$

這就是等差序列現金流與等額序列現金流間的轉換公式，有了這個公式，我們可以方便地將等差序列現金流轉換為等值的等額序列現金流。

2. 等比序列現金流

在對未來遞增的現金流進行預測與計算時，除了假定現金流等額增加外，有時也可以假定未來現金流按照一定的比例增加，從而形成等比序列的現金流，其基本形式如圖5-5所示。

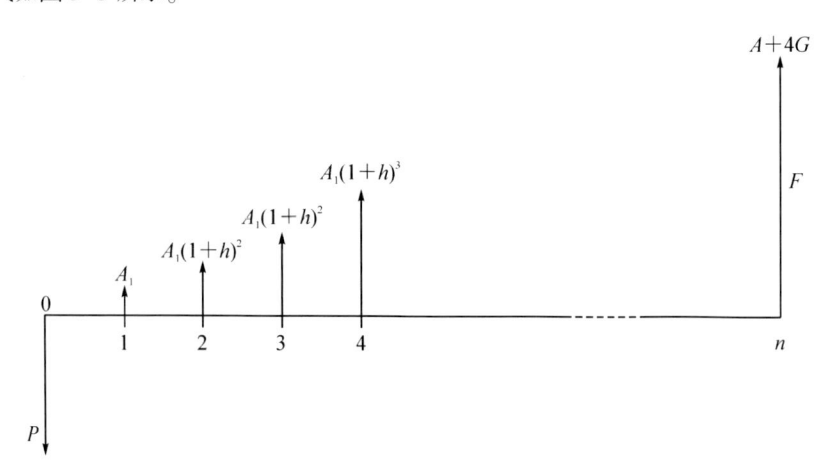

圖 5-5　等比序列現金流

在這樣的現金流中，假設第 1 年年末發生的現金流量為 A_1，第二年年末的現金流增長的百分比為 h，即 $A_1\ (1+h)$，第三年年末的現金流比第二年再增長 h 個百分點，依此類推，到第 n 年年末的現金流就為 $A_1\ (1+h)^{n-1}$。若折現率為 i，對這樣的

第五章　資金的時間價值

現金流進行價值評估，即計算其現值為

$$P = A_1(1+i) + A_1(1+h)(1+i)^2 + A_1(1+h)^2(1+i)^3 + \cdots + A_1(1+h)^{n-1}(1+i)^{-n}$$

$$= A_1 \sum_{t=1}^{n} (1+h)^{t-1}(1+i)^{-t}$$

$$= \frac{A_1}{1+h} \sum_{t=1}^{n} \left(\frac{1+h}{1+i}\right)^t$$

顯然，這是等比級數的前 n 項和的問題。根據等比級數的求和公式，可以得到等比序列現金流的現值為

$$P = \begin{cases} A_1 \dfrac{1-\left(\dfrac{1+h}{1+i}\right)^n}{i-h}, & \text{如果 } i \neq h, \\ A_1 \dfrac{n}{1+i}, & \text{如果 } i = h \end{cases}$$

五、關於年金

在資產管理或者技術項目評價中，有時候將每年按一定規律支付的現金流序列叫作年金。在管理活動中，年金的應用較為廣泛，比如有的企業為了給員工退休後的生活提供更好的保障，除了按國家的強制要求繳納養老金以外，還會為員工建立年金，即為每一名員工開設一個銀行帳戶，每年在帳戶中存入一定量的資金，員工退休時可以從帳戶中提取現金。年金的價值通常以其現值來評估，但由於年金的模式隨年限和支付方式的變化而變化，所以其現值的計算方式也不同。如果年金的年限是有限的，且按等額的方式支付，就可以用等額分付現金流現值的計算公式計算其現值；如果年金的年限有限，但按等差或等比的方式支付，同樣可以應用前面介紹的現值公式來計算年金的實際價值。如果年金的支付期限很長，或者說能夠永遠支付下去，則稱為永續年金，下面討論一下永續年金的價值評估問題。

（一）等額永續年金

當年金按等額的方式一直存續，就形成了等額永續年金，其現值的計算可以直接應用等額分付現金流的現值公式，然後求當年限 n 趨於 ∞ 時的現值，即

$$P = \lim_{n \to \infty} A \frac{(1+i)^n - 1}{i(1+i)^n}$$

$$= \frac{A}{i}$$

在實際應用中，當年限 n 長到一定的程度，一般為 20 年，且折現率較高的情況與，也可以應用上面的公式計算年金的現值。

【例 5-14】若某地方政府為了扶持地方的教育事業，擬設立一項教育年金為大學新生繳納學費，政府計劃從明年初開始每年撥出 100 萬元設立永續年金，問該年

金的現值為多少？而如果政府採取一次性撥款的方式，要建立一項同等價值的基金，政府的撥款額應為多少？

分析：根據等額永續年金的現值公式，該年金的價值為

$$P = \frac{A}{i} = \frac{100}{6\%} = 1,666.67 \text{ 萬元}$$

如果政府不以年金的方式來完成這一扶持政策，而是以基金的方式進行，即在第1年初一次性撥出足額的款項作為基金，以基金的收益或部分本金作為以後的支付。要使基金的價值與年金相同，只需按年金的現值作為基金的初始金額即可，在本例中，政府需要撥款的數額應為 $1,666.67$ 萬元。

在資產價值的評估中，一種方便的方法就是通過計算資產未來的收入現金流的現值來確定資產的當前價格，若資產的存期很長或者能夠永遠存在下去，且預期的今後各年的收益數額相等，就可以根據永續等額年金現值求出資產的價格。例如，某公司的股票現在市場上的售價為12元每股，市場普遍預測該公司未來的收益能維持在每股0.3元，且知道現期銀行的長期利率為3%，可以計算出該公司股票當前的真實價值為 $\frac{0.3}{3\%} = 10$ 元/股，而實際價格為12元每股，即是說該公司的資產被高估了。運用相同的方法，我們還可以簡便地估計出例如專利技術、不動產等資產的價值。

（二）勻速增長型永續年金

若年金每年的支付額被設計為按相同的速度增長，即按一個不變的比例增長，且存續期很長，則形成了勻速增長型年金。其現值就是當年限 n 趨於 ∞ 時等比序列現金流的現值。即

$$P = \lim_{n \to \infty} A_1 \frac{1 - \left(\frac{1+h}{1+i}\right)^n}{i - h}$$

$$= \frac{A_1}{i - h}, \quad (i > h)$$

閱讀材料：關於折現率/基準折現率的討論

和折現率相關的幾個概念是利率、貼現率和收益率。折現率不是利率，也不是貼現率，而是收益率。折現率、貼現率的確定通常和當時的利率水準是有緊密聯繫的。

之所以說折現率不是利率，是因為：①利率是資金的報酬，折現率是管理的報酬。利率只表示資產（資金）本身的獲利能力，而與使用條件、佔用者和使用途徑沒有直接聯繫，折現率則與資產以及所有者使用效果相關。②如果將折現率等同於利率，則將問題過於簡單化、片面化了。

第五章　資金的時間價值

之所以說折現率不是貼現率，是因為：①兩者計算過程有所不同。折現率是外加率，是到期後支付利息的比率；而貼現率是內扣率，是預先扣除貼現息後的比率。②貼現率主要用於票據承兌貼現之中；而折現率則廣泛應用於企業財務管理的各個方面，如籌資決策、投資決策及收益分配等。

要搞清楚折現率的，就必須先從折現開始分析。折現作為一個時間優先的概念，認為將來的收益或利益低於現在同樣的收益或利益，並且隨著收益時間向將來的推遲的程度而有系統地降低價值。同時，折現作為一個算術過程，是把一個特定比率應用於一個預期的現金流，從而得出當前的價值。從企業估價的角度來講，折現率是企業各類收益索償權持有人要求報酬率的加權平均數，也就是加權平均資本成本；從折現率本身來說，它是一種特定條件下的收益率，說明資產取得該項收益的收益率水準。投資者對投資收益的期望、對投資風險的態度，都將綜合地反應在折現率的確定上。同樣的，現金流量會由於折現率的高低不同而使其內在價值出現巨大差異。

在投資學中有一個很重要的假設，即所有的投資者都是風險厭惡者。按照馬科威茨教授的定義，如果期望財富的效用大於財富的期望效用，投資者為風險厭惡者；如果期望財富的效用等於財富的期望效用，則為風險中性者（此時財富與財富效用之間為線性關係）；如果期望財富的效用小於財富的期望效用，則為風險追求者。對於風險厭惡者而言，如果有兩個收益水準相同的投資項目，他會選擇風險最小的項目；如果有兩個風險水準相同的投資項目，他會選擇收益水準最高的那個項目。風險厭惡者不是不肯承擔風險，而是會為其所承擔的風險提出足夠補償的報酬率水準，即所謂的風險越大，報酬率越高。就整個市場而言，由於投資者眾多，且各自的風險厭惡程度不同，因而對同一個投資項目會出現水準不一的要求報酬率。在這種情況下，即使未來的現金流量估計完全相同，其內在價值也會出現不容忽視的差異。當然在市場均衡狀態下，投資者對未來的期望相同，要求報酬率相等，市場價格與內在價值也相等。因此，索償權風險的大小直接影響著索償權持有人要求報酬率的高低。比如，按照常規的契約規定，債權人對利息和本金的索償權的不確定性低於普通股股東對股利的索償權的不確定性，因而債權人的要求報酬率通常要低於普通股股東的要求報酬率。企業各類投資者的高低不同的要求報酬率最終構成企業的資本成本。單項資本成本的差異反應了各類收益索償權持有人所承擔風險程度高低的差異。但歸根究柢，折現率的高低取決於企業現金流量風險的高低。具體言之，企業的經營風險與財務風險越大，投資者的要求報酬率就會越高，如要求提高利率水準等，最終的結果便是折現率的提高。

本章小結

資金具有時間價值是對資金進行利率計算的理論基礎。資金時間價值產生的原

因以及影響資金時間價值大小的因素都很多，既包括人們主觀的對財產（貨幣的和非貨幣的）的時間偏好，也包括宏觀上的市場供求狀況。

由於不同時點上發生的等量現金流量具有不同的價值，為了對發生在不同時點上的現金流進行加總計算，我們必須將這些現金流量折算到一個統一的時點上。

通常情況下，對現金流進行等值計算的方法取決於現金流的形式，如果現金流呈等額分付、等差遞增（減）、等比遞增（減），則可以使用標準的計算公式進行計算。

思考與練習

1. 當年複利次數 m→∞ 時，年名義利率為 r，則年實際利率 i 應為多少？名義利率和實際利率會隨著一年內計息週期數（大於1）的增加而增加嗎？

2. 某項目獲得銀行 100,000 元的借款，償還期為 5 年，按年利率 10% 計算複利，有四種還款方式：(1) 每年年末償還 20,000 元本金和所欠的總利息；(2) 每年年末只償還所欠利息，第 5 年年末一次性還清本金；(3) 在 5 年中每年年末等額償還；(4) 在第 5 年末一次性還清本息。計算以上各種還款方式所付出的總金額。

3. 某家庭欲設立孩子的教育基金，計劃第一年末存款 5,000 元，以後每年多存 1,000 元，為期 10 年，銀行提供的年存款利息率為 3%，按複利計算。10 年後該家庭可以從銀行提取的現金金額是多少？若該家庭以一次性存款的方式建立該基金，要保證 10 後取得相同的金額，則在第一年初應存入多少金額？

4. 若某技術項目的投資額為 500 萬元，折現率為 8%，項目從第一年末起每年可以獲取 100 萬元的淨收益，則用多少年可以收回投資？

5. 某人以按揭貸款的方式購買了一套價值 28 萬元的房屋，首付款為 8 萬元，向銀行貸款 20 萬元，貸款期為 20 年，貸款的年利率為 5.6%，銀行按月計息複利。若以等額分期付款的方式償還貸款，則每月的還款額是多少？

6. 某公司的股票當年每股收益為 0.3 元，根據市場的分析，在未來若干年內，該公司的業績將以 10% 的速度遞增，銀行存款的年利率為 3%，則該公司股票的估價應為多少？

第六章 技術經濟預測方法

內容提要

對技術項目的經濟評價都是建立在一系列未來數據的基礎上的，而這些未來數據是通過預測得到的，所以預測的準確性與技術項目評價的準確性密切相關。本章將從定性和定量兩個方面介紹常見的經濟預測方法，主要內容包括：經濟預測的基本原理及常見的預測技術。

第一節　判斷預測法

判斷預測法是預測方法庫中佔有重要位置的一類預測方法，使用頻率高，其特點是簡便直觀，只依賴於專家判斷，無需建立繁瑣的預測模型，常常在歷史數據資料不全的情況下使用，現分別介紹如下。

一、頭腦風暴法

頭腦風暴法又叫智泰法（Brain Storming Method），是由奧斯邦（A. F. Osborn）在 1957 年提出的，很快就得到廣泛的應用。在預測方法中，該方法應用的比重由 20 世紀 60 年代的 6.2%，上升到 20 世紀 70 年代的 8.1%。中國是在改革開放以後才引入的，但很快就得到有關方面的重視。下面，就此法的基本原理及其應用應遵守的原則分別介紹如下。

頭腦風暴法是通過一組專家共同開會討論，進行信息交流和互相啟發，從而誘

技術經濟學——工程技術項目評價理論與方法

發專家們發揮其創造性思維，促進他們產生「思維共振」，以達到互相補充，並產生「組合效應」的預測方法。它既可以獲取所要預測事件的未來信息，也可以是弄清問題，形成方案，搞清影響特別是一些交叉事件的相互影響。

頭腦風暴法有創業頭腦風暴和質疑頭腦風暴兩種。創業頭腦風暴就是組織專家對所要解決的問題，開會討論，各持己見地、自由地發表意見，集思廣益，提出所要解決問題的具體方案。例如，為提高中國紡織品的出口份額，中國主管紡織品製造與出口的相關部門曾召開過一次專家會議，共同預測國外春秋時裝的流行款式，提出增強中國紡織品國際競爭力的工作方案，取得了良好的效果。質疑頭腦風暴就是對已制訂的某種計劃方案或工作文件，召開專家會議，由專家提出質疑，去掉不合理的或不科學的部分，補充不具體或不全面的部分，使報告或計劃趨於完善。例如，美國國防部邀請50名專家，就美國制定長遠科技規劃的工作文件，舉行了兩週的頭腦風暴會議，由專家提出非議，進行質疑，最後通過討論變為協調一致的報告。該報告只保留原報告的25%，修改了75%，由此可見此法的應用價值。

組織頭腦風暴會議應遵守的原則：

（1）專家的選擇要與預測的對象相一致，而且要有一些知識淵博，對問題理解較深的專家參加。一般說來，要有以下方面的專家參加會議，即方法論學者，也就是預測專家；「設想」產生者，這就是專業領域內的專家。例如，對中國2017—2018年春秋時裝流行款式的預測，「設想」產生者是指服裝的設計師和服裝銷售專家等；分析者是指專業領域內的高級專家；演繹者，是指有較高推斷思維能力的專家。

（2）被挑選的專家最好彼此不認識。如果是彼此相識的，應從同一職稱或級別中挑選。在會議上不公布專家所在的單位、年齡、職稱或職務，讓專家們認識到與會者一律平等，一視同仁。

（3）要為頭腦風暴法創造良好的環境條件，以便專家高度集中注意所討論的問題。所謂良好的環境條件，是指有一個真正自由發言的環境，會議主持者要說明政策，使專家沒有顧慮，做到知無不言，言無不盡。如沒有這種環境，就難以產生思維共振。

（4）鼓勵參加者對已經提出的設想進行改進和綜合，為修改自己設想的專家提供優先發言的機會。

（5）主持會議者在會議開始時要有誘發性發言，盡量啟發專家的思維，引導專家產生思維共振。

（6）對頭腦風暴會議的領導工作，最好委託給預測專家負責。預測專家不僅熟悉預測程序和處理方法，而且對所提的問題和科學辯論均有充足的經驗。

頭腦風暴法是一種直觀的預測方法，它的優點是：

（1）通過信息交流，產生思維共振，進而激發創造性思維，能在短期內得到創造性的成果。

第六章　技術經濟預測方法

（2）通過頭腦風暴會議，獲取的信息量大，考慮的預測因素多，提供的方案也比較全面和廣泛。

專家頭腦風暴法雖有明顯的優點，但也有缺點。主要是：

（1）專家會議，易受權威的影響，不利於充分發表意見。

（2）易受表達能力的影響。有些專家的意見和主張十分高明而且具有創造性，但表達能力欠佳，影響效果。

（3）易受心理因素的影響。有的專家會壟斷會議或聽不進不同意見，明知自己有錯，也不願意公開修正自己的意見。

（4）容易隨大流，產生從眾現象。

為了克服這些缺點，於是出現了德爾菲法。

二、德爾菲法

德爾菲法（Delphi Method）又稱專家調查法，是由美國蘭德公司（The Rand Corporation）於1964年正式提出的。其實，早在20世紀40代末期，此法就在蘭德公司內部開始使用，效果很好。因此，提出此法後，很快就在世界上盛行起來。在初始階段，大多數預測案例都是科技預測的內容，因而很多人誤解為只是科技預測的一種方法，實際上並非如此。現在此法的應用遍及社會、經濟、科技等各個領域，而且應用頻率較高。

德爾菲是古希臘的一座城市，因阿波羅神殿而出名。相傳，阿波羅有很高的預測未來的能力，因此，德爾菲便成為預測未來的神諭之地，故將此法命名為德爾菲。

1. 德爾菲法的基本原理

德爾菲法的應用過程是由主持預測的機構確定預測的課題並選定專家，人數多少視具體情況而定，一般是10~50人。預測機構與專家聯繫的主要方式是函詢，專家之間彼此匿名，不發生任何橫向聯繫。通過函詢收集專家意見，加以綜合、整理後，再反饋給各位專家，徵求意見。這樣反覆經過四至五輪。儘管每個專家發表的意見各有差異，但由於參與討論的專家人數較多，會出現一種統計的穩定性，使專家的意見趨於一致，作為最後預測的根據。現將幾次函詢的程序和內容概述如下：

第一輪函詢調查，一方面向專家寄去預測目標的背景材料，另一方面提出所需預測的具體項目。這輪調查，任憑專家回答，完全沒有框架限制。專家可以各種形式回答有關問題，也可向預測單位索取更詳細的統計材料。預測單位對專家的各種回答進行綜合整理，把相同的事件、結論統一起來，剔除次要的、分散的事件，用準確的術語進行統一的描述，然後反饋給各位專家，進行第二輪的函詢。

第二輪函詢，要求專家對與所預測目標有關的各種事件發生的時間、空間、規模大小等提出具體的預測，並說明理由。預測單位對專家的意見進行處理，統計出每一件事可能發生日期的中位數，再次反饋給有關專家。

技術經濟學——工程技術項目評價理論與方法

第三輪是各位專家再次得到函詢綜合統計報告後，對預測單位提出的綜合意見和論據進行評價，重新修正原先各自的預測值，對預測目標重新進行預測。

上述步驟，一般通過四輪，預測的主持者應要求各位專家根據提供的全部預測資料，提出最後的預測意見。若這些意見收斂或者基本一致，即可以此為根據進行預測。

2. 挑選專家的方法

誰是專家？如何選用專家？這裡所稱的「專家」，是指對所要預測的目標比較瞭解，並有豐富的實踐經驗或較高的理論水準，對預測目標有一定見解的人。這些人既可以是教授、理論研究人員或工程師，也可以是有一定工齡的工人或管理人員。例如，做新產品的銷售預測時，專家可以是有經驗的銷售人員，也可以是經理、市場研究人員、市場學教授等等。聘請專家時，要充分考慮到專家的代表性，不僅需要本專業的理論研究、系統設計、生產及管理人員，而且還需要相關領域的有關專家參加，代表面要寬，不同的年齡、不同的地域都要考慮到。

選擇專家的方法很多，首先由本單位專家推薦，其次可從報紙雜誌上視其研究成果的大小進行挑選，最後通過上級部門介紹、查詢專家檔案數據庫等方法選出合適的專家。

3. 調查表的設計

專家函詢調查表的設計是否科學，關係到預測效果的好壞。應根據預測的課題設計出合適的調查表。不同的課題可有不同的查詢表，但以下幾點是設計表格時必須共同遵守的：首先，要把調查預測的問題講清楚，盡量避免模糊語言，時間、數量的指標都要一清二楚，不要含糊不清，模稜兩可。其次，表格要力求簡明，提出的問題不能太多，使填表者不致因填表而厭煩。第三，提出的問題不要脫離預測目標，也不要對專家的回答提出任何附加條件，要讓專家自由地、心情舒暢地回答問題。第四，表中要明確專家寄回表格的最晚時間。

4. 專家意見的統計處理

專家答卷的數據處理，常常涉及時間和數量等指標。例如，某地區制定 2000 年的經濟發展戰略，對 2000 年能實現的工農業總產值的答卷，有各式各樣的數據。對這一系列的數字，通常採取中位數作為有代表性的預測值，把上、下四分值數作為有 50% 以上把握的預測區間。

現給出中位數和上、下四分位數的簡單算法。設局 $x_1 \leq x_2 \leq x_3 \leq \cdots \leq x_n$，為依大小順序排列的 n 個專家的預測值，此序列的中位數記為 $x_中$，則

$$x_中 = \begin{cases} x_{\frac{n+1}{2}} & n\text{ 為奇數} \\ \frac{1}{2}(x_{\frac{n}{2}} + x_{\frac{n+2}{2}}) & n\text{ 為偶數} \end{cases} \quad (6\text{-}1)$$

序列的上、下四分位數分別記為 $x_上$ 與 $x_下$。它可按下述方法求出近似值

第六章　技術經濟預測方法

$$x_{上} = x_{中} + \frac{x_n - x_{中}}{2}$$

$$x_{下} = x_{中} - \frac{x_{中} - x_1}{2}$$

5. 對德爾菲法的評價

改革開放以後，中國引入了德爾菲法。此法簡便易行，克服了頭腦風暴法的大多數缺點。但隨大流現象仍時有發生，未能從根本上加以根除。由於此法比較適合中國的情況，已有不少單位採用。上海某研究所運用此法對柴油機的系列化、通用化、標準化問題，廣泛徵求國內專家的意見，摸清了國內對柴油機「三化」問題所持的基本態度。某建材規劃院又利用此法對牆體材料的發展作了預測，歷時10個月，調查了22個省、自治區、直轄市的137位專家，先後經過四輪調查，順利地完成了任務。1982年年底，某汽車工業公司重型汽車研究所應用此法預測20世紀80年代中國重型汽車的發展，函詢了130位專家，歷時兩個月。經過兩輪調查，發現專家的意見收斂，取得比較滿意的結果。

此法是為決策者進行科學決策而進行預測的一種行之有效的方法之一，是符合專家與群眾相結合的精神的。不論是工業、農業部門，還是國防、科技部門，在制定遠景規劃，確定建設重大工程項目之前，為了預測其經濟效果，找出潛在問題，均可使用此法。

值得注意的是，此法與中國傳統使用的調查分析法是有區別的。德爾菲法有三點明顯的特徵，在使用時必須堅持：第一是匿名性。對被選擇的專家要保密，不讓彼此通氣，使他們不受權威、資歷等方面的影響。第二是反饋性。一般的徵詢調查要三至四輪。第三是收斂性。經過數輪徵詢後、專家們的意見相對收斂，趨向一致。一旦有個別專家與眾人觀點不同，則要求他詳細說明理由。中國傳統使用的調查分析法，既沒有反饋性、也沒有匿名性的要求，更沒有收斂性的要求。這是值得注意的。

6. 德爾菲法應用的拓寬和改進

隨著中國社會、經濟、科技的進一步發展，德爾菲法的應用也越來越廣泛。中國結合自己的具體情況。對原有的德爾菲法，作了一些改進，進一步拓寬了德爾菲法的應用範圍，例如，採用書面調查和會議調查相結合的方法，部分取消匿名性，部分考慮專家的權威性，對專家的答卷數據採取加權處理；根據課題的難易和經費、時間的充足性程度，適當地減少反饋的次數，有時可在專家反饋後，再召集一小批專家面對面的討論，做出預測結果，這種方法稱為廣義的德爾菲法。

第二節　時間序列預測法

時間序列法是根據預測對象的時間序列數據，找出預測對象隨時間推移的變化規律，通過趨勢預測未來的一種方法。

所謂時間序列數據是指某一經濟變量按照時間順序排列起來的一組連續的觀察值，且相鄰觀察值的時間間隔是相等的。例如中國電度表銷售量1970年至1980年的時間序列數據如表6-1所示：

表6-1　　　　　　　　中國1970—1980年的電度表銷售量

時間週期（年）	70	71	72	73	74	75	76	77	78	79	80
電度表銷售量（萬只）	120	142	153	221	299	293	282	310	399	609	1,240

通過對大量時間序列數據的變動作分解，可以認為一般經濟變量時間序列數據的變動包含著隨機變動、週期性變動和體現長期發展趨勢的線性或非線性變動。其中隨機變動是不規則的，週期性變動與長期趨勢是有規律性的（見圖6-1、圖6-2）。用時間序列法作預測，首先需要進行數據處理，設法消除隨機變動，找出預測對象的長期發展趨勢和週期性變動的規律，並建立相應的預測模型。尋找時間序列數據長期變動趨勢的方法常用的有兩類：迴歸方法和平滑方法。迴歸分析的基本方法上節已作介紹，這裡不再贅述，下面我們將著重介紹幾種平滑的方法。

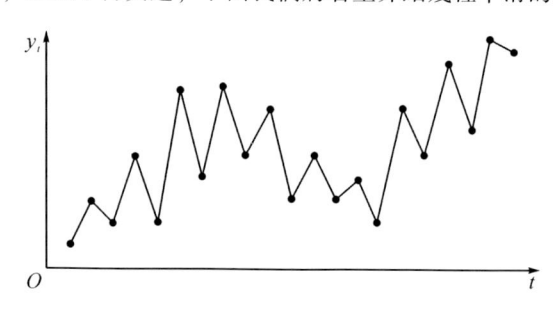

圖6-1　未分解的原時間序列數據變動情況

一、移動平均法

移動平均法是用分段逐點推移的平均方法對時間序列數據進行處理，找出預測對象的歷史變動規律，並據此建立預測模型的一種時間序列預測方法。

用移動平均法平滑處理的具體做法是每次取一定數量的時間序列數據加以平均，

第六章　技術經濟預測方法

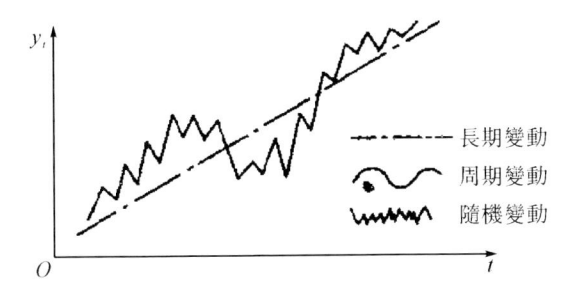

圖 6-2　經分解的時間序列數據的各種變動

按照時間序列由前向後遞推，每推進一個單位時間，就舍去對應於最前面一個單位時間的數據，再進行平均，直至全部數據處理完畢，最後得到一個由移動平均值組成的新的時間序列。這種移動平均處理過程可多次進行。

（一）一次移動平均值的計算

設實際的預測對象時間序列數據為 $y_t(t = 1, 2, \cdots, m)$，一次移動平均值的計算公式為

$$M_{t-1}^{[1]} = \frac{1}{n}(y_{t-1} + y_{t-2} + \cdots + y_{t-n})$$

$$M_t^{[1]} = \frac{1}{n}(y_t + y_{t-1} + \cdots + y_{t-n+1})$$

$$M_{t-1}^{[1]} + \frac{1}{n}(y_t - y_{t-n}) \tag{6-2}$$

式中：$M_t^{[1]}$——第 t 週期的一次移動平均值；

n——計算移動平均值所取的數據個數。

由式（6-2）可知，當 $n = 1$ 時，$M_t^{[1]} = y_t$，移動平均值序列就是原數據的實際序列；當 n 等於全部數據的個數 m 時，移動平均值即為全部數據的算術平均值。可以看出 n 的大小對平滑效果影響很大，n 取得小，平滑曲線靈敏度高，但抗隨機干擾的性能差；n 取得大，抗隨機干擾的性能好，但靈敏度低，對新的變化趨勢不敏感。所以 n 的選擇是用好移動平均法的關鍵，針對具體的預測問題，選擇 n 時，應考慮預測對象時間序列數據點的多少及預測限期的長短。通常 n 的取值範圍可在 3~20 之間。

【例 6-1】已知某產品 15 個月內每月的銷售量（見表 6-2），因時間序列數據點少，取 $n = 3$，計算一次移動平均值。

表 6-2　　　　　　　　　　　　　　　　　　　　　　　　　（單位：萬件）

月序 t	1	2	3	4	5	6	7
銷售量 y_t	10	15	8	20	10	16	18

表6-2(續)

月序 t	1	2	3	4	5	6	7
M_t^1 ($n=3$)	/	/	11.0	14.3	12.7	15.3	14.7
月序 t	8	9	10	11	12	13	14
銷售量 y_t	20	22	24	20	26	27	29
M_t^1 ($n=3$)	18.0	20.0	22.0	22.0	22.3	24.3	21.3

解：由式（6-2）

$$M_t^{[1]} = \frac{1}{3}(y_3 + y_2 + y_1) = \frac{1}{3} \times (8 + 15 + 10)$$

$$= 11.0$$

$$M_4^{[1]} = M_3^{[1]} + \frac{1}{3}(y_4 - y_1) = 11.0 + \frac{1}{3} \times (20 - 10)$$

$$= 14.3$$

依次類推，可得出一個移動平均值序列（見表6-2的第三、六行）。

將實際的時間序列數據與計算出的移動平均值序列繪製到一個坐標圖上（圖6-3），可以看出，通過一次移動平均處理，削弱了隨機干擾的影響，較明顯地反應出了預測對象的歷史變化趨勢。但應該注意到，當實際數據隨時間推移發生變化時，一次移動平均值的變化總是落後於實際數據的變化，存在著滯後偏差，n 取得越大，滯後偏差越大。

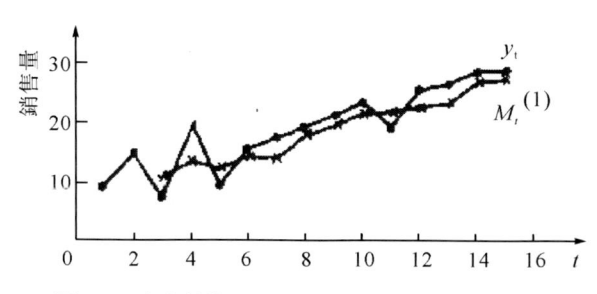

圖6-3　實際數據序列與一次移動平均值序列的對比

（二）利用移動平均值序列作預測

如果實際的時間序列數據沒有明顯的週期變動，近期的移動平均值序列沒有明顯的增長或下降趨勢，可以直接用最近一個週期的一次移動平均值，作為下一週期的預測值。也就是說，當最近一個週期為 n 時，可以認為 $\hat{y}_{t+1} = M_t^{[1]}$。如果實際的時間序列數據有明顯的週期變動，近期的移動平均值序列有明顯的增長或下降趨勢，就不能直接用一次移動平均值作預測。這是因為，移動平均值的變化總是滯後於實際數據的變化，當預測對象有明顯的增長趨勢時，直接用一次移動平均值作預測會

第六章 技術經濟預測方法

使預測值偏低，當預測對象有明顯的下降趨勢時，直接用一次移動平均值作預測會使預測值偏高。在這種情況下，如果預測對象的變化趨勢呈線性，可以通過建立線性預測模型作預測。

線性預測模型的一般形式為：

$$\hat{y}_{t+1} = a_t + b_t \times T \tag{6-3}$$

式中：t ——目前的週期序號；

T ——由目前到預測週期的週期間隔數；

$\hat{y}_{t+T}$ ——第 $t+T$ 週期的預測值；

a_t ——線性預測模型的截距；

b_t ——線性預測模型的斜率，即每週期預測值的變化量。

$$a_t = 2M_t^{[1]} - M_t^{[2]} \tag{6-4}$$

$$b_t = \frac{2}{n-1}(M_t^{[1]} - M_t^{[2]}) \tag{6-5}$$

a_t 與 b_t 的計算利用了移動平均處理過程中存在滯後偏差這種現象。

當一次移動平均值序列 $M_t^{[1]}$ 的近期數據呈線性增長或線性下降時，相應的 $M_t^{[2]}$ 也應呈線性增長或線性下降，$M_t^{[2]}$ 滯後於 $M_t^{[1]}$。由公式

$$M_t^{[2]} = \frac{1}{n}(M_t^{[1]} + M_{t-1}^{[1]} + \cdots + M_{t-n+1}^{[1]})$$

可知，$M_t^{[2]}$ 相對於 $M_t^{[1]}$ 的滯後時間為：$\dfrac{t-(t-n+1)}{2} = \dfrac{n-1}{2}$

設 $M_t^{[1]}$ 與 $M_t^{[2]}$ 的單位時間增量均為 b_t，則 $M_t^{[2]}$ 相對於 $M_t^{[1]}$ 嚴的滯後值為：

$$M_t^{[1]} - M_t^{[2]} = \frac{n-1}{2}b_t$$

故有：

$$b_t = \frac{2}{n-1}(M_t^{[1]} - M_t^{[2]})$$

a_t 為線性預測模型的截距，也就是預測趨勢線的起始點。若用實際觀察值 y_t 作 a_t，則受偶然性因素的影響較大，若用一次移動平均值 $M_t^{[1]}$ 作 a_t，又存在著滯後偏差。故設想：由於 $M_t^{[1]}$ 近期數據變動呈線性，根據預測模型得出的預測值 $\hat{y}_t$ 近期也有線性變動趨勢。$M_t^{[1]}$ 滯後於 $\hat{y}_t$，滯後時間為 $\dfrac{n-1}{2}$ 個週期，滯後值為：

$$\hat{y}_t - M_t^{[1]} = \frac{n-1}{2}b_t = M_t^{[1]} - M_t^{[2]}$$

故有：$\hat{y}_t = 2M_t^{[1]} - M_t^{[2]}$

如果把第 t 週期作為預測方程的起始週期，$\hat{y}_t$ 也就是方程的截距 a_t，

即：

$$a_t = 2M_t^{[1]} - M_t^{[2]}$$

【例 6-2】 根據表 6-2 的數據建立預測模型，預測第 17 個月的銷售量，目前的月序為 15。

$$a_{15} = 2M_{15}^{[1]} - M_{15}^{[2]} = 2 \times 28.3 - 26.6 = 30.0$$

$$b_{15} = \frac{2}{n-1}(M_{15}^{[1]} - M_{15}^{[2]}) = \frac{2}{3-1}(28.3 - 26.6) = 1.7$$

故可得線性預測模型

$$\hat{y}_{15+T} = 30.0 + 1.7T$$

第 17 個月銷售量的預測值為：

$$\hat{y}_{17} = \hat{y}_{15+2} = 30.0 + 1.7 \times 2 = 33.4(萬件)$$

二、指數平滑法

指數平滑法是移動平均法的改進。其基本思路是：在預測研究中越近期的數據越應受到重視，時間序列數據中各數據的重要程度由近及遠呈指數規律遞減，故對時間序列數據的平滑處理應採用加權平均的方法。

（一）一次指數平滑值的計算

假設時間序列數據是一個無窮序列：$y_t, y_{t-1}, y_{t-2}, \cdots$，其加權平均值為

$$\beta_0 y_t + \beta_1 y_{t-1} + \beta_2 y_{t-2} + \cdots + \beta_i y_{t-i} + \cdots$$

其中 $\quad 1 \geq \beta_i \geq 0 \quad (i = 0, 1, 2, \cdots)$

且 $\quad \sum_{i=0}^{\infty} \beta_i = 1$

令 $\quad \beta_i = a(1-a)^i$

則 $\quad \sum_{i=0}^{\infty} \beta_i = a(1-a)^0 + a(1-a) + a(1-a)^2 + \cdots$

$$= a[1 + (1-a) + (1-a)^2 + \cdots]$$

$$= \frac{a}{1-(1-a)} = 1$$

用 $\beta_i = a(1-a)^i (i = 0, 1, 2, \cdots)$ 對時間序列數據加權，設加權平均值為 $S_t^{[1]}$，則有：

$$S_t^{[1]} = ay_t + a(1-a)y_{t-1} + a(1-a)y_{t-2} + \cdots$$

$$= ay_t + (1-a)[ay_{t-1} + a(1-a)y_{t-2} + \cdots]$$

$$= ay_t + (1-a)S_{t-1}^{[1]}$$

實際上，時間序列數據是有限的，一般情況下，$\sum_{i=0}^{n} \beta_i < 1$，但只要這個時間序列足夠長，上式可以作為有限時間序列數據加權平均值的一種近似。這個加權平均值就是我們所要求的一次指數平滑值。所以一次指數平滑值的計算公式為：

第六章 技術經濟預測方法

$$S_t^{[1]} = ay_t + (1-a)S_{t-1}^{[1]} \tag{6-6}$$

式中：$S_t^{[1]}$——第 t 週期的一次指數平滑值；

y_t——預測對象第 t 週期的實際數據；

a——指數平滑系數。

a 實際上是新舊數據權重的一個分配比例，a 值越大，則新數據在 $S_t^{[1]}$ 中的權重越大。a 取值的大小是影響預測效果的重要因素，一般要根據實際時間序列數據的特點和經驗確定。如果時間序列數據的長期趨勢比較穩定，應取較小的 a 值（如 0.05~0.20）。如果時間序列數據具有迅速明顯的變動傾向，則應取較大的 a 值（如 0.3~0.7）。

式（6-6）是一個遞推公式，計算 $S_t^{[1]}$ 時，要先知道 $S_{t-1}^{[1]}$，計算 $S_{t-1}^{[1]}$ 時，要先知道 $S_{t-2}^{[1]}$，如此遞推下去，計算 $S_1^{[1]}$ 時就需要有一個初始值 $S_0^{[1]}$。當實際數據比較多時，初始值對預測結果的影響不會很大，可以以第一個數據 y_1 作為初始值，如果實際數據較少（如 20 個以內），初始值的影響就比較大，一般取前幾個週期的數據的平均值作為初始值。

如果實際時間序列數據的變動主要是隨機變動而沒有明顯的週期變動和增長或下降趨勢，我們可以直接用最近一個週期的一次指數平滑值 $S_t^{[1]}$ 作為下一週期的預測值 $\hat{y}_{t+1}$。如果求得的一次指數平滑值時間序列數據有明顯的線性增長或下降趨勢，與移動平均法相類似，由於一次指數平滑值序列相對於實際數據序列存在著滯後偏差，必須在求二次指數平滑值的基礎上建立預測模型。

（二）二次指數平滑值的計算與線性預測模型的建立

二次指數平滑是對一次指數平滑值序列再作一次指數平滑。二次指數平滑值的計算公式為：

$$S_t^{[2]} = aS_t^{[1]} + (1-a)S_{t-1}^{[2]} \tag{6-7}$$

式中：$S_t^{[2]}$——第 t 週期的二次指數平滑值。

求二次指數平滑值也要先確定初始值，通常直接取 $S_0^{[2]} = S_0^{[1]}$，也可以取前幾個一次指數平滑值的平均值作二次指數平滑的初始值。

在二次指數平滑處理的基礎上可建立線性預測模型

$$\hat{y}_{t+T} = a_t + b_t \times T \tag{6-8}$$

截距 a_t 與斜率 b_t 的計算公式分別為：

$$a_t = 2S_t^{[1]} - S_t^{[2]} \tag{6-9}$$

$$b_t = \frac{a}{1-a}(S_t^{[1]} - S_t^{[2]}) \tag{6-10}$$

【例 6-3】根據例 6-1 中的數據用指數平滑法建立線性預測模型。

解：取指數平滑系數 $\alpha = 0.5$，設初始值：

$$S_0^{[2]} = S_0^{[1]} = \frac{1}{3}(y_1 + y_2 + y_3) = 11.0$$

根據式（6-9）與式（6-10）分別計算一次指數平滑值與二次指數平滑值，計算結果見表6-3。

表6-3　　　　　　　　　　　　　　　　　　　　　　　　（單位：萬件）

月序 t	1	2	3	4	5	6	7	8
銷售量 y_t	10	15	8	20	10	16	18	20
$S_t^{[1]}$ ($\alpha=0.5$)	10.5	12.8	10.4	15.2	12.6	14.3	16.1	18.1
$S_t^{[2]}$ ($\alpha=0.5$)	10.8	11.8	11.1	13.1	12.9	13.6	14.8	16.5
月序 t	9	10	11	12	13	14	15	
銷售量 y_t	22	24	20	26	27	29	29	
$S_t^{[1]}$ ($\alpha=0.5$)	20.0	22.0	21.0	23.5	25.3	27.1	28.1	
$S_t^{[2]}$ ($\alpha=0.5$)	18.2	20.1	20.6	22.0	23.7	25.4	26.7	

預測模型的截距

$$a_{15} = 2S_{15}^{[1]} - S_{15}^{[2]} = 2 \times 28.1 - 26.7 = 29.5$$

預測模型的斜率

$$b_{15} = \frac{a}{1-a}(S_{15}^{[1]} - S_{15}^{[2]})$$

$$= \frac{0.5}{1-0.5} \times (28.1 \times 26.7) = 1.4$$

故可得線性預測模型

$$\hat{y}_{15+T} = 29.5 + 1.4T$$

將上式與例6-2中用移動平均法求得的預測模型相比較，上式中的斜率明顯要小，這是由於指數平滑法更重視近期數據的變化趨勢所造成的。

二次指數平滑預測模型僅適用於預測對象的變動趨勢呈線性的情況。如果預測對象的變動趨勢是非線性的，則應在求三次指平滑值的基礎上建立非線性預測模型。

（三）三次指數平滑值的計算與非線性預測模型的建立

三次指數平滑是對二次指數平滑值序列再作一次指數平滑。三次指數平滑值的計算公式為：

$$S_t^{[3]} = aS_t^{[2]} + (1-a)S_{t-1}^{[3]} \tag{6-11}$$

式中：$S_t^{[3]}$——第 t 週期的三次指數平滑值。

三次指數平滑的初始值可以直接取 $S_0^{[3]} = S_0^{[2]}$，也可以取前幾個二次指數平滑值的平均值。

在三次指數平滑處理的基礎上可建立如下非線性預測模型：

$$\hat{y}_{t+T} = a_t + b_t T + c_t T^2 \tag{6-12}$$

第六章 技術經濟預測方法

模型系數 a_t、b_t、c_t 的計算公式為：

$$a_t = 3S_t^{[1]} - 3S_t^{[2]} + S_t^{[3]}$$

$$b_t = \frac{a}{2(1-a)^2}[(6-5a)S_t^{[1]} - 2(5-4a)S_t^{[2]} + (4-3a)S_t^{[3]}]$$

$$c_t = \frac{a^2}{2(1-a)^2}(S_t^{[1]} - 2S_t^{[2]} + S_t^{[3]})$$

若實際時間序列數據的變動趨勢呈線性，

則：$y_t - S_t^{[1]} = S_t^{[1]} - S_t^{[2]} = S_t^{[2]} - S_t^{[3]}$

代入上述模型系數計算公式，可得 $c_t = 0$，a_t 與 b_t 的計算公式簡化後與線性預測模型中相同。由此可知，線性預測模型實際上是非線性預測模型的一種特殊形式。

【例6-4】已知某商品11年內每年的銷售量（見表6-4），用指數平滑法建立預測模型並預測第12年和第13年的銷售量。

解：在三次指數平滑處理的基礎上建立非線性預測模型。

表6-4　　　　　　　　　　　　　　　　　　　　　　　　　　　（單位：萬臺）

年序 t	0	1	2	3	4	5
銷售量 y_t		225.2	249.9	263.2	293.6	318.9
$S_t^{[1]}$（$\alpha=0.3$）	246.1	239.8	242.9	249.0	262.3	279.3
$S_t^{[2]}$（$\alpha=0.3$）	246.1	244.2	243.8	245.4	250.5	259.1
$S_t^{[3]}$（$\alpha=0.3$）	244.5	244.4	244.2	244.6	246.4	250.2
年序 t	6	7	8	9	10	11
銷售量 y_t	356.1	363.8	424.2	466.5	582.0	750.0
$S_t^{[1]}$（$\alpha=0.3$）	302.5	320.9	351.9	386.3	445.0	536.5
$S_t^{[2]}$（$\alpha=0.3$）	272.1	286.8	306.3	330.3	364.7	416.2
$S_t^{[3]}$（$\alpha=0.3$）	256.8	265.8	277.9	293.6	315.0	345.3

本例中，實際數據序列的變動傾向較明顯，平滑系數 a 不宜取太小，取 $a = 0.3$。實際數據數目較少，取一次、二次指數平滑初始值

$$S_0^{[1]} = S_0^{[2]} = \frac{1}{3}(y_1 + y_2 + y_3) = \frac{1}{3} \times (225.2 + 249.9 + 263.2) = 246.1$$

分別計算一次、二次指數平滑值 $S_t^{[1]}$ 和 $S_t^{[2]}$。取三次指數平滑初始值

$$S_0^{[3]} = \frac{1}{3}(S_1^{[2]} + S_2^{[2]} + S_3^{[2]}) = \frac{1}{3} \times (244.2 + 243.8 + 245.4) = 244.5$$

計算三次指數平滑 $S_t^{[3]}$。各次指數平滑值的計算結果見表6-4。

計算預測模型系數：

$$a_{11} = 3S_{11}^{[1]} - 3S_{11}^{[2]} + 3S_{11}^{[3]}$$
$$= 3 \times 536.5 - 3 \times 416.2 + 345.3$$
$$= 706.2$$

$$b_{11} = \frac{a}{2(1-a)^2}[(6-5a)S_{11}^{[1]} - 2(5-4a)S_{11}^{[2]} + (4-3a)S_{11}^{[3]}]$$
$$= \frac{0.3}{2 \times (1-0.3)^2}[(6-5\times 0.3)\times 536.5 - 2 \times (5-4\times 0.3)\times 416.2 + (4-3\times 0.3)\times 345.3]$$
$$= 98.4$$

$$c_{11} = \frac{a^2}{2(1-a)^2}(S_{11}^{[1]} - 2S_{11}^{[2]} + S_{11}^{[3]})$$
$$= \frac{0.3}{2 \times (1-0.3)^2} \times (536.5 - 2\times 416.2 + 345.3)$$
$$= 4.5$$

建立非線性預測模型
$$\hat{y}_{11+T} = a_{11} + b_{11}T + c_{11}T^2$$
$$= 706.2 + 98.4T + 4.5T^2$$

第 12 年銷售量的預測值為：
$$\hat{y}_{12} = \hat{y}_{11+1}$$
$$= 706.2 + 98.4 \times 1 + 4.5 \times 1^2 = 809.1 (萬臺)$$

第 13 年銷售量的預測值為：
$$\hat{y}_{13} = \hat{y}_{11+2}$$
$$= 706.2 + 98.4 \times 2 + 4.5 \times 2^2 = 921 (萬臺)$$

平滑法（包括移動平均法和指數平滑法）適用於尋找實際數據序列的長期變動趨勢，對數據序列的轉折點缺乏鑑別能力。如果遇到數據序列出現轉折點的情況，要靠預測者根據外部影響因素的分析判斷對預測值進行修正。

第三節　線性迴歸預測

一、相關關係和相關分析

（一）相關關係概念

一般來說，變量之間存在以下關係：

1. 函數關係：即確定型的關係，指一個變量的變化能完全決定另一個變量的變化，二者存在一對一的關係。

第六章　技術經濟預測方法

2. 相關關係：指變量之間具有密切關聯（存在某種程度的不確定性的關係），但又不能用函數關係精確表達出來，這種關係稱為統計關係或相關關係。只能通過對現象不斷的、大量的觀察，探索出它們之間的統計規律，也就是說，只能用相關分析和迴歸分析的方法進行描述。按不同的分類方法，變量間的相關關係可以分為多種類型。

（1）按相關的方向分：正相關，負相關；按研究變量的多少分：單相關（一元相關），復相關。

（2）按相關的形式分：線性相關，非線性相關。

（3）按相關的程度分：完全相關，不完全相關，無相關。

（4）按依存關係的情況分：單向依存（因果）關係，互為因果關係。

（二）迴歸關係與迴歸分析

1. 迴歸

「迴歸」一詞起源於生物學。在生物學中，人們通過對遺傳現象的大量觀察，發現父母的身高與子女的身高有一定的關係，但從平均來看，若父母很高，他們的孩子並不像父母那樣高；而若父母很矮，他們的孩子也並不像父母那樣矮。也就是存在遺傳身高趨於人類平均身高的現象，被稱為迴歸。

2. 迴歸關係

父母的身高與孩子的身高有關，通過大量觀察探索出以上這種統計規律，這種統計規律稱為迴歸關係。

3. 迴歸分析

根據相關關係的具體形態，選擇合適的數學模型來近似表達變量之間的變化關係。

（三）相關分析與迴歸分析的關係

相關分析與迴歸分析都是研究現象之間相關關係的基本方法，二者既有區別又有聯繫。主要區別表現在：

（1）在相關分析中，所有變量處於平等地位；在迴歸分析中，因變量處於被解釋的特殊地位。

（2）在相關分析中，所涉及的變量全是隨機變量；在迴歸分析中，因變量是隨機變量，自變量可以是隨機變量，也可以是給定的確定變量，在迴歸模型中，自變量通常是給定的變量。

（3）相關分析主要刻畫變量間線性相關的密切程度；而迴歸分析不僅可以揭示一個變量對另一變量的影響大小，還可以由迴歸方程進行控制與預測。

相關分析與迴歸分析的聯繫為：二者相輔相成，相關分析需要依靠迴歸分析來表明現象之間相關的具體形式，而迴歸分析則需要依靠相關分析來表明現象之間數量變化的相關密切程度。

一元線性迴歸是描述兩個變量之間相關關係的最簡單的迴歸模型（Regression

model）。一元線性迴歸雖然簡單，但通過一元線性迴歸模型的建立過程，我們可以瞭解迴歸分析方法的基本統計思想以及它在經濟問題研究中的應用原理。本節餘下的內容將詳細討論一元線性迴歸的建模思想，最小二乘估計及其性質，迴歸方程的有關檢驗，預測和控制的理論及應用。

二、一元線性迴歸（Linear regression）模型

在經濟問題的研究中，經常需要研究某一經濟現象與影響它的某一最主要因素的影響。譬如，影響糧食產量的因素非常多，但在眾多因素中，施肥量是一個最重要的因素，我們往往需要研究施肥量這一因素與糧食產量之間的關係；在消費問題的研究中，影響消費的因素很多，但我們可以只研究國民收入與消費額之間的關係，因為國民收入是影響消費的最主要因素；保險公司在研究火災損失的規律時，把火災發生地與最近的消防站的距離作為一個最主要因素，研究火災損失與火災發生地距最近消防站的距離之間的關係。

上述幾個例子都是研究兩個變量之間的關係，而且它們的一個共同點是，兩個變量之間有著密切的關係，但密切的程度並不能由一個變量唯一確定另一個變量，即它們之間的關係是一種非確定性的關係。那麼它們之間到底有什麼樣的關係呢？這就是下面要進一步研究的問題。

通常我們對所研究的問題首先要收集與它有關的 n 組樣本數據 (x_1, y_1)，$i = 1, 2, \cdots, n$。為了直觀地發現樣本數據的分佈規律，我們把 (x_1, y_1) 看成是平面直角坐標系中的點，可以畫出這 n 個樣本點的散點圖。

為進一步探討變量 y 與 x 之間的統計規律性，我們用下面的數學模型來描述它。

$$y = \beta_0 + \beta_1 x + \varepsilon \tag{6-13}$$

（6-13）式將經濟問題中變量 y 與 x 之間的關係分兩部分描述。一部分是由於 x 的變化引起 y 線性變化的部分，即 $\beta_0 + \beta_{1x}$；另一部分是由其他一切隨機因素引起的，記為 ε。（6-13）式確切地表達了經濟變量 x 與 y 之間密切相關，但其密切的程度又沒有到由 x 唯一確定 y 的地步。

（6-13）式將經濟問題中變量 y 與 x 的一元線性迴歸理論模型。一般我們稱 y 為被解釋變量（因變量（Dependent variable）），x 為解釋變量（自變量（Independent variable））。式中 β_0 和 β_1 是未知參數，稱它們為迴歸系數（Coefficient of regression）。ε 表示其他隨機因素的影響。在（6-13）式中一般假定 ε 是不可觀測的隨機誤差，它是一個隨機變量，通常假定 ε 滿足：

$$\begin{cases} E(\varepsilon) = 0 \\ \text{var}(\varepsilon) = \sigma^2 \end{cases} \tag{6-14}$$

這裡 $E(\varepsilon)$ 表示 ε 的數學期望，var（ε）表示 ε 的方差。在實際問題的研究中，為了方便地對參數作區間估計和假設檢驗，還假定 ε 遵從正態分佈，即

第六章　技術經濟預測方法

$\varepsilon \subset N(0, \sigma^2)$

在 ε 遵從正態分佈的假定下，進一步有 $y \subset N(\beta_0 + \beta_1 x, \sigma^2)$，它表示隨機變量 y 也遵從正態分佈，且 $E(y) = \beta_0 + \beta_1 x$，$\mathrm{var}(y) = \sigma^2$，即（3-14）式中線性表示部分從平均意義上表達了變量 y 與 x 的統計規律性。關於這一點，在應用上非常重要，因為我們經常關心的正是這個平均值。例如，在消費 y 與收入 x 的研究中，我們也許所關心的正是當國民收入達到某個水準時，人均消費能達到多少；在小麥單產 y 與施肥量 x 的關係中，我們所關心的正是當施肥量 x 確定後，小麥的平均產量是多少。

一般情況下，對我們所研究的某個經濟問題所獲得的 n 組樣本觀測值 (x_1, y_1)，(x_2, y_2)，$\cdots (x_n, y_n)$ 來說，如果它們符合模型（6-13）式，則

$$y_i = \beta_0 + \beta_1 x_i + \varepsilon_i \quad i = 1, 2, \cdots, n \tag{6-15}$$

由（6-14）式有：

$$\begin{cases} E(\varepsilon_i) = 0 \\ \mathrm{var}(\varepsilon_i) = \sigma^2 \end{cases} \quad i = 1, 2, \cdots, n$$

通常我們還假定，n 組數據是獨立觀測的，因而 $y_1, y_2, \cdots, y_n$；$\varepsilon_1, \varepsilon_2, \cdots, \varepsilon_n$ 都是相互獨立的隨機變量。而 $x_i (i = 1, 2 \cdots n)$ 是確定性變量，其值是可以精確測量和控制的。我們稱（6-15）式為一元線性迴歸模型。

對（6-13）式兩邊求數學期望，得

$$E(y) = \beta_0 + \beta_1 x \tag{6-16}$$

（6-16）式表示當 x 已知時，可以精確算出 $E(y)$。由於 ε 是隨機因素，就用 $E(y)$ 作為 y 的估計，故得

$$\hat{y} = \beta_0 + \beta_1 x \tag{6-17}$$

式中，$\hat{y}$ 表示 y 的估計。（6-17）式稱為一元線性迴歸方程。

如果對（6-15）式兩邊求數學期望，得

$$E(y_i) = \beta_0 + \beta_1 x_i \quad i = 1, 2, \cdots, n \tag{6-18}$$

或者

$$\hat{y}_i = \beta_0 + \beta_1 x_i \quad i = 1, 2, \cdots, n \tag{6-19}$$

迴歸分析的主要任務就是通過 n 組樣本觀測值 (x_i, y_i)　$i = 1, 2, \cdots, n$ 對 β_0, β_1 進行估計。一般用 $\hat{\beta}_0, \hat{\beta}_1$ 分別表示 β_0, β_1 的估計值，則稱

$$\hat{y} = \hat{\beta}_0 + \hat{\beta}_1 x \tag{6-20}$$

為 y 關於 x 的一元線性經驗迴歸方程.

通常 $\hat{\beta}_0$ 表示經驗迴歸直線在縱軸上的截距。如果模型範圍裡包括 $x = 0$，則 $\hat{\beta}_0$ 是 $x = 0$ 時 y 概率分佈的均值；如果不包括 $x = 0$，$\hat{\beta}_0$ 只是作為迴歸方程中的分開項，沒有別的具體意義。$\hat{\beta}_1$ 表示經驗直線迴歸方程的斜率。$\hat{\beta}_1$ 在實際應用中表示 x 每增加一

121

個單位時 y 概率分佈的均值變化，即當 x 每增加一個單位時，y 平均變化 $\hat{\beta}_1$ 個單位。

二、參數 β_0，β_1 的最小二乘估計

為了由樣本數據得到迴歸參數 β_0 和 β_1 的理想估計值，我們將使用普通最小二乘估計（Ordinary Least Square Estimation，簡記為 OLSE）。對每一樣本觀測值（x_i，y_i），最小二乘法考慮觀測值（Observed value）y_i 與其期望值 $E(y_i)$ 的差：

$$y_i - E(y_i) = y_i - (\beta_0 + \beta_1 x_i)$$

越小越好，特別要求考慮 n 個差的平方和：

$$Q(\beta_0, \beta_1) = \sum_{i=1}^{n}(y_i - \beta_0 - \beta_1 x_i)^2 = \sum_{i=1}^{n} e_i^2 \qquad (6-21)$$

達到最小。

三、迴歸方程的顯著性檢驗（Significance tests）

當我們得到一個實際問題的經驗迴歸方程

$$\hat{y} = \hat{\beta}_0 + \hat{\beta}_1 x$$

還不能馬上就用它去作經濟分析和經濟預測，因為 $\hat{y} = \hat{\beta}_0 + \hat{\beta}_1 x$ 是否真正描述了變量 y 與 x 之間的統計規律性，還需運用統計方法對迴歸方程進行檢驗。下面我們介紹兩種檢驗方法。

（一）F 檢驗

在一元線性迴歸方程中的假設檢驗是

$$H_0: \beta_1 = 0 \qquad (6-22)$$

如果原假設 H_0 成立，即 $\beta_1 = 0$ 表示迴歸方程為一常數 β_0，與 x 無關，則意味著所選定的自變量 x 其實對因變量 y 無影響，故研究 y 與 x 之間的關係也就沒有意義；如果原假設 H_0 不成立，即 $\beta_1 \neq 0$，迴歸方程才有意義。因而對迴歸方程的顯著性檢驗就是要檢驗假設（6-22）式是否為真。為此，我們需要構造一個檢驗的統計量。

我們把 y 的 n 個觀測值之間的差異，用觀測值 y_i 與其平均值 $\bar{y}$ 的偏差平方和來表示，稱為總離差平方和（Total Deviation Sum of Squares），記為 $S_{總}$ 或 SST。

$$S_{總} = \sum_{i=1}^{n}(y_i - \bar{y})^2 = L_{yy} \qquad (6-23)$$

我們可以將 $S_{總}$ 分解成如下形式：

$$S_{總} = \sum_{i=1}^{n}(y_i - \bar{y})^2$$
$$= \sum_{i=1}^{n}(y_i - \hat{y}_i + \hat{y}_i - \bar{y})^2$$

第六章 技術經濟預測方法

$$= \sum_{i=1}^{n}(y_i-\hat{y}_i)^2 + 2\sum_{i=1}^{n}(y_i-\hat{y}_i)(\hat{y}_i-\bar{y}) + \sum_{i=1}^{n}(\hat{y}_i-\bar{y})^2 \qquad (6-24)$$

其中，$\sum_{i=1}^{n}(y_i-\hat{y}_i)(\hat{y}_i-\bar{y})=0$（留給讀者自己證明）。這樣（6-24）式成為兩項和的形式。

$\sum_{i=1}^{n}(\hat{y}_i-\bar{y})^2$ 稱為迴歸平方和（Regression Sum of Squares）記為 $S_{迴}$ 或 SSR；

$\sum_{i=1}^{n}(y_i-\hat{y}_i)^2$ 稱為殘差平方和（Residual Sum of Squares）記為 $S_{殘}$ 或 SSE；

（6-24）式即為：

$$S_{總} = S_{迴} + S_{殘}$$

由此可見，y 值的變化由兩個原因造成，一個是 x 的變化引起 y 的變化，另一個是不可控制的隨機因素對 y 的影響。$S_{迴}=\sum_{i=1}^{n}(\hat{y_i}-\bar{y})^2=\beta_1^2\sum_{i=1}^{n}(x_i-\bar{x})^2$ 是迴歸值與觀測值 y 的平均值之差的平方和，它反應了自變量的變化所引起的 y 的波動，它的大小反應了自變量 x 的重要程度。$S_{殘}=\sum_{i=1}^{n}(\hat{y}-y_i)^2$ 是 y 的實際值與迴歸值之差的平方和，它由試驗誤差以及未加控制的因素引起，它的大小反應了試驗誤差及其他隨機因素對試驗結果的影響。

可以證明：

$$F = \frac{S_{迴}/1}{S_{殘}/(n-2)} \subset F(1, n-2)$$

其中，$F(1, n-2)$ 表示第一自由度為 1，第二自由度為 $n-2$ 的 F 分佈。對於迴歸方程的具體體驗可放在方差分析表上進行。

（二）樣本決定系數

由迴歸平方和與殘差平方和的意義我們知道，在總的離差平方和中迴歸平方和所占的比重越大，則線性迴歸效果越好，這說明迴歸直線與樣本觀測值擬合優度（Goodness of fit）就越好；如果殘差平方和所占的比重大，則迴歸直線與樣本觀測值擬合的就不理想。這裡把迴歸平方與總離差平方和之比定義為樣本決定系數（Coefficient of determination），即

$$r^2 = \frac{\sum_{i=1}^{n}(\hat{y}_i-\bar{y})^2}{\sum_{i=1}^{n}(y_i-\bar{y})^2} = \frac{\hat{\beta}_1 L_{xy}}{L_{yy}} = \frac{\frac{L_{xy}}{L_{xx}} \cdot L_{xy}}{L_{yy}} = \frac{L_{xy}^2}{L_{xx}L_{yy}} \qquad (6-25)$$

（6-25）式正好是相關係數 r 的平方。決定系數 r^2 是一個迴歸直線與樣本觀測值擬合優度的指標。r^2 的值總是在 0 和 1 之間。一個線性迴歸模型如果充分利用了 x 的信息，則 r^2 越接近於 1，擬合優度就越好；反之，如 r^2 不大，說明模型中給出的 x

對 y 的信息還不充分，應進行修改，使 x 與 y 的信息得到充分利用。

如決定系數為：$r^2 = 0.997,41$

決定系數高達 0.997,41 說明在 y 值與 $\bar{y}$ 的偏離的平方和中有 99.74% 可以通過人均國民收入 x 來解釋，這也說明了 y 與 x 之間的高度線性相關關係。

進一步還可看到：

$$r = \frac{L_{xy}}{\sqrt{L_{xx}L_{yy}}} = \frac{L_{xy}}{L_{xx}}\sqrt{\frac{L_{xx}}{L_{yy}}} = \hat{\beta}_1 \sqrt{\frac{L_{xx}}{L_{yy}}} \tag{6-26}$$

這說明相關係數 r 與迴歸系數 $\hat{\beta}_1$ 的正負號相同。

四、預測及應用

建立迴歸模型的目的就是為了應用，預測是迴歸模型最重要的應用。下面我們專門討論迴歸模型在預測方面的應用。

對於預測問題，除了知道預測值外，還希望知道預測的精度。比如研究某地區小麥產量 y 與施肥量 x 的關係時，可建立迴歸方程：

$$\hat{y} = \hat{\beta} + \hat{\beta}_1 x \tag{6-27}$$

當已知施肥量 $x = x_0$ 時，要預測小麥產量是多少公斤，將 $x = x_0$ 代入（6-27）式得 $\hat{y}_0$。這個 $\hat{y}_0$ 其實只是這個地區小麥產量的大概值。僅知道這一點意義並不大，我們往往更希望能給出小麥產量一個預測值範圍。給一個預測值範圍比只給出 $\hat{y}_0$ 更可信。這個問題也就是對於給定的顯著性水準 a，找一個區間（T_1, T_2）使對應於某特定的 x_0 的實際值 y_0 以 $1-a$ 的概率被區間（T_1, T_2）所包含，用公式表示，就是

$$P(T_1 < y_0 < T_2) = 1 - a$$

可以證明置信概率為（$1-a$）的預測區間（Prediction interval）為：

$$(\hat{y}_0 - S_{y_0}\sqrt{F_a(1, n-2)}, \hat{y}_0 + S_{y_0}\sqrt{F_a(1, n-2)}) \tag{6-28}$$

令 $\Delta = S_{y_0}\sqrt{F_a(1, n-2)}$

$$S_{y_0} = \sqrt{S^2\left[1 + \frac{1}{n} + \frac{(x_0 - \bar{x})^2}{\sum_{i=1}^{n}(x_i - \bar{x})^2}\right]}$$

為 $\hat{y}_0$ 的標準差，$F_a(1, n-2)$ 為 F 分佈表查得的臨界值。

由上式可看到，對給定的顯著性水準 a，樣本容量 n 越大，$L_{xx} = \sum_{i=1}^{n}(x_i - \bar{x})^2$ 越大，x_0 越靠近 $\bar{x}$，則 Δ 越小，此時的預測精度較高。所以，為了提高預測精度，樣本量 n 應越大越好，採集數據 $x_1, x_2, \cdots, x_n$，不能太集中。在進行預測時，所給定的 x_0 不能偏離 $\bar{x}$ 太大，太大時，預測結果肯定效果不好；如果給定值 $x_0 = \bar{x}$ 時，Δ

第六章　技術經濟預測方法

最小，這時的預測結果效果就好。因此，如果在（$\min x_i$，$\max x_i$）範圍之外作預測，精度就較差。這種情況進一步說明，當 x 的取值發生較大變化時，即 $|x_0 - \bar{x}|$ 越大時，預測就不準。所以在作預測時一定要看 x_0 與 $\bar{x}$ 相差多大，相差太大時，效果肯定不好。尤其是在經濟問題的研究中，當時間序列數據發生了較大變化，即要預測未來太遠時，x 的取值 x_0 肯定距當時建模時採集樣本的 $\bar{x}$ 相差太大。比如，我們用人均國民收入 1,000 元左右的數據建立的消費基金模型，只適合近期人均收入 1,000 元左右的消費基金預測，而若干年後人均國民收入增長幅度變化較大時，人們的消費觀念也會發生較大變化，再用原模型去預測肯定不準確。

本章小結

　　技術經濟預測是技術經濟決策的基礎，預測結果中的數據是對技術方案進行經濟評價的依據，常見的預測方法有兩種類型，一種是定性（判斷）預測，一種是定量預測。

　　無論是哪一種預測方法，都要遵循一定的科學程序或步驟，這些步驟可以歸納為：

　　（1）確定預測目標和預測期限。不論是宏觀經濟預測，還是微觀經濟預測，確定預測目標和預測期限是進行預測工作的前提。例如，對全國毛線及其織品的預測，需求量、花色品種這些均是預測目標。預測期可根據預測用戶的要求，有月、季、半年、一年等期限的預測。

　　（2）確定預測因子。根據確定的預測目標，選擇可能與預測目標相關或有一定影響的預測因素。例如，在對全國毛紡織品的需求預測中，全國人均可支配收入、人均消費支出、毛線及其製品的價格、化纖製品的價格、人口的增長等均是預測因素。

　　（3）進行市場調查。收集各因素的歷史和現狀的信息、數據、資料，並加以整理和分析。

　　（4）選擇合適的預測方法。有的預測目標，可以同時使用多種預測方法獨立地進行預測，然後，對各預測值分別進行評估和判斷，選擇出合適的預測值。

　　（5）對預測的結果進行分析和評估，例如，對預測結果進行定性與定量的分析，指出其預測誤差是正偏還是負偏，相對誤差與絕對誤差的大小、範圍等等。

　　（6）指出根據最新的經濟動態和新到來的經濟信息或數據，可否重新調整原來的預測值，並提高預測精度。

思考與練習

1. 根據預測的特點和技術經濟預測的一般步驟，分析影響技術經濟預測精確度

的主要因素有哪些。

2. 簡述德爾菲法預測的實施步驟。在每個實施步驟中分別應注意哪些問題？試分析影響德爾菲法預測準確性的關鍵因素有哪些。

3. 什麼情況下可以採用一元線性迴歸預測法？什麼情況下可以採用多元線性迴歸預測法？一元線性迴歸中的相關係數和多元線性迴歸中的全相關係數意義何在？如何確定預測值的置信區間？

4. 用時間序列法作預測的假設前提是什麼？移動平均法和指數平滑法各有什麼特點？說明一次、二次移動平均法和一次、二次、三次指數平滑分別在哪些情況下適用。

5. 移動平均法中參數 n 的大小對預測結果有何影響？選擇參數 n 應考慮哪些問題？

6. 指數平滑法中平滑系數 a 的大小對預測結果有何影響？選擇 a 應考慮哪些問題？確定指數平滑的初始值應考慮哪些問題？

7. 在什麼情況下要進行季節變動指數分析？簡述季節變動指數分析的基本步驟。

8. 舉出一個其發展規律可用 S 型曲線描述的事例。簡述用戈珀茲曲線和邏輯曲線擬合時間序列數據的步驟。

9. 某種商品去年各月份在某市的銷售量如下表所示。試用指數平滑法建立線形預測模型，並預測今年 1 月份和 2 月份的商品銷售量（取 $n=4$，$\alpha=0.8$，保留小數點後兩位）。（單位：萬件）

月　序	1	2	3	4	5	6	7	8	9	10	11	12
銷售量	6.4	6.8	7.2	7.6	8.3	9.1	9.9	10.5	11.8	11.2	10.5	10.0

第七章　確定性分析方法

內容提要

　　本章是技術經濟分析的重要內容。對技術方案進行經濟評價，其核心內容是對其經濟效益的評價，當反應技術項目所需數據能夠唯一確定情況下採用的評價方法，即為確定性評價方法。

　　本章介紹的確定性評價方法包括：靜態分析法、動態分析法以及多方案比較分析法，並結合實例具體介紹了各種分析方法的實際應用。本章的重點是動態分析法，它是資金時間價值理論在項目評價中的具體應用。通過本章的學習，讀者應在理解靜態分析法及指標的基礎上，重點掌握動態分析法及指標，而動態分析法及指標中又以淨現值、淨年值和內部收益率指標為重中之重。學習時應注意各評價指標的經濟含義及其計算方法，該指標存在的優缺點及其適用範圍。在熟練掌握基本評價指標的基礎上，加深理解並掌握多方案比較分析法。

第一節　靜態分析法

一、靜態投資回收期法（投資返本年限）

1. 投資回收期的計算方法

　　投資回收期（Pay back period）是以項目投產後每年取得的淨收益抵償全部投資所需要的時間。它是反應項目財務上投資回收能力的重要指標，即能使公式

$$\sum_{t=0}^{T_p} NB_t = \sum_{t=0}^{T_p} (B_t - C_t) = \sum_{t=0}^{T_p} (B - C)_t = K \tag{7-1}$$

成立的 T_p 即為靜態投資回收期。

式中：K——投資總額；

B_t——第 t 年的收入；

C_t——第 t 年的支出（不包括投資）；

NB_t——第 t 年的淨收入，$NB_t = B_t - C_t$；

T_p——投資回收期。

具體應用時：

（1）如果投資項目每年的淨收入相等，投資回收期可以用下式計算：

$$T_p = \frac{K}{NN} + T_K \tag{7-2}$$

其中：NB——年淨收入；

T_K——項目建設期。

【例 7-1】某項目初始投資 1,000 萬元，項目有效期為 8 年，第 1 年、第 2 年為建設期，第 3 年到第 8 年每年淨現金流量為 280 萬元，投資收益率為 8%，試計算該項目的靜態投資回收期。

解：根據（7-2）式，該項目的靜態投資回收期

$$T_p = \frac{K}{NB} + T_K = \frac{1,000}{280} + 2 = 5.57(年)$$

（2）當各年的現金流量不等時，用逐年扣除法，即「列表法」。

根據投資項目財務分析中使用的現金流量表可計算投資回收期，其計算公式為：

$$T_p = 累計淨現金流量開始出現正值的年份 - 1 + \frac{|上年累計淨現金流量|}{當年的淨現金流量} \tag{7-3}$$

【例 7-2】某項目現金流量情況如表 7-1 所示，試求其靜態投資回收期。

表 7-1　　　　　　　某項目現金流量情況　　　　　（單位：萬元）

年份	0	1	2	3	4	5	6	7	8	9
現金流入量				400	450	500	500	500	500	500
現金流出量	1,000			200	200	200	200	200	200	200
淨現金流量	-1,000	0	0	200	250	300	300	300	300	300
累計淨現金流	-1,000	-1,000	-1,000	-800	-550	-250	50	350	650	950

解：根據（7-3）式，

$$T_p = 6 - 1 + \frac{|-250|}{300} = 5.83 \text{ 年}$$

第七章 確定性分析方法

用投資回收期評價投資項目時，需要與根據同類項目的歷史數據和投資者意願確定的基準投資回收期相比較。設基準投資回收期為T_b，判別準則為：

若$T_p \leqslant T_b$，則項目可以考慮接受。

若$T_p > T_b$，則項目應予拒絕。

2. 投資回收期的優缺點

投資回收期指標用於經濟效果評價的主要優點表現在：

①投資回收期概念簡單、直觀，容易被人接受。

②便於投資者衡量風險，投資回收期越短，則表明該項投資在未來時期所冒風險越小，為投資者提供了在收回投資以前承擔風險的時間。

③可以表明一項投資的原始費用得到補償的速度。從資金週轉的角度來考察，該指標是有效的。

④在一定程度上直觀地反應了投資效果的優勢，T_p越小，方案則越優。

由於這些優點，投資回收期指標在實踐中得到了較為廣泛的應用。尤其對那些投資資金來源困難，而且投資額較大的項目，或者對未來的發展難以預測且風險又較大的項目，盡早知道投資回收年限，對於減少損失，避免風險具有一定的意義。

投資回收期指標的不足主要表現在：

①由於投資回收期是以投資回收速度作為方案取捨的標準，因此它不能反應項目的盈利水準和盈利能力。

②它不能提供在投資回收期之後的項目收益的變化情況，包括不同的使用年限和期末殘值的概等問題。對於壽命較長的項目，它是一個不完整的評價結論。

③方案評價選擇的判別標準是以基準投資回收期為準，而行業或部門的基準投資回收期的確定一般又不固定，因而缺乏充分的客觀依據，容易導致錯誤的決策。

④沒有考慮資金的時間價值，如果方案各年的現金流量差異較大，往往會導致錯誤的決策。

總的來講，投資回收期指標是項目的全部投資與（年）淨收益的比值，它只能反應方案自身在收回投資以前的效益大小，而不能完整反應在多個技術方案的條件下，各方案互相之間經濟效益的大小。因此，該指標一般適用於判斷方案是否可行的初選，而不能用於多方案的擇優。

3. 需要說明的幾個問題

（1）稅金問題：企業交納的稅金在計算投資回收期時是否計入現金流入量，要視評價的出發點來定。若從企業自身角度出發，稅金不應算現金流入量；而從國民經濟角度進行經濟評價時，則稅金應計入現金流量中。

（2）折舊期與投資回收期的區別：按傳統觀念投資是靠折舊費回收的，因此折舊期即為回收投資帳面價值所需的時間。僅僅通過折舊費回收投資，只能維持簡單再生產。而現實是不斷擴大再生產的過程，一筆投資所收回的不僅是折舊費而且有大量的利潤。投資回收期應是表明用折舊費及利潤共同回收投資所需的時間。回收

129

期的長短其實質並不是對投資的回收,而是獲利多少的標誌。投資回收期越短表示利潤產生得越多,且越快。

(3)關於計算投資回收期的起點問題:工程項目一般都在基建工程建設期、試生產期之後才能正式投產,因此就產生了一個投資回收期計算的起點問題。一般可能有以下三種情況:

①從基建投資的撥款之日起計算;
②從基建完工之日、試生產開始時計算;
③從正式投產之日起開始計算。

從這三種不同觀點出發來計算所得投資回收期的期限是不等的,並且將依次減小。本書計算投資回收期一般從建設開始年算起。

二、追加投資回收期法

追加投資回收期法常用於評價兩個方案的優劣。一般在產出相等的條件下,投資大(如技術現代化程度高)的方案,年經營費用小;而投資小(如技術現代化程度低)的方案,年經營費用大。所謂追加投資回收期,即投資額大的方案比投資額小的方案的增量投資用各年的增額淨現金流量全部收回的期限。即能使公式

$$\sum_{t=0}^{T'_p}(NB_A - NB_B)_t = \sum_{t=0}^{T'_p}[(B_A - C_A)_t - (B_B - C_B)_t]K_A - K_B \quad (7-4)$$

成立的 T'_p 即為追加投資回收期。

如果投資項目每年的淨收入相等,且建設期相同,則差額投資回收期可以用下式計算:

$$T'_p = \frac{K_A - K_B}{NB_A - NB_B} + T_K \quad (7-5)$$

對於各年淨收入不等的項目,差額投資回收期通常用列表法求得。

用差額投資回收期評價投資項目時,需要與根據同類項目的歷史數據和投資者意願確定的基準投資回收期相比較。設基準投資回收期為 T_b,判別準則為:

若 $T'_p \leq T_b$,則投資大、經營費用小的方案較好,即項目 A 優於項目 B;
若 $T'_p > T_b$,則投資小、經營費用大的方案較好,即項目 B 優於項目 A。

需要注意的是,追加投資回收期只能用於相對經濟效果檢驗,不能用於絕對經濟效果檢驗。即只能用於比較方案的優劣,但較優方案是否可行還不能判定。

當出現兩個以上方案進行追加投資回收期的比較時,應採用環比法進行對比。所謂環比,是將每個方案與前一個投資少的方案進行比較比較,選出較優方案再與後一個方案比較,進行替代式淘汰,直至選擇最優方案。步驟如下:

(1)將各方案投資額從小到大順序排隊;
(2)按順序計算兩方案的追加投資回收期,從中選出較優方案;
(3)將較優方案與下一方案比較,進行替代式淘汰,直至選出最優方案。

第七章 確定性分析方法

【例7-3】某投資項目有四個方案可供選擇,有關數據如表7-2所示。若基準收益投資回收期 $T_b = 8$ 年,試選擇最優方案。

表7-2 　　　　　　　　　　四個方案有關數據　　　　　　　　　(單位:萬元)

項目	方案1	方案2	方案3	方案4
投資 K	145	150	155	164
年經營成本 C	4.2	4.3	3.2	1.3

解:(1) 方案2與方案1比較:$K_2 > K_1$,且 $C_2 > C_1$,所以方案1優於方案2。
(2) 方案3與方案1比較:

$$T_{3-1} = \frac{K_3 - K_1}{C_1 - C_3} = \frac{155 - 145}{4.2 - 3.2} = 10 \text{ 年} > T_b = 8 \text{ 年}$$

故投資小的方案1比投資大的方案3優。
(3) 方案4與方案1比較:

$$T_{4-1} = \frac{K_4 - K_1}{C_1 - C_4} = \frac{164 - 145}{4.2 - 1.3} = 6.6 \text{ 年} < T_b = 8 \text{ 年}$$

計算表明方案4比方案1多投資部分(即追加他投資),通過經營費用的節省額只需6.6年就可以收回,符合基準投資回收期的要求,故方案4位最優方案。

三、投資收益率法

投資收益率就是項目在正常生產年份的淨收益與投資總額的比值。其一般表達式為:

$$R = \frac{NB}{K} \tag{7-6}$$

式中:K——投資總額。根據不同的分析目的,K 可以是全部投資額,也可以是投資者的權益投資額;

NB——正常年份的淨收益。根據不同的分析目的,NB 可以是利潤,可以是利潤稅金總額,也可以是年淨現金流量等;

R——投資收益率,根據 K 和 NB 的具體含義,R 可以表現為各種不同的具體形態。

常用的投資收益率形式有:
(1) 投資利潤率。它是考察單位投資獲利能力的靜態指標。其計算公式為:

$$\text{投資利潤率} = \frac{\text{年利潤總額}}{\text{權益投資額}} \times 100\%$$

其中:年利潤總額=年銷售收入−年總成本費用−年銷售稅金及附加
(2) 投資利稅率。它是考察項目單位投資對國家累積的貢獻水準的指標。其計

131

算公式為：

$$投資利稅率 = \frac{年利潤 + 稅金}{全部投資額} \times 100\%$$

（3）權益投資利潤率。它是反應投資人投入單位資本的獲利能力的指標。其計算公式為：

$$權益投資收益率 = \frac{年利潤 + 折舊與攤銷}{權益投資額} \times 100\%$$

（4）全部投資收益率。它是反應投資人全部投入資本的獲利能力指標。其計算公式為：

$$全部投資收益率 = \frac{年利潤 + 折舊與攤銷 + 利息支出}{全部投資額} \times 100\%$$

對於權益投資收益率和投資利潤率來說，還有所得稅前與所得稅後之分。

投資收益率指標未考慮資金的時間價值，而且捨棄了項目建設期、壽命期等眾多經濟數據，故一般僅用於技術經濟數據尚不完整的項目初步研究階段。

用投資收益率指標評價投資方案的經濟效果，需要與根據同類項目的歷史數據及投資者意願等確定的基準投資收益率作比較。設基準投資收益率為 R_b，判別準則為：

若 $R \geq R_b$，則項目可以考慮接受；

若 $R < R_b$，則項目應予以拒絕。

第二節 動態分析法

上節介紹的三種指標均為靜態分析方法指標，它們的優點是計算簡單、直觀易懂，但由於沒有計算資金的時間價值因素，所得結論也不夠科學，要對投資項目進行全面科學的評價，必須採用考慮資金時間價值的動態分析方法。

動態分析方法有很多，它們從不同角度反應技術項目方案的經濟性。常見的動態分析方法包括動態投資回收期法、現值法、年值法、內部收益率法等。

一、動態投資回收期法

為克服靜態投資回收期未考慮資金時間價值的缺點，在投資項目評價中，有時採用動態投資回收期。動態投資回收期是能使下式成立的 T_p^*。

$$\sum_{t=0}^{T_p^*} (CI - CO)_t (1 + i_0)^{-t} = 0 \qquad (7-7)$$

具體應用時：

第七章 確定性分析方法

（1）如果項目投資（CF_0）發生在期初，一年後進入生產經營期，且經營期間各年淨收入（CF_t）相等，則 CF_t 為年金 A，使 $CF_t \times (P/A, i0, Tp^*) = CF_0$ 成立的 T_p^* 即是動態投資回收期。

【例7-4】根據例7-1的數據，求其動態投資回收期。

解：$1,000 = 280 (P/A, 8\%, t) \times (P/F, 8\%, 2)$

$(P/A, 8\%, t) = 1,000/(0.857 \times 280) = 4.167$

$t = 5.25$ 年，則 $T_p^* = 5.25 + 2 = 7.25$ 年

（2）當各年的現金流量不等時，用逐年扣除法列表求得，其計算公式為：

$$Tp^* = 累計貼現淨現金流量開始出現正值的年份 - 1 + \frac{|上年累計貼現淨現金流量|}{當年貼現淨現金流量} \quad (7-8)$$

【例7-5】根據例7-2的數據，設該項目的基準折現率為8%，求其動態投資回收期。

表7-3　　　　　　　　　某項目貼現現金流量情況　　　　　　（單位：萬元）

年份	0	1	2	3	4	5	6	7	8	9
NCF	-1,000	0	0	200	250	300	300	300	300	300
貼現系數	1.000	0.925,9	0.857,3	0.793,8	0.735,0	0.680,6	0.630,2	0.583,5	0.540,3	0.500,2
貼現NCF	-1,000	0	0	158.76	183.75	204.18	189.06	175.06	162.09	150.06
累計貼現NCF	-1,000	-1,000	-1,000	-841.24	-657.49	-453.31	-264.25	-89.19	72.9	222.96

解：根據（7-8）式，有

$$Tp^* = 8 - 1 + \frac{|-89.19|}{162.09} = 7.55 (年)$$

用動態投資回收期 T_p^* 評價投資項目的可行性需要與根據同類項目的歷史數據和投資者意願確定的基準動態投資回收期相比較。設基準動態投資回收期為 T_b^*，判別準則為：若 $T_p^* \leq T_b^*$，項目可以被接受，否則予以拒絕。

二、現值法

所謂現值法，是將技術方案各年的收益、費用或者淨現金流量，按照基準收益率或者期望收益率折算為期初現值，並根據現值情況來進行方案的技術經濟評價的方法。根據折算的要求和內容不同，現值法可分為淨現值法、淨現值率法和費用現值法。

（一）淨現值法

1. 淨現值指標的計算方法

淨現值（Net present value）指標是對投資項目進行動態評價最重要指標之一。

133

該指標要求考察項目壽命期內每年發生的現金流量。淨現值就是按一定的折現率將各年淨現金流量折現到同一時點（通常是期初）的現值累加值。淨現值的表達式為：

$$NPV = \sum_{t=0}^{n}(CI-CO)_t(1+i_0)^{-t} = \sum_{t=0}^{n}(CI-K-CO')_t(1+i_0)^{-t} \quad (7-9)$$

式中：NPV——淨現值；
CI_t——第 t 年的現金流入額；
CO_t——第 t 年的現金流出額；
K——第 t 年的投資支出；
C_{ot}——第 t 年除投資支出以外的現金流出額；
n——項目壽命年限；
i_0——基準折現率。

判別準則：對單一項目方案而言，若 $NPV \geq 0$，則項目應予接受；若 $NPV < 0$，則項目應予拒絕。

多方案比選時，淨現值越大的方案相對越優。

【例 7-6】某項目方案的現金流量如圖 7-1 所示，試用淨現值指標判斷方案是否可行？（$i_0 = 10\%$）

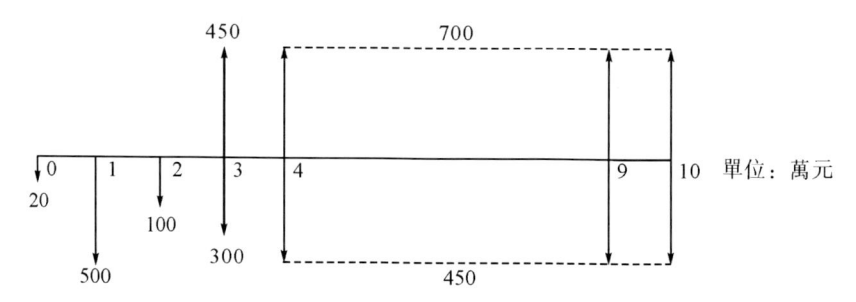

圖 7-1 某方案的現金流量圖

解：由式（7-9）可得：

$$NPV = \sum_{t=0}^{n}(CI-CO)_t(1+i_0)^{-t}$$

$= -20 - 500 \times (P/F, 10\%, 1) - 100 \times (P/F, 10\%, 2) + (450 - 300) \times (P/F, 10\%, 3)$

$+ (700 - 450) \times (P/A, 10\%, 7) \times (P/F, 10\%, 3)$

$= 835.57(萬元) > 0$

因此，該方案是可行的。

2. 淨現值與折線率 i 之函數關係

對 NPV 指標的分析應注意淨現值函數以及 NPV 對 i 的敏感性問題。

第七章 確定性分析方法

所謂淨現值函數就是 NPV 與折現率 i 之間的函數關係，見表 7-4。

表 7-4 NPV 與 i 的函數關係   （單位：萬元）

年份	淨現金流量	i（％）	NPV（i） = -2,000 + 800（P/A, i, 4）
0	-2,000	0	1,200
1	800	10	536
2	800	20	71
3	800	22	0
4	800	30	-267
		40	-521
		50	-716
		∞	-2,000

根據表 7-4 利率 i 與淨現值 NPV 的對應關係，可畫出圖 7-2。

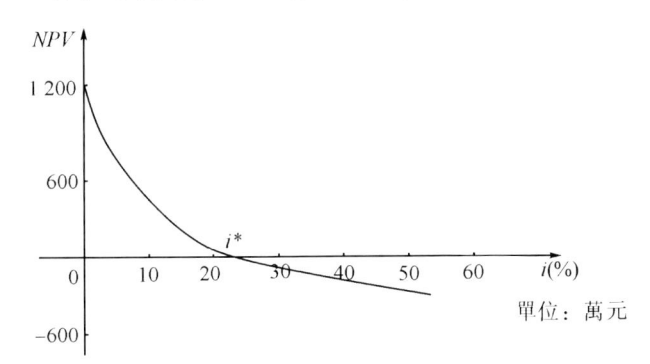

圖 7-2 淨現值函數曲線

從圖 7-2 中可以看出，淨現值函數一般有如下特點：

（1）同一淨現金流量的淨現值隨折現率 i 的增大而減小。故基準折現率 i_0 定得越高，能被接受的方案越少。

（2）在某一個 i* 值上，$NPV = 0$，且當 $i < i*$ 時，$NPV(i) > 0$；$i > i*$ 時，$NPV(i) < 0$。i* 是一個具有重要經濟意義的折現率臨界值。

淨現值對折現率 i 的敏感性問題是指，當 i 從某一值變為另一值時，若按淨現值最大的原則優選項目方案，可能出現前後結論相悖的情況。

3. 淨現值指標的特點及適用範圍

淨現值是總量價值指標，它不僅考慮了資金的時間價值，而且可以反應項目方案在其整個壽命期內的獲利總額，因而能較全面地反應方案的經濟效益。但由於淨現值指標是總量指標，不能反應單位投資效率，用淨現值指標優選方案易選中投資大獲利大的方案，漏選投資小但投資效率較高的方案。淨現值指標不僅可以用於獨立方案判斷是否可行，進行絕對效果檢驗，還可以用於互斥方案選優，進行相對效

果檢驗，但對於壽命期不等的方案的比較應在相同的計算期進行。

（二）淨現值率法

淨現值用於多方案比較時，雖然能反應每個方案的盈利大小，但由於沒有考慮各個方案投資額的多少，因而不能直接反應資金的利用效率。為了考察資金的利用效率，可採用淨現值率作為淨現值的補充指標，淨現值率又稱為淨現值指數，是項目淨現值與項目投資總額現值之比，其經濟含義是單位投資現值所能帶來的淨現值。其計算公式為：

$$NPVI = \frac{NPV}{K_P} = \frac{\sum_{t=0}^{n}(CI-CO)_t(1+i_0)^{-t}}{\sum_{t=0}^{n}K_t(1+i_0)^{-t}} \qquad (7-10)$$

式中：K_P——項目總投資現值。

用淨現值指數評價單一項目經濟效果時，判別準則與淨現值相同。

【例 7-7】某方案的投資現值為 2,800 萬元，其淨現值為 700 萬元。若基準收益率為 10%，求其淨現值指數。

解：由式 7-10 可得：

$$NPVI = \frac{NPV}{K_P} = \frac{700}{2,800} = 0.25 = 25\%$$

淨現值指數為 25%說明，該方案除確保 10%的基準收益率外，每元投資現值還可獲得 0.25 元的現值額外收益。

用淨現值最大法則優選有時可能與淨現值率最優法則優選結論不同，如表 7-5 所示。

表 7-5　　　　　　　　淨現值、淨現值率計算表　　　　　　（單位：萬元）

科目	甲方案	乙方案	丙方案	丁方案
（1）投資收益現值	700	840	900	1,350
（2）投資支出現值	400	520	550	900
（3）淨現值＝（1）－（2）	300	320	350	450
（4）淨現值率＝（3）／（2）	0.75	0.65	0.63	0.50

由表 7-5 可得出，用 NPV 最大法則排序順序為：丁、丙、乙、甲。用 $NPVI$ 最大法則排序為：甲、乙、丙、丁。在實際應用時，應根據投資者的資金實際情況選擇具體方法：當投資者資金有限時，追求的是單位投資效率，應側重 $NPVI$ 最大法則優選；當投資者資金充裕時，追求的是項目獲利總額最多，應側重 NPV 最大法則優選。

（三）費用現值法

在對多個方案比較選優時，如果各方案產出價值相同，或者各方案能夠滿足同

第七章 確定性分析方法

樣需要但其產出效益難以用價值形態（貨幣）計量（如環保、教育、保健、國防）時，可以通過對各方案費用現值的比較進行選擇。費用現值從計算方法上看與淨現值類似，只是現金流入、流出的符號取向與淨現值符號相反。

費用現值的一般表達式為：

$$PC = \sum_{t=0}^{n} CO_t(P/F, i_0, t) - \sum_{t=0}^{n} CI_t(P/F, i_0, t) \qquad (7-11)$$

式中：PC——費用現值；
CO_t——第 t 年的現金流出；
CI_t——第 t 年的現金流入。

若諸方案的產出相同，則只需比較費用部分，即：

$$PC = \sum_{t=0}^{n} CO_t(P/F, i_0, t) \qquad (7-12)$$

費用現值用於多個方案的比選，其判別準則是：費用現值最小的方案為優方案。若備選方案的壽命期不同，則需要確定分析期，進行處理後計算其費用現值再進行比選。因此，該方法只能用於多方案優劣的比較，而不能判斷單個方案的經濟可行性。

【例 7-8】某項目有三個備選方案 A、B、C，均能滿足同樣的需要。其費用數據如表 7-6 所示。在基準折現率 $i_0 = 10\%$ 的情況下，試用費用現值和費用年值確定最優方案。

表 7-6　　　　　　　三個備選方案的費用數據表　　　　　　（單位：萬元）

方案	總投資（第 0 年末）	年營運費用 （第 1 年到第 10 年）
A	200	60
B	240	50
C	300	35

各方案的費用現值計算如下：

$PCA = 200 + 60(P/A, 10\%, 10) = 568.64$（萬元）

$PCB = 240 + 50(P/A, 10\%, 10) = 547.2$（萬元）

$PCC = 300 + 35(P/A, 10\%, 10) = 515.04$（萬元）

根據費用最小的選優準則，費用現值計算結果表明，方案 C 最優，B 次之，A 最差。

三、年值法

年值法是把方案各個不同時點上發生的現金流量按其基準收益率換算為在其整個壽命週期內等額支付序列年值後再進行評價的方法。年值法可分為淨年值法和費用年值法。

(一) 淨年值法

淨年值是通過資金等值換算將項目淨現值分攤到壽命期內各年（從第 1 年到第 n 年）的等額年值。其表達式為：

$$NAV = NPV(A/P, i_0, n) = \sum_{t=0}^{n}(CI - CO)_t(1+i_0)^{-t}(A/P, i_0, n) \qquad (7-13)$$

式中：NAV——淨年值。

判別準則：

若 $NAV \geq 0$，則項目在經濟效果上可以接受；

若 $NAV < 0$，則項目在經濟效果上不可接受。

【例 7-9】有兩種可供選擇的電信設備，有關資料如表 7-7 所示，若基準折現率為 10%，試分析選擇哪一種設備較好。

表 7-7　　　　　　　兩種電信設備有關資料　　　　　（單位：元）

方案	投資	等額年收入	等額年成本	殘值	壽命/年
設備 A	35,000	19,000	6,500	3,000	4
設備 B	50,000	25,000	13,000	0	8

解：由於兩種電信設備壽命期不同，採用淨年值指標進行比較。各方案的淨年值為：

$NAV_A = -35,000 \times (A/P, 10\%, 4) + (19,000 - 6,500) + 3,000 \times (A/F, 10\%, 4)$

$\quad = -35,000 \times 0.315,47 + 12,500 + 3,000 \times 0.215,47$

$\quad = 2,105(元)$

$NAV_B = -50000 \times (A/P, 10\%, 8) + (25000 - 13000)$

$\quad = -50000 \times 0.18,744 + 12000$

$\quad = 2628(元)$

由於 $NAV_A < NAV_B$，所以方案 B 優於方案 A。

將淨年值與淨現值的計算公式與判別準則進行比較可以看出，就項目的評價結論而言，淨年值與淨現值是等效的評價指標。淨現值給出的信息是項目在整個壽命期內獲取的超出最低期望盈利的超額收益的現值，而淨年值給出的信息是壽命期內每年的等額超額收益。由於信息的含義不同，而且由於在某些決策結果形式下，採用淨年值比採用淨現值更為簡便和易於計算，故淨年值指標在經濟評價指標體系中佔有相當重要的地位。

(二) 費用年值法

費用年值的表達式為：

$$AC = PC(A/P, i_0, n) = \sum_{t=0}^{n} CO_t(P/F, i_0, t)(A/P, i_0, n) \qquad (7-14)$$

第七章　確定性分析方法

式中：AC——費用年值；

CO_t——第 t 年的現金流出。

費用年值指標與費用現值一樣，也只能用於多個方案的比選，其判別準則是：費用年值最小的方案為優。

【例 7-10】在例 7-8 中，各方案的費用年值為：

$AC_A = 200(A/P, 10\%, 10) + 60 = 92.55(萬元)$

$AC_B = 240(A/P, 10\%, 10) + 50 = 89.06(萬元)$

$AC_C = 300(A/P, 10\%, 10) + 35 = 83.82(萬元)$

根據費用最小的選優準則，費用年值的計算結果表明，方案 C 最優，B 次之，A 最差。

費用現值與費用年值的關係，恰如前述淨現值和淨年值的關係一樣，所以就評價結論而言，二者是等效評價指標。二者除了在指標含義上有所不同外，就計算的方便簡易而言，在不同的決策結構下，二者各有所長。

四、內部收益率法

內部收益率放也是項目盈利性評價中最為重要的評價方法之一。內部收益率法實質上也屬於現值法，只是由於該方法比較重要，並且求解方法特殊，才將其單獨列出論述。

淨現值法雖然簡單易行，但採用該法時必須實現給定基準收益率，通過淨現值所得結論只能知道是否達到或超過基本要求的收益率而不能知道項目實際達到的收益率。內部收益率法彌補了淨現值法的不足，其計算不需要事先給定折現率，計算結果可以反應項目實際達到的投資效率。

1. 內部收益率的計算方法

所謂內部收益率（Internal rate of return），就是淨現值為零時的折現率。

內部收益率可通過解下述方程求得：

$$NPV(IRR) = \sum_{t=0}^{n}(CI-CO)_t(1+IRR)^{-t} = 0 \qquad (7\text{-}15)$$

式中：IRR——內部收益率

判別準則：設基準折現率為 i_0，

若 $IRR \geq i_0$，則項目在經濟效果上可以接受；

若 $IRR < i_0$，則項目在經濟效果上不可接受。

上式是一個高次方程，不容易直接求解，通常採用「試算內插法」求 IRR 得近似解。其求解過程如下：

第一步，試算。根據淨現值函數單調遞減的特點可知：當 $i<i*$ 時，$NPV>0$；當 $i>i*$ 時，$NPV<0$；只有當 $i=i*$ 時，$NPV=0$。因此，通過試算總可以選擇一個較小的折現率 i_1，使得 $NPV(i_1)>0$，選擇一個較大的折現率 i_2，使得 $NPV(i_2) \leq 0$，

此時內部收益率 $i*$ 必然在 i_1 與 i_2 之間，盡量使 i_1 與 i_2 接近，當 $i_2 - i_1 \leq 5\%$ 時，可進行下一步驟。

第二步，內插求 $i*$ 的近似解 IRR。推導求的 $i*$ 近似解 IRR 的內插公式的示意圖如圖 7-3 所示。

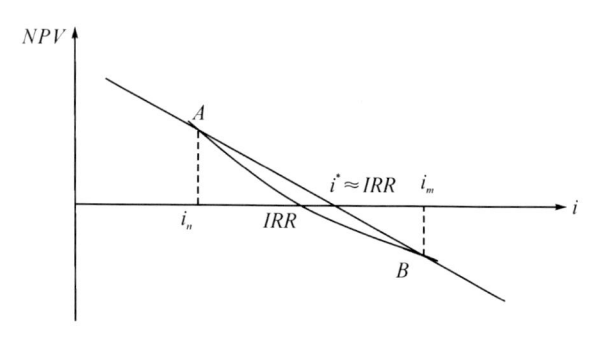

圖 7-3　用內插法求 IRR 圖解

在圖 7-3 中，當 i_n 與 i_m 無限接近時，線段 AB 近似等於弧 AB，AB 與橫坐標交點處的折現率 $i*$ 即為 IRR 的近似值。三角形 $\triangle Ai_m i*$ 相似於三角形 $\triangle Bi_n i*$，就有：

$$\frac{i* - i_m}{i_n - i*} = \frac{NPV(i_m)}{|NPV(i_n)|}$$

對上式進行移項、整理得：

$$IRR = i_m + \frac{NPV(i_m) \cdot (i_n - i_m)}{NPV(i_m) + |NPV(i_n)|} \tag{7-16}$$

式中：$i_m < i_n$，且 NPV(i_m) > 0 及 NPV(i_n) < 0。

由於上式計算誤差與 $i_n - i_m$ 的大小有關，且 i_n 與 i_m 相差越大，誤差也越大，為控制誤差，i_n 與 i_m 之差一般不應超過 0.05。

【例 7-11】某項目初始投資為 2,000 萬元，預計壽命期為 5 年，從投資到投產僅需 1 年，淨收益第一年末為 300 萬元，第二年到第四年末為 500 萬元，第五年末殘值可得 1,200 萬元。設行業基準收益率為 10%，試用內部收益率法分析該項目是否可行？

解：該項目的淨現值表達式為：

$NPV = -2,000 + 300(P/F, i, 1) + 500(P/A, i, 3)(P/F, i, 1) + 1,200(P/F, i, 5)$

進行試算。取 $i_1 = 12\%$，代入淨現值表達式得 NPV(i_1) = 21 萬元 > 0；取 $i_2 = 14\%$ 代入淨現值表達式得 NPV(i_2) = -91 萬元 < 0；且 $i_2 - i_1 < 5\%$。

用內插公式求解。根據（7-16）式有

$$IRR = 12\% + (14\% - 12\%) \times \frac{21}{21 + |-9|} = 13.4\%$$

第七章　確定性分析方法

判斷項目方案的可行性。因為 $IRR = 13.4\% > i_0 = 10\%$，所以該項目方案在經濟上是可行的。

內部收益率的經濟實質反應的是項目壽命期內尚未收回投資的盈利率，而不是初始投資在整個壽命期內的盈利率。因為在項目的整個壽命期內，按內部收益率 IRR 折現計算始終存在未被收回的投資，而在壽命結束時，投資恰好被全部收回。換句話說，在項目壽命期內，始終處於償付未被收回的投資的狀況，內部收益率正是反應了項目償付未被收回的投資的能力，它取決於項目內部，所以叫內部收益率。因此根據式（7-15）求得的使方案淨現值等於零的折現率並非就一定是內部收損率，只有當它符合內部收益率的經濟含義時才是內部收益率。

2. 項目內部收益率的唯一性問題

投資項目按其淨現金流量序列 y_t（t = 0，1，2，…，n）符號變化的次數可分為常規項目與非常規項目。淨現金流量序列 y_t（t = 0，1，2，…，n）符號只變化一次的項目稱作常規項目（或典型項目）。其特點是在項目壽命期初（投資建設期和投產初期）淨現金流量一般為負值（現金流出大於現金流入），項目進入正常生產期後，淨現金流量就會變成正值（現金流入大於現金流出），只要累計淨現金流量大於零，其內部收益率方程肯定有唯一解，絕大多數項目屬於常規項目。淨現金流量序列 y_t（t = 0，1，2，…，n）符號變化多次的項目稱作非常規投資項目（或非典型投資項目），其內部收益率方程可能有多解。

可以證明，對於非常規項目，只要內部收益率方程存在多個正根，則所有的根都不是真正的項目內部收益率。但若非常規項目內部收益率方程只有一個正根，則這個根就是項目的內部收益率。非常規項目在實際經濟活動中可能由多次性投資造成，而把前後兩項投資看作同一個項目進行分析時，其現金流量就可能出現上述情況。

在實際工作中，對非常規項目 i^* 解的檢驗方法如下：

先根據通常的方法（如試算內插法）求出非常規項目內部收益率方程的一個解 IRR，若 IRR 能滿足：

$$\left. \begin{array}{l} \sum_{t=0}^{n-1} yt(1+IRR)^{-t} < 0,\ (t = 0,\ 1,\ 2,\ ?\ \cdots n-1) \\ yt(1+IRR)^{-t} = 0,\ (t = n) \end{array} \right\} \qquad (7-17)$$

即項目壽命週期內始終存在未被收回的投資，而到壽命期終了全部投資被收回，則 IRR 就是項目唯一的內部收益率，否則項目無內部收益率，不能使用內部收益率指標評價。

五、外部收益率法

對投資方案內部收益率 IRR 的計算，隱含著一個基本假定，即項目壽命期內所

獲得的淨收益全部可用於再投資，再投資的收益率等於項目的內部收益率。這種隱含假定是由於現金流計算中採用複利計算方法導致的。由於投資機會的限制，這種假定往往難以與實際情況相符。這種假定也是造成非常規投資項目 IRR 方程可能出現多解的原因。

外部收益率（External rate return）實際上是對內部收益率的一種修正，計算外部收益率時也假定項目壽命期內所獲得的淨收益全部可用於再投資，所不同的是假定再投資的收益率等於基準折現率。求解外部收益率的方程式為：

$$\sum_{t=0}^{n} NB_t (1+i_0)^{n-t} = \sum_{t=0}^{n} K_t (1+ERR)^{n-t} \qquad (7-18)$$

式中：ERR——外部收益率；
K_t——第 t 年的淨投資；
NB_t——第 t 年的淨收益；
i_0——基準折現率。

上式通常可以用代數方法直接求解。ERR 指標用於評價投資方案經濟效果時，需要與基準折現率 i0 相比較，判別準則是：

若 $ERR \geq i_0$，則項目可以被接受；
若 $ERR < i_0$，則項目不可接受。

第三節　多方案比較分析法

在投資方案的評價、選擇過程中，按備選方案相互間的經濟關係，可分為非相關方案與相關方案。所謂非相關方案，又稱獨立方案，是指作為評價對象的各個方案的現金流是獨立的，不具有相關性，且任一方案的採用與否都不影響其他方案是否採用的決策。相關方案是指如果採納（或放棄）某一方案會顯著地改變其他方案的淨現金流量，或者影響其他方案的採納（或放棄）。相關方案又可分為多種類型，在本節中將主要討論互斥型方案、現金流相關型方案評選，以及受資金約束導致的相關方案。

一、非相關（獨立）方案的經濟評價

獨立方案的採用與否，只取決於方案自身的經濟性，即只需檢驗它們是否能夠通過淨現值、淨年值或內部收益率指標的評價標準，即 NPV≥0，NAV≥0，IRR≥i0 進行可行性判斷即可。因此，多個獨立方案與單一方案的評價方法是相同的。

用經濟效果評價標準檢驗方案自身的經濟性，叫「絕對（經濟）效果檢驗」。凡通過絕對效果檢驗的方案，就認為它在經濟效果上是可以接受的，否則就應予以

第七章　確定性分析方法

拒絕。

【例7-12】有A、B兩個獨立投資方案，各方案的有關數據如表7-8所示，試分別用淨現值、淨年值、內部收益率判斷其經濟可行性。（$i_0 = 10\%$）

表 7-8　　　　　　　　　　獨立方案 A、B 的有關數據

方案	投資（萬元）	年淨收益（萬元）	壽命期（年）
A	350	62	10
B	200	30	10

解：根據淨現值、淨年值、內部收益率的判斷標準對 A、B 方案進行絕對經濟效果檢驗並決定取捨。

（1）用淨現值法判斷：

$NPV_A = -350 + 62(P/A, 10\%, 10) = 30.93$（萬元）

$NPV_B = -200 + 30(P/A, 10\%, 10) = -15.68$（萬元）

因為 $NPV_A = 30.93$（萬元）>0，$NPV_B = -15.68$（萬元）<0，所以根據淨現值判斷標準可知，A 方案在經濟上可以接受，而 B 方案則予以拒絕。

（2）用淨年值法判斷：

$NAV_A = -350(A/P, 10\%, 10) + 62 = 5.04$（萬元）

$NAV_B = -200(A/P, 10\%, 10) + 30 = -2.55$（萬元）

因為 $NAV_A = 5.04$（萬元）>0，$NAV_B = -2.55$（萬元）<0，所以根據淨現值判斷標準可知，A 方案在經濟上可以接受，而 B 方案則予以拒絕。

（3）用內部收益率法判斷：

A 方案：$NPV_A = -350 + 62(P/A, i*, 10) = 0$

$i_1 = 12\%$，$NPV_A(12\%) = 0.3$

$i_2 = 15\%$，$NPV_A(15\%) = -38.82$

$IRR_A = 12\% + \dfrac{0.3}{0.3 + |-38.82|}(15\% - 12\%) = 12.02\%$

B 方案：$NPV_B = -200 + 30(P/A, i*, 10) = 0$

$i_1 = 8\%$，$NPV_B(8\%) = 1.3$

$i_2 = 10\%$，$NPV_B(10\%) = -15.68$

$IRR_B = 8\% + \dfrac{1.3}{1.3 + |-15.68|}(10\% - 8\%) = 8.15\%$

因為 $IRR_A = 12.02\% > i_0 = 10\%$，$IRR_B = 8.15\% < i_0 = 10\%$，所以根據內部收益率判斷標準可知，A 方案在經濟上可以接受，而 B 方案則予以拒絕。

二、相關方案的經濟評價方法

(一) 互斥方案評選

方案之間存在著互不相容、互相排斥關係的稱為互斥方案,在對多個互斥方案進行比選時,至多只能選取其中之一。

在方案互斥的決策結構形式下,經濟效果評價包含了兩部分內容:一是考察各個方案自身的經濟效果,即進行絕對(經濟)效果檢驗;二是考察哪個方案相對較優,稱「相對(經濟)效果檢驗」。

互斥方案經濟效果評價的特點是要進行方案比選。參加比選的方案應具有可比性,主要應注意:考察時間段及計算期的可比性;收益與費用的性質及計算範圍的可比性;方案風險水準的可比性和評價所使用假定的合理性。

1. 壽命期相同的互斥方案比選

壽命期相同的互斥方案可以以壽命期作為計算期進行評價,符合時間可比的原則。前面介紹的所有評價方法、指標都可以直接使用。

【例 7-13】互斥方案 A、B、C 各年的淨現金流量如表 7-9 所示,$i_0 = 10\%$,試選擇最佳方案。

表 7-9　　　　　　　互斥方案 A、B、C 的淨現金流量　　　　　　(單位:萬元)

方案	期初投資	第 1-10 年末淨收益
A	17	4.40
B	30	6.60
C	33	7.01

解:① 用淨現值法、淨年值法、內部收益率法進行可行性判斷,計算所得結果如表 7-10 所示。

表 7-10　　　　　　　互斥方案 A、B、C 的淨現金流量　　　　　　(單位:萬元)

方案	NPV (10%)	NAV (10%)	IRR
A	10.03	1.63	22.47%
B	10.55	1.72	17.68%
C	10.05	1.64	16.89%

由表 7-10 可知,A、B、C 方案的淨現值及淨年值均大於零,內部收益率均大於基準收益率,故 A、B、C 方案均為可行方案。

② 方案比較優選。上面的計算結果表明,互斥方案 A、B、C 均為可行方案,都可參加方案比選。通常採用增量分析法進行優選。

第七章　確定性分析方法

通過計算增量淨現金流評價增量投資經濟效果，對投資額不等的互斥方案進行比選的方法稱為增量分析法或差額分析法。這是互斥方案比選的基本方法。

在對互斥方案的經濟效果評價時，有時會出現按淨現值最大準則與按內部收益率最大準則所選的方案相互矛盾的結論。到底哪種準則進行方案比選更合理呢？解決這個問題需要分析投資方案比選的實質。投資額不等的互斥方案比選的實質是判斷增量投資（或稱差額投資）的經濟合理性，即投資大的方案相對於投資額小的方案多投入的資金能否帶來滿意的增量收益。

（1）差額淨現值

設 A、B 為投資額不等的互斥方案，A 方案比 B 方案投資大，兩方案的差額淨現值可由下式求出：

$$\Delta NPV = \sum_{t=0}^{n} [(CI_A - CO_A)_t - (CI_B - CO_B)_t] \cdot (1 + i_0)^{-t}$$
$$= \sum_{t=0}^{n} (CI_A - CO_A)_t (1 + i_0)^{-t} - \sum_{t=0}^{n} (CI_B - CO_B)_t (1 + i_0)^{-t}$$
$$= NPV_A - NPV_B \qquad (7-19)$$

式中：$\triangle NPV$——差額淨現值；

$(CI_A - CO_A)_t$——方案 A 第 t 年的淨現金流；

$(CI_B - CO_B)_t$——方案 B 第 t 年的淨現金流；

NPV_A，NPV_B——方案 A 與方案 B 的淨現值。

用增量分析法進行互斥方案比選時，若 $\triangle NPV \geq 0$，表明增量投資可以接受，投資（現值）大的方案經濟效果好；若 $\triangle NPV < 0$，表明增量投資不可接受，投資（現值）小的方案經濟效果好。

將可行方案投資額從小到大依次排列順序為 A、B、C，並進行兩兩比較。

方案（B - A）的差額淨現值

$\Delta NPV_{B-A} = -130,000 + 22,000(P/A, 10\%, 10) = 5,168$ 元 > 0

所以 B 方案優於 A 方案。

方案（C - B）的差額淨現值

$\Delta NPV_{C-B} = -30,000 + 4,076(P/A, 10\%, 10) = -4,957$ 元 < 0

所以 B 方案優於 C 方案。

用差額淨現值指標計算的結果為 B 方案為最佳方案。

（2）差額內部收益率

計算差額內部收益率的方程式為：

$$\sum_{t=0}^{n} (\Delta CI - \Delta CO)_t (1 + \Delta IRR)^{-t} = 0 \qquad (7-20)$$

式中：$\triangle CI$——互斥方案（A，B）的差額（增量）現金流入，

$\triangle CI = CI_A - CI_B$

$\triangle CO$——互斥方案（A，B）的差額（增量）現金流出，

$\triangle CO = CO_A - CO_B$

差額內部收益率定義的另一種表述方式是：兩互斥方案淨現值（或淨年值）相等時的折現率。其計算方程式也可以寫成：

$$\sum_{t=0}^{n} (CI_A - CO_A)_t (1 + \Delta IRR)^{-t} - \sum_{t=0}^{n} (CI_B - CO_B)_t (1 + \Delta IRR)^{-t} = 0 \quad (7-21)$$

用差額內部收益率比選方案的判別準則是：若 $\triangle IRR > i_0$（基準折現率），則投資（現值）大的方案為優；若 $\triangle IRR < i_0$，則投資（現值）小的方案為優。

由此可見，在對互斥方案進行比較選擇時，淨現值最大準則（以及淨年值最大準則、費用現值和費用年值最小準則）是正確的判別準則。而內部收益率最大準則不能保證比選結論的正確性。

淨現值最大準則的正確性，是由基準折現率——最低希望收益率的經濟意義決定的。一般來說，最低希望收益率應該等於被拒絕的投資機會中最佳投資機會的盈利率，因此淨現值就是擬採納方案較之被拒絕的最佳投資機會多得的盈利，這符合盈利最大化得決策目標的要求。

內部收益率最大準則只在基準折現率大於被比較的兩方案的差額內部收益率的前提下成立。也就是說，如果將投資大的方案相對於投資小的方案的增量投資用於其他投資機會，會獲得高於差額內部收益率的盈利率，用內部收益率最大準則進行方案比選的結論就是正確的。

值得指出的是，$\triangle IRR$ 只能反應增量現金流的經濟性（相對經濟效果），不能反應各方案自身的經濟性（絕對經濟效果），故不能僅根據 $\triangle IRR$ 數值的大小判定方案的取捨。

差額內部收益率也可用於僅有費用現金流的互斥方案比選，比選結論與費用現值法和費用年值法一致。在這種情況下，實際上是把增量投資所導致的對其他費用的節約看成是增量收益。

當兩個互斥方案投資額相等時，用 $\triangle IRR$ 比選方案會出現無法利用前面所述判別準則進行判別的情況。此時，可用下述準則進行判別。

判別準則為：在兩個互斥方案的差額內部收益率 $\triangle IRR$ 存在的情況下，若 $\triangle IRR > i_0$ 或 $-1 < \triangle IRR < 0$，則方案壽命期內「年均淨現金流」大的方案優於「年均淨現金流」小的方案；若 $0 < \triangle IRR < i_0$，則「年均淨現金流」小的方案優於「年均淨現金流」大的方案。對於僅有費用現金流的互斥方案比選，若 $\triangle IRR > i_0$，或 $-1 < \triangle IRR < 0$，則壽命期內「年均淨現金流」小的方案優於「年均淨現金流」大的方案；若 $0 < \triangle IRR < i_0$，則「年均淨現金流」大的方案優於「年均淨現金流」小的方案。

設方案 j 的壽命期為 n_j，則

$$\text{方案的年均淨現金流} = \sum_{t=0}^{n_j} (CI_j - CO_j)_t / n_j \quad (7-22)$$

第七章 確定性分析方法

對於只有費用現金流的方案

方案的年均費用現金流 $= \sum_{t=0}^{n_j} CO_{j\,t}/n_j$ (7-23)

用差額內部收益率比較互斥方案的相對優劣具有經濟概念明確、易於理解的優點。但若比選的互斥方案較多時，計算工作相對繁瑣。

2. 壽命不等的互斥方案比選

對壽命不等的互斥方案進行比選，同樣要求方案間具有可比性。滿足這一要求需要解決兩個方面的問題：一是設定一個合理的共同分析期；二是給壽命期不等於分析期的方案選擇合理的方案接續假定或殘值回收假定。

（1）年值法

在對壽命不等的互斥方案進行比選時，年值法是最為簡便的方法，當參加比選的方案數目眾多時，尤其是如此。年值法以「年」為時間單位比較各方案的經濟效果，從而使壽命不等的互斥方案間具有可比性。年值法使用的指標有淨年值與費用年值。

設備互斥方案的壽命期分別為 n_1、n_2、$\cdots$、n_m，方案 j（$j = 1, 2, \cdots, m$）在其壽命期內的淨年值為：

$$NAV_j = NPV_j(A/P, i_0, n_j)$$
$$= \sum_{t=0}^{n_j} (CI_j - CO_j)_t (P/F, i_0, t)(A/P, i_0, n_j) \quad (7\text{-}24)$$

淨年值最大且非負的方案為最優可行方案。

【例7-14】設有 A、B、C 三個互斥方案，各方案的有關數據如表 7-11 所示，基準收益率為 5%，試選擇最佳方案。

表 7-11　　　　互斥方案 A、B、C 的有關數據

方案	初始投資（萬元）	年淨收益（萬元）	壽命期（年）
A	350	70	6
B	200	48	5
C	420	87	8

解：計算各方案的淨年值：

$NAV_A = -350(A/P, 5\%, 6) + 70 = 1.043$ 萬元

$NAV_B = -200(A/P, 5\%, 5) + 48 = 1.806$ 萬元

$NAV_C = -420(A/P, 5\%, 8) + 87 = 22.017\,6$ 萬元

由於 $NAV_C > NAV_B > NAV_A$，所以方案 C 最優。

費用年值法可參照淨年值的計算方法，判別標準為費用年值最小的方案為最優

方案。

需要指出的是,對於一個方案無論反覆實施多少次,其年值是不變的。因此,年值法實際上隱含著這樣一種假定:各備選方案在其壽命結束時均可按原方案重複實施或以原方案經濟效果水準相同的方案接續。

(2)現值法

當互斥方案壽命不等時,一般情況下,各方案的現金流在各壽命期內的現值不具有可比性。如果要使用現值指標進行方案比選,必需設定一個共同的分析期。

① 壽命期最小公倍數法

此法取各備選方案壽命期的最小公倍數作為共同的分析期。

【例7-15】現有兩種可供選擇的互斥方案,其各年現金流量如表7-12所示,試用現值法進行方案評價。(i_0 = 15%)

表7-12　　　　　　　　　甲、乙方案的現金流量

項目＼方案	甲	乙
期初投資(萬元)	11	18
每年經營費用(萬元/年)	3.5	3.1
期末殘值(萬元)	1	2
使用壽命(年)	6	9

解:兩方案按最小公倍數得共同的分析期為18年。

分別繪製兩方案的現金流量圖7-5所示:

甲方案:

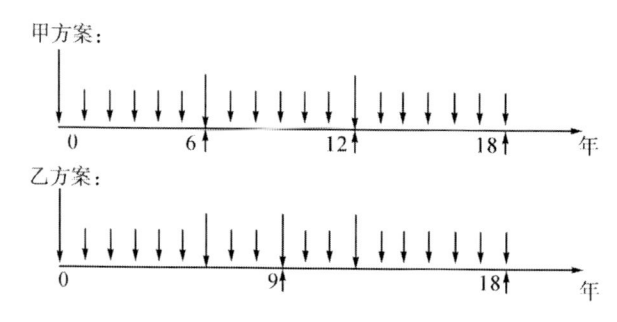

乙方案:

圖7-5　甲、乙兩方案的現金流量圖

計算各方案的淨現值如下:

$$PC_A = K_{0A} + (K_{1A} - L_{1A}) \cdot (P/F, 15\%, 6) + (K_{2A} - L_{2A}) \cdot (P/F, 15\%, 12)$$
$$- L_{3A} \cdot (P/F, 15\%, 18) + A_A(P/A, 15\%, 18)$$
$$= 11 + (11 - 1) \times \frac{1}{(1 + 0.15)^6} + (11 - 1) \times \frac{1}{(1 + 0.15)^{12}}$$

第七章　確定性分析方法

$$-1 \times \frac{1}{(1+0.15)^{18}} + 3.5 \times \frac{(1+0.15)^{18}-1}{0.15 \times (1+0.5)^{18}}$$

$= 38.559（萬元）$

$PC_B = K_{0B} + (K_{1B} - L_{1B}) \cdot (P/F，15\%，9) - L_{2B} \cdot (P/F，15\%，18)$
$\quad + A_B (P/A，15\%，18)$

$= 18 + (18-2) \times \dfrac{1}{(1+0.15)^9} - 2 \times \dfrac{1}{(1+0.15)^{18}} + 3.1$

$\times \dfrac{(1+0.15)^{18}-1}{0.15 \times (1+0.15)^{18}}$

$= 41.384（萬元）$

∵ $PV_A < PV_B$

故應選 A 方案。

② 合理分析期法

根據對未來市場狀況和技術發展前景的預測直接選取一個合理的分析期，假定壽命期短於此分析期的方案重複實施，並對各方案在分析期末的資產餘值進行估價，到分析期結束時回收資產餘值。在備選方案壽命期比較接近的情況下，一般取最短的方案壽命期作為分析期。

用上述方法計算出的淨現值用於壽命不等的互斥方案評價的判別準則是：淨現值最大且非負的方案是最優可行方案。

【例 7-16】資料如上所示，用最長壽命作為合理分析期來求解。

解：繪製兩方案的現金流量圖如圖 7-6 所示：

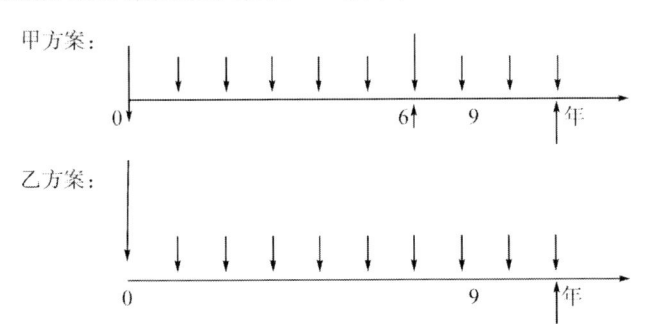

圖 7-6　甲、乙兩方案的現金流量圖

計算兩方案的淨現值如下：

假設固定資產的折舊採用直線折舊法，則需重新佔價方案 A 更新一個週期到第 3 年末的殘值，即第 9 年末的殘值。

∴ 每年的折舊金額 $D = \dfrac{K_A - L_A}{n} = \dfrac{11-1}{6} = 1.667$ （萬元）

149

∴ 第9年末的殘值 $L_{2A} = K_A - 3D = 11 - 3 \times 1.667 = 5.999$（萬元）

$PC_A = K_{0A} + (K_{1A} - L_{1A}) \cdot (P/F, 15\%, 6) - L_{2A} \cdot (P/F, 15\%, 9) + A_A(P/A, 15\%, 9)$

$= 11 + (11 - 1) \times \dfrac{1}{(1+0.15)^6} - 5.999,9 \times \dfrac{1}{(1+0.15)^9} + 3.5 \times \dfrac{(1+0.15)^9 - 1}{0.15 \times (1+0.15)^9}$

$= 30.319,5$（萬元）

$PC_B = K_{0B} - L_B \cdot (P/F, 15\%, 9) + A_B(P/F, 15\%, 9)$

$= 18 + 2 \times \dfrac{1}{(1+0.15)^9} + 3.1 \times \dfrac{(1+0.15)^9 - 1}{0.15 \times (1+0.15)^9}$

$= 32.224,6$（萬元）

∵ $PC_A < PC_B$

∴ 應選擇方案 A。

③年值折現法

按某一共同的分析期將各備選方案的年值折現得到用於比選的現值。這種方法實際上是年值法的一種變形，隱含著與年值法相同的接續方案假定。設方案 j（$j = 1, 2, \cdots, m$）的壽命期為 n_j，共同分析期為 N，按年值折現法，方案 j 淨現值的計算公式為：

$$NPV_j = \sum_{t=0}^{n_j} (CI_j - CO_j)_t (P/F, i_0, t) \times (A/P, i_0, n_j)(P/A, i_0, N) \quad (7-25)$$

用年值折現法求淨現值時，共同分析期 N 取值的大小不會影響方案的比選結論，但通常 N 的取值不大於最長的方案壽命期，不小於最短的方案壽命期。其判別準則是：淨現值最大且非負的方案為最優可行方案。

(3) 內部收益率法

用內部收益率法進行壽命不等的互斥方案經濟效果評價，需要首先對各備選方案進行絕對效果檢驗，然後再對通過絕對效果檢驗（淨現值、淨年值大於或等於零，內部收益率大於或等於基準折現率）的方案用計算差額內部收益率的方法進行比選。

求解壽命不等互斥方案間差額內部收益率的方程可用令兩方案淨年值相等的方式建立，其中隱含了方案可重複實施的假定。設互斥方案 A，B 的壽命期分別為 n_A，n_B，求解差額內部收益率 $\triangle IRR$ 的方程為：

$$\sum_{t=0}^{n_A} (CI_A - CO_A)(P/F, \Delta IRR, t)(A/P, \Delta IRR, n_A)$$

$$= \sum_{t=0}^{n_B} (CI_B - CO_B)(P/F, \Delta IRR, t)(A/P, \Delta IRR, n_B) \quad (7-26)$$

就一般情況而言，用差額內部收益率進行壽命不等的互斥方案比選時，應滿足

第七章　確定性分析方法

下列條件之一：
(1) 初始投資額大的方案年均淨現金流大，且壽命期長；
(2) 初始投資額大的方案年均淨現金流小，且壽命期短。

其年均淨現金流的計算公式為：

$$\text{方案的年均淨現金流} = \sum_{t=1}^{n_j}(CI_j - CO_j)_t / n_j \tag{7-27}$$

方案比選的判別準則為：在 $\triangle IRR$ 存在的情況下，若 $\triangle IRR > i_0$，則年均淨現金流大的方案為優；若 $0 < \triangle IRR < i_0$，則年均淨現金流小的方案為優。

對於僅有或僅需計算費用現金流的壽命不等的互斥方案，求解方案間差額內部收益率的方程可用令兩方案費用年值相等的方式建立。其方案比選應滿足的條件為：
(1) 初始投資額大的方案年均費用現金流小，且壽命期長；
(2) 初始投資額大的方案年均費用現金流大，且壽命期短。

方案比選的判別準則為：在 $\triangle IRR$ 存在的情況下，若 $\triangle IRR > i_0$，則年均費用現金流小的方案為優；若 $0 < \triangle IRR < i_0$，則年均費用現金流大的方案為優。

(二) 現金流相關型方案評選

當各方案的現金流量之間具有相關性，但方案之間並不完全互斥時，我們不能簡單地按照獨立方案或互斥方案的評價方法進行決策。而應當首先用一種「互斥方案組合法」，將各方案組合成互斥方案，計算各互斥方案的現金流量，再按互斥方案的評價方法進行選擇。

【例 7-17】為滿足運輸要求，有關部門分別提出要在某兩地之間上一鐵路項目和（或）一公路項目。只上一個項目時的淨現金流量如表 7-13 所示。若兩個項目都上，由於貨運分流的影響，兩項目部將減少淨收入，其淨現金流量如表 7-14 所示，當基準折現率為 $i_0 = 10\%$ 時應如何決策？

表 7-13　　　　只上一個項目時的淨現金流量　　　　（單位：百萬元）

方案＼年	0	1	2	3—32
鐵路 A	-200	-200	-200	100
公路 B	-100	-100	-100	60

表 7-14　　　　兩個項目都上時的淨現金流量　　　　（單位：百萬元）

方案＼年	0	1	2	3—32
鐵路 A	-200	-200	-200	100
公路 B	-100	-100	-100	60
兩項目合計（A+B）	-300	-300	-300	115

為保證決策決策的正確性，先將兩個相關方案組合三個互斥方案，再分別計算其淨現值，如表 7-15 所示。

表 7-15　　　　組合互斥方案的淨現金流量及其淨現值表　　（單位：百萬元）

方案＼年	0	1	2	3—32	淨現值 ($i_0 = 10\%$)
鐵路 A	-200	-200	-200	100	231.98
公路 B	-100	-100	-100	60	193.90
A+B	-300	-300	-300	115	75.29

根據淨現值判別準則，在三個互斥方案中，A 方案淨現值最大且大於零（$NPV_A > NPV_B > NPV_{A+B} > 0$），故 A 方案為最優可行方案。

(三) 受資金約束的相關方案評選

受資金限制的方案選擇使用的主要方法有「互斥方案組合法」和「淨現值指數排序法」。

1. 互斥方案組合法

所謂互斥方案組合法，就是對各獨立方案進行組合，所組成的各組合方案之間就存在互斥關係，在滿足資金數額限制下，採用互斥方案的評價方法就對比選出最優方案組合。互斥方案組合法的工作步驟如下：

第一步：對於 m 個非直接互斥的項目方案，列出全部的相互排斥的組合方案，共（$2^m - 1$）個。

第二步：保留投資額不超過投資限額且淨現值或淨現值指數大於等於零的組合方案，淘汰其餘組合方案。保留的組合方案中淨現值最大的即為最優可行方案。

【例 7-18】某公司有 A、B、C 三個獨立的投資方案，有關數據如表 7-16 所示，目前該公司可籌集資金 4,500 萬元，$i_0 = 8\%$，問應該如何選擇方案？

表 7-16　　　　A、B、C 獨立方案的有關數據

方案	初始投資（萬元）	年淨收益（萬元）	壽命期（年）
A	-1,000	600	3
B	-3,000	1,500	3
C	-4,000	2,050	3

解：壽命期相同的獨立方案，建立的互斥組合方案壽命也相同，因此評價指標可以選擇 NPV（或者 NAV）。

(1) 計算各獨立方案的 NPV：

$NPVA = -1,000 + 600(P/A, 8\%, 3) = 546$ 萬元

$NPVB = -3,000 + 1,500(P/A, 8\%, 3) = 886$ 萬元

$NPVC = -4,000 + 2,050(P/A, 8\%, 3) = 1,280$ 萬元

第七章 確定性分析方法

（2）建立互斥的方案組合，並將組合方案投資從小到大依次排序，如表 7-17 所示，找出組合方案投資額不超過資金限額 4,500 萬元的組合方案，再從中找出組合方案淨現值最大的組合方案為最優方案。

表 7-17　　　　A、B、C 獨立方案組成的互斥方案組合情況

組合方案序號	構成情況 A　B　C	初始投資（萬元）	淨現值（萬元）
1	0　0　0	0	0
2	1　0　0	-1,000	546
3	0　1　0	-3,000	866
4	0　0　1	-4,000	1,280
5	1　1　0	-4,000	1,412
6	1　0　1	-5,000	1,826
7	0　1　1	-7,000	2,146
8	1　1　1	-8,000	2,692

結論：在資金限額 4,500 萬元下組合方案淨現值最大的是第 5 組，即 A、B 組合為最佳方案。

由於互斥方案組合法是從所有可能出現的組合方案中挑選在資金限額下組合方案淨現值最大的方案組合為最佳方案，因此可以實現有限資源的合理利用，帶來經濟效益的最大化。但是，這種方法不適合獨立方案較多的情況使用，因為獨立方案較多時，其組合方案個數將與獨立方案的個數成指數倍增長，此時可以採用淨現值指數排序法。

2. 淨現值指數排序法

所謂淨現值指數排序法，就是在計算各方案淨現值指數的基礎上，將淨現值指數大於或等於零的方案按淨現值指數大小排序，並依次選取項目方案，直到所選取方案的投資總額最大限度地接近或等於投資限額為止。

【例 7-19】若資金預算限額是 60 萬元，有 A~G 7 個產品投資方案，壽命期均為 5 年，基準收益率 $i_0 = 10\%$，各方案的有關資料如表 7-18 所示。問在投資限額內應優先投資哪些產品方案？

表 7-18　　　　　　A-G 方案的資料數據　　　　　　（單位：萬元）

方案	投資額	年淨收益	淨現值	淨現值指數	排序
A	20	8.44	12.00	0.60	1
B	12	4.59	5.40	0.45	2
C	4	1.19	0.50	0.13	7
D	9	2.97	2.25	0.25	4
E	13	4.18	2.86	0.22	5
F	36	11.21	6.48	0.18	6
G	15	5.46	5.70	0.38	3

解：由表 7-18 可知，方案 A~G 的淨現值均大於零，均為可行方案。按淨現值

指數從高到低順序選擇方案的原則，不超出資金限額 60 萬元要求的方案方 A、B、G、D 四個方案及部分 E 方案，但由於方案的不可分性，不能選擇部分 E 方案，所以可接受的方案只能是 A、B、G、D 四個方案，合計投資額為 56 萬元，尚餘 4 萬元，經分析可知，還可接受方案 C，（且方案 C 的淨現值大於零為可行方案），故在不超出資金限額 60 萬元內，應選擇 A、B、G、D、C 五個方案。

按淨現值指數排序原則選擇項目方案，其基本思想是單位投資的淨現值越大，在一定投資限額內所能獲得的淨現值總額就越大。但是，由於投資項目的不可分性，淨現值指數排序法在許多情況下，不能保證現有資金的充分利用，不能達到淨現值最大的目標。只有在下述的情況下，它才能達到或接近於淨現值最大的目標：

①各方案投資占投資預算的比例很小；
②各方案投資額相差無幾；
③各入選方案投資累加額與投資預算限額相差無幾。

實際上，在各種情況下都能保證實現最優選擇（淨現值最大）的更可靠的方法是互斥方案組合法。

本章小結

在技術經濟分析中，核心的內容就是對技術方案進行經濟評價，在對技術方案或項目進行經濟評價時，如果假設所獲得的數據確定會發生，則可稱為技術經濟的確定性評價。具體來看，技術經濟的評價過程，實質就是選擇或確定度量技術項目經濟價值的指標，再運用所獲取的數值計算出項目的指標值，通過比較這個指標值與理想數值的情況來判斷項目的經濟可行性。

對於單個技術項目來說，只需要計算一個或者一組指標的值即可判斷其經濟可行性。這些指標可以分為靜態指標和動態指標兩類，其中靜態指標指那些在計算過程中不考慮資金的時間價值（不進行折現計算）的指標；動態指標則指那些在計算過程中考慮的資金時間價值（進行了折現計算）的指標。通常情況下，靜態指標只能為判斷項目的經濟可行性提供參考，而動態指標則可以直接判斷項目的經濟可行性。

對於多個項目來說，在經濟可行性評價時需要先明確項目之間的關係。如果項目間相互獨立，則只需分別判斷各個項目的經濟可行性；如果項目間相關，則需要運用增量分析法、淨現值指數法等方法來判斷各個方案的優劣。

思考與練習

1. 什麼是動態指標和靜態指標？兩類指標的本質區別是什麼？
2. 什麼是淨現值？什麼是淨年值？兩者有何區別與聯繫？

第七章　確定性分析方法

3. 說明收益率（或折現率）與淨現值的關係，解釋一下為什麼我們認為淨現值與折現率負相關。

4. 當兩方案進行比較時，淨現值大的方案其淨現值指數會小於另一方案嗎？為什麼？從經濟效果方面你怎麼評價這個現值大的方案？

5. 什麼是內部收益率，其經濟含義是什麼？為什麼與我們通常使用的收益率指標相比，內部收益率能更準確地度量資金的使用效率？

6. 某項目投資額為 300 萬元，最低期望收益率為 8%，預計項目從第一年年末起可以獲得收益，每年收益為 90 萬元，則項目需要多長時間才能收回投資？若項目的預期存續年限為 5 年，則此項目是否值得投資？

7. 有 3 個設備更新方案，方案 A 所需投資 8 萬元，年成本 11 萬元，年產量 200 臺；方案 B 所需投資 14 萬元，年成本 16.2 萬元，年產量 300 臺；方案 C 所需投資 15 萬元，年成本 13.25 萬元，年產量 250 臺。若標準投資回收期為 7 年，試用追加投資回收期法比較方案優劣。

8. 某擬建項目，第一年初投資 1,000 萬元，第二年初投資 2,000 萬元，第三年初投資 1,500 萬元，從第三年起連續 8 年每年可獲得淨收入 1,450 萬元。若期末殘值忽略不計，最低希望收益率為 12%，試計算淨現值並判斷該項目經濟上是否可行。

9. 有一壽命為五年的投資計劃，基準折現率為 10%，現金流量如下表，用淨現值法及淨現值指數法評價此項投資計劃應否被採納，並說明所得數值的經濟含義。

年限	現金流量	年限	現金流量
0	-50,000	3	20,000
1	10,000	4	20,000
2	10,000	5	20,000

10. 某企業的項目計劃中預計購買設備需要 8 萬元資金，該設備可能給企業帶來的年淨收益為 12,600 元，設備使用後無殘值。試問，若設備使用 8 年後報廢，該項目的內部收益率是多少？如果最低期望收益率為 9%，則設備的使用期應為多少年才值得購買？

11. 某項目的淨現金流量如下表所示：（單位：萬元）

年	0	1	2	3	4—8
淨現金流量	-120	-60	-50	60	80

（1）求該項目的靜態回收期、動態回收期、淨現值、淨現值指數、淨年值和內部收益率，並說明本項目的經濟可行性。（基準折現率為 10%）

（2）試畫出累積淨現金流量曲線和累積折現值曲線，並說明靜態回收期、動態

155

回收期、內部收益率和淨現值的位置。

12. 獨立方案及互斥方案決策各有什麼特點？

13. 現值法及年值法在進行多方案評價時有什麼優點和缺點？

14. 單方案經濟評價與多方案經濟評價有什麼區別。這兩種評價在評價指標的選擇上有什麼不同，為什麼會有差異？

15. 現有4個相互獨立的備選投資方案，各方案的投資額和年淨收益如下表所示：（單位：萬元）

方案	A	B	C	D
初始投資	100	150	200	300
年淨收益	20	30	50	50

假設各方案的壽命期均為10年，且基準收益率為8%，試判斷以上方案在經濟上是否可行。若企業擁有300萬元的資金用於投資，問應該選擇哪些方案？

16. 現有4個相互獨立的備選投資方案，各方案的投資額和年淨收益如下表所示：（單位：萬元）

方案	A	B	C	D
初始投資	100	150	200	300
年淨收益	20	30	50	50

假設各方案的壽命期均為10年，且基準收益率為8%，試判斷以上方案在經濟上是否可行。若企業擁有300萬元的資金用於投資，問應該選擇哪些方案？

17. 有三項壽命期不等的互斥方案，若基準收益率為15%，試分別用年值法和現值法分析選擇最佳方案。

	A	B	C
期初投資	-6,000	-7,000	-9,000
期末殘值	0	200	300
年淨收益	2,000	3,000	3,000
壽命（年）	3	4	6

18. 某企業有5個相互獨立的備選投資方案，各方案的投資額和年淨收益如下表所示：（單位：萬元）

方案	A	B	C	D	E
初始投資	60	80	65	90	75

第七章 確定性分析方法

表(續)

方案	A	B	C	D	E
年淨收益	12.8	18	13.6	16.5	16.4

設各方案的壽命期均為 8 年，且最低期望收益率為 10%，資金預算總額為 250 萬元。

(1) 分別用互斥方案組合法和淨現值指數法分析應該選擇哪些方案？
(2) 判斷兩種方法所得到的結果是否一致，如果不一致，請說明原因。

19. 現有四個互斥的投資方案，其投資額和年淨收益如下表所示：（單位：萬元）

方案	初始投資額	年淨收益
A	2,000	500
B	3,000	900
C	4,000	1,100
D	5,000	1,380

若各方案的壽命期均為 7 年，則：

(1) 當折現率為 10% 時，在無資金限制的情況下，應作什麼樣的選擇？
(2) 當折現率在什麼範圍內時，B 方案是最佳的？
(3) 若折現率為 10% 且選擇了 B 方案，項目的潛在損失是多少？

20. 有 A、B、C、D 四個互斥的投資方案，最低期望收益率為 10%。已知方案 A、B、C 和 D 的有關資料如下，試確定在資金總額為 2,500 萬元時的最佳選擇。

年份	0 年	1—8 年
方案 A	-1,000 萬元	200 萬元
方案 B	-1,200 萬元	230 萬元
方案 C	-800 萬元	160 萬元
方案 D	-1,300 萬元	240 萬元

第八章 不確定性分析

內容提要

　　任何經營管理的決策及項目的評估都是在事前進行的。因此，項目經濟評價所採用的數據多來自預測和估算。由於信息不完全，對有關因素和未來情況無法做出精確無誤的預測，或者由於沒有全面考察所有的可能情況，因此項目實施後的實際情況難免與預測情況有所差異，這種差異就有可能帶來風險。即立足於預測和估算進行項目經濟評價的結果具有不確定性，而不確定性有可能帶來風險。本章將從三個角度對項目在不確定狀態下的經濟性進行分析，即：盈虧平衡、敏感性和概率分析。

第一節　不確定性分析概述

一、風險與不確定性的含義

　　技術經濟分析與評價項目中所用的數據，大部分來自於對未來的預測與估算。由於項目壽命期一般都較長，項目所處環境在不斷變化，並且分析預測工作中的有些因素會隨時間、地點、條件的變化而變化，便形成了項目評價中的不確定性因素。因此，為了提高投資決策的可靠性，減少決策時所承擔的風險，就必須對投資項目的風險和不確定性進行正確的分析和評價。

　　從理論上講，風險（Risk）是指由於隨機原因所引起的項目總體的實際價值和預期價值之間的差異。風險是對可能結果的描述，即決策者事先可能知道決策所有

第八章 不確定性分析

可能的結果，以及每一種結果出現的概率。因此，風險是可通過數學分析方法來計量的。不確定性（Uncertainty）是指決策者事先不知道決策的所有可能結果，或者雖然知道所有可能結果但不知道它們出現的概率。技術方案的不確定性分析產生的直接原因是方案評價中所採用的各種數據與實際值出現偏差，如項目總投資、年銷售收入、經營成本、設備殘值、資本利率等對投資方案經濟效果的影響。

根據投資方式的不同，風險一般可分為三種類型：

1. 經營風險

經營風險是指由於生產經營狀況的不確定性而產生盈利能力的變化，從而造成的投資者收入或本金減少或損失的可能性。它主要是指企業在不使用債務時的資產風險，如企業訂單減少以致銷貨收入減少而使盈利下降，企業及企業的競爭對手是否成功開發了新產品，企業是否招聘和雇傭到足夠的合格職工等。一旦類似事項發生，則實際的收益將會高於或低於預期水準。經營風險因產業不同而不同，也隨著時間的變化而變化。例如，食品加工和零售行業被認為具有較低的經營風險，而一些生產單一產品的企業則通常被認為具有較高的經營風險。

2. 財務風險

財務風險是指企業由於使用負債融資而引起的企業盈餘變動。企業借入資本，為的是使利稅前投資回報率高於借款利率，能給企業帶來額外的稅後淨利。但是當利稅前投資回報率低於借款利率時，由於債務的利息是一項固定的開支，則企業的稅後淨利將受到額外的損失，這就是所謂的財務風險。不善於舉債經營以獲取額外利潤的管理者，不是精明能幹的管理者。但是，借入資本的比重越大，企業面臨的財務風險也就越大，不過這種高風險將以高收益來補償。

3. 市場風險

市場風險是指由於一些非企業自身能力可控制的，並同時會影響到所有企業的因素而產生的投資結果的不確定性或變異性。如戰爭、通貨膨脹、經濟衰退以及利率、匯率變動時，投資者所可能遭受的風險，即為市場風險。之前提及的經營風險和財務風險，都是屬於企業的內部風險，而市場風險則是所有企業面臨的外部環境風險。由於市場的這種波動很難被投資者預測，因此，市場風險最容易給投資者造成損失。

風險與不確定性的差異主要在於程度不同，不確定性比風險更難以預測。但在現實的技術經濟活動中，風險和不確定性很難嚴格區分。然而，從投資活動和技術方案經濟評價的實用性角度來看，區別風險和不確定性沒有多大的實際意義。因此，一般將未來可能變化的因素對投資方案效果的影響分析統稱為不確定性分析（Uncertainty Analysis）。

二、不確定性產生的原因

一般來說，技術方案產生風險、不確定性的原因，可歸納為以下幾個方面：

技術經濟學——工程技術項目評價理論與方法

1. 通貨膨脹和物價的變動

投入和產出的價格是影響投資項目經濟效益的最基本因素。在任何一個國家，貨幣的價值都不是固定不變的，它通常是隨著時間的增長而降低。而項目壽命期一般長達一二十年，投入產出價格不可能固定不變，投資者必然要承擔物價上漲、貨幣貶值的風險。不但項目的工程造價不易確定，而且當項目的產品在今後市場上有激烈競爭時，還可能引起銷售價格的變動。因為在競爭的市場上，如果不降低銷售價格，就可能影響產品銷售量，也同樣降低項目的經濟效益。這樣，通貨膨脹和物價的變動，就直接影響到項目未來的技術經濟效益。對這些因素不加考慮，就必然使評價人員預測到的未來情況與實際的未來情況有出入，這是造成不確定性因素的主要原因。

2. 技術裝備及生產工藝變革和項目壽命的變動

在預測項目的收益水準時，許多指標都是以項目經濟壽命期作為計算基礎的，如淨現值、內部收益率等。但隨著科學技術的不斷進步，生產工藝的不斷變革，項目所採用的一些技術、設備很可能提前老化，從而使項目經濟壽命期提前結束。同時隨著市場需求的轉變，也會使項目的產品生命期提前結束，從而縮短項目經濟壽命期。項目經濟壽命期的縮短，無疑會減少項目的收益。

3. 生產能力和銷售量的變動

在評價項目時，現行《建設項目經濟評價方法與參數》要求我們採用設計生產能力進行計算，而在實際生產中，達不到設計生產能力或超過設計生產能力是經常存在的。由於原材料、燃料、動力等資源的供應、運輸設備的配套，對技術的掌握程度和管理水準高低等因素的影響，項目的生產能力有可能達不到設計能力，從而對項目的經濟效益產生影響。如果項目投產後沒有可靠的市場銷路，那麼也不能達到設計的生產能力，造成項目的半停工狀態。如果建設項目的生產能力達不到預期水準，則產品的成本必然升高，銷售收入必然下降，其他各種經濟效益當然也就隨之改變或達不到預期效果，這樣也就造成了項目未來的不確定性。

4. 建設資金和工期的變化

在進行項目可行性研究和評估的過程中，建設資金的估算與籌措對項目經濟效益影響較大。目前，存在著過低估算建設資金的現象，以求項目獲得國家或地方政府審批、通過及上馬。建設資金估算偏低，投資安排不足，就必須延長建設工期，推遲投產時間，增加建設資金和利息。這樣，當然就引起總投資增大，經營成本和各種收益的變化。同時，建設工期延長，在計算現金流量時，對項目的經濟效益是十分不利的，因為資金的折現係數是逐年遞減的。因此，建設資金的估算或工期的變化，是項目評價時的不確定因素。

5. 國家經濟政策和法律法規的變化

作為發展中國家，中國的經濟體制正處於從計劃經濟向市場經濟過渡的時期。目前，不合乎時宜的法律法規需要不斷變革。經濟政策隨著國家經濟形勢的發展和

第八章 不確定性分析

需要,每個時期都必須有每個時期的政策,變化不可避免。這些變化,對項目可行性研究或評估人員是無法預測和不能控制的。這些因素的變化,不僅是不確定性因素的源泉,而且還可能給項目的建設帶來很大的風險。

三、不確定性分析的方法與程序

為評價不確定性因素對技術方案經濟效果的影響,通常採用盈虧平衡分析、敏感性分析和概率分析等方法,其分析方法一般步驟如下:

1. 鑑別主要不確定性因素

雖然影響技術方案的不確定性因素有很多,但不同因素在不同的投資活動中不確定性程度及其對投資方案的影響程度是不同的。因此,在開始分析時,首先要從各個變量及其相關諸因素中,找出不確定程度較大的關鍵變量或因素。這些變量和因素是不確定性分析的重點。在投資項目的不確定性分析中,其主要的不確定因素有銷售收入、生產成本、投資支出和建設工期等。引起它們變化的原因一般為:物品價格上漲,工藝技術改變導致產品數量和質量發生變化,設計能力達不到,投資超出計劃,建設期延長等。

2. 估計不確定性因素的變化範圍,進行初步分析

找出主要的不確定性因素,估計其變化範圍,確定其邊界值或變化串,也可先進行盈虧平衡分析。

3. 進行敏感性分析

對不確定性因素進行敏感性分析,找出方案的敏感性因素,分析其對投資項目的影響程度。

● 第二節 盈虧平衡分析

各種不確定因素(如投資、成本、銷售量、產品價格、使用壽命期等)的變化會影響投資方案的經濟效果。當這些因素的變化達到某一臨界值(盈虧平衡點)時,就會影響方案的取捨。盈虧平衡分析的目的就是找出這種臨界值,判斷投資方案對不確定因素變化的承受能力,為決策提供依據。

一、獨立方案盈虧平衡分析

獨立方案盈虧平衡分析的目的是通過分析產品產量、成本與方案盈利能力之間的關係找出投資方案盈利與虧損的產量、產品價格、單位產品成本等方面的界限,以判斷在各種不確定因素作用下方案的風險情況。

技術經濟學——工程技術項目評價理論與方法

(一) 銷售收入、成本費用與產品產量的關係

投資項目的銷售收入與產品銷售量（如果按銷售量組織生產，產品銷售量等於產品產量）的關係有兩種情況：

第一種情況，該項目的生產銷售活動不會明顯地影響市場供求狀況，假定其他市場條件不變，產品價格不會隨該項目的銷售量的變化而變化，可以看作一個常數。銷售收入與銷售量呈線性關係、即：

$B = PQ$

式中：B——銷售收入；

P——單位產品價格；

Q——產品銷售量。

第二種情況，該項目的生產銷售活動將明顯地影響市場供求狀況。隨著該項目產品銷售量的增加，產品價格有所下降，這時銷售收入與銷售量之間不再是線性關係，對應於銷售量 Q_o，銷售收入為：

$$B = \int_0^Q P(Q) dQ$$

項目投產後，其總成本費用可以分為固定成本與變動成本兩部分。固定成本指在一定的生產規模限度內不隨產量的變動而變動的費用，變動成本指隨產品產量的變動而變動的費用。變動成本總額中的大部分與產品產量成正比例關係。也有一部分變動成本與產品產量不成正比例關係，如與生產批量有關的某些消耗性材料費用，工業模具費及運輸費等，這部分變動成本隨產量變動的規律一般是呈階梯形曲線，通常稱這部分變動成本為半變動成本。由於半變動成本通常在總成本費用中所占比例很小，在經濟分析中一般可以近似地認為它也隨產量成正比例變動。

總成本費用是固定成本與變動成本之和，它與產品產量的關係也可以近似地認為是線性關係，即

$C = C_f + C_v$

式中：C——總成本費用；

C_f——固定成本；

C_v——單位產品變動成本。

(二) 線性盈虧平衡分析

線性盈虧平衡分析可以通過確定盈虧平衡點來進行，而盈虧平衡點可以通過量—本—利分析圖獲得。將總成本和銷售收入曲線在同一坐標圖上表示出來，可以構成線性量—本—利分析圖（圖 8-1）。

圖 8-1 中縱坐標表示銷售收入與成本費用，橫坐標表示產品產量。銷售收入線 B 與總成本線 C 的交點稱盈虧平衡點（$Break\ even\ Point$，簡稱 BEP），也就是項目盈利與虧損的臨界點。在 BEP 的左邊，總成本大於銷售收入，項目虧損，在 BEP 的右邊，銷售收入大於總成本。項目盈利，在 BEP 點上，項目不虧不盈。

第八章　不確定性分析

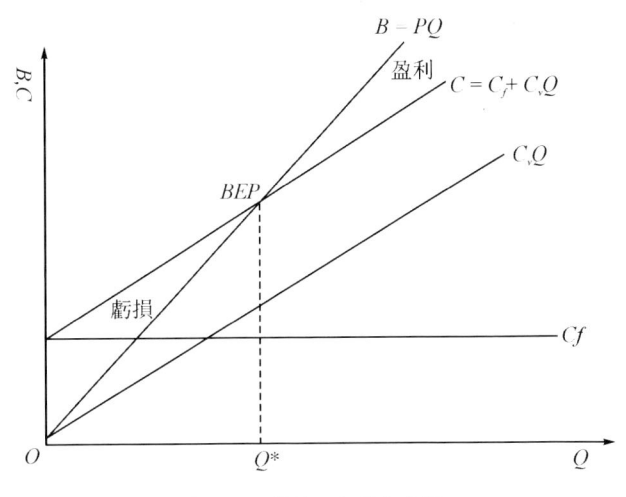

圖 8-1　線性盈虧平衡分析

在銷售收入及總成本都與產量呈現線性關係的情況下，可以很方便地用解析方法求出以產品產量、生產能力利用率、產品銷售價格、單位產品變動成本等表示的盈虧平衡點。

在盈虧平衡點，銷售收入 B 等於總成本費用 C（即 $B=C$），假設對應於盈虧平衡點的產量為 $Q*$，則有：

$$PQ* = Cf + CvQ*$$

可導出盈虧平衡產量：

$$Q^* = \frac{C_f}{P - C_V}$$

若項目設計生產能力為 Q_c，則盈虧平衡生產能力利用率為

$$E^* = \frac{Q^*}{Q_c} \times 100\% = \frac{C_f}{(P - C_v)Q_c} \times 100\%$$

若按設計能力進行生產和銷售，則盈虧平衡銷售價格為

$$P^* = \frac{B}{Q_c} = \frac{C}{Q_c} = C_v + \frac{C_f}{Q_c}$$

若按設計能力進行生產和銷售，且銷售價格已定，則盈虧平衡單位產品變動成本為：

$$C_v^* = P - \frac{C_f}{Q_c}$$

（三）非線性盈虧平衡分析

在銷售收入及總成本都與產量呈非線性關係的情況下，可用非線性函數作盈虧平衡分析。其示意圖如圖 8-2 所示：

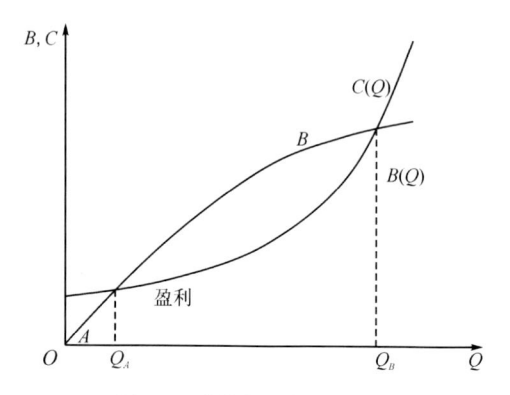

圖 8-2　非線性盈虧平衡分析

總成本曲線與銷售收入曲線相交於 A、B 兩點，A 稱為下盈虧平衡點；B 稱為上盈虧平衡點，其相應的產品產量分別為 Q_A 和 Q_B。在 A、B 兩點之間兩曲線包含的區域為該項目的盈利區，其淨收益：

NB（Q）= B（Q）-C（Q）

為使其 NB 最大化，可令：NB'（Q）= B'（Q）-C'（Q）= 0

由此，可求出利潤最大化產量 Q^*。此時，兩曲線的斜率相等。

顯然，Q_A、Q_B 及 Q^* 的分析對正確決策投資項目規模具有十分重要的意義。

【例 8-1】某企業的生產線設計能力為年產 100 萬件，單價 450 元，單位變動成本 250 元，年固定成本為 8,000 萬元，年目標利潤為 700 萬元。試進行盈虧分析，並求銷售量為 50 萬件時的保本單價。

解：

（1）求平衡點產量。

$$Q^* = \frac{F}{P - C_V} = \frac{8,000}{450 - 250} = 40(萬件)$$

（2）求平衡點銷售額。

R = PQ* = 450 × 40 = 18,000（萬元）

（3）求平衡點生產能力利用率。

$$E^* = \frac{Q^*}{Q_c} \times 100\% = \frac{40}{100} \times 100\% = 40\%$$

（4）求實現目標利潤時的產量。

$$Q = \frac{C_f + E}{P - C_V} = \frac{8,000 + 700}{450 - 250} = 43.5(萬件)$$

（5）求年銷售量為 50 萬件的保本售價。

$$P^* = \frac{F + C_V Q}{Q} = \frac{F}{Q} + C_V = \frac{8,000}{50} + 250 = 410(元／件)$$

第八章　不確定性分析

通過計算盈虧平衡點，結合市場預測，可以對投資方案發生虧損的可能性做出大致判斷。在例 8-1 中，如果未來的產品銷售價格及生產成本與預期值相同，項目不發生虧損的條件是年銷售量不低於 40 萬件，生產能力利用率不低於 40%；如果按設計能力進行生產並能全部銷售，生產成本與預期值相同，項目不發生虧損的條件是產品價格不低於 410 元/件。

銷售量、產品價格及單位產品變動成本等不確定因素發生變動所引起的項目盈利額的波動稱為項目的經營風險。

設項目固定成本占總成本的比例為 S，預期年銷售量為 Qc，預期年總成本為 C，則

固定成本：$Cf = C*S$

銷售利潤：$I = PQ - CS - C(1-S)Q/Qc$

當銷售量變化時，S 越大，利潤變化率越大。

固定成本的存在擴大了項目的經營風險，稱為經營槓桿。

二、互斥方案盈虧平衡分析

設兩個互斥方案的經濟效果都受某不確定因素 x 的影響，可把 x 看作一個變量，把兩個方案的經濟效果指標都表示為 x 的函數：

$E_1 = f_1(x)$　　$E_2 = f_2(x)$

當兩個方案的經濟效果相同時，有：

$f_1(x) = f_2(x)$

解出使這個方程式成立的 x 值，即為方案 1 與方案 2 的盈虧平衡點，也就是決定這兩個方案孰優孰劣的臨界點。結合對不確定因素 x 未來取值範圍的預測，就可以做出相應的決策。

【例 8-2】生產某種產品有三種工藝方案，採用方案 1，年固定成本 800 萬元，單位產品變動成本為 10 元；採用方案 2，年固定成本 500 萬元，單位產品變動成本為 20 元；採用方案 3，年固定成本 300 萬元，單位產品變動成本為 30 元。分析各種方案適用的生產規模。

解：各方案年總成本均可表示為產量 Q 的函數：

$C_1 = C_{f1} + C_{r1}Q = 800 + 10Q$

$C_2 = C_{f2} + C_{r2}Q = 500 + 20Q$

$C_3 = C_{f3} + C_{r3}Q = 300 + 30Q$

各方案的年總成本函數曲線如圖 8-3 所示。

由圖 8-3 可以看出，三個方案的年總成本函數曲線兩兩相交於 L、M、N 三點，各個交點所對應的產量就是相應的兩個方案的盈虧平衡點。在本例中，Q_m 是方案 2 與方案 3 的盈虧平衡點，Q_n 是方案 1 與方案 2 的盈虧平衡點。顯然，當 $Q < Q_m$ 時，

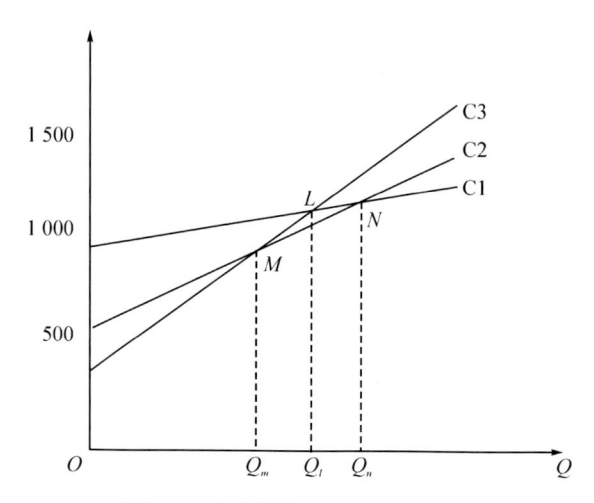

圖 8-3 各方案的年總成本函數曲線

方案 3 的年總成本最低；當 $Q_m < Q < Q_n$ 時，方案 2 的年總成本最低；當 $Q > Q_n$ 時，方案 1 的年總成本最低。

當 $Q = Q_m$ 時，$C_2 = C_3$，即

$C_{f2} + C_{v2}Q_m = C_{f3} + C_{v3}Q_m$

於是，$Q_m = \dfrac{C_{f2} - C_{f3}}{C_{v3} - C_{v2}} = \dfrac{500 - 300}{30 - 20} = 20$（萬件）

當 $Q = Q_n$ 時，$C_1 = C_2$，即：

$C_{f1} + C_{v1}Q_n = C_{f2} + C_{v2}Q_n$

於是，$Q_n = \dfrac{C_{f1} - C_{f2}}{C_{v2} - C_{v1}} = \dfrac{800 - 500}{20 - 100} = 30$（萬件）

由此可知，當預期產量低於 20 萬件時，應採用方案 3；當預期產量在 20 萬件至 30 萬件之間時，應採用方案 2；當預期產量高於 30 萬件時，應採用方案 1。

在例 8-2 中，我們是用產量作為盈虧平衡分析的共有變量，根據年總成本費用的高低判斷方案的優劣。在各種不同的情況下，根據實際需要，也可以用投資額、產品價格、經營成本、貸款利率、項目壽命期、期末固定資產殘值等作為盈虧平衡分析的共有變量，用淨現值、淨年值、內部收益率等作為衡量方案經濟效果的評價指標。

【例 8-3】生產某種產品有兩種方案，方案 A 初始投資為 50 萬元，預期年淨收益 15 萬元；方案 B 初始投資 150 萬元，預期淨收益 35 萬元，該產品的市場壽命具有較大的不確定性，如果給定基準折現率為 15%，不考慮期末資產殘值，試就項目壽命期分析兩方案取捨的臨界點。

解：設項目壽命期為 x

$NPV_A = -50 + 15(P/A, 15\%, x)$

第八章　不確定性分析

$NPV_B = -150 + 35(P/A, 15\%, x)$

當　$NPV_B = NPA_B$ 時，有：

$-50 + 15(P/A, 15\%, x) = -150 + 35(P/A, 15\%, x)$

$(P/A, 15\%, x) = 5$

即　$\dfrac{(1+0.15)^x - 1}{0.15 \times (1+0.15)^x} = 5$

解這個方程，可得：

$x \approx 10(年)$

這就是以項目壽命期為共有變量時方案 A 與方案 B 的盈虧平衡點。由於方案 B 年淨收益比較高，項目壽命期延長對方案 B 有利。故可知：如果根據市場預測項目壽命期少於 10 年，應採用方案 A；如果項目壽命期在 10 年以上，則應採用方案 B。

第三節　敏感性分析

一、敏感性分析概述

（一）敏感性因素與敏感性分析

敏感性分析是技術經濟分析評價中常用的一種不確定性分析方法。所謂敏感性，是指投資方案的各種因素變化對投資經濟效果的影響程度。若因素小幅度的變動能夠帶來項目經濟效果較大幅度的變化，則稱該因素為項目的敏感性因素；反之，則稱為非敏感性因素。敏感性分析的目的就是要通過分析與預測影響投資項目經濟效果的主要因素，找出其敏感性因素，並確定其敏感程度，判斷項目對不確定性因素的承受能力，從而對項目風險的大小進行估計，為投資決策提供依據。

影響投資項目經濟效果的不確定性因素較多，一般主要有產品銷量（產量）、產品銷售價格、原材料價格、固定資產投資、經營成本、建設期等。

（二）敏感性分析的一般步驟和內容

1. 選擇需要分析的不確定因素，並設定這些因素的變動範圍

影響投資方案經濟效果的不確定因素有很多，嚴格說來，凡影響方案經濟效果的因素都在某種程度上帶有不確定性。但事實上沒有必要對所有的不確定性因素都進行敏感性分析，可以根據以下原則選擇主要的不確定因素加以分析：第一，預計在可能的變動範圍內，該因素的變動將會比較強烈地影響方案的經濟效果指標；第二，對在確定性經濟分析中採用的該因素的數據的準確性把握不大。

2. 確定分析指標

分析指標，就是指敏感性分析的具體對象，即方案的經濟效果指標，如淨現值、淨年值、內部收益率及投資回收期等。各種經濟效果指標都有其各自特定的含義，

分析、評價所反應的問題也有所不同。對於某個特定方案的經濟分析而言，不可能也為需要運用所有的經濟效果指標作為敏感性分析的分析指標，而應根據方案資金來源等特點，選擇一種或兩種指標作為分析指標。確定分析指標可以遵循以下兩個原則：第一，是與經濟效果評價指標具有的特定含義有關。第二，是與方案評價的要求深度和方案的特點有關。

3. 計算各不確定因素對指標的影響程度

對於各個不確定因素的各種可能變化幅度，分別計算其對其他分析指標影響的具體數值，即固定其他不確定因素，變動某一個或某幾個因素，計算經濟效果指標值。在此基礎上，建立不確定因素與分析指標之間的對應數量關係，並用圖或表格表示。

4. 確定敏感因素，對方案的風險情況做出判斷

所謂敏感因素就是其數值變動能顯著影響方案經濟效果的因素。判斷敏感因素的方法有以下三種：

（1）相對測定法（變動幅度測定法）。設定要分析的各個不確定因素均從確定性分析時採用的數值開始變動（在令某個因素變動時，假定其他因素保持在確定性分析時的取值不動），且各因素每次變動的因素（增加或減少的百分數）相同（這樣做使得各個因素的敏感度獲得可比性），比較在同一變動幅度下各因素變動的敏感程度。一般將結果以圖或表的形式表示出對應的數量關係，通過對表中因素變動率或圖中曲線斜率的分析，判斷敏感性因素。

（2）絕對值測定法（悲觀值測定法）。絕對值測定法是假設各因素均向對方案不利的方向運動，並取其可能出現的對方案不利的數值（悲觀值），據此計算項目方案的經濟效益評價指標，看其是否達到使方案變得無法被接受的程度。若某因素可能出現的最不利數值會使方案變得不可接受，則表明該因素是該方案的敏感因素（方案能否接受判斷依據是經濟效益指標能否達到臨界值）。該方案可變通為下面的臨界值測定法。

（3）臨界值測定法。先設有關敏感性分析指標為臨界值，如令淨現值為零或令內部收益率等於基準收益率等，然後求出待分析的不確定因素的最大允許變動幅度，並與其可能出現的最大變動幅度相比。若某因素可能的變動幅度超過最大允許變動幅度，則說明該不確定性因素是敏感性因素。

5. 綜合評價，優選方案

根據確定性分析和敏感性分析的結果，綜合評價方案，並選擇最優方案。

二、單因素敏感性分析

單因素敏感性分析是就單個不確定因素的變動對方案經濟效果的影響所作的分析。在分析方法上類似於數學上多元函數的偏微分，即在計算某個因素的變動對經

第八章 不確定性分析

濟效果指標的影響時,假定其他因素均不變。

單因素敏感性分析的步驟:

(1) 選擇需要分析的不確定因素,並設定這些因素的變動範圍;

(2) 確定分析指標(NPV、NAV、IRR 等指標);

(3) 計算各不確定因素在可能的變動範圍內發生不同幅度變動所導致的方案經濟效果指標的變動結果建立一一對應的數量關係;

(4) 確定敏感因素,對方案的風險情況做出判斷。

【例8-4】有一個生產城市用小型電動汽車的投資方案,用於確定性經濟分析的現金流量表見表8-1,所採用的數據是根據對未來最可能出現的情況的預測估算的。由於對未來影響經濟環境的某些因素把握不大,投資額、經營成本和產品價格均有可能在 ±2% 的範圍內變動。設基準折現率為 10%,不考慮所得稅,試分別就上述三個不確定因素做敏感性分析。

表 8-1　　　　　　　　小型電動汽車項目現金流量表　　　　　　(單位:萬元)

年份	0	1	2-10	11
投資	15,000			
銷售收入			19,800	19,800
經營成本			15,200	15,200
期末資產殘值				2,000
淨現金流量	-15,000	0	4,600	4,600+2,000

解:設投資額為 K,年銷售收入為 B,年經營成本為 C,期末資產殘值為 L,用淨現值指標評價本方案的經濟效果,計算公式為:

$NPV = -K + (B-C)(P/A, 10\%, 10)(P/F, 10\%, 1) + L(P/F, 10\%, 11)$

按照表8-1的數據

$NPV = -15,000 + 4,600 \times 6.144 \times 0.909,1 + 2,000 \times 0.350,5$

$\quad\quad = 11,394$ (萬元)

下面用淨現值指標分別就投資額、產品價格和經營成本等三個不確定因素作敏感性分析:

設投資額變動的百分比為 x,分析投資額變動對方案淨現值影響的計算公式為:

$NPV = -k(1+x) + (B-C)(P/A, 10\%, 10) \times (P/F, 10\%, 1) + L(P/F, 10\%, 11)$

設經營成本變動的百分比為 y,分析經營成本變動對方案淨現值影響的計算公式為:

$NPV = -K + [B - C(1+y)](P/A, 10\%, 10) \times (P/F, 10\%, 1) + L(P/F, 10\%, 11)$

設產品價格變動的百分比為 z，產品價格的變動將導致銷售收入的變動，銷售收入變動的比例與產品價格變動的比例相同，故分析產品價格變動對方案淨現值影響的計算公式可寫成：

$NPV = -K + [B(1+z) - C](P/A, 10\%, 10) \times (P/F, 10\%, 1) + L(P/F, 10\%, 11)$

按照上述三個公式，使用表 8-1 的數據，分別取不同的 x, y, z 值，可以計算出各不確定因素在不同變動幅度下方案的淨現值。計算結果見表 4-2。根據表中數據可以繪出敏感性分析圖（圖 8-4）。

由表 8-2 和圖 8-4 可以看出，在同樣的變動率下，產品價格的變動對方案淨現值的影響最大，經營成本變動的影響次之，投資額變動的影響最小。

分別使用前面的三個公式，不難計算出，當 NPV = 0 時：

$x = 76.0\%$；$y = 13.4\%$；$z = -10.3\%$

也就是說，如果投資額與產品價格不變，年經營成本高於預期值 13.4% 以上，或者投資額與經營成本不變，產品價格低於預期值 10.3% 以上，方案將變得不可接受。而如果經營成本與產品價格不變，投資額增加 76.0% 以上，才會使方案變得不可接受。

表 8-2　　　　　　不確定因素的變動對淨現值的影響　　　　（單位：萬元）

變動率 不確定因素	-20%	-15%	-10%	-5%	0
投資額	14,394	13,644	12,894	12,144	11,394
經營成本	28,374	24,129	19,884	15,639	11,394
產品價格	-10,725	-5,195	335	5,864	11,394

變動率 不確定因素	+5%	+10%	+15%	+20%	
投資額	10,644	9,894	9,144	8,394	
經營成本	7,149	2,904	-1,341	-5,586	
產品價格	16,924	22,453	27,983	33,513	

根據上面的分析，對於本投資方案來說，產品價格與經營成本都是敏感因素，在做出是否採用本方案的決策之前，應該對未來的產品價格和經營成本及其可能變動的範圍做出更為精確的預測與估算。如果產品價格低於原預期值 10.3% 以上或經營成本高於原預期值 13.4% 以上的可能性較大，則意味著這筆投資有較大的風險。另外，經營成本的變動對方案經濟效益有較大的影響這一分析結果還提醒我們，如果實施這一方案，嚴格控制經營成本將是提高項目經濟效益的重要途徑。至於投資額，顯然不是本方案的敏感因素，即使增加 20% 甚至更多一些也不會影響決策結論。

第八章 不確定性分析

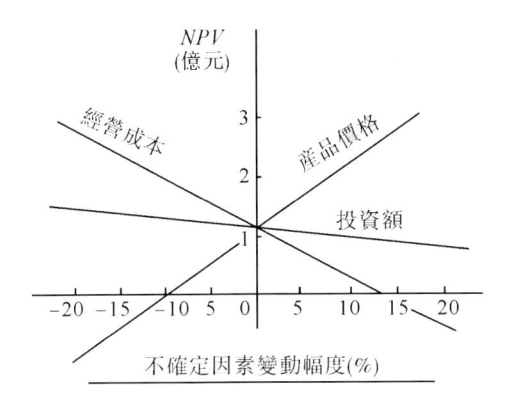

圖 8-4 敏感性分析

三、多因素敏感性分析

在進行單因素敏感性分析的過程中，當計算某特定因素的變動對經濟效果指標的影響時，假定其他因素均不變。實際上，許多因素的變動具有相關性，一個因素的變動往往也伴隨著其他因素的變動。例如，對於例 8-4 中生產電動汽車這個方案，如果世界市場上石油價格上漲，電動汽車的市場需求量可能增加，這將導致銷售量和產品價格的上升。然而，石油價格上升還會引起其他生產資料價格的上漲，這將導致生產成本的增加。所以，單因素敏感性分析有其局限性。改進的方法是進行多因素敏感性分析，即考察多個因素同時變動對方案經濟效果的影響，以判斷方案的風險情況。

多因素敏感性分析要考慮可能發生的各種因素不同變動幅度的多種組合，計算起來要比單因素敏感性分析複雜得多。如果需要分析的不確定因素不超過三個，而且經濟效果指標的計算比較簡單，可以用解析法與作圖法相結合的方法進行分析。

【例 8-5】根據例 8-4 給出的數據進行多因素敏感性分析。

解：沿用例 8-4 中使用的符號，如果同時考慮投資額與經營成本的變動，分析這兩個因素同時變動對方案淨現值影響的計算公式為：

$NPV = -K(1+x) + [B - C(1+y)](P/A, 10\%, 10)$
$\times (P/F, 10\%, 1) + L(P/F, 10\%, 11)$

將表 8-1 中的數據代入上式，經過整理得：

$NPV = 11,394 - 15,000x - 84,900y$

取 NPV 的臨界值，即令 NPV＝0，則有：

$11,394 - 15,000x - 84,900y = 0$

$y = -0.176,7x + 0.134,2$

這是一個直線方程，將其在坐標圖上表示出來（如圖 8-5 所示），即為 NPV＝0

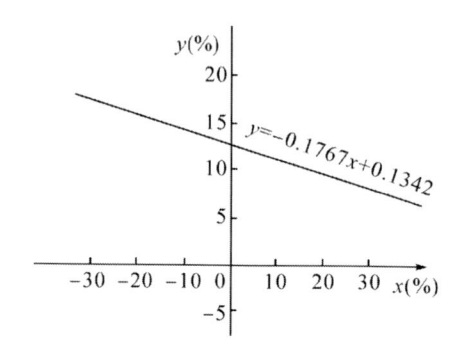

圖 8-5 雙因素敏感性分析圖

的臨界線。在臨界線上，NPV=0 在臨界線左下方的區域，NPV>0，在臨界線右上方的區域，NPV<0。也就是說如果投資額與經營成本同時變動，只要變動範圍不超出臨界線左下方的區域（包括臨界線上的點），方案都是可以接受的。

如果同時考慮投資額、經營成本和產品價格這三個因素的變動，分析其對淨現值影響的計算公式為：

$NPV = -K(1+x) + [B(1+z) - C(1+y)] \times (P/A, 10\%, 10)(P/F, 10\%, 1) + L(P/F, 10\%, 11)$ 代入有關數據，經過整理得：

$NPV = 11,394 - 15,000x - 84,900y + 110,593z$

取不同的產品價格變動幅度代入上式，可以求出一組 NPV=0 的臨界線方程：

當 z=+20%時　　y=-0.176,7x+0.394,7
當 z=+10%時　　y=-0.176,7x+0.264,5
當 z=-10%時　　y=-0.176,7x+0.003,9
當 z=-20%時　　y=-0.176,7x+0.126,3

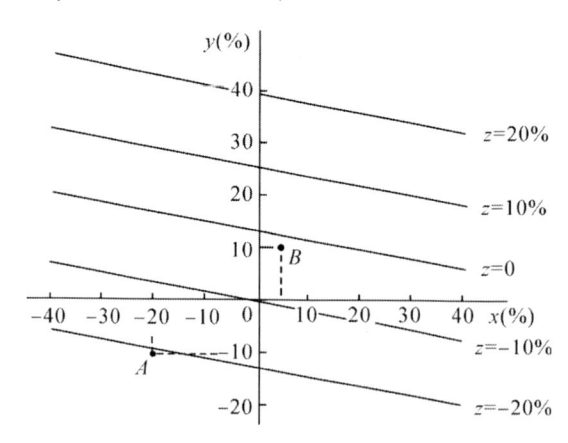

圖 8-6 三因素敏感性分析圖

由圖 8-6 可以看出，產品價格上升，臨界線往右上方移動，產品價格下降，臨

第八章　不確定性分析

界線往左下方移動。根據這種三因素敏感性分析圖，我們可以直觀地瞭解投資額、經營成本和產品價格這三個因素同時變動對決策的影響。在本例中，如果產品價格下降20%，同時投資額下降20%，經營成本下降10%，則投資額與經營成本變動的狀態點 A 位於臨界線 z = -20%的左下方，方案仍具有滿意的經濟效果。而如果產品價格下降10%，同時投資額上升5%，經營成本上升10%，則投資額與經營成本變動的狀態點 B 位於臨界線 z = -10%的右上方，方案就變得不可接受了。

四、敏感性分析的應用要點及局限性

敏感性分析能夠指明因素變動對項目經濟效益的影響，從而有助於搞清項目對因素的不利變動所能容許的風險程度，有助於鑑別哪些是敏感因素，從而能夠及早放鬆對那些無足輕重變動的注意力，把進一步深入調查研究的重點集中放在那些敏感因素上，或者針對敏感因素制定出管理和應變策略，以達到盡量減少風險、增加決策可靠性的目的。但是，敏感性分析每次都是對單一因素進行，這裡隱含著兩個基本假設：其一，每計算某特定因素變動對經濟效益的影響時，都假定其他因素固定不變；其二，各個不確定性因素變動的概率相同。實際上，許多因素的變動存在著相關性，一個因素變動了，往往導致其他因素隨之變動，不會固定不變。另外，即使看起來不那麼直接相關的因素，未來也會發生與基本數據大小不等的變動，這說明敏感性分析的第一個假設並不符合實際情況，不能很好地測量項目的風險。為了克服敏感性分析的這一不足，可以在研究分析的基礎上設定各個因素將來各自可能的變動範圍，然後計算分析多因素變動對經濟效益的影響程度，從而有助於判定項目的風險程度。

在項目的服務壽命期內，各不確定性因素發生相應變動幅度的概率不會相同，這種情況顯然有別於敏感性分析的第二個假設。發生變動的概率不同，就意味著項目承受風險的大小不同。比如，兩個具有同樣敏感性的因素，在一定的不利變動幅度內，一個發生的概率很大，一個發生的概率很小，那麼前一因素帶給項目的風險很大，後一個因素帶給項目的風險很小，以至於可以忽略不計。這些問題都是敏感性無法確定的，只得求助於概率分析和風險分析技術。

第四節　概率分析

概率分析是通過研究各種不確定因素發生不同幅度變動的概率分佈及其對方案經濟效果的影響，對方案的淨現金流量及經濟效果指標做出某種概率描述，從而對方案的風險情況作比較準確的判斷。

技術經濟學——工程技術項目評價理論與方法

一、隨機現金流的概率描述

嚴格說來，影響方案經濟效果的大多數因素（如投資額、成本、銷售量、產品價格、項目壽命期等）都是隨機變量。我們可以預測其未來可能的取值範圍，估計各種取值或值域發生的概率，但不可能肯定地預知它們取什麼值。投資方案的現金流量序列是由這些因素的取值所決定的。所以，實際上方案的現金流量序列也是隨機變量。為了與確定性分析中使用的現金流量概念有所區別，我們稱概率分析中的現金流量為隨機現金流。

要完整地描述一個隨機變量，需要確定其概率分佈的類型和參數。常見的概率分佈類型有均勻分佈、二項分佈、泊松分佈、指數分佈和正態分佈等。工業投資項目的隨機現金流要受多種已知或未知的不確定因素的影響，可以看成是多個獨立的隨機變量之和，在許多情況下近似地服從正態分佈。描述隨機變量的主要參數是期望值與方差。

假定某方案的壽命期為 n 個週期（通常取 1 年為一個週期），淨現金流序列為 $y_0, y_1, \cdots, y_n$。週期數 n 和各週期的淨現金流 y_t（t=0, 1, $\cdots$, n）都是隨機變量。為便於分析，我們設 n 為常數。從理論上講，某一特定週期的淨現金流可能出現的數值有無限多個，我們將其簡化為若干個離散數值 $y_t^{(1)}, y_t^{(2)}, \cdots, y_t^{(m)}$。設與各離散數值對應的發生概率為 $P_1, P_2, \cdots, P_m$。則第 t 週期淨現金流 y_t 的期望值為：

$$E(y_t) = \sum_{j=1}^{m} y_t^{(j)} P_j$$

第 t 週期淨現金流 y_t 的方差為：

$$D(y_t) = \sum_{j=1}^{m} [y_t^{(j)} - E(y_t)]^2 \cdot P_j$$

二、方案淨現值的期望值與方差

由於各個週期的淨現金流都是隨機變量，所以把各個週期的淨現金流現值加總得到的方案淨現值必然也是一個隨機變量，我們稱之為隨機淨現值。多數情況下，可以認為隨機淨現值近似地服從正態分佈。設各週期的隨機現金流為 y_t（t=0, 1, $\cdots$, n），隨機淨現值的計算公式為：

$$NPV = \sum_{t=0}^{n} y_t (1+i_0)^{-t}$$

設方案壽命期的週期數 n 為一個常數，根據各週期隨機現金流的期望值 $E(y_t)$（t=0, 1, $\cdots$, n），可以求出方案淨現值的期望值：

$$E(NPV) = \sum_{t=0}^{n} E(y_t) \cdot (1+i_0)^{-t}$$

方案淨現值的方差的大小與各週期隨機現金流之間是否存在相關關係有關，如

第八章　不確定性分析

果方案壽命期內任意兩個隨機現金流之間不存在相關關係或者不考慮隨機現金流之間的相關關係，方案淨現值的方差的計算公式為：

$$D(NPV) = \sum_{t=0}^{n} D(y_t) \cdot (1+i_0)^{-2t}$$

在實際工作中，如果能通過統計發現或主觀判斷給出在方案壽命期內影響方案現金流量的不確定因素可能出現的各種狀態及其發生概率，就可通過對各種因素的不同狀態進行組合，求出所有可能出現的方案淨現金流量序列及其發生概率。在此基礎上，可以不必計算各年淨現金流量的期望值與方差，而直接計算方案淨現值的期望值與方差。

如果影響方案現金流量的不確定因素在方案壽命期內可能出現的各種狀態均可視為獨立事件，則由各因素的某種狀態組合所決定的方案淨現金流序列的發生概率應為各因素的相應狀態發生概率的乘積。每一種狀態組合對應著一種可能出現的方案淨現金流序列。在需要考慮的不確定因素及其可能出現的狀態不太多的情況下，可以借助概率樹對各種因素的不同狀態進行組合併計算出各種狀態組合所對應的方案淨現金流序列的發生概率。

設有 l 種可能出現的方案現金流量狀態，各種狀態所對應的現金流序列為 $\{y_t \mid t=0, 1, \cdots, n\}^{(j)}$（$j=1, 2, \cdots, l$），各種狀態發生的概率為 P_j（$j=1, 2, \cdots, l$），則在第 j 種狀態下，方案的淨現值為：

$$NPV^{(j)} = \sum_{t=0}^{n} y_t^{(j)} \cdot (1+i_0)^{-t}$$

式中，$y_t^{(j)}$ 為在第 j 種狀態下，第 t 週期的淨現金流。方案淨現值的期望值為：

$$E(NPV) = \sum_{j=1}^{l} NPV^{(j)} \cdot P_j$$

淨現值方差的計算公式為：

$$D(NPV) = \sum_{j=1}^{l} [NPV^{(j)} - E(NPV)]^2 \cdot P_j$$

上式考慮了不同週期現金流之間的相關性。

淨現值的方差與淨現值具有不同的量綱，為了便於分析，通常使用與淨現值具有相同量綱的參數標準差反應隨機淨現值取值的離散程度。方案淨現值的標準差可由下式求得：

$$\sigma(NPV) = \sqrt{D(NPV)}$$

【例 8-6】假定方案淨現值服從正態分佈，求：
（1）淨現值大於或等於 0 的概率。
（2）淨現值大於 -100 萬元的概率。
（3）淨現值大於或等於 500 萬元的概率。

解：根據概率論的有關知識我們知道，若連續型隨機變量 X 服從參數為 μ，σ

的正態分佈。X 具有分佈函數

$$F(x) = \frac{1}{\sqrt{2\pi}\,\sigma} \int_{-\infty}^{x} e^{-\frac{(t-\mu)^2}{2\sigma^2}} dt$$

令 $u = \dfrac{t-\mu}{\sigma}$，上式可化為標準正態分佈函數

$$F(x) = \frac{1}{\sqrt{2\pi}} \int_{-\infty}^{\frac{x-\mu}{\sigma}} e^{-u^2/2} du = \Phi\left(\frac{x-\mu}{\sigma}\right)$$

令 $z = \dfrac{x-\mu}{\sigma}$，由標準正態分佈表可直接查出 $x < x_0$ 的概率值

$$P(x < x_0) = P\left(z < \frac{x_0 - \mu}{\sigma}\right)$$

$$= \Phi\left(\frac{x_0 - \mu}{\sigma}\right)$$

在本例中，我們若把方案淨現值看成是連續型隨機變量，已知：
$\mu - E(NPV) = 232.83($萬元$)$
$\sigma = \sigma(NPV) = 246.39($萬元$)$
則

$$Z = \frac{NPV - E(NPV)}{\sigma(NPV)} = \frac{NPV - 232.83}{246.39}$$

由此可以計算出各項待求概率：
(1) 淨現值大於或等於 0 的概念

$$P(NPV \geq 0) = 1 - P(NPV < 0)$$

$$= 1 - P\left(Z < \frac{0 - 232.83}{246.39}\right)$$

$$= 1 - P(Z < -0.945,0)$$

$$= P(Z < 0.945,0)$$

由標準正態分佈表可查得 $P(Z < 0.945,0) = 0.827,6$，故可知：$P(NPV \geq 0) = 0.827,6$

(2) 淨現值小於 -100 萬元的概率

$$P(NPV < -100) = P\left(Z < \frac{-100 - 232.83}{246.39}\right)$$

$$= P(Z < -1.351)$$

$$= 1 - P(Z < 1.351)$$

$$= 1 - 0.911,5 = 0.088,5$$

(3) 淨現值大於或等於 500 萬元的概率

$$P(NPV \geq 500) = 1 - P(NPV < 500)$$

第八章　不確定性分析

$$= 1 - P(Z < \frac{500 - 232.83}{246.39})$$
$$= 1 - P(Z < 1.084)$$
$$= 1 - 0.860\,8 = 0.139\,2$$

　　由以上計算可知，本項目能夠取得滿意經濟效果（NPV≥0）的概率為82.76%，不能取得滿意經濟效果（NPV<0）的概率為17.24%，淨現值小於-100萬元的概率為8.85%，淨現值大於或等於500萬元的概率為13.92%。

　　對於隨機淨現值服從正態分佈的投資方案，只要計算出了淨現值的期望與標準差，即使不進行像例4-6那樣的概率計算，也可以根據正態分佈的特點，對方案的風險情況做出大致判斷。在正態分佈條件下，隨機變量的實際取值在 $\mu \pm \sigma$（μ 為期望值，σ 為標準差）範圍內的概率為68.3%，在 $\mu \pm 2\sigma$ 範圍內的概率為95.4%，在 $\mu \pm 3\sigma$ 範圍內的概率為99.7%。對於例8-6來說，這意味著方案的實際淨現值在 232.83 ± 246.39 萬元範圍內的可能性有68.3%。在 232.83 ± 492.78 萬元範圍內的可能性有95.4%。幾乎不可能出現偏離期望值739.17萬元以上的情況。

　　【例8-7】某方案在不同狀態下的方案淨現值及累計概率如表8-3所示：

表 8-3　　　　　　　　各種狀態的方案淨現值及累計概率

序號	狀態	淨現值（萬元）	發生概率	累計概率
1	θ_1	-170.90	0.08	0.08
2	θ_2	-98.81	0.08	0.16
3	θ_3	-26.71	0.04	0.20
4	θ_4	117.48	0.24	0.44
5	θ_5	261.67	0.24	0.68
6	θ_6	405.86	0.12	0.80
7	θ_7	405.86	0.08	0.88
8	θ_8	622.15	0.08	0.96
9	θ_9	838.44	0.04	1.00

　　根據表8-3的數據還可以繪製投資風險圖，讀者可以自行繪製。從淨現值的概率分佈表及概率分佈圖中，我們可以清楚地看出技術項目取得一定數額的淨現值的可能性，並可以據此估計項目風險。

三、風險決策

　　概率分析可以給出方案經濟效果指標的期望值和標準差以及經濟效果指標的實際值發生在某一區間的概率，這為人們在風險條件下決定方案的取捨提供了依據。

風險決策就是在概率分析的基礎上，明確風險決策的條件，確定風險決策的原則，根據風險與收益的辯證關係，尋求利益最大化、風險損失最小化的決策。

（一）風險決策的條件

風險決策的條件包括：

（1）存在決策人希望達到的目標；

（2）存在兩個或兩個以上的方案可供選擇；

（3）存在兩個或兩個以上不以決策者的主觀意志為轉移的自然狀態以及能夠確定每種狀態出現的概率；

（4）可以計算出不同方案在不同自然狀態下的損益值。

（二）風險決策的原則

1. 優勢原則

在 A 與 B 兩個備選方案中，如果不論在什麼狀態下 A 總是優於 B，則可以認定 A 相對於 B 是優勢方案，這就是風險決策的優勢原則。

2. 期望值原則

期望值原則是指根據各備選方案損益值的期望值大小進行決策。

3. 最小方差原則

由於方差越大，實際發生的方案損益值偏離其期望值的可能性越大，從而方案的風險也越大，所以有時人們傾向於選擇損益值的方差較小的方案，這就是最小方差原則。

4. 最大可能原則

在風險決策中，如果一種狀態發生的概率顯著大於其他狀態，那麼就把這種狀態視作肯定狀態，根據這種狀態下各方案損益值的大小進行決策，這就是最大可能原則。按這種原則進行風險決策實際上是把風險決策問題化為確定性決策問題求解。

值得指出的是，只有當某一狀態發生的概率大大高於其他狀態發生的概率，並且各方案在不同狀態下的損益值差別不很懸殊時，最大可能原則才是適用的。

5. 滿意原則

對於比較複雜的風險決策問題，人們往往難以發現最佳方案，因而採用一種比較現實的決策原則——滿意原則，即定出一個足夠滿意的目標值，將各備選方案在不同狀態下的損益值與此目標值相比較，損益值優於或等於此滿意目標值的概率最大的方案即為當選方案。

（三）風險決策方法

常用的風險決策方法有矩陣法和決策樹法，這兩種方法採用的決策原則都是期望值原則。

1. 矩陣法

風險決策矩陣模型的一般形式如表 8-4 所示：

第八章　不確定性分析

表 8-4　　　　　　　　　　常見的風險決策矩陣模型

方案＼因素	θ_1	θ_2	...	θ_j	...	θ_n
	P_1	P_2	...	P_j	...	P_n
A_1	v_{11}	v_{12}	...	v_{1j}	...	v_{1n}
A_2	v_{21}	v_{22}	...	v_{2j}	...	v_{2n}
...	...	...	...	...	...	...
A_i	v_{i1}	v_{i2}	...	v_{ij}	...	v_{in}
...	...	...	...	...		
A_m	v_{m1}	v_{m2}	...	v_{mj}		v_{mn}

令：

$$V = \begin{bmatrix} v_{11} & v_{12} & \cdots & v_{1n} \\ v_{21} & v_{22} & \cdots & v_{2n} \\ \vdots & \vdots & & \vdots \\ v_{m1} & v_{m2} & \cdots & v_{mn} \end{bmatrix} \quad P = \begin{bmatrix} P_1 \\ P_2 \\ \vdots \\ P_n \end{bmatrix} \quad E = \begin{bmatrix} E_1 \\ E_2 \\ \vdots \\ E_m \end{bmatrix}$$

V 稱損益矩陣，P 稱概率向量，E 稱損益期望值向量，E 中的元素 E_i（i = 1，2，⋯ m）為方案 A_i 的損益期望值。利用矩陣運算可以方便地求出：

$$E = VP$$

當損益值為收益時，$Max \{E_i | i = 1, 2, \cdots, m\}$ 對應的方案為最優方案，當損益值為費用時，$Min \{E_i | i = 1, 2, \cdots, m\}$ 對應的方案為最優方案。

【例8-8】某企業擬開發一種新產品取代將要滯銷的老產品，新產品的性能優於老產品，但生產成本要比老產品高，投入市場後可能面臨四種前景：

A. 很受歡迎，能以較高的價格在市場上暢銷（我們稱之為狀態1，記作 θ_1）；

B. 銷路一般，能以適當的價格銷售出去（θ_2）；

C. 銷路不太好（θ_3）；

D. 沒有銷路（θ_4）。

經過周密的市場研究，銷售部門做出判斷：

狀態1 出現的概率 P（θ_1）= 0.3

狀態2 出現的概率 P（θ_2）= 0.4

狀態3 出現的概率 P（θ_3）= 0.2

狀態4 出現的概率 P（θ_4）= 0.1

技術部門提出了三種方案：

A_1 立即停止老產品的生產，改造原生產線生產新產品，這一方案投資比較少但有停產損失，而且生產規模有限；

A_2 改造原生產線生產新產品，並把部分零部件委託其他廠生產，以擴大生產規模；

A_3 暫時維持老產品生產，新建一條高效率的生產線生產新產品，這一方案投資較大。

這三個方案在不同的狀態下具有不同的經濟效果，在一定計算期內，各方案在不同狀態下的淨現值見表 8-4。

表 8-4　　　　　　　　各方案在不同狀態下的淨現值

淨現值(萬元) 方案 \ 狀態 概率	θ_1 $P(\theta_1) = 0.3$	θ_2 $P(\theta_2) = 0.4$	θ_3 $P(\theta_3) = 0.2$	θ_4 $P(\theta_4) = 0.1$
A_1	140	100	10	-80
A_2	210	150	50	-200
A_3	240	180	-50	-500

這個例子是一個典型的風險決策問題。企業的目標是取得最好的經濟效果，決策者面臨三個備選項方案和四種可能狀態，並且已瞭解各種方案在不同狀態下的經濟效果指標及各種狀態發生的概率，決策者要解決的問題是確定應選擇哪個方案。按照期望值原則，$E(NPV)_1 = 76$（萬元），$E(NPV)_2 = 113$（萬元），$E(NPV)_3 = 84$（萬元），應選擇方案 A_2；按最小方差原則，$D(NPV)_1 = 4,764$，$D(NPV)_2 = 13,961$，$D(NPV)_3 = 48,684$，應選擇方案 A_1。

2. 決策樹法

決策樹是決策分析的圖示形式，它所構成的決策過程提供了一種典型的決策形式。這種形式最重要之處是使決策者針對決策問題能夠採取一個有秩序的合理分析過程。

（1）決策樹的構成

決策樹是由不同的結點和枝構成的圖形，形狀似樹，所以叫決策樹。

在決策樹中，方形結點稱作決策點，表示在這裡要做出決策；圓形結點稱作狀態點，它代表一個隨機事件；從方形結點向右引出的線稱作方案枝；從圓形結點引出的線稱作概率枝，代表狀態及其概率；在概率枝（或方案枝）的末端的三角形結點稱作結果點，代表某狀態（或方案）下的效用值。決策樹圖如圖 8-7 所示：

第八章　不確定性分析

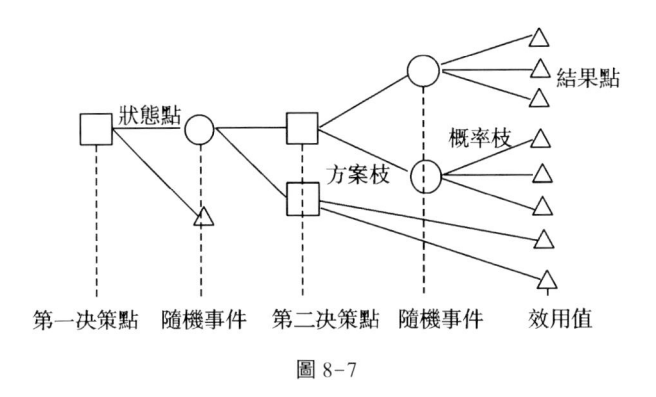

圖 8-7

(2) 決策樹的繪製及分析

首先，研究決策由哪些方案組成及方案的層次，是單級決策還是多級決策，從左至右畫出決策點及其方案枝；其次，研究方案枝所應連接的點，如果方案存在不同的自然狀態，則畫上圓形結點，代表一個隨機事件，並在其後連接若干概率枝，註上各種狀態的概率值；再次，研究概率枝後應連接的點，如果代表結果，則畫上三角形結點，並賦予有關結果點效用值。作決策分析時，從右至左進行數據計算，求出各點的期望效用值，作逆向歸納，每逢決策點進行方案選擇，最後得出決策。

決策樹法常用於多階段（多重）風險決策。

【例8-9】某建築公司在河灘施工，該地區在洪水季節可能遭受洪水侵襲。公司在本年洪水季節有四個月時間不使用某臺施工機械。可將機械運走，運走的費用為18,000元；或者將機械放在原處；或者作一平臺放置機械，修築平臺的費用為5,000元；但平臺只能保證水位到高水位時機械不遭受侵襲，卻不能抵禦大洪水的侵襲。若不建平臺，機械在高水位是將損失100,000元；若遇到大洪水時，不管有無平臺，機械將全部被毀壞，損失600,000元。根據歷年洪水資料推算，在這四個月中，高水位發生的概率為25%，大洪水發生的概率為2%，問該公司應如何決策？

解：這是一個多重決策問題。

首先，從題意看，有三個方案：①運走機械；②留下機械，不建平臺；③留下機械，建平臺。

其次，從層次上看，應先確定留下或不留下；若留下，再確定是否建平臺。

再次，確定可能遇到的自然狀態及其概率有：高水位，發生的概率為25%；低水位，發生的概率為73%；大洪水，發生的概率為2%。

最後，畫出決策樹，進行計算，並做出決策。

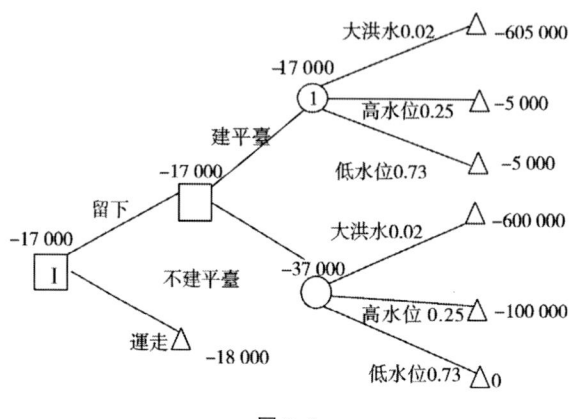

圖 8-8

決策：公司應選擇修建一平臺放置機械的方案。

【例 8-10】某廠生產某種產品可採用兩種方案，一種方案是從國外引進成套設備；一種方案是採用國產設備。而兩種方案所用原料的質量好壞對方案的經濟效果有很大的影響，其損益情況如下表所示：

表 8-5 （單位：萬元）

狀態	方案	A1 引進設備	A2 國產設備
原料質量好 θ_1	0.35	300	120
原料質量差 θ_2	0.65	-100	30

但工廠如對原料進行預處理，可將原料質量好的概率提高到 0.85，質量差的概率降低到 0.15。估計進行預處理要花費資金 60 萬元，問工廠應如何決策？

解：這也是一個多級決策問題。

其決策樹圖如圖 8-9 所示：

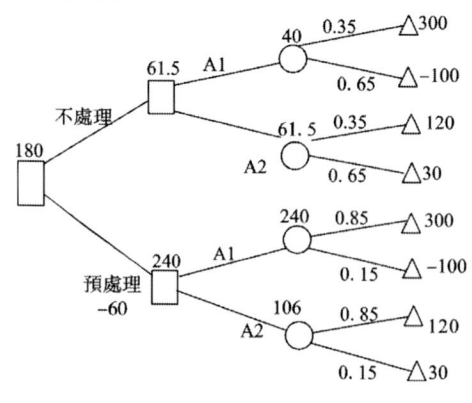

圖 8-9

第八章　不確定性分析

決策：工廠應選擇採用引進設備，並對原料進行預處理的方案。

3. 貝葉斯定理

設 A、B 為任一隨機試驗中的兩個事件，每次試驗結果不外乎下列四種情況：

（1） A 出現，B 不出現；
（2） B 出現，A 不出現；
（3） A、B 都出現；
（4） A、B 都不出現。

設實驗的次數為 N，四種情況出現的次數分別為：n_1、n_2、n_3 和 n_4，顯然 $\sum_{j=1}^{4} n_j = N$

這樣，B 出現的概率：$P(B) = \dfrac{n_2 + n_3}{N}$

A 出現的概率：$P(A) = \dfrac{n_1 + n_3}{N}$

B 出現的概率：$P(AB) = \dfrac{n_3}{N}$

B 出現的條件下，A 出現的概率：$P(A/B) = \dfrac{n_3}{n_2 + n_3}$

A 出現的條件下，B 出現的概率：$P(B/A) = \dfrac{n_3}{n_2 + n_3}$

由此可見：$P(B) \cdot P(A/B) = \dfrac{n_2 + n_3}{N} \cdot \dfrac{n_3}{n_2 + n_3} = \dfrac{n_3}{N} = P(AB)$

$$P(A) \cdot P(B/A) = \dfrac{n_1 + n_3}{N} \cdot \dfrac{n_3}{n_1 + n_3} = \dfrac{n_3}{N} = P(AB)$$

則：$P(A/B) = \dfrac{P(B/A) \cdot P(A)}{P(B)}$；　　$P(B/A) = \dfrac{P(A/B) \cdot P(B)}{P(A)}$

上式即為貝葉斯定理的基本公式。

如果 $P(A) > 0$，$P(B) > 0$，可得條件概率：

$P(A/B) = \dfrac{P(AB)}{P(B)}$；　$P(B/A) = \dfrac{P(AB)}{P(A)}$

4. 貝葉斯定理在風險決策中的應用

【例 8-11】某公司打算開發一種新產品，最終是否開發與該產品預計市場銷售情況有關。該公司憑以前的經驗推算出這種新產品投入市場後銷售概率如表 8-6 所示：

表 8-6

狀態	P（θ'）	效用值（萬元）
市場好 θ'1	0.45	1,200
市場差 θ'2	0.55	-600

公司若請情報公司收集情報，將花去 60 萬元。而情報公司進行類似情報收集的可靠程度如表 8-7 所示：

表 8-7

情報收集 \ 實際結果	市場好 θ1	市場差 θ2
市場好 S1	0.65	0.15
市場差 S2	0.35	0.85

試作決策分析。

解：從題目所知：公司對市場需求的預測是一種先驗概率 $P(\theta)$；情報公司進行情報收集的可靠程度是一種以實際結果檢驗為條件的條件概率 $P(S/\theta)$。這是以歷史最終實踐為條件來看情報公司情報收集的可靠程度。但是，我們現在所需要的是利用這一次的情報收集預計未來實踐發生情況的條件概率 $P(\theta/S)$。可以用已知的 $P(\theta)$ 和 $P(S/\theta)$ 求出聯合概率 $P(\theta S)$，從而求出另一項無條件概率 $P(S)$ 和條件概率 $P(\theta/S)$。

① 用 $P(\theta S) = P(S/\theta) \cdot P(\theta)$ 求聯合概率。

$P(\theta_1 S_1) = P(S_1/\theta_1)P(\theta_1') = 0.65 \times 0.45 = 0.292,5$

$P(\theta_1 S_2) = P(S_2/\theta_1)P(\theta_1') = 0.35 \times 0.45 = 0.157,5$

$P(\theta_2 S_1) = P(S_1/\theta_2)P(\theta_2') = 0.15 \times 0.55 = 0.082,5$

$P(\theta_2 S_2) = P(S_2/\theta_2)P(\theta_2') = 0.85 \times 0.55 = 0.467,5$

$P(\theta_1') = 0.292,5 + 0.157,5 = 0.45$

$P(\theta_2') = 0.082,5 + 0.467,5 = 0.55$

$P(S_1) = P(\theta_1 S_1) + P(\theta_2 S_1) = 0.292,5 + 0.082,5 = 0.375$

$P(S_2) = P(\theta_1 S_2) + P(\theta_2 S_2) = 0.157,5 + 0.467,5 = 0.625$

② 用 $P(\theta/S) = \dfrac{P\{\theta S\}}{P(S)}$ 求條件概率。

$P(\theta_1/S_1) = \dfrac{P\{\theta_1 S_1\}}{P(S_1)} = \dfrac{0.292,5}{0.375} = 0.78$

$P(\theta_2/S_1) = \dfrac{P\{\theta_2 S_1\}}{P(S_1)} = \dfrac{0.082,5}{0.375} = 0.22$

③ 畫出決策樹，如圖 8-10 所示：

第八章　不確定性分析

$$P(\theta_1/S_1) = \frac{P\{\theta_1 S_2\}}{P(S_2)} = \frac{0.157,5}{0.625} = 0.252$$

$$P(\theta_2/S_2) = \frac{P\{\theta_2 S_2\}}{P(S_2)} = \frac{0.467,5}{0.625} = 0.748$$

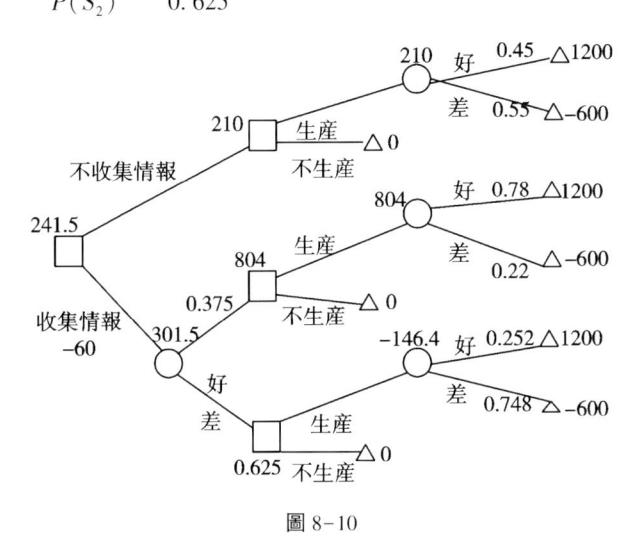

圖 8-10

④決策：應委託情報公司收集情報，期望利潤為 241.5 萬元。

本章小結

在技術方案運行過程中，有些客觀性因素的實際結果可能與事先的預測不一致，這些客觀存在著的、隨時間的變化而變化的因素，稱為不確定性因素。為降低不確定性因素帶來的風險，在完成對基本方案的經濟評價後，需要進行不確定性分析。不確定性分析就是分析各種不確定性因素對經濟評價指標的影響和影響程度，以估計項目可能承擔的風險，確定項目在經濟上的可靠性。

不確定分析的主要作用是使人們在資料和數據不足的情況下，對技術方案實施過程中和投入使用以後的情況進行較準確地估計，使決策者們充分考慮到可能出現的最不利的情況及怎樣應付這些情況的發生，以確保投資項目的成功。

思考與練習

1. 某工廠生產一種化工原料，設計生產能力為月產 6,000 噸，產品售價為 1,300 元/噸，每月的固定成本為 145 萬元。單位產品變動成本為 930 元/噸，試分別畫出月固定成本、月變動成本、單位產品固定成本、單位產品變動成本與月產量的關係曲線，並求出以月產量、生產能力利用率、銷售價格、單位產品變動成本表

185

示的盈虧平衡點。

2. 加工某種產品有兩種備選設備，若選用設備 A 需初始投資 20 萬元，加工每件產品的費用為 8 元；若選用設備 B 需初始投資 30 萬元，加工每件產品的費用為 6 元。假定任何一年的設備殘值均為零，試回答下列問題：

（1）若設備使用年限為 8 年，基準折現率為 12%，年產量為多少時選用設備 A 比較有利？

（2）若設備使用年限為 8 年，年產量 13,000 件，基準折現率在什麼範圍內選用設備 A 較有利？

（3）若年產量 15,000 件，基準折現率為 12%，設備使用年限多長時選用設備 A 比較有利？

3. 某工廠擬安裝一種自動裝置，據估計每臺裝置的初始投資為 1,000 元，該裝置安裝後可使用 10 年，每年節省生產費用 100 元，設基準折現率為 10%。試作如下分析：

（1）分別就初始投資和生產費用節省額變動 ±5%、±10%、±15%、±20% 及使用年限變動 ±10%、±20% 對該方案的淨現值和內部收益率作單因素敏感性分析，畫出敏感性分析圖，指出敏感因素。

（2）就初始投資與生產費用節省額兩個變量對方案淨現值作雙因素敏感性分析，指出方案的可行區域。

（3）就初始投資、生產費用節省額與使用年限等三個變量對方案淨現值作三因素敏感性分析。

4. 已知某工業投資方案各年淨現金流的期望值與標準差（見表 1），假定各年的隨機現金流之間互不相關，基準折現率為 12%，求下列概率，並對方案的風險大小做出自己的判斷。

（1）淨現值大於或等於零的概率；

（2）淨現值小於 -50 萬元的概率；

（3）淨現值大於 500 萬元的概率。

表 1

年末	0	1	2	3	4	5
淨現金流期望值（萬元）	-900	500	500	500	500	500
淨現金流標準差（萬元）	300	300	350	400	450	500

5. 某工業項目建設期需要 1 年，項目實施後第二年可開始生產經營，但項目初始投資總額、投產後每年的淨收益以及項目產品的市場壽命期是不確定的。表 2 給出了各不確定因素在樂觀狀態、最可能狀態以及悲觀狀態下的估計，各不確定因素間相互獨立。設最低希望收益率為 20%，試求出各種可能的狀態組合的發生概率及

第八章 不確定性分析

相應的方案淨現值，分別用解析法與圖示法進行風險估計。

表2

狀態	發生概率	初始投資（萬元）	壽命期（年）	年淨收益（萬元）
樂觀狀態	0.17	900	10	500
最可能狀態	0.66	1,000	7	400
悲觀狀態	0.17	1,200	4	250

6. 某公司擬投資生產一種目前暢銷的電子產品，根據技術預測與市場預測，該產品很可能在兩年後開始換代，有三種可能的市場前景：

θ_1——兩年後出現換代產品，出現換代產品後，換代產品暢銷，現有產品滯銷，這情況發生的概率為50%；

θ_2——兩年後出現換代產品，但出現換代產品後6年內，換代產品與現有產品都能暢銷，這種情況發生的概率為40%；

θ_3——8年內不會出現有競爭力的換代產品，現有產品一直暢銷。這種情況出現的概率為10%。

公司面臨一個兩階段風險決策問題，目前需要做出的選擇是立即建廠生產現有產品還是暫不投資。如果立即建廠生產現有產品需投資300萬元，兩年後要根據市場情況決定是否對生產線進行改造以生產換代產品，生產線改造需投資150萬元；如果目前暫不投資則要待兩年後視市場情況決定是建廠生產現有產品還是建廠生產換代產品。兩年後建廠生產現有產品需投資340萬元，建廠生產換代產品需投資380萬元。設計算期為8年，基準折現率15%，在各種情況下可能採取的方案及各方案在不同情況下的年淨收益（包括期末設備殘值）見表3。試用決策樹法進行決策。

表3：　　　　　　　　　　　　　　　　　　　　　　　　　（單位：萬元）

方案	市場前景 年淨收益 年份	θ_1				θ_2				θ_3			
		1-2	3	4-7	8	1-2	3	4-7	8	1-2	3	4-7	8
立即建廠	兩年後改造	120	60	130	180	120	60	130	180				
	兩年後不改造	120	100	60	90	120	120	120	150	120	120	120	150
暫不投資	兩年後建廠 生產換代產品	0	60	130	200	0	60	130	200				
	兩年後建廠 生產現有產品					0	60	120	180	0	60	120	180

第三篇 應用篇

第九章 設備管理的技術經濟分析

內容提要

　　設備是生產力的重要組成要素，也是企業維持經營活動的重要物質基礎，其性質的優劣與技術水準的高低對企業生產規模與經濟效益具有決定性作用。對企業而言，在設備壽命期的各個環節，如設備使用權的獲取、設備維修、設備更新、設備技術改造等，均存在著多種方案的優選問題，不同的方案具有不同的經濟效果，如何利用技術經濟學的理論和方法，解決設備在使用過程中多個環節的技術決策，對企業的經濟效益具有重要意義，同時也是技術經濟學在工程實踐中應用的重要領域。本章結合具體實例，討論有關設備更新的基礎理論、設備維修、設備更新及其技術經濟分析等內容。通過本章學習，掌握設備在生產過程中的物質價值運行規律，以及對設備維修更新改造的經濟分析方法。

第一節　設備磨損

一、設備的概念

　　設備是現代化企業的主要生產工具，也是企業現代化水準的重要標誌。對於一個國家來說，設備既是發展國民經濟的物質技術基礎，又是衡量社會發展水準與物質文明程度的重要尺度。技術經濟中的設備有其明確的和具體的含義，必須符合以下兩個條件：①是用以直接開採自然財富或把自然財富加工成為社會必需品的勞動資料，例如車床能切削產品、零件，應該屬於設備，而安裝車床的廠房、建築物僅

是生產活動的場所，不直接加工零件就不能算設備；②符合固定資產的基本特徵。所以我們所討論的「設備」是指符合固定資產條件的，直接將投入的勞動對象加以處理，使之轉化為預期產品的機器和設施，以及維持這些機器和設施正常運行的附屬裝置，即生產工藝設備和輔助設備（包括供試驗、研究、管理用的機器和設施）。

國外設備工程學定義設備為「有形固定資產的總稱」，它包括一切列入固定資產的勞動資料，如：土地，建築物（廠房、倉庫等）、構築物（水池、碼頭、圍牆、道路）、機器（機床、運輸機械）、裝置（容器、蒸餾塔、熱交換器等）、車輛、船舶、工具（生產用工具、夾具、測試儀器等），是為設備的廣義定義。當研究設備管理時，我們將「設備」這個名稱用於設備運動全過程，而固定資產這個名稱不能用於設備運動的全過程，這是因為能夠成為勞動資料的物品不一定都是固定資產，只有它參加生產過程，並在生產過程中起著勞動手段作用時才能算為固定資產。

值得注意的是，設備這一概念與本書前面提到的固定資產的概念密切相關，我們把勞動資料中的機器、廠房，建築物、汽車、船舶等稱為固定資產。固定資產並不意味著它所指的對象必須固定在某個位置上不能移動，而是指它能反覆參加許多次生產過程，並能保持其實物形態和原有功能，它的價值在生產過程中逐漸消耗並轉移到產品價值中去。而原材料等勞動對象，其實物形態經過一次生產過程就消費掉了，它的價值是在一次生產過程中轉移到產品價值中去的，所以不能稱為固定資產。中國財政部規定，一般應同時具備以下兩個條件的勞動資料才能列為固定資產：使用期限在一年以上；單位價值在一定限額以上（一般規定小型企業二百元、中型企業為五百元、大型企業為八百元）。在限額以下的勞動資料，如工具、器具，由於品種複雜，消耗較快，只能作為低值易耗品；有些企業的主要生產設備，單位價值雖然低於上述標準，也應列為固定資產（如被服廠的縫紉機）。對於使用年限較短，容易損壞，更換頻繁的物品，以及為生產購置的專用工具、卡具、模具、玻璃器皿等，雖然符合固定資產條件，也可列為低值易耗品。

很顯然，從我們對設備和固定資產這兩個概念的界定來看，設備一般都是固定資產，而固定資產並不一定是設備，對固定資產的一些技術經濟處理方式同樣適用於對設備的管理。

二、現代設備的特徵

設備是企業進行生產活動的重要物質技術基礎，在現代化大生產中的作用與影響日益突出。另外，隨著科學技術的不斷進步，整個企業界對現代化設備的需求和依賴程度越來越大，為了能創造更多更好的物質財富，人們要求以新的技術成就改造傳統的工業和設備。所謂現代化設備，雖無確切的定義和統一的說法，但回顧和考察設備的過去及其發展，不難發現，現代化設備具有如下幾方面特徵：

(1) 日益大型化或超小型化。在傳統的工業部門，如電力、鋼鐵、煤炭、造船

第九章　設備管理的技術經濟分析

和紡織業中，設備的容量、功率、重量都明顯地向大型化方向發展。與此相反，由於新材料、新技術的不斷出現和採用，微型化、輕量化的設備也得到了重視與發展。

（2）高速化。設備容量的增大，意味著設備體積也相應增加。為了減少單位容量的設備體積和提高工效，高速化已成為許多機械產品的重要發展趨勢。

（3）功能高級化。功能高級化既是現代化設備的重要標誌之一，又是設備現代化的努力目標，世界各國對此非常重視，研究也很活躍。

（4）連續化、自動化和複雜化。現代設備的連續化和自動化程度越來越高，並由此導致了設備的複雜化。

以上情況表明，現代設備為了適應現代經濟發展的需要，廣泛地應用了現代科學技術成果，正在向著性能更加高級、技術更加綜合、結構更加複雜、作業更加連續、工作更加可靠的方向發展，為經濟繁榮、社會進步提供了更強大的創造物質財富的能力。

三、設備磨損的分類及度量

設備在使用（或閒置）過程中由於內在與外在的多種原因會逐漸發生磨損，造成其價值與使用價值的不斷降低。磨損有兩種形式，即有形磨損和無形磨損。

（一）設備的有形磨損

機器設備在使用（或閒置）過程中所發生的實體的磨損稱為有形磨損，也稱物質磨損。

有形磨損又可分為兩種類型：

第Ⅰ種有形磨損是指在生產過程中，運轉的機器設備在外力的作用下，其零部件發生摩擦、振動和疲勞，以致使機器設備的實體發生磨損。它通常表現為：

① 機器設備零部件的原始尺寸發生改變，甚至形狀也會發生變化；

② 公差配合性質發生改變，精度降低；

③ 零部件損壞。

第Ⅰ種有形磨損可使設備精度降低，勞動生產率下降。當這種有形磨損達到一定程度時，整個機器的功能就會下降，發生故障，導致設備使用費劇增，甚至難以繼續正常工作，失去工作能力，喪失使用價值。

第Ⅱ種有形磨損是由於自然力的作用而產生的磨損。這種磨損與生產過程中的使用無關，甚至在一定程度上還同使用程度成反比。因此設備閒置或封存不用同樣也會產生有形磨損，如金屬件生鏽，腐蝕，橡膠件老化等。設備閒置時間長了，會自然喪失精度和工作能力，失去使用價值。

度量設備的有形磨損程度，借用的是經濟指標。整機的平均磨損程度 α_p 是在綜合單個零件磨損程度的基礎上確定的。即：

$$x_{中}\begin{cases} x_{\frac{n+1}{2}} & n \text{ 為奇數} \\ \frac{1}{2}(x_{\frac{n}{2}} + x_{\frac{n+2}{2}}) & n \text{ 為偶數} \end{cases} \quad (9-1)$$

式中：α_p——設備有形磨損程度；
k_i——零件 i 的價值；
n——設備零件總數；
α_i——零件 i 的實體磨損程度。

也可以用下式表示：

$$\alpha_p = R / K_1 \quad (9-2)$$

式中：R——修復全部磨損零件所用的修理費用；
K_1——在確定磨損時該種設備的再生產價值。

(二) 設備的無形磨損

無形磨損也稱經濟磨損，它不是由於在生產過程中的使用或自然力的作用造成的，所以它不表現為設備實體的變化，而表現為設備原始價值的貶值。

無形磨損也可分為兩種類型：

第 I 種無形磨損是由於設備製造工藝不斷改進，成本不斷降低，勞動生產率不斷提高，生產同種機器設備所需的社會必要勞動減少了，因而機器設備的市場價格降低了，這樣就使原來購買的設備價值相應貶值了。這種無形磨損不會影響設備的使用。

第 II 種無形磨損是由於技術進步，社會上出現了結構更先進、技術更完善、生產效率更高、耗費原材料和能源更少的新型設備，而使原有機器設備在技術上顯得陳舊落後造成的。它的後果不僅是使原有設備價值降低，而且會使原有設備局部或全部喪失其使用價值。

第 II 種無形磨損導致原有設備使用價值降低的程度與技術進步的具體形式有關。

設備的無形磨損程度可用下式表示：

$$\alpha_I = \frac{K_0 - K_1}{K_0} = 1 - \frac{K_1}{K_0} \quad (9-3)$$

式中：α_I——設備無形磨損程度；
K_0——設備的原始價值；
K_1——等效設備的再生產價值。

在計算無形磨損程度時，K_1 必須反應技術進步在兩個方面：一是相同設備再生產價值的降低，二是具有較好功能和更高效率的新設備的出現對現有設備的影響。K_1 可用下式表示：

$$K_1 = K_n \left(\frac{q_0}{q_n}\right)^\alpha \cdot \left(\frac{C_n}{C_0}\right)^\beta \quad (9-4)$$

第九章　設備管理的技術經濟分析

式中：K_n——新設備的價值；

q_0，q_n——使用舊設備與對應新設備的年生產率；

C_0，C_N——使用舊設備與對應新設備的單位產品耗費。

α，β——設備生產率提高指數和成本降低指數（$0<\alpha<1$，$0<\beta<1$），其值可根據具體設備的實際數據確定。

在上式中，當 $q_0 = q_n$，$C_0 = C_N$，即新舊機器的勞動生產率與使用成本均相同時，$K_1 = K_n$ 表示只發生了第 I 種無形磨損。

若上式中出現了下述三種情況之一，即表示發生了第 II 種無形磨損。

(1) $q_n > q_0$，$C_n = C_0$　此時 $K_1 = K_n (q_0/q_n)^\alpha$

(2) $q_n = q_0$，$C_n < C_0$　此時 $K_1 = K_n (C_n/C_0)^\beta$

(3) $q_n > q_n$，$C_n < C_0$　此時 $K_1 = K_n (q_0/q_n)^\alpha K_n (C_n/C_0)^\beta$

四、設備磨損的補償

(一) 設備磨損補償的一般方法

由於設備在使用或閒置過程中發生多種磨損，為了維持企業生產的正常進行，就需要採取多種措施，對磨損進行補償，一臺設備總是由某些零件組成，而在使用或閒置過程中，每個零件的磨損程度與磨損特性總是不同的，有些零件易發生磨損，而有些零件不宜磨損，有些零件的磨損易消除，而有些零件的磨損不易消除。因此，我們需要針對不同的零件磨損的特性採取相應的補償方式。一般地，磨損的補償方式有三種，即修理、更新、技術改造。

(1) 修理。當設備或零件所發生的磨損易消除時，例如零部件的彈性變形、表面粗糙度增大、洩露等。則可以通過修理與技術處理，使得磨損得到一定程度的恢復與補償，這種補償方式為修理。按照設備修理的經濟內容可以把修理工作分為日常維護、小修、中修和大修。

(2) 更新。對於某些設備或零件，所發生的磨損不易消除，如材料老化、零件損壞等，此時必須更換新的設備與零件，這種磨損的補償方式為更新（或更換）。

(3) 現代化改裝。設備的現代化改裝是指利用現代的科技成果來改裝現有的舊設備。通過改進舊設備的結構或給設備換上新的部件來提高現有設備的技術水準和效率，使其趕上技術進步的步伐。由於這種方法是在舊設備的基礎上進行，所需要的費用顯然少於新購設備，對於中國許多資金不足的老企業來說是一條改變技術落後狀況的重要途徑。

以上三種磨損的補償方式是相輔相成的，並沒有絕對的界限，例如我們一般在進行設備的修理時，對其中的一些易耗品，磨損程度嚴重的零件則需要更新，如果有更加先進、耐用、經濟的新零件時，也可考慮對這些零件進行現代化改裝。同樣，當我們對設備進行更新時，一般是指對設備的核心部件與重要部件進行更新，而對

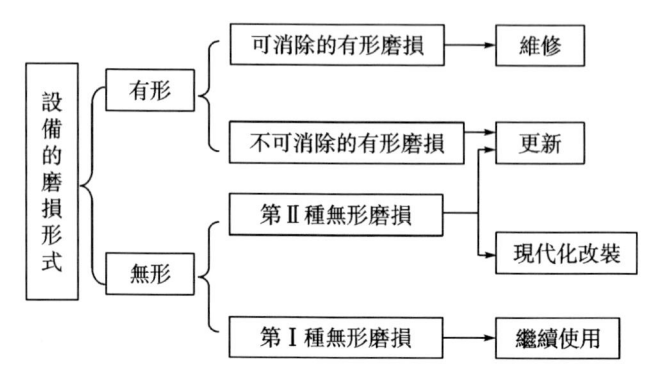

圖 9-1　設備磨損與補償方式的關係

舊設備中的部分零部件可以通過修理繼續使用。對於給定的設備或零件，究竟採用哪一種方式進行補償，需要根據磨損的性質與程度採用經濟評價的方法來確定。

(二) 考慮設備磨損時的折舊

機器設備在使用過程中，由於受到有形磨損和無形磨損的影響，其價值逐漸降低，損耗的這部分價值被轉移到成本中去，通過產品的銷售而得到補償。通常把設備逐漸轉移到產品成本中並相當於設備損耗的那部分價值稱為折舊。一般情況下，設備的折舊額等於設備的價值與折舊率的乘積。正確的折舊理論應該既反應設備的有形磨損，又反應設備的無形磨損。如果折舊率確定過低，設備損耗的價值無法得到補償，這樣影響企業再生產的進行；如果確定過高，就會人為地縮小利潤，影響資金的正常累積。因而，採用什麼樣的計算方法來計算折舊，就顯得尤其重要。中國早已實行了新的財會制度，改革之後的財會制度規定的折舊方法，與目前發達國家的年折舊方法相似，主要有以下幾種。

1. 不考慮設備無形磨損的折舊方法

主要是指使用年限法。這種方法是中國目前企業常用的一種折舊方法。該方法是在設備的折舊年限內，平均地分攤設備的價值。其公式為：

$$設備年折舊額 = \frac{設備原值 - 預計殘值 + 預計清理費}{設備使用年限}$$

$$折舊率 = \frac{年折舊額}{設備原值}$$

設備使用年限一般按規定的折舊年限計算。主管部門已經根據設備分類以及企業利、稅、成本的承受能力對折舊年限進行了規定，比如：蒸溜設備為 18 年、裂化設備為 18 年、加氫設備為 18 年、瀝青裝置為 15 年、輕質油裝置為 15 年、金屬油罐為 30 年、天然氣處理裝置為 15 年等。

2. 考慮設備無形磨損的折舊方法

採用這種方法的理由是，設備在整個使用過程中，其效能是變化的。在設備使

第九章 設備管理的技術經濟分析

用的前幾年,設備處於較新的狀態,效能較高,可為企業提供較高的效益;後幾年,特別是設備接近更新前夕,效能較低,為企業提供的效益相對較少。因此,在設備使用的前幾年分攤的折舊費應比後幾年多一些,這樣能更好地反應設備效能的變化,具體的計算方法有以下幾種:

(1) 年限總額法

這種方法的折舊率是逐年變化的。其計算方法是:根據設備在折舊期內的應提折舊額乘以遞減系數來計算。其計算公式為:

$$D_t = (K_0 - K_1) \times \frac{T_p + 1 - t}{\frac{T_p(T_p + 1)}{2}}$$

式中:D_t——設備在第 t 年度的折舊額;
　　　t——設備使用期內的某一年度;
　　　T_p——設備的最佳使用年限。

(2) 餘額遞減法

這種方法是先根據公式求出設備折舊率,然後用這一固定的折舊率去乘以設備逐年淨值,從而求得每年的折舊額。由於設備淨值是逐年遞減的,所以折舊額也是逐年遞減的。

固定的折舊率:$\alpha = 1 - \sqrt[T_p]{\frac{K_L}{K_0}}$

年折舊額 = 年設備淨值 × 折舊率

例【9-1】一臺設備原值 15,000 元,最佳使用年限為 5 年,殘值為 4,500 元,清理費為 500 元,求各年的折舊額。

解:折舊率為:

$$\alpha = 1 - \sqrt[T_p]{\frac{K_L}{K_0}} = 1 - \sqrt[5]{\frac{4,500 - 500}{15,000}} = 23.2\%$$

計算的各年折舊額如表 9-1 所示。

表 9-1　　　　　　　　　設備各年的價值及折舊額　　　　　　　　單位:元

年度	折舊率	年折舊額	年末設備價值
1	23.2%	3,484	11,516
2	23.2%	2,675	8,841
3	23.2%	2,054	6,787
4	23.2%	1,577	5,261
5	23.2%	1,210	4,000

這種計算方法要求設備殘值不能為零,如果殘值為零,可採用雙倍餘額遞減法。

(3) 雙倍餘額遞減法

這種方法的折舊率是按直線折舊法殘值為零時的兩倍來計算的，逐年的折舊基數則按設備的價值減去累計折舊額計算。為了使設備的折舊總額攤完，到一定年度要改為直線折舊法。改為直線折舊法的年份和設備使用的年限有關，當設備使用年限為單數時，改為直線折舊法的年限為：$\frac{T_p}{2}+1\frac{1}{2}$，當設備使用年限為偶數時，改為直線折舊法的年限為：$\frac{T_p}{2}+2$。

例【9-2】某設備原值為 8,000 元，最佳使用年限為 10 年，殘值為零，求設備的逐年淨值及逐年折舊額。

解：折舊率 $\alpha = \frac{2}{T_p} \times 100\% = 20\%$

改為直線折舊法的年度為：$\frac{10}{2}+2=7$ 年

其計算結果如表 9-2 所示。

表 9-2　　　　　　　　　設備各年價值及折舊額　　　　　　　　單位：元

年份	年初設備淨值	折舊額	年末設備淨值
1	8,000	1,600	6,400
2	6,400	1,280	5,120
3	5,120	1,024	4,096
4	4,096	819	3,277
5	3,277	655	2,622
6	2,622	524	2,098
7	2,098	524.5	1,573.5
8	1,573.5	524.5	1,049
9	1,049	524.5	524.5
10	524.5	524.5	0

3. 實行加速折舊法的理由

從設備磨損的原理上看，實行加速折舊有較充分的合理性，具體原因如下：

（1）正確把握折舊的本質，充分發揮折舊在再生產過程中的作用。折舊的本質就是作為補償基金，是企業賴以維持再生產的源泉。這種補償分為實物補償和價值補償兩種形式。實物補償是報廢時發生的，價值補償是出售產品後一部分一部分地回收的，因此存在「貨幣沉澱」，但它起累積資金的作用。

（2）技術進步產生無形磨損，使固定資產的價值必須在較短的期限內回收，所

第九章　設備管理的技術經濟分析

以應採用加速折舊法。

（3）許多固定資產在全新時期效率很高，因此最初幾年折舊費大，才能反應這種現實。

（4）加速折舊法減輕了企業前幾年所得稅的負擔，等於國家向企業提供變相的財政補貼，這樣有利於增強企業的自我補償和自我累積的能力，有利於企業的生存和發展。

（5）在固定資產陳舊時，需較多的修理費用維持其生產能力，在實行加速折舊法條件下計提的每年折舊費和修理費總額比採用直線折舊法平穩的多。

（6）國家頒布了國有企業轉換經營機制的條例，「條例」規定企業有權選擇適合於自己企業實際狀況的折舊方法。在建立的現代企業制度中，要求企業自我補償、自我累積，選擇折舊法是企業自主權的一部分。

4. 複利法

（1）償債基金法

這種方法是在設備使用期限內每年按直線折舊法提取折舊，同時按一定的資金利潤率計算利息。每年提取的折舊額加上累計折舊額的利息，與年度的折舊額相等。到設備報廢時，累計的折舊及利息之和與折舊總額相等，即正好等於設備的原始價值。

按直線折舊法，如每年提取的折舊額為 D，資金利潤率為 i，使用年限為 T，則逐年提取的折舊和利息應為：

第一年：$D(1+i)^{T-1}$

第二年：$D(1+i)^{T-2}$

$\vdots \qquad \vdots$

第 T 年：$D(1+i)^{T-T} = D$

則：$D(1+i)^{T-1} + D(1+i)^{T-2} + \cdots + D = K_0(1+i)^T - K_L$

整理得：$D = [K_0(1+i)^T - K_L] \dfrac{i}{(1+i)^T - 1}$

例【9-3】設備的價值為 8,000 元，預計使用 10 年，殘值為 200 元，資金利潤率為 8%，求每年提取的折舊額。

解：$D = [8,000(1+0.08)^{10} - 200] \dfrac{0.08}{(1+0.08)^{10} - 1} = 1,178$ 元

（2）年金法

與償還基金法相反，這種方法是用現值表示使用期內逐年的折舊額。在整個使用期內，逐年提取的折舊額要換算成設備投資的現值。

如仍用 D 表示直線折舊法的均等折舊額，則：

第一年計提折舊額的現值為：$D \dfrac{1}{1+i}$

第二年計提折舊額的現值為：$D\dfrac{1}{(1+i)^2}$

⋮　　　　　　　　　　⋮

第 T 年計提折舊額的現值為：$D\dfrac{1}{(1+i)^T}$

設備殘值的現值為：$K_L\dfrac{1}{(1+i)^T}$

整理得：$D=(K_0-K_L\dfrac{1}{(1+i)^T})\dfrac{i(1+i)^T}{(1+i)^T-1}$

仍用上例，則折舊額

$D=(8,000-\dfrac{200}{(1+0.08)^{10}})\dfrac{0.08(1+0.08)^{10}}{(1+0.08)^{10}-1}=1,178.43$ 元

根據此計算的設備年折舊額、利息和年末設備淨值如表 9-3 所示。

表 9-3　　　　　用年金法計算的設備逐年折舊額和利息　　　　　單位：元

年度	年度折舊	累計折舊增加	投資利息	累計折舊	年末設備淨值
1	1,178.43	583.43	640.00	538.43	7,461.57
2	1,178.43	581.50	596.93	1,119.93	6,880.07
3	1,178.43	628.02	550.41	1,747.95	6,252.05
4	1,178.43	678.27	500.16	2,426.22	5,573.78
5	1,178.43	732.53	445.90	3,158.75	4,841.28
6	1,178.43	791.13	387.30	3,949.88	4,050.12
7	1,178.43	854.42	324.01	4,804.30	3,195.70
8	1,178.43	922.77	255.06	5,727.07	2,272.93
9	1,178.43	996.60	181.83	6,723.67	1,276.33
10	1,178.43	1,076.32	102.11	7,799.99	200.01

上述兩種方法的共同之處在於既考慮分攤設備價值，又考慮時間因素。不同之處是計算利息的基數不一樣。但從計算的結果來看，兩種方法各年末的累計折舊額是基本相同的。

第二節　設備的維修及其技術經濟分析

一、設備維修的概念及目標

設備在使用過程中，由於磨損，不可避免地會使一些零部件發生劣化，造成故

第九章　設備管理的技術經濟分析

障乃至損壞，從而直接影響到設備的性能、精度、效率乃至經濟性，嚴重者甚至不能運行，因此必須對設備進行適時的維護和修理，簡稱維修。所謂設備維修是指為保持與恢復設備完成規定功能的能力而採取的技術活動。其內容主要包括：維護保養、檢查和修理三方面。現代的設備管理工程學強調建立維修的新概念，即全壽命維修。也就是說，從早期設計起就考慮維修，並在設備一生各階段都研究與維修有關的問題，以實現維修最佳化。

設備維修必然占用生產時間，造成生產損失，同時耗費維修費，因此設備維修管理的目標是使維修費用和生產損失（即劣化停機損失）降到最低限度。在維修決策中，如果維修活動進行得不夠，雖然維修費減少了，但設備的劣化停機損失會增多；相反，如果維修活動較頻繁，設備的劣化停機損失減少，但維修費又相應增加。因此設備維修活動的頻繁程度必須在設備劣化停機損失與維修費之間取得最佳平衡，維修才是最經濟的，這正是維修管理追求的目標。

二、設備維修中的基本規律

維修是在原有實物形態上對設備的一種局部更新，它是通過對設備全部解體，修理耐久的部分，更換全部損壞的零部件，修復所有不符合要求的零部件，全面消除缺陷，以使設備在維修後，無論在生產率、精確度、速度等方面達到或基本達到原設備的出廠標準。在作維修決策時，還應注意以下兩個基本規律：

第一，儘管要求維修過的設備達到出廠水準，但實際上維修過的設備不論從生產率、精確度、速度等方面，還是從使用中的技術故障頻率、有效運行時間等方面，都比用同類型的新設備有遜色，其綜合質量會有某種程度的降低。

第二，維修的週期會隨著設備使用時間的延長，而越來越縮短，從而也使維修的經濟性逐步降低。

以上兩種現象，是由於設備各組成部分長期運行而累積起來的有形磨損所引起的。

儘管如此，在設備平均壽命期限內，進行適度的維修工作，包括維修在內，往往在經濟上是合理的。

但是，這個前提是有條件的，如果設備長期無止境的修理，一方面維修中所能利用的被保留下來的零部件越來越少，另一方面維修所需的費用越來越高，維修經濟性上的優越性就可能不復存在了。這時，設備的整體更新將取而代之。

三、設備維修的經濟評價與決策

（一）維修的經濟界限

如果某次維修費用超過同種設備的重置價值，十分明顯，這樣的維修在經濟上是不合理的。這一目標應看作是維修在經濟上具有合理性的起碼條件，或稱最低經

濟界限。即：

$$K_r \leq K_n - V_{ol} \qquad (9\text{-}5)$$

式中：K_r——該次維修費用；

K_n——同種設備的重置價值（即同一種新設備在維修時刻的市場價格）；

V_{ol}——舊設備被替換時的殘值。

應該指出的是，即使滿足上述條件，也並非所有的維修都是合理的。如果維修後的設備綜合質量下降很多，有可能致使生產單位產品的成本比用同種用途的新設備生產為高，這時其原有設備的維修就未必是合理的，因此還應補充另外一個條件，即：

$$C_{zo}/C_{zn} \leq 1 \qquad (9\text{-}6)$$

式中：C_{zo}——用維修後的設備生產單位產品的計算費用；

C_{zn}——用具有相同用途的新設備生產單位產品的計算費用。

$$C_{z0} = (K_r + \triangle V_0)(A/P, i_0, T_0)/Q_a + C_g$$

$$C_{zn} = \triangle V_n(A/P, i_0, T_N)/Q_{an} + C_{gn}$$

式中：K_r——原設備維修的費用；

$\triangle V_0$——原設備下一個維修週期內的價值損耗現值；

Q_a——原設備下一個維修週期的年均產量；

C_g——原設備第 j 次維修後生產單位產品的經營成本；

T_0——原設備本次維修到下一次維修的間隔年數；

$\triangle V_n$——新設備第一個維修週期內的價值損耗現值；

Q_{an}——新設備第一個維修週期的年均產量；

C_{gn}——用新設備生產單位產品的經營成本；

T_n——新設備投入使用到第一次維修的間隔年數。

對迅速發生無形磨損的設備來說，很可能是用現代化的新設備生產單位產品的計算費用更低，在這種情況下，即使滿足第一個條件，即維修費用沒有超過新設備的重置價值，但是這種維修也是不合理的。

還應注意到，在不同的維修週期，C_{z0}的值可能是不等的。因此，進行維修經濟評價時，必須注意修理的週期數。

（二）設備維修週期數的確定

如果一臺設備的最佳使用期限（即設備的經濟壽命）已定而且設備每次維修間隔期又是已知的，則設備維修週期數應由下式求出：

$$\sum_{j=1}^{n} T_j = T_e \qquad (9\text{-}7)$$

式中：T_e——設備的經濟壽命；

T_j——第 j-1 次到第 j 次維修的間隔期；

第九章 設備管理的技術經濟分析

n——設備維修的週期數。

從經濟角度分析，設備不能無止境地進行維修，原因在於隨著維修次數的增加，修理費用和設備運行費用都會不斷增加，而維修的週期會隨著使用時間的延長而越來越短。

合理的維修間隔期可用下述方法求得：

設第 j 個維修間隔期內生產單位產品的平均總費用為 C_{zj}，不考慮資金的時間價值，則有：

$$C_{zj} = (\triangle V_j + K_{rj} + C_j) / Q_j$$

$$\triangle V_j = V_{j-1} - V_j$$

式中：$\triangle V_j$——第 j 個維修間隔期內應分攤的設備價值損耗；

V_{j-1}，V_j——分別為第 j-1 次和第 j 次維修後的設備價值；

K_{rj}——第 j 次維修的費用；

Q_j——第 j 個維修間隔期內生產產品總量；

C_j——第 j 個維修間隔期內設備運行總費用。

假定生產單位產品的設備運行費用呈指數增長，則：

$$C_j = \int_0^{Q_j} (C_{0j} + b_j Q^{\gamma_j}) \, dQ = C_{0j} Q_j + \frac{b_j}{r_j + 1} Q_j^{\gamma_j + 1}$$

式中：C_{0j}——第 j 個維修間隔期初生產單位產品的設備運行費；

b_j——第 j 個維修間隔內生產單位產品設備運行費用增長系數；

γ_j——第 j 個維修間隔內生產單位產品設備運行費用增長指數。

又假定設備價值損耗與生產產品的數量呈線性關係，即：

$$\triangle V_j = E_j Q_j$$

式中：E_j——第 j 個維修週期內生產單位產品應分攤的設備價值損耗。

由此，可得：

$$C_{zj} = E_j + \frac{K_{rj}}{Q_j} + C_{0j} + \frac{b_j}{r_j + 1} Q_j^{r_j}$$

要使維修間隔期內生產單位產品的平均總費用最小，須滿足：

$$\frac{dC_{zj}}{dQ_j} = -\frac{K_{rj}}{Q_j^2} + \frac{\gamma_j b_j}{\gamma_j + 1} Q_j^{\gamma_j - 1} = 0$$

即：

$$Q_j^* = \sqrt[\gamma_j + 1]{\frac{(\gamma_j + 1) K_{rj}}{\gamma_j b_j}}$$

式中，Q_j^* 即為第 j 個維修間隔期內可使生產單位產品平均總費用最小的生產量。換言之，在正常生產情況下，生產 Q_j^* 的產品所需的時間就是第 j 個維修間隔期的合理時間長度。

若生產單位產品的設備運行費用呈線性增長，即 $\gamma_j = 1$，則：

$$C_{zj} = E_j + \frac{K_{rj}}{Q_j} + C_{0j} + \frac{b_j}{2}Q_j$$

$$Q_j^* = \sqrt{\frac{2K_{rj}}{b_j}}$$

有了各個維修間隔期內應生產的最佳產量數後，若知道設備在該間隔期內的年生產能力（年產量），就不難求出各次維修的間隔期 T_j，然後再根據前面給出的公式找出設備應該維修的次數。

第三節 設備更新的技術經濟分析

設備更新決策的本質就是確定設備的經濟壽命期，設備經濟壽命期與我們日常意義上認識的設備使用壽命有嚴格的區別，因此在對設備更新進步技術經濟分析之前，需要先考察設備壽命方面的一組概念。

一、設備的壽命

由於設備磨損的存在，使得設備的性能不斷下降，使用價值與經濟價值也不斷下降，最終停用或被淘汰，因而設備都具有一定的壽命。在技術經濟分析中，設備的壽命有以下幾種：

1. 自然壽命

自然壽命也稱物質壽命，是指一臺設備從全新的狀態開始，經過各種有形磨損，造成設備逐漸老化、損壞直至報廢所經歷的全部時間。設備的自然壽命受設備設計水準、材料性能、運轉時間、維護水準、外部環境等綜合因素的影響。

2. 技術壽命

技術壽命是指從開始使用到因技術落後而被淘汰所經歷的全部時間。它是由於科學技術的迅速發展，不斷出現比現有設備更先進、性能更加優良、生產效率更高的新型設備，從而使現有設備在自然壽命尚未結束時就被迫淘汰，停止使用。技術壽命的長短，一般與技術進步的速度有關，而與有形磨損無關，通過設備的現代化改裝，可以使原有設備具備更好的性能，因而可以延長設備的技術壽命。

3. 經濟壽命

經濟壽命是從經濟角度來確定設備最合理的使用期限，當設備經歷一定時期後，隨著設備的老化與磨損，其維修費用不斷上升，同時由於其技術性能的下降而造成運行成本的不斷增加，這些因素最終會使單位產品生產成本提高。另一方面，當我們採用新型設備時，雖然可以降低運行與維修費用，但需花費較高的購置費，這部

第九章　設備管理的技術經濟分析

分費用也會導致單位產品的生產成本。因此，我們應該綜合考慮新設備購置費用與運行、維修費用對產品生產成本的影響，使得設備在被淘汰以前所經歷的時間內使年平均總成本最低，以此來確定的設備的最佳使用期限為經濟壽命。

經濟壽命是在綜合考慮了設備的有形磨損與無形磨損之後確定的，符合經濟規律，同時也是確定設備最佳更新期的依據。

4. 設備的折舊壽命

這是根據有關規定，按設備耐用年數，每年進行折舊直到使設備淨值為零的全過程。

二、設備更新的概念與類型

設備更新是指對設備綜合磨損的完全補償，即用新設備更換舊設備。設備更新的時機，一般取決於設備的技術壽命和經濟壽命。從上文的介紹中可以看出，技術壽命是從技術的角度看設備最合理的使用期限，它是由無形磨損決定的。它與技術進步的速度有關。經濟壽命是從經濟角度看設備最合理的使用期限，它是由有形磨損和無形磨損共同決定的，具體來說是指能使一臺設備的年均使用成本最低的年數。

設備的使用成本是由兩部分組成的，一是設備購置費的年分攤額，這部分費用是隨設備使用年限的延長而下降的。二是設備的年運行費用（操作費、維修費、材料費及能源耗費等），這部分費用是隨設備使用年限的延長而增加的。這就是說，設備在最適宜的使用年限內會出現年均總成本的最低值；而能使平均總成本最低的年數，就是設備的經濟壽命。

根據新設備的性能不同，設備更新可分為兩種形式：

1. 原型更新

原型更新又稱簡單更新，它是用相同結構和效能（或同型號）新設備去更換有形磨損嚴重、不能繼續使用的舊設備。這種更新主要是用來更換已損壞的或陳舊的設備。但是，這種更新不具有更新技術的性質，主要解決設備的損壞問題，因此不能促進技術進步。

2. 技術更新

技術更新是以結構更先進、技術更完善、性能更好、效率更高、能源和原材料耗費更低的新型設備，來換掉技術上陳舊落後，遭到第二種無形磨損，在經濟上不宜繼續使用的舊設備。這種更新不僅能解決設備的損壞問題，還能解決設備技術落後的問題，在技術迅速進步的 21 世紀，設備更新主要指這種方式，它是實現企業技術進步，提高經濟效益的主要途徑。

三、設備更新的原則

設備更新從戰略上講，是一項很重要的工作。一臺設備經過多次修理，可以在

更長的時間裡勉強使用,這樣長期使用老設備,不進行更新,意味著這麼長的時間裡技術沒有進步,它是發展生產力的嚴重障礙。由於科學技術的發展日新月異,一些工業發達國家都很重視設備更新,由於各國的工業基礎不同,政策不同,更新的方法也不同。在工業相當發達的國家裡,由於設備擁有量和生產能力已經很大,主要是進一步提高勞動生產率,其手段是以設備更新為主。在工業比較落後的國家裡,特別是在工業化的初期,由於設備嚴重不足,在勞動力充裕的條件下,充分利用一切設備來擴大生產能力,主要是增加設備擁有量來提高勞動生產率,設備很少更新。中國設備擁有量已形成不小的規模,但技術水準很低,老設備多,質量差,效率低,設備更新工作應遵循下列基本原則:

1. 必須要有戰略規劃

應根據需要與可能,有計劃、有步驟、有重點地進行。要注意優先解決生產能力薄弱環節,使設備能力配套,提高企業綜合生產能力。

2. 要講究經濟效益

合理確定設備最佳更新期,以最少的費用獲得最佳效果。原有設備餘值較大者,繼續使用更為有利;原有設備的使用費用增長較快者,提早更新更為有利;與原有設備相同功能的新設備、新技術發展越快,越早更新越有利。

3. 更新應以效率的提升為基本目標

設備更新的目標應當在於提高裝備構成的技術先進性,改善設備,改變設備擁有量的構成比,促進技術進步,使先進的、效率高的設備比重逐步提高,以提高產品質量,降低成本,提高勞動生產率,適應國民經濟的需要,獲得最高的經濟效益。

四、設備原型更新的決策方法

設備的原型更新問題,可以通過分析設備的經濟壽命進行更新決策,常用的決策方法是低劣化數值法。

機器設備在使用過程中發生的費用叫作運行成本,運行成本包括:能源費、保養費、修理費(包括維修費用)、停工損失、廢次品損失等等。一般情況下,隨著設備使用期的增加,運行成本每年以某種速度在遞增,這種運行成本的逐年遞增稱為設備的劣化。為簡單起見,首先假定每年運行成本的劣化增量是均等的,即運行成本呈線性增長,設每年運行成本增加額為 λ。若設備使用 T 年,則第 T 年的運行成本為:

$$C_T = C_1 + (T-1)\lambda \tag{9-8}$$

式中:C_1——運行成本的初始值,即第一年的運行成本;

T——設備使用年數。

設備年運行成本隨設備使用年數變動的情況如圖 9-2 所示:

那麼 T 年內運行成本的年平均值將為:

第九章 設備管理的技術經濟分析

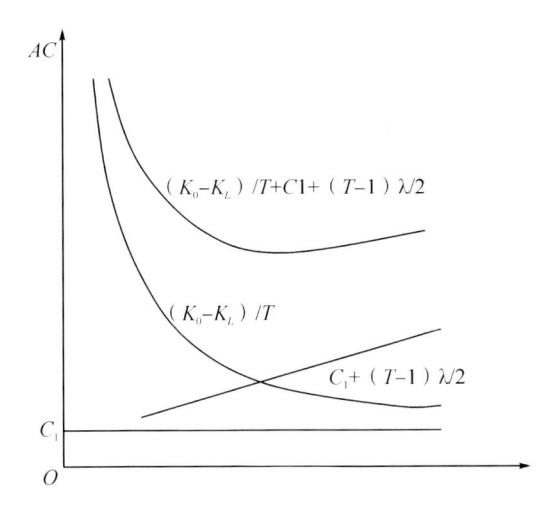

圖 9-2 設備年運行成本隨設備使用年數變動的情況

$$\bar{C}_T = C_1 + \frac{T-1}{2}\lambda$$

除運行成本外，在使用設備的年總費用中還有每年分攤的設備購置費用，其金額為：

$(K_0 - V_L)/T$

式中：K_0——設備的原始價值；

V_L——設備處理時的殘值。

則年均總費用的計算公式為：

$$AC = \frac{K_0 - V_L}{T} + C_1 + \frac{T-1}{2}\lambda \tag{9-9}$$

可用去極值的方法，找出設備的經濟壽命，即設備原型更新的最佳時期。

設 V_L 為一常數，令 $d(AC)/dT = 0$

則經濟壽命為：

$$T_E = \sqrt{\frac{2(K_0 - V_L)}{\lambda}} \tag{9-10}$$

如果設備殘值不能視為常數，運行成本不呈線性增長，各年不同，且無規律可循，這時可根據工廠的記錄或者對實際情況的預測，用列表法來判斷設備的經濟壽命。

例【9-4】某設備原始價值為 8,000 元，可用 5 年，其他數據如表 9-4 所示，試求該設備的經濟壽命（不考慮時間價值）。

表9-4　　　　　　　　某設備各年發生的費用

設備使用年限	1	2	3	4	5
運行成本初始值	600	600	600	600	600
運行成本劣化值		200	400	600	800
年末殘值	5,500	4,500	3,500	2,500	1,000

解：設備經濟壽命的計算如表9-5所示：

表9-5　　　　　　　　設備經濟壽命的計算

設備使用年限	運行成本初始值	運行成本劣化值	運行成本年平均值	年末殘值	年平均設備費用	年平均總費用
1	600	0	600	5,500	2,500	3,100
2	600	200	700	4,500	1,750	2,450
3	600	400	800	3,500	1,500	2,300
4	600	600	900	2,500	1,375	2,275*
5	600	800	1,000	1,500	1,300	2,300

通過計算，使用設備的年平均總費用在使用年限為4年時最低，其值為2,275元，故該設備的經濟壽命為4年。

上述經濟壽命的計算忽略了資金的時間價值，如果考慮資金時間價值，使用設備的年平均總費用計算公式為：

$$AC = K_0(A/P, i_0, n) - V_L(A/F, i_0, n) + C_1 + \left[\sum_{j=1}^{n} W_j(P/F, i_0, j)\right](A/P, i_0, n) \tag{9-11}$$

式中：W_J——第j年運行成本劣化值。

若運行成本劣化值呈線性變化，設每年的劣化值增量為λ，即

$W_J = (j-1)\lambda$

則：$AC = K_0(A/P, i_0, n) - V_L(A/P, i_0, n) + C_1 + \lambda(A/G, i_0, n)$

$$\tag{9-12}$$

在給定基準折現率i_0時，令AC最小的使用年限，即為設備的經濟壽命。

五、出現新設備條件下的更新決策方法

在技術不斷進步的條件下，由於第Ⅱ種無形磨損的作用，很可能在設備運行成本尚未升高到該用原型設備替代之前，就已出現工作效率更高和經濟效果更好的設備。這時，就要比較在繼續使用舊設備和購置新設備這兩種方案中，哪一種方案在經濟上更為有利。

在有新型設備出現的情況下，常用的設備更新決策方法有：年費用比較法和更

第九章　設備管理的技術經濟分析

新收益率法。這裡我們只介紹年費用比較法。

年費用比較法是從原有舊設備的現狀出發，分析計算舊設備再使用一年的總費用和與被選新設備在其預計的經濟壽命內的年均總費用，並進行比較，根據年費用最小原則，決定是否應該更新設備。

1. 舊設備年總費用的計算

舊設備再使用一年的總費用可用下式求得：

$$AC_0 = V_{00} - V_{01} + \frac{V_{00} + V_{01}}{2}i + \Delta C$$

式中：AC_0——舊設備下一年運行的總費用；

V_{00}——舊設備在決策時可出售的價值；

V_{01}——舊設備一年後可出售的價值；

ΔC——舊設備繼續使用一年在運行費用方面的損失（即使用新設備相對舊設備的運行成本的節約額和銷售收入的增加額）；

i——最低期望收益率；

$\frac{V_{00} + V_{01}}{2}i$——因繼續使用舊設備而占用的資金時間價值損失，其中資金占用額取決於舊設備現在可出售價值和一年後可出售價值的平均值。

例如，根據企業統計數據，我們知道企業在使用舊設備過程中發生的各項數據如表9-6所示，則可以計算出使用舊設備的年總費用。

表 9-6　　　　　　　　　舊設備的年費用計算表　　　　　　　單位：元

項目	利弊比較	
	新設備	舊設備
（收入）產量增加收入	1,100	
質量提高收入	550	
（費用）直接工資的節約	1,210	
間接工資的節約		
因簡化工序等導致的其他作業上的節約	4,400	
材料損耗節約		
維修費節約	3,300	
動力費節約		1,100
設備占地面積節約	550	
合計	11,110（1）	1,100（2）
舊設備運行損失		10,010（3）＝（1）－（2）
舊設備現在出售的價值	7,700	

表9-6(續)

項目	利弊比較	
	新設備	舊設備
舊設備一年後出售價值	6,600	
下年舊設備出售價值減少額	1,100（4）	
資金時間價值損失（$i=10\%$）	715（5）	
舊設備的設備費	1,815（6）=（4）+（5）	
舊設備年總費用	11,825（7）=（3）+（6）	

表中上半部分記錄了再繼續使用一年舊設備的運行損失，下半部分記錄使用舊設備的設備費。舊設備年總費用為這兩項費用之和，即1,825元。

2. 新設備年均總費用的計算

用於同舊設備年總費用比較的新設備年均總費用，主要包括以下幾方面：

第一，運行劣化損失。新設備隨著使用時間的延長，同樣也存在設備劣化問題，劣化程度也將隨著使用年數的增多而增加。具體的劣化值取決於設備的性質和使用條件。為了簡化計算，假定劣化值逐年按同等數額增加，如果設備使用年限為T，T年間劣化值的平均值為：

$$\frac{\lambda(T-1)}{2}$$

新設備的劣化值λ往往是難以預先確定的。一般可根據舊設備的耐用年數和相應的劣化程度來估算新設備的年劣化值增量。

第二，設備價值損耗。新設備在使用過程中，其價值會逐漸損耗，表現為設備殘值逐年減少。假定設備殘值每年以相同的數額遞減，則T年內每年的設備價值損耗為：

$$\frac{K_{01}-K_L}{T}$$

第三，資金時間價值損失。新設備在使用期內平均資金占用額為：

$$\frac{K_{01}-K_L}{2}$$

故因使用新設備而占用資金的時間價值損失為：

$$\frac{K_{01}-K_L}{2}i$$

總計以上三項費用，則得新設備年均總費用：

$$AC_n = \frac{\lambda(T-1)}{2} + \frac{K_{01}-K_L}{T} + \frac{K_{01}+K_L}{2}i$$

第九章　設備管理的技術經濟分析

對上式進行微分，並令 $\dfrac{dAC_n}{dT}=0$，則有

$$T=\sqrt{\dfrac{2(K_{01}-K_L)}{\lambda}}$$

因此，按經濟壽命計算的新設備年均總費用為：

$$AC_n=\sqrt{2(K_{01}-K_1)\lambda}+\dfrac{(K_{01}+K_L)\ i-\lambda}{2}$$

當年劣化值增量不易求得時，可根據經驗決定新設備的合理年數 T，然後再求年劣化值增量。這時新設備的年均總費用為：

$$AC_n=\dfrac{2(K_{01}+K_L)}{T}+\dfrac{K_{01}-K_L}{T^2}+\dfrac{K_{01}+K_L}{2}i$$

例如，新設備的價格為 41,800 元，估計合理的使用年限 $T=15$ 年，處理時的殘值為 3,700 元，最低期望收益率為 10%。

將已知數據代入公式，可得新設備的年均總費用：$AC_n=7,186$ 元

與表 9-6 的計算結果相比，用新設備更換舊設備，每年可節約開支 11,825－7,186＝4,639 元。

六、設備管理的多方案比較

在更新設備時，往往面對若干個不同的實施方案，假設這些方案都能滿足產品的技術要求和質量要求，同時這些方案又都有自己的經濟優劣性，這時是繼續使用原設備，還是大修或是更新、改裝，就需要對這些方案進行經濟分析，以便進行最佳選擇。下面我們用最低成本法來選擇方案。最低成本法就是對可能採用的方案，分別計算它們的使用總成本，從中選出總使用成本最低的方案為最佳方案。主要有以下幾種方案的比較：

(1) $C_{舊}=\dfrac{1}{\beta_0}(\sum\limits_{j=1}^{n}C_{j舊}-K_{L0}-K_{Ln})$

(2) $C_{同}=\dfrac{1}{\beta_n}[(\sum\limits_{j=1}^{n}C_{j同}+K_n)-K_{L0}-K_{Ln}]$

(3) $C_{高}=\dfrac{1}{\beta_{nn}}[(\sum\limits_{j=1}^{n}C_{j高}+K_{nn})-K_{L0}-K_{Ln}]$

(4) $C_{改}=\dfrac{1}{\beta_m}[(\sum\limits_{j=1}^{n}C_{j改}+K_m)-K_{L0}-K_{Ln}]$

(5) $C_{修}=\dfrac{1}{\beta_r}[(\sum\limits_{j=1}^{n}C_{j修}+K_r)-K_{L0}-K_{Ln}]$

式中：C_i——設備使用到第 i 年的總使用成本；

K_n——相同結構新設備的價值；

K_m——舊設備現代化改裝的價值；

K_{nn}——高效率新設備的價值；

K_r——設備的大修理費用；

K_{L0}——舊設備在決定年份的價值；

K_{Ln}——設備使用 N 年後的殘值；

C_j——設備使用第 j 年的經營費用；

β_0——舊設備繼續使用時勞動生產率系數；

β_n——相同設備繼續使用時勞動生產率系數；

β_{nn}——高效率設備的勞動生產率系數；

β_m——設備現代化改裝後的勞動生產率系數；

β_r——舊設備大修理後的勞動生產率系數。

例【9-5】假定幾種方案分項費用的原始資料如表 9-7 所示。這些方案中設備使用後的殘值是不等的，也不可能等於零，只是本例未考慮。

表 9-7　　　　　　　　設備各方案數據資料表

方案	基本投資（元）	生產率提高系數	各年經營費用（元/年）							
			1	2	3	4	5	6	7	8	9
繼續使用舊設備	0	0.70	250	300	350	400	450	500	530	700	910
設備更新	1,625	1.30	20	50	100	150	200	260	320	380	450
設備現代化改裝	1,200	1.25	30	55	110	170	220	280	360	450	540
設備大修	700	0.98	30	100	175	250	320	400	480	610	720
舊設備在更換年份的殘值	150										

解：根據上述公式，計算出各方案逐年費用總額如表 9-8 所示。

表 9-8　　　　　　　　計算出的各方案費用總額

年份	C 舊	C 修	C 改	C 更
1	330.7	771.0	982.2	1,114.2
2	697.9	828.4	1,019.2	1,147.2
3	1,095.0	973.2	1,089.8	1,208.3
4	1,515.0	1,160.2	1,189.7	1,293.1
5	1,952.8	1,413.5	1,309.5	1,397.9
6	2,402.8	1,670.7	1,450.7	1,523.9

第九章 設備管理的技術經濟分析

表9-8(續)

年份	C 舊	C 修	C 改	C 更
7	2,844.2	1,956.2	1,618.6	1,667.4
8	3,384.2	2,292.4	1,813.0	1,825.2
9	4,034.2	2,659.7	2,053.0	1,998.3

以費用總額最小的方案為最佳方案，即總的使用成本最低者為最優方案。由表9-8中可見：如果設備只考慮使用兩年，兩年後將更新換代，C 舊的方案為最佳，就是說舊設備原封不動的使用，連修理也不用。如果打算用 3~4 年，最佳方案是對原設備進行一次大修。如果估計設備將使用 8 年，最佳方案是對原設備進行現代化改裝。如果使用 8 年以上，則用高效率新結構的設備進行更新換代，即設備更新是最佳方案。

本章小結

設備是企業進行生產活動的重要物質技術基礎，在現代化大生產中的作用與影響日益突出。同時，隨著科學技術的不斷進步，整個企業界對現代化設備的需求和依賴程度越來越大，為了能創造更多更好的物質財富，這就要求對設備進行科學合理的管理決策。

設備使用過程中不可避免地會產生磨損，這種磨損在一定程度上影響了設備的使用效率，因此要對這些磨損進行補償。根據磨損的原因的不同，補償的方式也會不同。在設備補償中，常見的方法包括維修和更新，有時候也可以進行改裝，在決定採用何種補償方式的過程中，一個最重要的標準是計算各種補償方式帶來的成本節約或收益的提高。

思考與練習

1. 在技術經濟評價中進行設備分析有什麼意義？
2. 什麼是設備的經濟壽命？它與技術壽命有什麼關係？
3. 設備的更新決策與經濟壽命間有什麼聯繫？
4. 隨著設備使用年限的增加，設備的營運費用、大修週期、性能將怎樣變化？
5. 聯繫前幾章提到的沉沒成本、固定資產折舊等知識，談一談設備在技術項目的經濟分析中作用。
6. 若某臺設備原始價值為 15,000 元，再生產價值為 10,000 元，此時維修費用需要 3,000 元。試問該設備遭受何種磨損？磨損程度為多少？
7. 某設備原值 9,000 元，每年劣化增加值為 300 元，求該設備的經濟壽命（不

考慮資金的時間價值)。

8. 某設備原始價值為 10,000 元,可用 5 年,其他數據如表 9-9 所示。試求:
(1) 不考慮資金的時間價值時設備的經濟壽命;
(2) 若考慮資金的時間價值 (i=10%) 時,其經濟壽命變化如何。

表 9-9　　　　　　　　　　某設備各年發生的費用　　　　　　　　　(單位:元)

設備使用年限	1	2	3	4	5
運行成本初始值	600	600	600	600	600
運行成本劣化值		200	400	600	800
年末殘值	7,500	6,500	5,500	4,500	3,000

9. 某設備目前的價值為 9,000 元,如保留使用 3 年,各年年末殘值及運行成本見表 9-10。現有一種新設備,設備的價值為 15,000 元,使用過後的殘值為 2,500 元,年運行成本為 1,900 元,壽命為 5 年,資金利率為 10%,問設備是否要更新?如要更新,何時更新最好?

表 9-10　　　　　　　　設備年末殘值及運行成本

保留使用年份	年末殘值	各年運行成本 (元)
1	6,000	3,000
2	3,000	5,000
3	0	7,000

10. 大成科技開發公司為提高生產效率,欲引進一條新的生產線,已知新生產線可使產量增加,成本節約,更新後第一年收入增加額為 2,000 萬元;直接工資的節約為 9,000 萬元;間接工資的節約為 1,400 萬元;材料損耗減少 300 萬元;維修費用節約為 400 萬元,但使用新生產線動力消耗比舊生產線多 350 萬元,假設新生產線的預計使用年限為 15 年,使用過程中線形劣化。新生產線價值為 78,000 萬元,估計 15 年後處理價為 4,000 萬元。舊生產線現在的出售價格為 2,500 萬元;舊生產線使用一年後出售價格為 2,000 元。當年利率 i=10%時,試判斷用新生產線更換舊生產線是否經濟。

第十章 可行性分析

內容提要

影響技術項目實施效果的因素很多，包括項目所處的外部環境，項目的技術特性，以及項目的經濟特性等，技術項目的可行性分析也是圍繞這幾個方面進行的。本章首先介紹了可行性分析的內容體系，然後分別從技術角度和經濟角度介紹了可行性分析的主要方法和要點。

第一節 可行性分析概述

技術項目的實施受多種因素的影響和約束，這些因素既包括不確定性分析中提到的投資額、市場價格、成本以及生產能力等，還包括企業外部的宏觀因素如政治環境、經濟發展水準、消費者需求變化等。技術項目的可行性（Feasibility）就是對影響項目的主要因素進行系統分析，從而評估實現既定目標的可能性的活動。從企業的內部來看，技術項目可行與否，歸根究柢受兩個方面因素的約束：技術方面的約束和經濟方面的約束。技術方面的約束表現為現有的生產方法、物質條件、時間期限以及管理方法等因素影響著既定經營目標實現的可能性；經濟約束是指技術項目實施過程中對資金、物料、人員等要素的耗費不能超過經營成果所帶來的收益。對技術項目的可行性評價也是針對這兩個方面展開的。

一、可行性分析的基本內容

評價技術項目的可行性，實質就是對其投資價值進行評估，這種評估是建立在

對技術項目的未來的營運情況的設計與預測上的,而營運情況的設計與預測又必須以項目現在所處的環境以及對環境變化趨勢的預測為基礎。所有對項目未來狀況的設計與預測以及影響這種設計和預測的因素就構成了可行性分析的基本內容。現實中項目投資者重點關注的也是在一定的環境條件下技術項目在技術上的可能性和經濟上的盈利能力,所以可行性分析的內容也可以分為兩大部分,其一是影響技術項目經營過程的外部環境,其二是項目系統內部的技術可能性與經濟合理性。其具體內容如圖 10-1 所示。

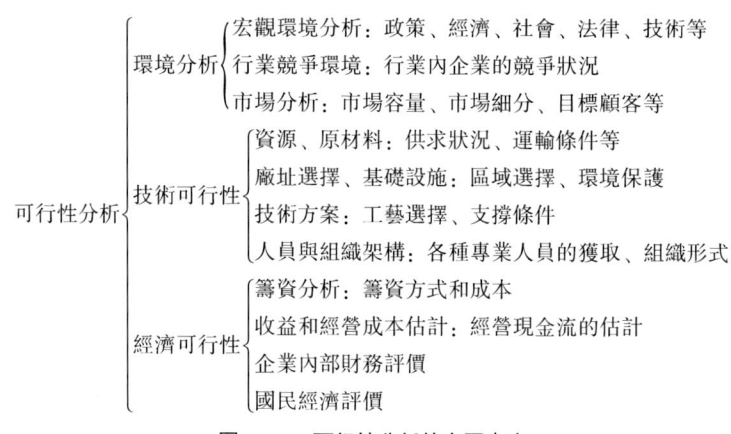

可行性分析
- 環境分析
  - 宏觀環境分析:政策、經濟、社會、法律、技術等
  - 行業競爭環境:行業內企業的競爭狀況
  - 市場分析:市場容量、市場細分、目標顧客等
- 技術可行性
  - 資源、原材料:供求狀況、運輸條件等
  - 廠址選擇、基礎設施:區域選擇、環境保護
  - 技術方案:工藝選擇、支撐條件
  - 人員與組織架構:各種專業人員的獲取、組織形式
- 經濟可行性
  - 籌資分析:籌資方式和成本
  - 收益和經營成本估計:經營現金流的估計
  - 企業內部財務評價
  - 國民經濟評價

圖 10-1　可行性分析的主要內容

當然,對於不同行業的技術項目,可行性分析的重心和主要內容也不同。例如,如果我們分析在某地建造一家化工廠,分析的重點可能在於環境保護,以及企業內部財務評價與國民經濟評價的差異等方面;而如果分析開設一家電子商務公司的可行性,分析的重心就應該在籌資方式、內部管理及目標顧客的尋找等方面。圖 10-1 對技術項目可行性分析的內容作了一個簡要的概括,分析過程中各項內容所使用的方法往往具有較大的差異,在環境分析中主要使用調查與歸納的方法,對可能影響項目營運效果的因素進行篩選,並說明這些因素的影響方式;技術分析的重點是說明項目中所需要的技術條件,以及這些條件得以滿足的途徑,強調各種有形資源和技術能力的可獲取性;經濟可行性分析的核心思路就是成本——收益分析,重點考察項目生命週期的各個環節中的成本耗費和收益狀況,並將形成耗費或者收益的各種項目整理匯總,形成一系列財務表格。下面介紹一下環境分析的主要內容,技術可行性和經濟可行性分析放在本章的第二和第三節介紹。

(一) 宏觀環境分析

所謂環境因素是指那些能夠對技術項目的營運產生影響的,而又不由企業控制的因素。即是說,不論環境給企業帶來的負面的威脅還是正面的機會,企業都是被動的接受者,只能通過改變內部的資源配置去適應環境而不是想法去改變環境。技術經濟中環境分析的必要性體現在環境因素可能對技術項目的投資額、壽命週期、

第十章 可行性分析

營運成本等形成直接或間接的影響，從而影響其可行性。

1. 政策環境

政策環境系指技術項目在壽命期內所要面對的一系列政策，這些政策可能是相互作用的，也可能是相互獨立的，可能影響到技術項目的某一個方面，也可能影響到項目的多個方面。可行性分析中的政策環境分析就是通過對政策體系的解讀，判斷各種政策帶來的有利影響還是負面的威脅。這些政策可以分為以下幾個方面：

（1）財政政策。財政政策是政府通過稅收、轉移支付及政府購買的方式影響國民經濟運行狀況的手段。這些手段的運用會改變一個行業的供給與需求狀況，從而改變技術項目的生存狀況。積極的財政政策可能會促進消費，擴大市場的消費總量，為技術項目的發展提供機會，也可能引發通貨膨脹，增加市場的不確定性；消極的財政政策則可能抑制需求，降低消費者的購買慾望，縮小市場容量，促使產品價格下調，從而給技術項目的發展帶來壓力，很可能減少項目壽命期內的收益現金流。

（2）貨幣政策。貨幣政策指國家的中央銀行（在中國為中國人民銀行）通過一系列的手段調節市場中貨幣的供給總量，以保證經濟平衡發展的手段。當經濟中出現市場疲軟、總需求不足、失業率上升等情況，即經濟出現衰退狀況時，貨幣政策表現為擴張性的。擴張性的貨幣政策往往會促使利率水準下調，降低投資的成本。同時，擴張性貨幣政策對於市場需求也有正面的促進作用，有利於市場的擴張。相反，當國民經濟出現投資過熱、價格上漲速度過快等現象時，中央銀行可能會實施緊縮性的貨幣政策，其對市場的影響是負面的，會壓縮部分企業的生存空間。

（3）產業政策。產業政策是指政府通過指導性規劃、直接干預、稅收等手段限制或促進特定產業的發展的政策。政府為了促進社會資源的合理配置，往往會有意識地採取一定的措施保護一些產業。比如近些年來，高科技產業在中國一直受到鼓勵，政府通過人才引進、稅收優惠、優惠地價或者是直接投資等方式支持高科技產業的發展，這些扶持性措施對技術項目的影響是積極的。同時，政府也可能出於產業結構調整、可持續發展、環境保護等原因限制某些產業的發展，例如對採礦企業徵收額外的稅，對化工、造紙等企業的開辦規定了嚴格的審批條件，增加企業進入這些業務領域的成本，這些措施對技術項目的影響負面的。

（4）區域發展政策。經濟的自發性可能導致一個國家各區域間發展水準的差異，因此政府的政策可能會把目標指向區域的均衡發展，當一個區域的發展速度過快，拉大了同其他區域的差距時，政府可能出抬政策扶持落後地區的發展。具體的政策可能包括轉移支付、直接投資、稅收優惠等。中國的西部大開發和振興東北的政策就是典型的區域發展政策，在西部開發中，政府通過發行國債籌集資金來支持西部地區的基礎設施的建設，以此改善西部地區的投資環境，這樣的措施可以為西部地區的項目減少大量的經營成本。

在可行性分析中分析政策環境時應注意所分析的政策與項目的相關性。雖然嚴格地說，幾乎任何政策與任何項目都是相關的，但這種相關性有大小之分，如果某

項政策與技術項目的相關程度很低，或者說技術項目對這項政策的敏感性很低，則沒有必要進行詳細分析。假設我們考慮一項農業養殖項目，可能會發現國家的匯率政策、人口政策、就業政策甚至教育政策都與此項目相關，但其相關程度很低，則我們沒有詳細分析的必要。在實際分析過程中，我們可以應用分類評價的方法選擇應該重點分析的政策，即先全面地收集各種政策的信息，然後分別評價各項政策可能的影響，按照其影響力的大小對其排序，最後決定哪些政策應該詳細分析。這種方法與前面講的敏感性分析類似，只不過這裡很難將政策的影響力數量化，因此更多地使用定性分析。

2. 政治法律環境

技術項目的營運會受到政治法律環境的影響，理論上說，政治法律環境為技術項目的營運構造了既有保護作用又有限製作用的制度框架。政治法律的一些規定可能有利於項目的順利開展，如可以保護企業的既有財產的權利、有利於項目依法融資和帳款回收等。另一方面，政治法律的一些內容可能會限制技術項目的行為，如國家的外匯管制、出口限制或者進口許可證制度可能會影響企業對國際市場的開發。在可行性分析中，影響項目效果的政治法律因素很多，其中能產生較深刻影響的主要以下幾個方面：

（1）約定政府與企業關係的制度。這些法律政策明確了政府在對企業進行管理中的權力與義務，明確了企業是一個具有完全法律地位的實體，其內部營運不受任何政府部門的干涉，保證了企業在經營決策、投資方向、業務選擇、人員管理等方面的自主權利。

（2）有關企業制度的內容。主要是國家的公司法、合資企業管理法等規定和約束企業的組織形式、運行管理方式等內容的法律。這些制度對企業的組織形式作了明確的規定，對每種企業組織形式的註冊資本數額、股東人數、產權形式、債務償還方式等都有詳細的規定，這些內容對技術項目中的籌資、人員的組織方式產生了直接的影響。

（3）有關企業營運的內容。這些內容一方面對項目的營運過程進行監管，限制企業的不規範操作；另一方面也為企業開展業務提供法律保障。如關於經濟合同、知識產權、專利保護等方面的法律有利於企業按照既定的計劃開發新技術與新產品、有利於技術項目通過市場推廣獲取正常的收益。而如財務管理、稅收、廣告宣傳、公平競爭、環境保護等方面的法律則要求企業在營運技術項目時必須接受一定的約束，使其行為合乎社會道德準則，並盡促進整個社會健康、持續發展方面的義務。

（4）企業內部營運方面的監管。企業的經營決策活動雖然是自主的，但財務會計、勞動保障方面的內容卻必須按照一定的準則操作。法律在會計、統計、審計、票據、金融等方面都制定了一些準則，以此來規範企業的行為。而出於對公民基本權力進行保護的需要，法律規定企業必須保障員工的人身權利，企業在招聘、使用和管理員工等方面的活動都必須接受這樣的約束。如企業的招聘必須遵守公平就業

第十章　可行性分析

方面的法律，不得制定歧視性政策，在內部管理中必須按要求簽訂勞動合同、為員工建立基本的養老保險、失業保險和安全生產體系。而這些活動可能會帶來技術項目營運成本的增加，所以在進行可性分析時應加以重視。

3. 經濟環境

經濟環境分析即分析宏觀經濟狀況及發展趨勢，並判斷其對技術項目可能產生的影響。影響項目可行性的經濟環境因素主要來自於構成宏觀經濟的各個變量，以及導致這些變量變化的各種內外部因素。在很多時候，經濟環境對技術項目可行性的影響都是直接的，它直接影響項目的目標市場的大小和項目的經營方式。從中國現階段的經濟形式來看，經濟環境主要表現在以下幾個方面：

（1）經濟發展速度和經濟結構變化。自1978年年底改革開放以來，中國經濟一直處於高速發展的狀態中，經濟的發展引發了投資熱情和消費市場的繁榮，市場的不斷開放帶動著進出口貿易的持續增長，各類消費品市場容量也隨之擴張，為企業的發展提供了廣闊的空間。在經濟持續增長的同時，中國的經濟結構也不斷地變化，表現在大量的資金和勞動力由第一、二產業轉向第三產業，從事消費品生產和提供服務的企業數量不斷增加，年產值在國民生產總值中的比重越來越大。

（2）居民購買力。居民購買力由居民收入和總人口兩方面要素構成，並直接形成產品和服務的消費需求。中國經濟的持續發展使居民的收入水準大幅度增加，而個人可支配收入的增加又改變了消費者的需求結構，居民不再將主要收入用於食品支出，而需要消費一些功能更複雜、新奇的產品，或者尋求更高層次的娛樂和休閒，這就要求企業能通過技術變革生產出更多技術含量的產品。在可行性分析中，為了準確判斷居民的購買力大小，應該注意以下幾個度量購買力的變量間的差異：第一是人均國內生產總值，指一定時期內（一般為一年）整個國民生產總值除以總人口數的結果，這個數值只是簡單地描述了一個國家的經濟發展水準，而不能直接度量其購買力的大小；第二是人均收入與人均可支配收入，人均收入是在人均國內生產總值中扣除了企業收入、政府收入等數值的結果，而人均可支配收入是在人均收入的基礎上扣除個人所得稅的結果，一般來說，人均可支配收入構成真實的購買力。第三是居民的儲蓄傾向或消費傾向也會對社會購買力產生影響。所謂消費傾向指的是居民將總收入中的多大一部分用於現期消費，而儲蓄傾向則相反，指居民願意將收入中的多大部分用於儲蓄。不同國家甚至同一國家的不同地區的居民消費傾向也不同，這種差異可能來自於社會文化特徵、經濟發展趨勢和社會政治的穩定性，也可能來自國民收入水準。比如美國居民普遍具有樂觀的特性，因此習慣將收入中的絕大部分（通常是百分之八十以上）用於當前消費，而很少用於儲蓄，即其消費傾向很高。在居民總收入較低的地區，居民的當期收入可能僅夠維持當前生活的基本需要，所以會將所有收入用於當期消費，基本上沒有儲蓄，這時候其消費傾向也很高。

4. 技術環境

所謂技術環境是指在可行性分析中，處於項目系統之外，但又與項目相關的產品生產、運輸、信息管理等方面的技術。技術分析的重點在於考察這些方面的技術當前處於什麼水準，以及其可能的發展趨勢是什麼，尤其應關注相關技術變革的可能和技術變革的方向。在技術項目壽命期內，外部技術變革可能從這樣幾個方面影響項目的經濟效果：

（1）技術變革可能影響到項目的競爭力。企業的技術項目在實施初期，使用的技術一般都處於較先進的水準，如引入了先進的生產方法、購買了先進的設備和生產線，工廠佈局和工藝設計都很合理，因此項目在市場上具有相當的競爭力。但項目營運過程中，其他企業可能會發生技術改進或變革，提高同種產品的生產效率、增加產品功能或提升產品質量，從而使本企業的產品在競爭中失去優勢。

（2）技術變革可能改變技術項目的生命週期。尤其是當技術變革帶來了對現在產品具有完全替代性的產品時，會使技術項目迅速失去市場，從而失去盈利能力。電視機技術的出現對收音機技術的替代、數字手機技術的出現對收音機技術的替代等是這方面的典型例子。因此在可行性分析中，必須密切關注各種潛在的技術變化，必要的時候應加大技術研究的投入，緊跟相關技術發展步伐，以自覺的技術研發來應付外部技術變革帶來的衝擊。

（3）技術變革可能會改變項目的成本。這種改變可以通過生產技術的改進實現，也可以通過提高管理效率來實現。如新技術可以改進機器設備的運轉效率，自動化和智能化技術的改進可以減少生產過程的勞動耗費，新的包裝材料的使用可以降低儲存和運輸環節的損耗等都體現為技術改進對成本的節省。而由於計息機的出現帶來的管理信息系統則有效地提高了管理的效率，改進了管理的流程，減少人力資源的耗費。

（二）行業競爭環境

技術項目的成敗與其所處的行業的競爭狀況有關，在競爭激烈的行業中，企業獲得超額利潤的可能性非常小，而在競爭相對平穩的行業中，多數企業都能獲得較高利潤。在中國，象日用品零售業、消費電子製造業等行業中企業數量很多，國家對這類行業的進入與退出沒有什麼限制性措施，因此競爭非常激烈，這些行業的利潤水準也相對較低。而像金融業、石油開採、基礎電信業等行業，國家對進入這些行業的企業有很強的限制措施，這些行業中企業的規模也很大，企業的數量很少，競爭不激烈，因此行業的利潤水準也很高。在對技術項目的可行性進行分析時，應該關注行業的競爭環境，以便準確地預測項目盈利的可能性。這裡所講的行業競爭環境，指的是一個特定行業的企業競爭對手數量和結構、價格形成方式、相互競爭的形式，以及影響這個行業生存與發展的一系列制約因素所構成的環境。按照戰略管理大師邁克爾·波特的說法，這些制約因素包括這個行業中企業與供應商的關係、買方的力量、潛在進入者的力量以及替代品生產者的力量。在企業戰略管理中，將

第十章　可行性分析

現有競爭者、潛在進入者、供應商、顧客和替代品生產商稱作影響行業競爭強度的五種力量，通常情況下我們可以通過分析影響這五種力量強弱的因素來描述行業的競爭環境。下面，我們簡單介紹一下這種分析方法的要點，詳細內容讀者可以參考有關企業戰略管理方面的文獻。

1. 現有競爭者分析（也叫同業競爭者分析）

以現有競爭者的分析可讓我們清楚技術項目在營運過程中可能面對的競爭者，競爭者可能採取的競爭方式，以及這些方式的激烈程度，從而明確在這樣的行業中經營獲得經濟利潤的可能性和相應的風險。現有競爭者分析中一般考慮這樣幾個問題：①現有競爭者識別與界定；②現有競爭者間的競爭方式；③競爭的激烈程度及導致激烈競爭的原因。

由於產品特性、消費者認同等原因，現有競爭者的界定並沒有一個統一的標準，雖然嚴格地說，只有與本企業生產完全相同的產品的企業才是競爭者，但有時候我們可能找不到與自己產品完成相同的生產者，因此會把生產相似產品的企業歸為同業競爭者。如在電腦製造業中，各企業生產的電腦功能有一定差異，外形設計也不同，各企業的品牌影響力不同，以及消費的認可程度也不同，但有分析同業競爭者時往往將所有電腦製造企業都納入進來。對競爭者的界定具有相當大的靈活性，界定的方式、範圍和準確性依據現有競爭者界定的重要程度而定，如果現有競爭者是影響技術項目成敗的關鍵性因素，或者說是敏感性因素，則在界定競爭者時就應該盡可能準確，反之，現有競爭者的界定就可以粗略一些。

現有競爭者間的競爭方式可以較為直接地說明本行業內的競爭激烈程度。一般來說，如果現有競爭者間的競爭呈現下列方式，競爭就比較激烈：①競爭主要使用價格手段。即行業的競爭表現為企業之間競相降價，經常出現以價格折扣為手段的促銷；②所有競爭者生產的產品非常相似，在功能、外形、價格等方面都很接近，幾乎沒有哪家企業的產品具有明顯的差異化特徵；③所有競爭者實力相當，不存在行業的領導者和價格的決定者，因此沒有企業能夠主導行業的產量與價格水準；④幾乎所有企業生產能力都過剩，這導致行業的庫存壓力增加，資金回收的週期過長，使得多數企業不得不使用擴張性手段從其他企業手中爭奪市場份額。

迫使企業採用激烈競爭方式的原因也來自多個方面，有企業內部因素，有來自外部的因素，也有一些屬於生產要素固有的技術特性。從外部來看，如果行業的增長速度過於緩慢，消費市場已基本飽和，就很容易觸發以價格為中心的競爭。這樣的競爭可能會導致部分企業喪失盈利能力，處於虧損狀態之中。但即使不盈利，有的企業也不會退出這個行業，原因可能來自於政府的限制。從企業內部來看，導致激烈競爭的原因可能來自於各個企業都缺乏創新能力，因此生產雷同的產品，採用相似的管理和行銷方式。當企業處於虧損狀態時，企業可能出於感情方面的考慮，或者出於戰略協同方面的考慮（即企業在本行業中經營有利於其他業務的開展），不願意退出這個行業。生產要素的技術特性主要指其專用性，即當某種生產要素只

有用於某一行業才能產生經濟效益時，企業就不會輕易退出這個行業，因為一旦退出，這些專用化的資產就會失去價值，成為沉沒成本。

2. 潛在進入者分析

如果外部企業大規模地進入本行業，勢必改變行業中既有的競爭結構，加劇行業內企業間的競爭，而如果外部企業進入本行業的可能性小、難度大的，行業內的企業就不太可能採取加劇競爭的行為改變既有結構，行業內的競爭就相對平穩。所以潛在進入者分析的主要目的是瞭解行業外的企業進入本行業的意願和難易程度。其中，進入意願主要由本行業的利潤水準發展速度決定，行業現有的利潤水準高或者發展速度快，對外部的企業來說就意味著存在獲利機會，因此就願意向這樣的行業投資。影響行業進入難易程度的因素就要複雜得多，既包括一些經濟性的因素又包括一些政策性因素；既與現有企業所採取的經營策略有關，又與本行業消費者的消費方式有關。在行業競爭環境分析中，我們把影響其他企業進入本行業的因素通稱為進入壁壘，而分析潛在進入者對技術項目的威脅就演變了對進入壁壘的分析。

在進入壁壘分析中，有的內容與企業所使用技術的特徵有關，如規模經濟與專有技術。所謂規模經濟是指在一個特定的行業中，企業使用的生產要素按一定比例增加時能夠帶來產出品更大比例的增加，在價格水準不變的條件下，產品的平均成本也會隨著產量的增加而下降。我們一般關注的是當產品的平均成本最小時的產量水準，這個產量水準被稱作最小有效規模。可以想像，所有計劃進入某個行業的企業都有將產量水準提升到最小有效規模的意願，否則就很難在這個行業生存下去。而新政者若要達到這樣的產量水準，往往需要克服相當多的障礙，尤其是當最小有效規模與市場的總需求量的比例較大時，新企業很難在行業中立足。正是從這個意義上說，規模經濟是一種影響潛在進入者決策的壁壘。如果行業中企業生產依賴於一些專有技術，如電腦CPU的製造，其他企業則很難進入這樣的行業，因此，專有技術也可以作為一種進入壁壘。

除了規模經濟與專有技術之外，其他形成進入壁壘的因素還包括：①資金需求，即在某些行業中開辦業務可能需要大量的資金。這種對資金的需要可能來自於國家政策，比如很多國家對準備提供銀行服務的企業都設定了一個資本金限制，規定只有在資本金達到一定數額之後，才允許企業進入銀行業。形成資金需要的另一種可能在於某些行業的前期投資所需要的資金非常大，如基礎電信業、電力生產和自來水生產等。②轉換成本，即當顧客由消費一家企業的產品轉向消費另一家企業的產品時所要支付的代價。這種代價雖然不直接由企業支付，但由於這種代價的存在，顧客往往不會輕易改變原有的選擇，這對新進入者的市場拓展行為非常不利。③產品的差異化。即在一個行業中，顧客對各個企業提供的產品都有不同的認知，雖然這些產品在功能上可能完全相同，但附加在產品的企業形象、品牌力量等要素會影響消費者的購買決策。如果某個行業中的產品差異化程度很高，就意味著新進入的企業也要進行必要的差異化，而這需要花很大的代價，從這個角度上講，已有企業

第十章　可行性分析

產品的差異化也是限制潛在進入者進入本行業的一種力量。④政策和法律限制。當政策和法律限制資金向某種行業投資時，就形成了進入壁壘。國家有時出於宏觀調控、產業保護、維護市場秩序或者維護公共安全的需要，會出抬一些措施限制民間資本向某些行業投資。最明顯的像軍事工業、普通信件的郵遞業務，國家往往不允許民間資本經營。而像自來水供應、電力銷售、礦產開採等行業，國家對進入的企業有很嚴格的要求，對於一般企業來說，進入這些行業的可能性非常小。

3. 供應商的壓力

行業中企業與供應商的力量對比也會對行業的競爭環境產生重要影響，如果來自供應商的壓力大，或者說企業在向供應商採購時沒有價格決定力，企業的採購成本就可能居高不下，供應商不太可能按企業的特殊要求提供差異化的零部件，企業在產品設計上的差異化也會受影響。反之，如果供應商的談判力量不強，企業就可能壓低進貨成本，或者按自己的設計要求供應商提供原材料或零部件。在技術項目可行性分析中，應重點注意以下幾個能夠增強供應商談判力量的因素：①市場中只有少數幾家供應商，供應商對價格具有很強的決定力。比如以石油作原材料的化工企業，對所購買的原材料價格幾乎沒有任何決定力。②所有供應商的產品都具有差異化，此時，一旦企業決定購買某供應商的產品，就很難轉向購買其他供應商的產品。③企業對供應商所提供的原材料或產品具有很高的依賴性，或者說供應商所提供的原材料或產品是企業生產中不可或缺的，而且占整個產品價值的很大比例。向電腦製造商供應 CPU 的芯片製造商和向汽車生產企業提供發動機的企業是典型的例子。④企業購買的數量占供應總產量的比例非常小，則供應商不願意為企業提供優惠，不願意在價格或其他方面做出讓步。⑤在市場上找不到與供應商所提供產品相替代的產品，即供應商提供的產品不可替代。如果企業能夠找到替代品，如在家具製造中更多地使用鋼材來替代木材，供應商就很可能在價格上失去控制力。

在可能的情況下，企業可以根據供應商談價力量的來源採取相應的措施來克服供應商的談判能力，比如可以使用更多的標準化零部件、通過進口等方式開發更多的供應商、通過技術研發開發出能夠替代現有原材料或零部件的產品等。

4. 買方的壓力

對買方壓力的分析與對供應商壓力的分析非常類似，重點考察可能提高買方談判力量的因素，然後分析可能克服這種壓力的途徑。在存在以下幾種情況時，買方的價格決定力量會得到增強。①所購買的數量很大，占企業所生產產品總量的很大比例，當沃爾瑪等零售業巨頭向中小企業訂貨時就會發生這種情況。②顧客的轉換成本很低，可以輕易地轉向其他產品的購買。③市場中存在大量的替代品，如果顧客不購買大米完全可以購買面粉或者其他糧食來解決同樣的需求，就不願在購買大米時多支付任何代價。④市場上存在大量的企業向顧客提供標準化的產品。比如在中國九十年代，當電視機生產廠家迅速增加，大量地向市場提供標準化產品時，顧客不再搶購，而是觀望等待，致使電視產品價格大幅度下滑。對於企業來說，克服

買方壓力的手段包括使用專用技術提供差異化產品、開拓新市場或者提供一些增值服務來提高買方的轉換成本等。

5. 替代品生產商的壓力

嚴格說來，任何企業的產品都有潛在的替代品，即顧客可以通過購買與現有產品功能類似的產品來滿足對現有產品的購買慾望。在實踐過程中，這種替代意願轉變為行動需要一些觸發性因素，這種因素可能是經濟性的，即當顧客覺得現有產品的價格高到不可忍受的地步時，將會轉而購買替代品。例如，由於石油價格的上漲致使人們使用汽車的成本高漲時，人們會轉而購買其他交通工具作為替代。第二類觸發因素可能是資源性的，即某類資源的枯竭的可能性會促使人們努力尋找替代性的產品，這時候替代不是自發的而是被迫的。值得注意的是，在這種情況下，能夠提供替代品的企業將會受到廣泛的歡迎，不僅產品易於銷售，還可能獲得來自政府的嘉獎。因此技術項目所提供的產品如果具有替代枯竭資源的特性，即使生產的成本較高，也可能具有可行性。第三類觸發因素來自於技術進步，技術進步可以發明新產品，新產品可能比市場中原有產品的更高效、更經濟，因此會對原有產品形成較為徹底的替代，有時候把這種情況叫作產業升級。在經濟史上，這樣的例子非常普遍，像電子計算器對算盤的替代、集成電路對晶體管的替代等都是較為典型例子。

值得注意的是，在技術項目的壽命期內，由於外部環境的動態性，以上幾種影響競爭強度的力量可能發生變化，從而影響到技術項目的經營成本和收益現金流。比如技術進步可能帶來新材料的供給，使來自供應商的壓力減小，技術項目的經營成本將隨之下降；消費觀念的變化可能使人們改變所購買商品的種類，或者減少對企業所生產產品的購買，或者增加購買，從而改變買方的力量，使技術項目的收益發生變化；以及當新技術的出現帶來了對技術項目所生產產品具有強烈替代性的產品時，技術項目可能會提前結束。因此在可行性分析中應作必要的預測，預測最關鍵的影響因素的變化可能會對技術項目的經濟效果產生什麼樣的影響。這也是我們在前面進行不確定性分析的原因。

(三) 市場分析

無論處於什麼行業，技術項目的經濟價值的實現都要通過市場的認可來完成。無論是直接向消費者提供產品和服務還是向生產商提供原材料、零部件或產成品，企業都必須清楚地認識自己所處市場特徵。這些特徵包括市場的成熟度、市場的供求變動規律、市場中各企業相互競爭的主要方式及這些方式可能發生的演變等。另外，企業還應能夠通過對市場中各種購買者特徵的分析，找到最可能購買本企業產品的購買，即目標顧客。在行銷領域中，市場分析的含義比較廣泛，分析的目的不同，分析時所選擇的重點也不同。在可行性分析中，我們主要介紹市場需求分析和目標市場的選擇這兩個方面：

1. 市場需求量的分析

市場需求分析的目的在於找到產品有效市場，即那些既有意願又有能力購買產

第十章　可行性分析

品的人群構成的整體。在有效市場分析分析的基礎上，為了準確估計技術項目可能獲得的最大收益，我們還可以分析潛在市場或者市場滲透的可能性。「有效市場是對特定商品具有興趣、收入與途徑的消費者集合。」[①] 而市場容量則是指這樣一個消費者集合對產品的需求總量，可以用貨幣度量，也可以用數量表示。從有效市場的界定上我們可以知道，興趣或者購買意願、收入水準和途徑是形成有效市場的必不可少的條件，缺少這之中任何一個條件的人群都不應該進入有效市場。很顯然，在對技術項目的有效需求進行分析時，對於那些有購買需求但沒有足夠的收入的人群不應予以考慮，如在市場調查中我們可能會發現很多人都渴望有一輛汽車，但是目前的收入水準不足以支付汽車消費，那麼這些人群就不應該進入有效消費集合。同樣，如果某些人群具有購買意願和足夠的收入，但交易的途徑不具備，也不能算作有效需求。如果張學友在北京開一場演唱會，居住在重慶的一部分居民很想購買門票觀看，也有足夠的收入支付門票費用，但由於北京與重慶兩地相隔遙遠，從重慶到北京購買門票和觀看演出需要支付的門票以外的費用非常高，或者重慶的消費者根本就沒有足夠的時間前往北京，則重慶居民不能形成有效消費。

　　潛在市場主要是指那些具備有效市場界定中的部分條件的人群形成的集合。值得注意的是，有效市場與潛在市場是針對特定的時間、特定的行業而言的，如果時間發生變化，那些消費具有意願或者購買能力或者購買途徑的潛在消費者很可能轉化為有效需求者，這種轉化可能是消費者自身條件改變的結果，如消費者改變了某種商品的看法、或者收入水準有了明顯的提高，都可能轉化為有效需求者。同時，企業有目的的行銷行為也可以將潛在市場轉化為有效市場，這些行銷措施可能是通過廣告宣傳讓消費者對產品產生更多的認同感、也可能是使用價格折扣使消費者有能力購買，以及通過市場滲透有效地降低消費者購買商品的交易費用，為消費者提供簡便的購買途徑。如在上面例子中，承辦張學友北京演唱會的企業承諾，重慶的居民若願意前往北京觀看，將免費送票上門，且在演唱會當天使用包機專門接送，則重慶居民將很可能成為有效消費者。

　　2. 市場細分和目標市場的選擇

　　有效市場需求量是針對行業中的所有企業來說的，很顯然，除非情況非常特殊，行業中的任何一家企業都不會認為行業的消費者就是本企業的消費者，尤其是在技術變化迅速，幾乎所有企業都想向消費者提供具有個性的產品時，企業向消費者提供的產品特性複雜多樣，這些特徵往往和市場中特定群體的消費者偏好相對應。因此在技術項目的可行性分析中，我們必須清楚自己產品的特性，並通過市場分析找到願意接受這些特性的顧客，這些顧客即是我們通常說的目標市場。

　　在實際操作中，目標市場的尋找是通過市場細分來實現的，而市場細分的基礎是同一行業中的消費者在一些特定的方面表現出了明顯的差異。這些特殊性即是細

[①] 菲利普・科特勒，《市場行銷管理》（上冊），中國人民大學出版社，第 231 頁。

分變量，主要包括以下幾類：①地理區域。當不同區域的消費者具有不同的消費能力、消費習慣或者消費潛力時，市場細分時可以區域劃分。比如我們對汽車消費市場進行調查時，注意到收入水準與消費文化對市場的影響很大，而中國不同區域的居民在收入水準和消費文化上又具有明顯的差異，則可以將市場劃分按地理區域劃分為幾個大的片區。②人口的統計性特徵。即居民的年齡、性別、民族、職業類別、家庭生命週期、家庭規模等。③經濟統計類特徵。包括人均收入、家庭總收入、家庭支出結構、相對收入水準等。④社會文化類特徵，包括社會階層、生活方式、心理個性、生活觀念等。⑤購買習慣，如購買頻率、品牌忠誠度、購買決策的方式等。

3. 市場預測及其方法

市場分析的目標在於找到有效市場、潛在市場及目標市場，所有這些市場都是通過觀察和分析消費者的具體特徵方面的信息來決定的，因此市場分析的本質上就是獲取消費者信息。而對於分析技術項目的可行性來說，弄清楚這些市場在未來一段時間內的狀態，即獲取關於市場未來的信息比瞭解其歷史重要得多，市場分析的最終目標在於判斷這些市場形式在項目的壽命週期內的表現，從而制訂相應的經營計劃。這就要求我們對市場進行相對準確的預測。市場預測的方法與本書後面要介紹的技術經濟預測的方法是大體一致的，因此這裡不再贅述。這裡主要介紹一些專門應用於市場預測的方法，主要有歷史銷售數據分析、專家主觀判斷法、市場調查和試銷法。

歷史數據分析法實質是一種時間序列法，即假設消費者行為具有一貫性，不會輕易變化消費方式，銷售數據在過去幾年或者更長一段時間裡的變化規律在將來會得以重複。所以可以通過對歷史的銷售數據作時間序列分析，確定消費者購買數量的變化趨勢，然後預測未來的數據。

專家主觀判斷法即是指收集一些對市場最熟悉的人員的預測信息，然後進行綜合而得到關於市場的預測結果的方法。專家包括市場銷售人員、經銷商、分銷商、供應商以及市場行銷顧問公司或者市場信息仲介公司等。

市場調查的內容非常廣泛，既可以調查消費者意圖、購買習慣、品牌忠誠度等個人性信息，又可以對個人信息進行綜合得到市場需求總量，消費者對產品性能、價格及質量等信息。調查的方法也很多，常見的有直接問卷、文獻查閱、網絡調查等。

試銷法是針對特殊的人群，即潛在的消費者，小規模的銷售產品，然後收集消費者對產品的反應，從而判斷消費者的真實需求並確定目標市場。對一些沒有歷史數據、沒有熟悉市場的專家的新產品市場，試銷法是一種不錯的選擇，但試銷法的週期較長、成本也很高，在使用時應當慎重。

二、可行性分析的作用

從可行性分析的主要內容可以看出，可行性分析主要包括信息收集、預測、決

第十章 可行性分析

策三種類型的活動。信息收集是使用文獻查閱、調查、歷史數據整理等手段獲取可行性分析所必需的事實材料、數據等內容的重要手段,在環境分析和技術可行性分析中經常使用;預測是在信息收集的基礎上,使用歸納和演繹的方法,對歷史數據和既有事實所呈現出來的規律進行研究,然後判斷未來狀態的手段,在環境分析中對未來市場環境的分析以及經濟分析中使用財務報表的方式估計技術項目未來的現金流等活動都要用到預測方法。而且這些預測結果的準確性直接決定我們對技術項目經濟效果的判斷,所以預測活動中所使用的信息及所選擇方法的準確性就顯得尤為重要。可行性分析中的決策活動與我們前面所講的技術方案的選擇不同,不是使用種種評價指標來考察技術項目的經濟效果,而是對技術項目的整個過程進行詳細的設計,對諸如廠址選擇、技術使用、技術人員的招聘與培訓、組織機構的建設、市場開發的途徑和方式等內容進行詳細的規劃。以上這些活動內容分別體現著可行性分析不同側面的作用,這些作用主要表現在以下方面:

(一)信息的收集與處理方面

可行性分析是信息收集和篩選的重要平臺。與管理活動中的計劃工作一樣,可行性分析是在具體工作開展之前進行的,其主要作用在於它能促使項目的主管人員進行系統的思考,迫使主管人員花較多的時間和精力去思考未來的種種情況,從而促發了各種溝通、思考、預測等行為。[1] 主管人員所獲得信息的完整性是決定技術項目決策的準確性的重要因素,主管人員對未來的思考,以及採取溝通、預測等手段收集和篩選信息的本質就是提高信息的完整性。此外,決策時使用信息的完整性與充分性還影響著項目實施過程中的風險性,一般來說,決策信息越充分,項目的應變能力就越強,抵禦風險的能力就越強。

(二)籌資活動方面

可行性分析是籌資活動的重要依據,尤其是對一些需要大量外部資金的技術項目來說,向投資方提供詳細可行的可行性分析報告不僅是必不可少的活動,而且是決定籌資能否成功的關鍵。在實際操作中,無論是向銀行籌集資金、通過在公開市場發行股票籌集資金,還是定向地向風險投資機構籌集資金,可行性分析報告的說服力都起著至關重要的作用。這些作用從下面兩個方面表現出來:

(1)可行性分析是決定籌資金額的依據。可行性分析對項目的投資總額、投資資金的使用方向以及需要使用投資資金的時間都有詳細估計,如果這些估計數據準確無誤,其必要性也能讓投資者信服,則可以直接作為籌資金額的標準。

(2)可行性分析是投資者判斷技術項目盈利能力,從而判斷投資價值的依據。毋庸置疑,投資者向技術項目的主持人投資的目的在於獲取收益,同時盡最大可能避免風險,所以投資者必須對籌資項目的收益能力和可能的風險進行判斷,一般來說,投資者沒有時間、也沒有足夠的信息通過直接分析項目的可行性來判斷項目的

---

[1] 王鳳彬、李東,《管理學》,中國人民大學出版社,2004年,第79頁。

收益和風險,因此項目主持人給出的可行性分析報告將成為投資者判斷的主要依據。正是從這個意義上講,分行性分析應該突出項目的盈利點,並詳細說明這種盈利的渠道以增加說服力。這就是風險投資報告中常提到的「賣點」。

(三) 營運活動方面

可行性分析在技術項目的營運過程中的作用集中體現在其對項目營運活動的指導意義上,這種指導作用幾乎充滿了項目的整個營運過程,從項目開始籌建到物質、人員等資源的配置再到這些資源的使用與補給,都需要以可行性分析中提出的設計方案為依據。

(1) 可行性分析可以作為與有關企業談判和簽訂協議或合同的依據。這些企業可以包括原料的供給方、代工工廠、經銷商或分銷商等。

(2) 可行性分析中的技術方案是開展項目建設工作的依據,可行性分析中提出的建設時間、使用的材料、供貨方式等內容一般都應得到嚴格執行。

(3) 可行性分析中提出有各種活動的時間安排、質量標準、產量或生產效率等內容是對項目實施過程進行全面控制的依據。如果實施過程與可行性報告中提出的標準有偏差,則應在分析產生偏差的原因的基礎上提出糾偏措施,以保證項目按可行性分析中的基本要求進行。

(4) 可行性分析作為人員招募、組織結構選擇以及市場拓展等活動的依據。除非外部環境發生劇烈變化,項目實施過程中的人員組織、市場發展方向都應以可行性分析中提出的方案為基準,從而有效地控制營運成本。

(四) 後期評價方面

一個完整的技術項目過程不僅應該包括項目籌備、實施活動,還應該進行後期評價,對項目實施過程進行總結分析,一方面可以獲取有益的經驗,為以後的項目累積知識;另一方面總結項目實施中的教訓,分析不足和存在偏差的地方,以期在以後的項目中盡可能地避免,從而減少項目風險。這種在項目實施之後的評價往往也需要以可行性分析中提出的各種標準為依據,這些依據不管表現為時間、產量、標準的操作方式等具體內容,還是表現為程序、規則等相對抽象的內容,都是對項目進行後期評價時必不可少的。

三、可行性分析的階段

一般而言,對技術項目的可行性進行分析與研究並不是一步完成的,有一個由淺入深、由宏觀到微觀、由粗略到細緻的過程,由此可以將可行性分析分為三個階段,即機會分析階段、初步分析階段和詳細分析階段。在不同的階段上,可行性分析的重心、使用的方法以及對可行性分析報告的要求都不同。

(一) 機會分析

機會分析的主要目的是為投資者提供投資方向上的建議,其分析的重心是全面

第十章 可行性分析

收集影響某一特定行業發展的外部環境方面的信息，評估該行業中是否存在著發展潛力，是否存在市場空白，以決定是否存在投資機會。比如某跨國金融公司擬在中國開展金融業務，通過機會分析發現在政策環境方面，由於中國承諾在加入WTO後一定年限內全面開放服務業，對外資金融機構的進入限制將會逐步撤銷；在經濟環境方面，中國的經濟發展迅速，市場體制的改革逐步深入，企業對金融服務，尤其是創新性的金融服務的需求很旺盛，而且呈不斷增長的趨勢；而市場環境方面，中國金融業中現在的競爭對手主要是國有銀行，經營效率較低、創新性較差，綜合競爭力不強，存在著大量的未開發市場。機會分析的結論是中國金融服務業中潛在的盈利機會很多，因此可以考慮進行下一步的可行性分析。

機會分析的結論有時候並沒有嚴格的規範，主要是對各種環境因素，尤其是能起主導作用的環境因素進行描述和評價，請看下面一段材料：

機會分析：中國企業的智利機會

中智自由貿易協定作為第一個中國和南美國家的自由貿易協定，將帶領兩國駛入一個未知的領域。

從1985年到2002年，智利年平均經濟增長率達6.9%，人均國民生產總值提升了4倍，經濟增長率在南美處於領先水準。在2002年由瑞士的國際管理發展研究所（IMD）進行的「國際競爭力排名」調查中，智利位於拉美國家榜首，而且超過了法國、義大利和韓國，其市場經濟透明度和美國並列第二位。據美國傳統基金會發布的《自由經濟自由度報告》，智利的經濟自由度在全球排名第11位，位於拉美之首，政府腐敗指數在拉美最低。

智利經濟成功的根本原因在於其經濟規劃秩序井然，財政上量入為出，不大量舉債。智利已經確定在2010年之前步入發達國家的行列，在這一過程中，智利需要消費大量的商品。這意味著，國際商品生產國和出口國將有機會獲得智利的巨大市場。

智利作為一個地形狹長的國家，位於南美洲的太平洋沿岸，其海岸線幾乎相當於整個拉美太平洋海岸線的一半，是拉美面向亞太地區的主要窗口。南美的玻利維亞、巴拉圭等內陸國家都要尋找出海口，同時由於巴西的主要工業位於其大西洋沿岸，所以對於巴西西部的亞馬遜地區、阿根廷北部地區以及秘魯來說，它們的出口都對伊基克有巨大的依賴。中國企業如果能充分利用智利這一平臺，可以提高對智利和整個拉美的出口量。

1975年，智利在海港城市伊基克市建立了自由貿易區，其2004年的總進口額為17.28億美元，其中6.757億美元來自中國，超過了美國、日本和韓國。伊基克市將在2005年7月建成南美第一個有能力接待大型「巴拿馬客輪」的港口，屆時可裝載9,000個集裝箱。智利政府規定，所有在伊基克設立的企業都享受同樣的零關稅待遇，同時還可以通過智利和其他國家的自由貿易協定，把商品銷售到其他國家。鑒於智利是全世界簽訂雙邊自由貿易協定最多的國家之一，這意味著廣大的市

場。同時，如果中智簽訂自由貿易協定，中國公司還可以享受更低的關稅水準和更好的優惠政策。

從目前來看，中智兩國的經貿關係良好，對中國商人的歧視或者敵視態度在智利完全不存在。華人和當地居民共同促進了智利的發展，目前居住在智利的華人或者華裔完全融入了智利社會，因此中國商人會受到友好的對待。

中智雙邊經貿近年來發展迅速，2004年中國已取代阿根廷，成為在美國之後的智利第二大貿易夥伴。智利的經濟學家認為，如果中國和智利的博覽會成功召開，中國在智利的貿易地位會在兩年內超過美國。

但是，中國出口在智利的商品不全都由中國人經營，更多的是中國周邊國家，如印度、印度尼西亞、馬來西亞、巴基斯坦、韓國等國的商人在經營，因此有必要把經營渠道控制在華商手中。另外，目前的中國商品種類也有局限性，大部分是小商品。僅有的一些品牌商品如康佳電視等，在南美市場有良好的反饋，但是由於品牌宣傳不夠，未能最大程度發揮市場潛力。

同時中國商品也面臨著和日本、韓國的激烈競爭。據悉，現在在南美市場上銷售的許多日韓企業的產品，其實都是中國製造的。日韓企業在本地化方面做得相當成功，日本駐智利大使館的商務處已經在伊基克設立辦公室，韓國則採取加強文化宣傳的政策，因為韓國電影在當地大受歡迎，他們通過文化宣傳而減少了必要的廣告支出。

以上這些因素都可能對中國商品出口智利產生負面影響。[①]

這則材料的核心內容就是介紹中國和智利兩國關係的變化以及智利國內市場的特徵，從而說明對於中國企業來說，拓展智利市場是基本可行的。這可以近似地看作是一則機會分析，所得出的結論是雖然直接說明了投資機會的存在，但並不肯定地認為技術項目一旦實施就能獲得成功，也不估計技術項目如果實施，具體能獲得多大的收益。

（二）初步可行性分析

初步可行性分析是在機會分析的基礎上進行的，目的在於對技術項目的盈利性進行大致的估計，對這些估計的準確性也沒有太高的要求，一般能達到±30%即可。這個階段主要研究的問題包括：

（1）將機會分析的結論細化，說明在特定的區域和時間，這種對於所有企業都有效的機會對於本企業也是有效的，並指出這種機會可以以什麼方式轉化為收益。

（2）對關鍵性的要素進行詳細分析。而什麼是關鍵性要素則取決於項目的性質，如果分析的是電子商務網站項目，關鍵性要素可能就是資本市場的發展狀況以及風險資本的投資意願，以及目標市場的真實性。若對石油開採項目進行分析，關鍵要素則可能是政策的限制、油礦資源的可獲取性以及開採的技術難度等。

---

① 資料來源：劉波，21世紀經濟報導，2005年4月4日

第十章 可行性分析

當然，初步可行性分析是介於機會分析和可行性分析之間的一個過渡階段，對於一些信息較為充分、規模較小、複雜性較低的項目來說，這一階段的分析可能省略。而對那些複雜性高、規模大、對決策準確性要求很高的項目來說，這個階段是必不可少的。比如像三峽工程、奧運會場館建設這樣的工程，可行性分析中涉及的要素很多，利益主體很多，必須從不同的角度進行反覆評估，因此需要採取多階段、多角度論證的方式完成，其中一些較粗略，大致估計項目對某些利益主體帶來的損益的分析就是初步可行性分析。

（三）可行性分析

可行性分析是基於機會分析和初步可行性分析中得出的初步結論，以及前兩個階段中收集到的信息和數據，對技術項目的進行詳細規劃和描述的階段。這裡的很多內容是對前兩階段所提框架的細化，比如在電子商務網站項目中，機會分析的結論是電子商務這個行業中存在大量的投資機會；初步可行性分析可能得出的結論與機會分析一致，但注意到了這個項目在籌集資金上的重要性，而且發現在國內資本市場為這個項目籌資非常困難，因此建議以國際上的風險投資公司為籌資對象；可行性分析就要對國際籌資渠道進行詳細的說明，指國際籌資具體有哪幾種渠道，從各種渠道獲取資金的難度，以及籌資的成本分別是多少，最後對這些渠道進行比較，並明確說明將使用什麼渠道籌資。

可行性分析最主要的特徵是明確了可操作性。即可行分析中提出的方案必須明確，所涉及的資源必須具備，提出的操作程序、技術手段必須是可以達到的，正是從這個角度上，我們說可行性分析可以作為項目實施的指導手冊和執行標準。

第二節 技術可行性分析

廣義地講，所謂技術就是將生產要素轉化為產品或服務的特定方法，它不僅包括我們通常意義上說的生產技術，還包括企業管理或營運活動中的所有方法，如企業的組織結構、內部管理方式等，這些方法的選擇和有效性同樣可以影響到技術項目的經濟效果。

一、技術方案選擇

單純從技術的角度分析項目的可行性時，核心的標準就是技術的可獲取性，具體地說，技術的可獲取性即是指實施技術的土地、原材料、人員、工藝標準、設備或裝備等條件是否具備。此外，如果存在多種技術方案，技術可行性也會涉及方案的優化選擇過程，因此也需要分析技術層面的技術選擇標準。

技術經濟學——工程技術項目評價理論與方法

(一) 技術方案選擇的內容

在不同類型的技術中,技術所包括的要素也不同,可獲取性所要分析的重點也不同。一般而言,這些要素表現為以下幾個方面:

1. 資源依賴

很多項目所使用的技術對自然資源的依賴性很強,尤其是一些需要大規模製造的項目,對土地、水等資源的要求很高。而另一些項目對勞動力要素的依賴性很強,勞動力的可獲取性是項目成功與否的決定性因素。這種對資源條件的依賴性會主導技術項目的廠址選擇、工藝流程設計等內容,從而影響營運成本。如對低廉土地的需要導致西方發達國家大規模將生產性的項目轉移到中國沿海地區,而隨著經濟的增長和對土地需求的持續擴大,中國沿海地區的部分生產性項目又開始向內地轉移。

在技術項目的可行性分析中,對資源的分析重點是考慮技術項目實施所需資源的種類及技術標準的實現對資源的依賴程度,從而決定開展技術項目的地理區域及廠址。如果技術項目屬於勞動密集型行業,可能需要大量的勞動力,支付給勞動要素的報酬占項目總成本的比例很高,則應盡可能地考慮選擇在勞動力成本較低的地區實施;同樣,如果項目對高科技人才的需求量很大,則應選擇在一些對高技術人才具有吸引力的地區實施。根據這種思路,對於那些對自然資源具有很強依賴性的技術項目,企業在地理位置和廠址的選擇上就不存在靈活性,除非運輸技術和效率大幅度地提升,致使資源的運輸成本大幅度減少。如水電項目必然在具有豐富水力資源的江河邊上進行,而一些對木材依賴性較強的行業如家具製造,雖然也應盡可能地在木材資源豐富的地區進行,但由於中國運輸環境的改善,運輸成本大幅度下降,使這些行業在地理位置和廠址的選擇上具有了一定的靈活性。

2. 自然環境

技術項目可行性分析中自然環境的分析可以從兩個方向上進行,其一是項目實施對自然環境的要求;其二則是項目的技術方案對自然環境的影響。前一個問題相對來說容易評價一些,一些技術項目中所使用的技術對空氣質量、海拔高度、氣候狀況都有特殊要求,如微電子產品的生產對廠房所在位置的大氣質量要求比較高,在可行性分析中只需要按需求選擇合適的地理位置即可。而在分析技術方案對環境的影響時,由於這種影響的程度很難準確度量,因此可能導致錯誤決策。下面簡單介紹一面技術方案的環境影響評估。

技術方案對自然環境的影響有兩種情況,第一種情況表現為對自然環境的改善,如一些農林項目,但這樣的項目很少,因此我們不重點分析。第二種情況表現為對自然環境的損害,即項目的實施對自然環境的質量產生負面的影響,這種影響又可以分為兩大類,一類是指技術項目的實施會導致一些廢棄物的排放,而且這種廢棄物的所有排放超過了環境的自然淨化能力,從而引起環境惡化;另一類是技術項目的實施會消耗大量的自然資源,致使自然資源的過度利用,危及經濟和社會的可持續性發展。正是在這個意義上,世界上多數國家都通過立法來限制技術項目對環境

第十章　可行性分析

的損害，對技術項目的開展規定了嚴格的環保標準，不達標的項目不允許實施，或者通過徵收高額的稅收來限制這些項目的開展。因此技術項目可行性分析中必須詳細說明項目的實施可能對自然環境帶來的影響，以及可能面臨的政府的管制措施。這些影響可以從這樣幾個方面來評估：

（1）識別可能受影響的環境要素。一般情況下，這些要素包括地質、地貌、大氣、水源、土壤、動植物、景觀、其他人群。

（2）評估影響程度，判斷這種影響是否可以恢復。

（3）如果可以恢復，則可以採取相應的措施進行補救。如對水資源消耗很大且污染嚴重的造紙項目，可以通過污水處理或者水資源的循環利用來減小其對環境的影響。

（4）如果對環境的影響很大且很難補救，且應分析能否找到替代技術。

3. 原材料供應

技術項目中原材料供應的目標在於將適量的原材料按計劃的時間送到特定的地方，以保證生產作業的持續性。原材料供應不論是在時間、數量還是空間上發生錯誤，都將給技術項目的實施帶來額外的損失。原材料供應的分析重點應考慮這樣一些問題：

（1）市場上供應商所提供的原材料在品種、數量、質量和規格等方面能否滿足企業的需要？以及，這種來自於市場的供應是否具有持續性？

（2）在計劃的壽命週期內，技術項目是否會發生技術變革，從而導致其對原材料的需要發生相應的變化？

（3）如果來自原材料供應商的壓力很大，市場上能否找到替代品？

（4）原材料的運輸和儲存有沒有特殊的要求？

4. 技術工藝

工藝方案體現的是人與物的關係，即是將生產要素轉化為產品的具體方法，不同的技術工藝水準對項目生產效率、產品質量和成本控制都具有很大的影響。而且，一旦項目的工藝方案確定了下來，人員的編組、設備的使用、廠房的布置以及對原材料的使用也就確定下來的，若可行性分析中的工藝方案不恰當而導致項目實施時不得不對其進行調整，則會引起管理混亂。在技術工藝分析中，我們應重點考慮以下問題：

（1）作業過程劃分為多少種工藝？這種工藝劃分對操作人員的要求怎樣？

（2）工藝間流程是否合理，工藝在廠房中的佈局是否能使原材料按最合理的方式流轉？

（3）工藝劃分所導致的各種操作崗位的設計是否合理？如果不合理，則可能導致各種崗位上的作業人員負荷不均，從而打擊作業人員的工作積極性。

（4）工藝安排對廠房空間、動力和其他材料的需求能否得到滿足？如果某些條件不具備，是否具有備選的工藝方案？

(5) 所選工藝方案在設備、原材料以及能源等上的消耗是否是最低的？

(二) 方案技術選擇的準則

單純從技術角度來看，達到項目的產出目標的技術方案可能很多，每種方案都有自己的特點，比如有些方案中使用的工藝先進，對操作人員的要求高，生產出來的產品質量高；有的方案工藝水準可能不算先進，但對原材料的要求不高，且節省能耗；還有的技術方案操作簡單，不需對操作人員進行專業的培訓，等等。要找出最合適的方案，就應遵循一定的準則。

1. 先進性與適用性相結合準則

在其他條件相同的情況下，技術項目應選擇當前最先進的技術。技術先進的企業要麼在生產效率上具有優勢，生產單位產品的成本低，要麼產品質量高，使產品具有差異化，在市場競爭中占據有利地位。但先進的技術往往需要支付高昂的費用才能獲得，而且在使用過程中對原材料的要求很高，對操作人員的要求也很高，致使原材料成本和人工成本上升。所以可行性分析中必須對技術的水準進行權衡，兼顧先進性和適用性。

2. 技術的成熟性準則

項目中使用的技術應盡可能成熟，所選擇的技術方案經實踐證明是切實可行的，不需要在項目開始後進行太多的調試。在成熟性分析中還應注意技術方案的可移植性，即保證在其他企業運轉得好的技術能夠原樣照搬到本企業中來，而不會因為生產條件、操作人員等因素的變化而變得不可行。

3. 安全性與可靠性準則

安全性主要指技術方案的運轉不能對項目的其他要素帶來損害，不能導致物料、設備或者人員的損傷。其中可靠性主要指技術的持續使用能力，即一旦技術方案選定，只要方案的所要求的物料、動力或空間等能得到滿足，就能獲得設想的效果。

4. 經濟性準則

即選擇投入產生比最小的技術方案，這裡的投入是針對技術運轉的全過程而言的，即既考慮了技術獲取的技術，而考慮了保證技術得以實施的設備、廠房、人員、物料等耗費。技術的經濟性與其獲取方式密切相關，如果技術是自主開發的，則經濟性準則重點是考慮實施技術過程的耗費，而如果技術是從外部獲取，則必須考慮獲取途徑的有效性，從經營管理的角度看，從外部獲取技術的途徑包括：①直接購買；②技術人員的引進；③企業的兼併重組；④設備引進。企業可行這些方式的直接和間接成本來評估技術的經濟性。

二、技術人員的獲取

詳細的可行性分析中除了說明技術項目在技術工藝上的方案選擇和這種選擇帶來的設備、原材料等要素的需求以外，還應說明各種如何獲取實施技術的人員，以

第十章　可行性分析

及如何對這些人員進行組織和管理，以保證項目按計劃執行。技術人員分析主要解決這樣幾個問題，第一，確保能夠獲得技術工藝所需要的人員，以使技術項目能順利實施；第二，盡可能地降低使用技術人員所帶來的成本；第三，使用最有效的方式來管理技術人員，確保技術人員能獲得足夠的激勵，提高其工作積極性。此外，由於技術項目都有一定的存續期，在存續期內影響技術人員供求和效率的因素可能發生變化，如行業的快速發展導致對某類技術人員的需求劇烈增加，因而引起技術人員的薪資水準大幅度提高，增加項目營運的成本。因此在技術人員的分析中應對供求變化做一定的預測。

(一) 技術人員需求分析

在技術項目的壽命週期內，影響項目技術人員需求的因素很多，有來自外部的環境類因素，也有來自企業內部的管理性因素。技術項目可行性分析中，對項目初期的人員需求可以在技術方案選定時直接給出。即一旦技術方案選定，其對技術實施中的各種人員，包括操作、管理、質檢、庫管、設備等各個環節的人員需求都有了確定評估。所以，這裡所講的技術人員的需求分析，重點是討論技術項目未來的需求，也就是討論技術項目壽命週期內可能導致技術人員需求發生變化的因素。這些因素可以分為兩個方面，企業內部因素和外部環境因素。

從企業內部來看，導致技術人員需求變化的因素有這樣一些：①出現了導致生產率變化的技術或管理方式方面的變化，生產率的提高和管理方式的改進都可以改變技術項目對技術人員的需求總量，還可能改變對技術人員專業能力的需求；②企業的擴張、緊縮或經營方向調整，技術項目在存續期內，企業的戰略方向可能發生變化，導致項目的在企業戰略中的重要性的變化，因此在人員需求方面也會發生變化；③技術人員的流動率，如果人員的流動率高，技術項目就可能需要面臨著對技術人員的需求缺口；④技術人員的質量的改變，一般來說，技術人員的技能和熟練程度會隨著技術項目的開展得到提高，從而提高生產效率，尤其是一些使用新技術的項目，技術人員的效率會隨著時間的推移得到大幅度的提升，因此改變人員需求的狀況；⑤技術項目的生命週期，一般來說，技術項目都要經歷建設、營運和結束三個階段，而營運又可以分為市場開拓、成長、成熟、衰退等階段，這樣一些依次演變的階段就構成了技術項目的生命週期，在不同的階段，技術項目對技術人員的需求量和專業要求都會有很大的不同。

從外部因素上看，以下這些情況可能會使技術項目對技術人員的需求發生變化。①市場需求量的變化，市場需求量的變化迫使企業改變生產計劃，改變人員的需求量；②行業的成長與衰退，如果行業處於成長期，行業中的所有企業對技術人員的需求都很旺盛，從而導致技術項目所需技術人員的需求緊張，2000 年的互聯網的繁榮而導致計算機技術人員的需求緊張就是典型的例子；③行業競爭狀況，如果行業的競爭主要體現為產品的技術含量的競爭，或者行業競爭的重心是新技術、新產品的開發，則可能使行業對技術人員的需求被放大。

(二) 供給分析

供給狀況直接影響著技術項目獲得技術人員的可能性和獲得技術人員的代價大小，與需求分析一樣，供給分析中除了應說明當前的供給情況以外，重點應分析技術項目存續期內供給狀況的可能發生的變動。

影響技術人員供給的內部性因素主要在於企業對人才的培養，在項目營運期間，企業可以對非熟練工人或其他人員進行培訓，提升其技術技能，提高技術人員的內部供給能力，也可以通過人力資源開發，即選送員工參加外部學習或有意識為其提供在職學習的機會，使其掌握項目技術知識，形成有效供給。

相對內部供給來說，技術人員的外部供給要複雜一些，勞動力市場的有效性、政府政策的引導或限制、經濟發展的形式等都可能影響到技術人員的供給情況。發達的勞動力市場使企業搜索技術人員的供給信息變得容易，搜索的成本也較低，有利於技術人員的供給，而如果技術人員因為種種原因而不能自由流動，則會限制技術人員的供給，增加企業獲得技術人員的成本。如中國的戶籍制度阻礙了人員的流動，導致在某些行業，技術人員的供給總量雖然過剩，但在一些經濟發達地區卻表現為供不應求，致使企業的用人成本居高不下。從政府政策角度來看，如果政策鼓勵教育和人力資本投資，整個社會的技術人員供給量將上升，中國近幾年大力發展職業教育的措施就是為了提高整個社會的技術人才的供給量，以滿足企業對技術工人的需求。經濟發展形勢也會影響到技術人員的供給，經濟持續增長可以提高社會的就業率，改變勞動力市場的供求狀況，使勞動力工資水準上升；反之，經濟停滯或者衰退會導致失業率增加和勞動力成本下降。

第三節　經濟可行性分析

從經濟角度對技術項目可行性分析的本質是說明項目的盈利能力，盈利能力分析又來源於對收益成本的判斷，因此經濟可行性分析的重點在於說明可能產生收益或帶來成本的各種事項，對這些事項的不確定性進行分析，然後估計收益和成本的具體數值，最終使用一系列的評價指標對項目的盈利前景做出預測。在不同性質的技術項目中，構成成本和收益的事項存在較大差異，在具體分析時應注意對這些事項進行有效識別。此外，對於同一個技術項目，如果評價的角度不同（企業角度和社會角度），構成成本和收益的事項也會不同，最終對項目可行性的判斷也可能不同。技術項目的成本收益的構成、評價指標、不確定性分析等內容在前面已作了詳細介紹，本節下面的內容主要分析技術項目經濟評價的不同角度，並簡單介紹一個在經濟評價中常見的財務報表。

第十章 可行性分析

一、籌資分析

任何項目的開展都是建立在一定的資源基礎之上的，包括我們前面提到的資金、技術水準、人力資源和一定的管理能力等。在這些資源中，資金的獲取對技術項目的展開和成本都有著非常直接的影響，所以在技術項目可行性分析中，應對籌資可能性、籌資渠道以及各種籌資方式的成本進行詳細的說明和規劃。

對於處於市場經濟體制中的技術項目來說，資金的籌集方式可以從大的方面分為兩類，一類是內源性籌資，主要是將本企業的留存收益和折舊轉化為投資；第二是外源性融資，主要指通過吸收其他經濟主體的閒置資金。在技術項目的營運過程中，內源性籌資不需要實際對外支付利息或者股息，不會直接減少項目的現金流量；同時，由於資金來源於企業內部，不會發生融資費用，這就使得內源融資的成本要遠遠低於外源性籌資，成為企業首選的一種籌資方式。只有當內源性資金無法滿足項目的資金需要時，企業才會轉向外源性資金的籌集。一般而言，技術項目內源性融資能力的大小取決於企業的利潤水準、資金使用效率、淨資產規模和投資者預期等因素，所以技術項目可行性分析中應對這些因素進行分析，判斷這種內源性資金能在多大程度上滿足項目的資金需求，然後預測其對外源性資金的需求。

技術項目外源性資金的籌集方式包括股票籌集、債券籌資等直接籌資方式和政府財政撥款、銀行貸款、商業信用等間接籌資方式。

（一）直接籌資方式

在直接籌資方式中，投資者和企業者之間約定給付投資者一定的投資回報，而投資者不直接參與企業的經營管理。目前主要的直接籌資方式有在資本市場上通過發行股票或公司債券向社會公開募集資金。

1. 股票籌資

這是典型的權益籌資方式，一般情況下，企業通過發行股票籌措的資金比較穩定，企業對這部分資金沒有償還義務，可以作長期性資產來使用。企業可以通過發行股票籌集資金用作技術項目的啟動資金，購置固定資產或者補充項目的流動資金，對於保持技術項目營運的穩定性和業務的拓展都十分有利。其主要優點表現為：①沒有固定利息負擔，通過發行股票籌集資金時，企業不必向投資人承諾收益率，紅利的派發視企業的經營戰略、業務開展狀況而定，而不受任何力量的強制。②沒有固定到期日，不用償還，籌資風險小，不會因為籌集而引發債務危機，從而不會帶來破產威脅。③能增加公司的信譽，通過股票籌集資金會將企業轉變為公共公司，提升企業的知名度。

股票型籌資方式的主要缺點為：①籌資方式受到的限制很多，多數國家對企業上市籌資的資格、程序等都有相當嚴格的規定，比如在中國，企業若想通過股票方式籌資，必須滿足註冊資本金、連續盈利能力等方面的條件。②籌資成本高，通過

股票籌資往往需要支付高昂的仲介費用，需要花費很長的時間去獲取籌資資格。③容易分散控制權，股票籌資方式使企業演變為公眾性公司，會在一定程度上分散經營決策權，影響決策的速度和經營的應變能力。

2. 債券融資

企業可以通過發行長期和短期債券為技術項目籌措資金，用於項目的啟動、固定資產投資或彌補流動資金不足。由於存在較高的風險和成本，債券籌資方式一般要求企業使用於投資回報快、效益好的項目，而且在償債期內就能夠有相當的投資回報。許多國家對欲發行債券籌集資金的企業都有嚴格的限制，要求其有較好的資產質量和較大的資產規模，並要有良好的信用基礎。在中國，和在股票市場籌集資金一樣，由於資本市場不完善，各種金融機構運作不規範，缺乏完善的法律保障體系，企業通過債券市場為技術項目籌集資金也存在著不少問題。大部分的企業的信用程度都較差，社會信用制度還不健全，債券籌資的效率較低、成本較高。

3. 吸收直接投資

即定向尋找投資者的方式，主要包括尋找戰略投資人、引入風險投資以及引入合伙人等。吸引直接投資的主要優點有：①有利於增強企業信譽，尤其是當投資來自於一些規模大、市場影響力強的企業，或者當資金來自於一些國際知名的投資銀行或專業的風險投資機構時，都可以間接提升企業的公眾信譽；②有利於增強技術項目營運的穩定性，直接投資的投資期限一般都比較長，而且在引入資金時，企業可以和投資方簽訂相應的協議，限制資金的自由退出；③有利於降低財務風險，因為多數直接投資都是一種權益投資，不會增加企業的債務，在一定程度上降低了企業的財務風險。引入直接投資的不足之處則表現為容易分散企業控制權，投資方往往要求派代表進駐企業，監督甚至直接管理項目的運行，會使企業喪失對技術項目的絕對控制權，在雙方不能有效協調、相互配合的情況下，甚至可能導致技術項目的中途夭折。

(二) 間接融資方式

1. 銀行貸款

銀行貸款是一種傳統而又常見的籌資方式，主要包括各種短期和中長期貸款。貸款方式主要有抵押貸款、擔保貸款和信用貸款等，其形式和程序隨著國家的金融政策的變化而變化。理論上講，銀行信貸的資金來源於居民、企事業單位和政府機構的各類存款，銀行只是一個將儲蓄轉化為投資的中繼機構，所以把銀行借貸叫作間接融資。對行技術項目的資金籌集來說，銀行貸款的優點表現為：①籌資速度快；②籌資成本低；③借款彈性好。不足之處在於：①財務風險較大；②限制條款較多；③籌資數額有限。

近年來，隨著中國金融服務領域的市場化和對外開放，民營銀行逐漸發展壯大，特別是非國有股份為主的股份制商業銀行的成立和發展從根本上解決了國有銀行信貸體制不夠靈活的問題。民營銀行整體規模的不擴大，和外資銀行在華業務的不斷

第十章　可行性分析

拓展，引起了中國金融格局的變化，給企業融資提供了一個更加便捷、規範的渠道，使企業通過銀行貸款為技術項目籌資的效率和成本都得到了一定程度的改善。

2. 商業信貸

即利用企業之間發生的與商品交易直接相聯繫的信用進行間接的融資。主要表現為商品賒銷、分期付款，以及以商品交易為基礎的預付定金和預付貨款。商業信用以商業票據作為債權債務證明，因此商業信用籌資也就是一種通過商業票據進行資金籌集的方式。這種資金籌集方式的優點表現為籌資便利方便靈活、籌資成本低、限制條件少等。但由此籌集的資金期限一般比較短，只能用於特定用途。

二、財務評價與國民經濟評價

財務評價是指企業從自身損益的角度，按照國家現行財稅制度，通過對技術項目的投資、費用和收益數據的收集和核算，使用相應的指標考察項目的盈利能力、償債能力，從而判斷項目的可行性。國民經濟評價與財務評價在方法上基本相同，是從整個社會的角度，分析技術項目所帶來的損益。導致這種評價上的差異的根本原因在於技術項目的外部性，即技術項目的存在與運行對企業之外的利益主體形成了影響，而從企業的角度計算的技術項目的成本與收益並不考慮這種影響，所以它與從社會角度計量的成本與收益存在差異。

（一）國民經濟評價與財務評價差異的原因

1. 外部性

在傳統的企業經濟分析中，一般假設企業的投資經營活動是獨立的，所以不考慮企業經營活動對其他利益主體的影響，因而也不討論對這種影響的處置方式問題。然而，在現實生活中企業營運活動的外部性是普遍存在的，這種外部性可能表現為技術項目的營運為其他個人或者群體帶來了額外的收益，比如說某企業在一蘋果園附近設立了一個養蜂場，在收穫蜂蜜的同時也提高了蘋果園的產量，使蘋果園的主人受益，因此養蜂項目的實際收益可能高於企業內部計算的收益；外部性的另一種情況表現為技術項目的營運給其他個人或群體帶來的損失，典型的例子就是化工廠的設立可能導致附近水源的污染，致使附近居民飲水困難，如果這種困難可以量化，化工廠項目的總體成本可能遠高於企業內部核算的成本。

2. 市場價格扭曲

即市場價格並未真實反應商品生產過程中對資源的消耗，沒有反應商品的真實價值。造成扭曲的原因可能是政策性的，即由於政策限制帶來市場的不完善，從而導致市場上物資或勞動力的價格並不能真實反應其價值，例如國際貿易中很多國家對進口商品設置了貿易壁壘，使得同樣的商品在出口國和進口國的市場價格差別很大，一般來說這種商品在進口國的價格表現為市場價格，而出口國的價格是該商品在進口國的影子價格；造成商品市場價格扭曲的第二個原因是某些資源的貢獻或者

損耗難以度量，或者某些資源的獲取沒有支付直接成本，因此造成部分成本沒有被計算到市場價格中來。例如某事業機構利用國家劃撥的土地建造房屋進行銷售，由於不計算土地成本，銷售價格可能低於市場上同類商品的價格，則其銷售價格不能反應所銷售房屋的實際價值。

所以，在技術項目的可行性分析中，為了準確判斷其經濟可行性，除了使用前述的 NPV、IRR 等指標分析其內部的經濟性外，還應對其進行國民經濟評價。

（二）國民經濟評價的方法——影子價格

1. 影子價格的概念

影子價格來自於運籌學中的線性規劃理論，是在求解資源的最優配置時計算出的一組價格。從理論上講，影子價格是對上面所說的被扭曲了的市場價格的修正，是對技術項目進行國民經濟評價的基礎，也是國民經濟評價與財務評價方法的根本區別所在。影子價格的定義為：商品或生產要素可用量的任一邊際變化對國家基本目標——國民收入增長的貢獻值。這就是說，影子價格是由國家的經濟增長目標和資源可用量的邊際變化賴以產生的環境所決定的。從數值上講，影子價格是指當社會處於某種最優市場狀態下，能夠反應社會勞動的消耗、資源稀缺程度和對最終產品需求情況的價格。

在技術項目評價中，為使社會資源能夠合理配置和有效利用，就必須使價格能夠真實反應其經濟價值，這樣才能正確計算項目的投入和產出的相應費用和收益，才能正確地進行收益和費用的比較。因此，在對技術項目進行國民經濟評價時往往採用一種新的價格體系——影子價格體系，而財務評價主要使用市場價格或者按市場估價來核算成本和收益。

2. 影子價格的確定

國民經濟雖然不能簡單地採用交換價格，但是現實經濟中的交換價格畢竟是對資源價格的一種評估，而且這種價格信息又是最大量、最豐富的存在於現實經濟之中，所以獲得影子價格的基本途徑是以交換價格為起點，將交換價格調整為影子價格。

一般而言，對於技術項目來說，其投入物的影子價格就是項目所使用資源的機會成本，即資源用於國民經濟其他用途時的邊際產出價值，也即是指資源用於該項目而不能用於其他用途所放棄的邊際收益；其產出品的影子價格就是消費者的支付意願，即消費者為了獲得某種商品或服務所願意支付的代價。

對項目進行國民經濟分析的著眼點是整個國民經濟，因而確定影子價格的過程是對國民經濟在生產、交換、分配和消費過程中的全部環節及其相互制約相互依賴關係的全面考察過程，因此，要正確確定商品和勞務等的影子價格是相當困難的，在考慮到社會資源可用量、政策變動及社會經濟未來變動等各種不確定性因素的存在及影響，要精確測定影子價格是異常困難的。

在實踐過程中，因為影子價格與市場價格的差異來源於市場價格的扭曲，而產

第十章　可行性分析

生這種扭曲的原因包括國際貿易壁壘、國內市場障礙和非貿易品等，所以，根據簡便適用性原則，我們把資源分為外貿品、非外貿品和生產要素（土地、資金和勞動力）三大類，然後採用相應的方法為其確定影子價格。對於非外貿品和生產要素，一般使用其機會成本作為影子價格，這裡簡單介紹一下使用國際市場價格作為影子價格的情況。

外貿品的定價基礎是國際市場價格。雖然國際市場價格並非就是完全理想的價格，存在著諸如發達國家有意壓低發展國家初級產品的價格，實行貿易保護主義，限制高技術向發展中國家轉移以維持高技術產品的壟斷價格等問題。但在國際市場上起主導作用的還是市場機制，各種商品的價格主要由於供需規律所決定，多數情況下不受個別國家和集團的控制，是在市場競爭中形成的，一般比較接近商品的真實價格。因此，按國際市場價格確定外貿貨物的影子價格，不僅反應了一個從事國際貿易的國家面臨的經濟環境和約束條件的真實影響，而且也為正確確定外貿貨物與非外貿貨物之間的比價關係奠定了基礎。利用國際市場價格作為影子價格的重要來源，使影子價格的確定真正變得相對簡單和可行。

以國際市場價格確定影子價格的關鍵是區分外貿品與非外貿品，如果一種貨物的投入或產出主要影響國家進出口水準，則應劃分為外貿貨物；如果主要影響國內供求關係，則應劃分為非外貿貨物。根據中國具體情況，區分外貿貨物和非外貿貨物，通常採用以下原則：

（1）直接進口的投入物和直接出口的產出物，應視為外貿貨物。

（2）項目投入物和產出品中可以外貿而沒有外貿的貨物，按外貿物處理。例如一個將國產原油作原料投入的化工項目，它所用的原油本來是可以出口的，因而這些原油就是可出口而沒有出口的出口占用品。再如，由於全國小麥增產，將使小麥的進口數量減少，頂替進口的這些小麥就是本應進口而沒有進口的進口替代品。

（3）非外貿貨物就是指其生產或使用不影響國家出口或進口貨物。符合下列情況貨物。應視為非外貿貨物：天然非外貿貨物系指其使用和服務天然地限於國內，包括國內施工和商貿以及國內運輸和其他國內服務；由於經濟原因或政策原因不能外貿的貨物，包括由於國家貿易政策和法令限制不能外貿的貨物；國內生產成本加上到口岸的運輸、貿易費用後的總費用高與離岸價格，致使出口得不償失而不能出口和國外商品得到岸價格高於國內生產同樣商品的經濟成本，致使該商品也不能從國外進口。

（三）國民經濟評價的內容

由於國民經濟評價的主要目標是測算技術項目對資源的實際消費和為整個社會帶來的實際價值，其分析的內容包括以下幾個部分：

1. 收益分析

收益分析即用影子價格計算的技術項目的產出物價值。這種收益可能是直接的收益，也可能是間接的收益。主要包括：①項目向市場提供產品或服務以滿足市

需求所帶來的收益,一般情況下,這個數據與財務評價時的銷售收入一致。應該注意的是只有當產出成功地銷售出去才能算作收益,而生產出來沒有銷售出去,只是存放在倉庫中的產出不能計為收益;②項目的開展所帶來的資源利用效率的提高,也計入項目的收益中。例如農業機械化項目的開展使大量的農村勞動力轉移出來,從事更高效率的工作,能使整個社會的產出水準得到提高。③項目開展帶來的外部性收益,即項目為其他利益主體帶來的收益。

2. 費用分析

費用分析即從整個社會的角度判斷的技術項目開展所帶來的損耗,包括:①項目建設和營運的全部費用,即財務評價中計算的成本和費用;②項目的資源消耗對社會的持續性發展帶來的負面影響,如果國家以特別的稅收(如資源稅、燃油稅等)將這種影響帶來的損失內化到了技術項目內部,則這種影響會直接計入項目的財務分析成本,否則,在國民經濟評價中應單獨列項計算這種成本;③項目開展所帶來的外部性損失,即項目的開展給其他利益主體帶來的損害。如果企業沒有通過談判等方式向遭受損害的主體賠償損失,即沒有將這種損害的成本納入到技術項目中來,則在國民經濟評價中單獨列項計算。

應該注意的是,有時候國民經濟評價中的耗費和收益是無形的,或者是沒有市場的,不存在一個完善市場確定的價格,因此不存在一個可供參照的數據作為國民經濟評價的基礎,所以很多時候只能以估計的成本和價格來對項目的經濟性進行評價。這種估計的方法也因技術項目的特點而變,如在化工廠項目中,化工廠的建設與生產對周圍居民的健康帶來了損害,這種損害就應計入項目的成本中去,應該以項目的銷售收入去補償。但具體應該補償多少呢?理論上講,補償的數據由居民受損害的程度來確定,但由於測定這種損害存在技術困難,以及居民為了在談判中佔據有利位置可能會故意隱瞞一部分信息,所以這個數據很難確定。因此國民經濟評價中收益和成本的識別往往比財務評價困難得多。

(四)國民經濟評價與財務評價的聯繫與區別

技術項目國民經濟評價與財務評價在基本思路與方法都是一致的,這二種評價方法的聯合使用有利於提高可行性分析的準確性。一般而言,項目的財務評價是國民經濟評價的前提和基礎,而國民經濟評價是財務評價的昇華和宏觀要求。

1. 財務評價與國民經濟評價間的聯繫

(1)二者的思路相同。無論是財務評價還是國民經濟評價,其基本邏輯都是使用經濟思維和經濟方式對技術項目的可行性進行判斷,都是為尋求最有利的投資項目或方案。

(2)二者評價基礎相同。這兩種評價方法都是對既定的技術內容,都是在完成了技術項目產品市場分析、生產建設方案擬定、投資估算及資金籌措等的基礎上進行的,即二者所面對的客觀內容是一致的。

(3)基本分析方法和主要評價指標類同。這兩種方法都是圍繞著一個估計的現

第十章　可行性分析

金流序列展開的，都是以現金流量分析為主要分析方法，通過編製基本財務報表計算淨現值、內部收益率等主要評價指標來判斷技術項目的可行性。

2. 財務評價與國民經濟評價的差異

雖然財務評價和國民經濟評價有著很多的共同之處，但這兩種方法畢竟是從不同的利益主體的角度衡量技術項目的價值，所以在對技術項目進行可行性分析時，這二者並不能相互替代。兩種方法的主要差異體現在：

（1）評價的角度不同。財務評價是從企業角度分析評價項目的微觀（市場）經濟效益；國民經濟評價是從國家（社會）角度分析評價項目的宏觀經濟效益。所以兩種方法所得到的結論可能並不相同。

（2）效益、費用的含義和範圍不同。財務評價是在企業經濟核算範圍之內進行的，它衡量的是項目的直接效益，並根據項目的實際收支確定其效益和費用，它不考慮企業生產經營活動的外部性問題，或者不會將外部性效果內化在技術項目中來；而國民經濟評價將考察的範圍拓展至整個社會，將技術活動提供給社會中所有利益主體的內容都歸為收益，同時將給所有利益主體帶來的耗費或損害都歸為費用，因此，一般來說，國民經濟評價中效益、費用的範圍更為廣泛。

（3）兩種評價方法所使用的計算價格不同。財務評價一般採用的是市場價格、名義工資或名義匯率計算技術項目的費用和收益；而國民經濟評價則採用能夠反應資源真實經濟價值的影子價格來計量項目的費用和效益，當某些收益或耗費的價格不可直接觀測時，國民經濟評價將考慮資源耗費的機會成本，而不是忽略不計。

此外，財務評價和國民經濟評價的指標計算方法也有一定的差異，財務評價主要使用基準折現率來計算各項指標，基準折現率的值由最低期望收益率確定；而國民經濟評價的主要判斷依據是社會折現率。

由於技術項目經濟可行性分析需要同時使用財務評價和國民經濟評價兩種方法，並且這兩種方法得出的結果又很可能不一致，這就給技術項目可行性分析帶來了一定的困難，所以必須明確當這兩種方法得出的結果不一致時的處理辦法，以便能準確無誤地對項目進行取捨。通常情況下，當財務評價結論表明項目可行，而國民經濟評價結論表明項目是不可行時，技術項目一般應予否定。當然此時也可以對企業制定一些限制性措施，例如當技術項目的國民經濟評價主要是由於企業排放污水造成的時，可以強制企業引入污水處理設備、或者徵收一定額度的排污稅，在使用了這些矯正措施後，如果財務評價仍然表明項目可行，且國民經濟評價也表明項目可行，則項目就可以通過可行性檢驗。

財務評價結論表明項目不可行，而國民經濟評價結論表明項目是可行的，項目一般應受到支持。這種情況一般是由於技術項目的外部經濟性引起的，技術項目的開展給企業本身帶來的收益小於其為社會整體所帶來的收益。所以社會應採取一些措施進行鼓勵，例如貸款優惠、稅收減免或優惠等，只要這些措施帶來的成本低於技術項目給社會帶來的額外收益，都不影響技術項目的可行性。

三、常見的財務評價報表及指標

（一）財務評價的內容與基本報表

1. 現金流量表

此表反應項目在計算期內現金流入和現金流出的情況，根據此表可以計算各年的淨現金流量和累計淨現金流量，它們是計算各種指標的基礎。此表又分為三種情況：①全部投資財務現金流量表。即不分投資資金來源都作為項目的投資以考察全部投資的盈利，考察整個項目的盈利能力，又叫作項目財務現金流量表。②資本金財務現金流量表。在區分投資資金來源的基礎上繪製該表，反應企業自由資金的盈利，也就是說視借貸資金為現金流出，以從企業財務的角度考察企業從項目中能獲得的實際利益。③投資各方財務現金流量表，此時給出了投資各方收益率計算的基礎。下面給出了一個全部投資現金流量表的示例：

表 10-1　　　　　　　　全部投資財務現金流量表　　　　　　（單位：萬元）

序號	項目	合計	計算期 1	2	3	4	5	6	...	n
1	現金流入									
1.1	產品銷售（營業）收入									
1.2	回收固定資產餘值									
1.3	回收流動資金									
1.4	其他現金流入									
2	現金流出									
2.1	固定資產投資（含投資方向調節稅）									
2.2	流動資金									
2.3	經營成本									
2.4	銷售稅金及附加									
2.5	所得稅									
2.6	其他現金流出									
3	淨現金流量（1-2）									
4	累計淨現金流量									
5	所得稅前淨現金流量（3+2.5）									
	所得稅前累計淨現金流量									

註：1. 根據需要可在現金流入和現金流出欄裡增減項目；
　　2. 生產期發生的更新投資作為現金流出可單獨列項或列入固定資產投資項目中。

2. 損益表

損益表是反應項目的盈利和虧損情況的報表，通過每年的成本、收入、稅收來計算各年的利潤總額及其分配情況。投資利潤率、投資利稅率和資本金利潤率等指標也是在此表的基礎上計算出來的，其基本形式如下表所示：

244

第十章　可行性分析

表 10-2　　　　　　　　　　　損益表　　　　　　　　　　（單位：萬元）

序號	項目 \ 年份：	合計	計算期 1	2	3	4	5	6	…	n
1	產品銷售（營業）收入									
2	銷售稅金及附加									
3	總成本費用									
4	利潤總額（1-2-3）									
5	彌補以前年度虧損									
6	所得稅									
7	稅後利潤（4-6）									
7.1	可供分配利潤									
7.2	盈餘公積金									
7.3	應付利潤（股利分配）									
7.4	未分配利潤									
	累計未分配利潤									

3. 資金來源與運用表

項目能夠每年正常的營運離不開每年的資金保證，所以通過編製資金來源與運用表來明確項目每期資金的來源與運用情況，從而保證項目壽命週期內項目資金運行的可行性。此表可以反應壽命週期內各年的資金短缺和盈餘情況，從而為資金籌措方案和制定適宜的借款及償還計劃提供依據。見表 10-3。

表 10-3　　　　　　　　　資金來源與運用表　　　　　　　　（單位：萬元）

序號	項目 \ 年份：	合計	計算期 1	2	3	4	5	6	…	n
1	資金來源									
1.1	利潤總額									
1.2	折舊費									
1.3	攤銷費									
1.4	長期借款									
1.5	流動資金借款									
1.6	其他短期借款									
1.7	項目資本金									
1.8	其他									
1.9	回收固定資產餘值									
1.10	回收流動資金									
2	資金運用									
2.1	固定資產投資（含投資方向調節稅）									
2.2	建設期利息									
2.3	流動資金借款									
2.4	所得稅									
2.5	應付利潤									
2.6	長期借款本金償還									
2.7	流動資金借款本金償還									
2.8	其他短期借款本金償還									
3	盈餘資金									
4	累計盈餘資金									

4. 資產負債表

該表反應項目在計算期內各年年末資產、負債及所有者權益增減變化及其對應關係。它表明項目在某個特定時期所擁有的資產和負擔的債務以及所有者的權益。

資產是指任何具有現金價值的實物財產和權力，比如現金、存貨、應收帳款、房屋、車輛、設備工具等。資產並不僅僅是投資者投資所得，還可以通過賒購、借款購買等方式取得。

負債是指企業為使項目能夠正常有效的運行而產生借款、賒購的行為時所欠下的需要日後償還的債務，以及其他一些類型的支付，比如應付稅款等。負債分為流動負債和長期負債兩種，流動負債的償付期為一年或一年以內，長期負債的償付期為一年以上的債務。

所有者權益是指項目投資人對項目淨資產的所有權。包括對項目的投入資本以及形成的資本公積金、盈餘公積金與累計未分配利潤等。

表 10-4　　　　　　　　　　資產負債表　　　　　　　　　（單位：萬元）

序號	項目 \ 年份	合計	計算期 1	2	3	4	5	6	…	n
1	資產									
1.1	流動資產									
1.1.1	應收帳款									
1.1.2	存貨									
1.1.3	貨幣資金									
1.1.4	累計盈餘資金									
1.1.5	其他流動資產									
1.2	在建工程									
1.3	固定資產									
1.3.1	原值									
1.3.2	累計折舊									
1.3.3	淨值									
1.4	無形及遞延資產淨值									
2	負債及所有者權益									
2.1	流動負債總額									
2.1.1	應付帳款									
2.1.2	其他短期借款									
2.1.3	其他流動負債									
2.2	中長期借款									
2.2.1	中期借款									
2.2.2	長期借款									
	負債小計									
2.3	所有者權益									
2.3.1	資本金									
2.3.2	資本金公積金									
2.3.3	累計盈餘公積金									
2.3.4	累計未分配利潤									
計算指標：資產負債率、速動比率、流動比率											

第十章　可行性分析

（二）財務評價指標體系

1. 財務盈利指標體系

反應項目財務盈利能力的主要指標是財務內部收益率、財務淨現值、財務淨現值率、投資回收期、投資利潤（稅）率以及其他財務比率。這些都在前面的章節中詳述，所以在此不再贅述。

2. 項目清償能力分析

項目清償能力分析主要考察計算期內各年的財務狀況及清償能力。用下列指標來反應。

（1）資產負債率

資產負債率是指負債總額與資產總額的比率，反應項目各年所面臨的財務風險及償債能力的靜態指標。其計算公式為：

$$資產負債率 = \frac{負債合計}{資產合計} \times 100\%$$

（2）借款償還期

按照國家財政規定，結合項目的具體財務條件，以項目投產後可用於還款的資金來償還建設投資國內借款本金和建設期利息（不包括已用自有資金支付的建設期利息）所需的時間，從開始借款的年份算起。當償還期滿足貸款機構的要求期限時，則認為項目具有清償能力。

$$I = \sum_{t=1}^{P_t} R_t$$

其中：

I：建設投資期內借款本金和建設期利息之和；

P_t：建設投資國內借款償還期，從借款開始年計算；

R_t：第 t 年可用於還款的資金，包括稅後利潤、折舊金、攤銷費及其他還款資金。

另外還可由資金來源與運用表和國內借款還本付息表的數據直接推出，常用「年」表示：

借款償還期 = (借款償還後首次出現盈餘的年份數) − 開始借款年份 $+ \dfrac{當年應償還借款額}{當年可用於還款的資金額}$

（3）流動比率

該指標能夠反應項目每年償還流動負債能力，公式為：

$$流動比率 = \frac{流動資產}{流動負債} \times 100\%$$

（4）速動比率

該指標是指流動資產總額中扣除存貨後的餘額與流動負債總額的比率。因為存

貨要變現受到許多不確定因素的影響，其變現能力較差，所以在流動資產中扣除它之後能更好地反應項目的清償能力。公式為：

$$速動比率 = \frac{流動資產總額 - 存貨}{流動負債總額} \times 100\%$$

本章小結

技術項目的可行性（Feasibility）就是對影響項目的主要因素進行系統分析，從而評估實現既定目標的可能性的活動。從企業的內部來看，技術項目可行與否，歸根究柢受兩個方面因素的約束：技術方面的約束和經濟方面的約束。

所有對項目未來狀況的設計與預測以及影響這種設計和預測的因素就構成了可行性分析的基本內容。這些內容既包括技術性的，也包括財務性或經濟的，有時候還需要考慮營運和管理方面的因素。

對於同一個技術項目，如果評價的角度不同（企業角度和社會角度），技術項目的成本收益的構成、評價指標、不確定性分析等內容也不同，最終對項目可行性的判斷也可能不同。所以在對技術項目進步經濟評價時，需要從財務評價和社會經濟評價兩個角度入手。

思考與練習

1. 判斷技術項目可行與否的標準是什麼？
2. 若你是某移動通信集團公司的項目主管，請分析一下制約這個行業發展的宏觀因素。
3. 什麼是項目國民經濟評價，它與財務評價有什麼異同？
4. 在國民經濟評價中，識別費用效益的原則是什麼？與財務評價的原則有什麼不同？
5. 技術項目的外部效果分為哪幾種類型？根據你的判斷，哪些外部效果需要列入國民經濟評價中來？
6. 影響技術項目可行性的技術約束指的是什麼，在分析時主要應注意哪些方面？

第十一章　項目後評價簡介

內容提要

　　項目後評價是通過對已實施的項目進行全面的總結評價，力爭從中汲取經驗教訓，改進和完善項目決策水準，達到提高投資效益的目的。在現代技術項目管理中，項目後評價是技術項目週期中最後階段，也是項目全過程管理中不可或缺的重要環節。本章將簡要介紹項目後評價的內涵、意義和原則，並介紹項目後評價中經常使用的一些科學方法，以及最終的評價報告的形成過程。

第一節　項目後評價概述

一、項目後評價的概念

　　項目後評價也稱為項目後評估，是在項目建成投產後的某一階段，依據實際發生的數據和資料，測算分析項目技術經濟指標，通過與項目可行性分析報告等文件的對比分析，確定項目是否達到原計劃和期望的目標，重新估算項目的財務、環境和社會等方面的效益，並總結經驗教訓的一項綜合性工作。項目後評價19世紀30年代產生於美國，直到上個世紀70年代，才廣泛地被許多國家和世界銀行、亞洲銀行等雙邊或多邊援助組織用於世界範圍的資助活動結果評價中。

　　簡單地看，項目後評價是指對已經完成的項目或規劃的目的、執行過程、效益、作用和影響所進行的系統的客觀的分析。通過對投資活動實踐的檢查總結，確定投資預期的目標是否達到，項目或規劃是否合理有效，項目的主要效益指標是否實現，

通過分析評價找出成敗的原因，總結經驗教訓，並通過及時有效的信息反饋，為未來項目的決策和提高完善投資決策管理水準提出建議，同時也為被評項目實施營運中出現的問題提出改進建議，從而達到提高投資效益的目的。因此，國務院國資委在2005年發布的《中央企業固定資產投資項目後評價工作指南》中指出，項目後評價一般是指項目投資完成之後所進行的評價，它通過對項目實施過程、結果及其影響進行調查研究和全面系統回顧，與項目決策時確定的目標以及技術、經濟、環境、社會指標進行對比，找出差別和變化，分析原因，總結經驗，汲取教訓，得到啟示，提出對策建議，通過信息反饋，改善投資管理和決策，達到提高投資效益的目的。

二、項目後評價的特點

項目後評價不同於技術項目或其他項目中的決策評估（即可行性分析）。由於評估時點的不同，它與項目前評估相比，具有如下特點：

（1）現實性。投資項目後評價分析研究的是項目的實際情況，是在項目投產的一定時期內，根據企業的實際經營結果，或根據實際情況重新預測數據，總結前評估的經驗教訓，提出實際可行的對策措施。項目後評價的現實性決定了其評估結論的客觀可靠性。

（2）全面性。項目後評價不僅要分析項目的投資過程，還要分析其生產經營過程；不僅要分析項目的經濟效益，還要分析其社會效益、環境效益。另外還需分析項目經營管理水準和項目發展的後勁和潛力，具有全面性。

（3）反饋性。項目後評價的目的是對現有情況進行總結和回顧，並為有關部門反饋信息，以利於提高投資項目決策和管理水準，為以後的宏觀決策、微觀決策和項目建設提供依據和借鑑。

（4）探索性。投資項目後評價要在分析企業現狀的基礎上，及時發現問題、研究問題，以探索企業未來的發展方向和發展趨勢。

（5）合作性。項目後評價涉及面廣、難度大，因此需要各方面組織和有關人員的通力合作，齊心協力才能做好後評價工作。

三、項目後評價與前評估的差別

（一）評估的側重點不同

投資項目的前評估主要是以定量指標為主，側重於項目的經濟效益分析與評估，其作用是直接作為項目投資決策的依據。

後評價則要結合行政和法律、經濟和社會、建設和生產、決策和實施等各方面的內容進行綜合評估。是以現有事實為依據，以提高經濟效益為目的，對項目實施結果進行鑒定，並間接作用於未來項目的投資決策，為其提供反饋信息。

第十一章　項目後評價簡介

（二）評估的內容不同

投資項目的前評估主要是對項目建設的必要性、可行性、合理性及技術方案和生產建設條件等進行評估，對未來的經濟效益和社會效益進行科學預測；後評價除了對上述內容進行再評估外，還要對項目決策的準確程度和實施效率進行評估，對項目的實際運行狀況進行深入細緻的分析。

（三）評估的依據不同

投資項目的前評估主要依據歷史資料和經驗性資料，以及國家和有關部門頒發的政策、規定、方法、參數等文件；項目的後評價則主要依據建成投產後項目實施的現實資料，並把歷史資料與現實資料進行對比分析，其準確程度較高，說服力較強。

（四）評估的階段不同

投資項目的前評估是在項目決策前的前期階段進行，是項目前期工作的重要內容之一，是為項目貸款決策提供依據的評估；後評價則是在項目建成投產後一段時間內（一般在投產2年後），對項目全過程的總體情況進行的評估。

總之，投資項目的後評價是依據國家政策、法律法規和制度規定，對投資項目的決策水準、管理水準和實施結果進行的嚴格檢驗和評估。在與前評估比較分析的基礎上，總結經驗教訓，發現存在的問題並提出對策措施，促使項目更快更好地發揮效益。

四、項目後評價的意義

項目後評價是項目監督管理的重要手段，也是投資決策週期性管理的重要組成部分，是為項目決策服務的一項主要的諮詢服務工作。項目後評價以項目業主對日常的監測資料和項目績效管理數據庫、項目中間評價、項目稽查報告、項目竣工驗收的信息為基礎，以調查研究的結果為依據進行分析評價，通常應由獨立的諮詢機構來完成。其意義表現在：

（1）確定項目預期目標是否達到，主要效益指標是否實現；查找項目成敗的原因，總結經驗教訓，及時有效反饋信息，提高未來新項目的管理水準。項目後評價首先是一個學習過程，是在項目投資完成以後，通過對項目目的、執行過程、效益、作用和影響所進行全面系統地分析，總結正反兩方面的經驗教訓，使項目的決策者、管理者和建設者學習到更加科學合理的方法和策略，提高決策、管理和建設水準。

（2）後評價具有透明性和公開性，能客觀、公正地評價項目活動成績和失誤的主客觀原因，比較公正地、客觀地確定項目決策者、管理者和建設者的工作業績和存在的問題，從而進一步提高他們的責任心和工作水準。項目後評價也是增強投資活動工作者責任心的重要手段。由於後評價的透明性和公開性特點，通過對投資活動成績和失誤的主客觀原因分析，可以比較公正客觀地確定投資決策者、管理者和

建設者工作中實際存在的問題，從而進一步提高他們的責任心和工作水準。

（3）為項目投入營運中出現的問題提出改進意見和建議，達到提高投資效益的目的。後評價主要是為投資決策服務的。雖然後評價對完善已建項目、改進在建項目和指導待建項目有重要的意義，但更重要的是為提高投資決策服務，即通過評價建議的反饋，完善和調整相關方針、政策和管理程序，提高決策者的能力和水準，進而達到提高和改善投資效益的目的。

五、項目後評價的作用

不論是技術項目或其他項目的後評價對於提高項目決策的科學化水準和項目管理能力、監督項目的正常生產經營、降低投資項目的風險等方面都發揮著非常重要的作用。具體地說，項目後評價的作用主要表現在以下幾個方面：

（1）總結投資建設項目管理的經驗教訓，提高項目管理水準。投資項目管理是一項十分複雜的綜合性工作活動。它涉及主管部門、貸款銀行、物資供應部門、勘察設計部門、施工單位、項目和有關地方行政管理部門等單位。

項目能否順利完成並取得預期的投資經濟效果，不僅取決於項目自身因素，而且還取決於這些部門能否相互協調、密切合作、保質保量地完成各項任務。投資項目後評價通過對已建成項目的分析研究和論證，較全面地總結項目管理各個環節的經驗教訓，指導未來項目的管理活動。

不僅如此，通過投資項目後評價，針對項目實際效果所反應出來的項目建設全過程（從項目的立項、準備、決策、設計實施和投產經營）各階段存在的問題提出切實可行的、相應的改進措施和建議，可以促使項目更好地發揮應有的經濟效益。同時，對一些因決策失誤，或投產後經營管理不善，或環境變化造成生產、技術或經濟狀況處於困境的項目，也可通過後評價為其找出生存和發展的途徑。

（2）提高項目決策的科學化水準。項目評估的質量關係到貸款決策的成敗，前評估中所用的預測是否準確，需要後評價來檢驗。通過建立完善的項目後評價制度和科學的方法體系，一方面可以增強前評估人員的責任感，促使評估人員努力做好前評估工作，提高項目評估的準確性；另一方面可以通過項目後評價的反饋信息，及時糾正項目決策中存在的問題，從而提高未來項目決策的科學化水準。

（3）為國家制定產業政策和技術經濟參數提供重要依據，對國家建設項目的投資管理工作起著強化和完善作用。通過投資項目的後評價，能夠發現宏觀投資管理中存在的某些問題，從而使國家可以及時地修正某些不適合經濟發展的技術經濟政策，修訂某些已經過時的指標參數。同時，國家還可以根據項目後評價所反饋的信息，合理確定投資規模和投資方向，協調各產業、各部門之間及其內部的各種比例關係。

（4）為貸款銀行部門及時調整貸款政策提供依據。通過開展項目後評價，及時

第十一章　項目後評價簡介

發現項目建設資金使用過程中存在的問題，分析研究貸款項目成功或者失敗的原因，從而為貸款銀行調整信貸政策提供依據，並確保貸款的按期回收。

（5）對項目建設具有監督與檢查作用，促使項目營運狀態的正常化。項目後評價是在營運階段進行的，因而可以分析和研究項目投產初期和達產時期的實際情況，比較實際情況與預測狀況的偏離程度，探索產生偏差的原因，提出切實可行的措施，提高項目的經濟效益和社會效益。

建設項目竣工投產後，通過項目後評價，針對項目實際效果所反應出來的從項目的設計、決策、實施到生產經營各個階段存在的問題，提出相應的改進措施和建議，使項目盡快實現預期目標，更好地發揮效益。對於決策失誤或者環境改變致使生產、技術或者經濟等方面處於嚴重困境的項目，通過後評價可以為其找到生存和發展的途徑，並為主管部門重新制定或優選方案提供決策的依據。

六、項目後評價的一般原則

投資項目是一個十分複雜的系統工程，是由多個可區別但又相關的要素組成的具有特定功能的有機整體，項目系統的整體功能就是要實現確定的項目目標。項目系統通過與外部環境進行信息交換及資源和技術的輸入，通過實施完成，最後向外界輸出其產品。同樣，項目系統的各項狀態參數隨時間變化而產生動態變化。項目後評價的一般原則是：獨立性、科學性、實用性、透明性和反饋性，重點是評價的獨立性和反饋功能。

1. 獨立性

獨立性是指評價不受項目決策者、管理者、執行者和前評估人員的干擾，不同於項目決策者和管理者自己評價自己的情況。它是評價的公正性和客觀性的重要保障。沒有獨立性，或獨立性不完全，評價工作就難以做到公正和客觀，就難以保證評價及評價者的信譽。為確保評價的獨立性，必須從機構設置、人員組成、履行職責等方面綜合考慮，使評價機構既保持相對的獨立性又便於運作，獨立性應自始至終貫穿於評價的全過程，包括從項目的選定、任務的委託、評價者的組成、工作大綱的編製到資料的收集、現場調研、報告編審和信息反饋。只有這樣，才能使評價的分析結論不能帶任何偏見，才能提高評價的可信度，才能發揮評價在項目管理工作中不可替代的作用。

2. 反饋功能

和項目前評估相比，後評價的最大的特點是信息的反饋。也就是說，後評價的最終目標是將評價結果反饋到決策部門，作為新項目立項和評估的基礎，作為調整投資規劃和政策的依據。因此，評價的反饋機制、手段和方法便成了評價成敗的關鍵環節之一。國外一些國家建立了「項目管理信息系統」，通過項目週期各個階段的信息交流和反饋，系統地為評價提供資料和向決策機構提供評價的反饋信息。

第二節　項目後評價的內容

一、項目後評價內容的變遷

在西方國家中（如美國、瑞典），早在20世紀三十年代就引入了項目後評價工作，主要應用於財政、審計及援外機構中所開展的項目中；到了20世紀70年代，項目後評估活動在西方國家中就已經很普及，並形成了一套相對成熟的管理體系和評價標準；目前，包括世界銀行、亞洲開發銀行和聯合國教科文組織等世界組織都制定了詳細的項目後評價（估）辦法，並根據項目類別的差異分別開發出標準化的評估指標體系及執行意見，使項目後評價工作變得更加標準和規範。

（1）60年代以前，國際通行的項目評估和評價的重點是財務分析，以財務分析的好壞作為評價項目成敗的主要指標。

（2）60年代，西方國家能源、交通、通訊等基礎設施以及社會福利事業將經濟評價（國內稱國民經濟評價）的概念引入了項目效益評價的範圍。

（3）70年代前後，世界經濟發展帶來的嚴重污染問題引起人們廣泛的重視，項目評價因此而增加了「環境評價」的內容。此後，隨著經濟的發展，項目的社會作用和影響日益受到投資者的關注。

（4）80年代，世行等組織十分關心其援助項目對受援地區的貧困、婦女、社會文化和持續發展等方面所產生的影響。因此，社會影響評價成為投資活動評估和評價的重要內容之一。

近幾年國外援助組織多年實踐的經驗證明了機構設置和管理機制對項目成敗的重要作用，於是又將其納入了項目評價的範圍。

二、項目後評價的範圍

項目後評價的評價範圍通常是依據項目的週期來劃分的，主要包括針對項目前期決策、工程準備、建設實施、竣工投產等各個環節的評價。

1. 項目目標的後評價

在項目後評價中，項目目標和目的的評價的主要任務是對照項目可行性研究和評估中關於項目目標的論述，找出變化，分析項目目標的實現程度以及成敗的原因，同時還應討論項目目標的確定是否正確合理，是否符合發展的要求。項目目標評價包括項目宏觀目標、項目建設目的等內容，通過項目實施過程中對項目目標的跟蹤、發現變化，分析原因。項目目標和目的後評價，通過變化原因及合理性分析，及時總結經驗教訓，為項目決策、管理、建設實施信息反饋，以便適時調整政策、修改計劃，為續建和新建項目提供參考和借鑑。同時可根據分析，為宏觀發展方針、產業政策、價格政策、投資和金融政策的調整和完善提供參考依據。

第十一章　項目後評價簡介

2. 項目決策階段的後評價

對項目前期決策階段的後評價重點是對項目可行性研究報告、項目評估報告和項目批覆批准文件的評價，即根據項目實際的產出、效果、影響，分析評價項目的決策內容，檢查項目的決策程序，分析決策成敗的原因，探討決策的方法和模式，總結經驗教訓。

對項目可行性研究報告後評價的重點是項目的目的和目標是否明確、合理；項目是否進行了多方案比較，是否選擇了正確的方案；項目的效果和效益是否可能實現；項目是否可能產生預期的作用和影響。在發現問題的基礎上，分析原因，得出評價結論。

對項目評估（報告）的後評價是項目後評價最重要的任務之一。嚴格地說，項目評估報告是項目決策的最主要的依據，投資決策者按照評估意見批覆的項目可行性研究報告是項目後評價對比評價的根本依據。因此，後評價應根據實際項目產生的結果和效益，對照項目評估報告的主要參數指標進行分析評價。對項目評估報告後評價的重點是：項目的目標、效益、風險。

對項目決策的後評價包括項目決策程序、決策內容和決策方法分析三部分內容：①項目決策程序分析。分析項目立項決策的依據和程序是否正確，是否存在先決策後立項、再評估，違背項目建設客觀規律，執行錯誤的決策程序等。②項目決策內容評價分析。後評價應對照項目決策批覆的意見和要求，根據項目實際完成或進展的情況，從投資決策者的角度，分析投入產出關係，評價決策的內容是否正確、能否實現，主要差別，分析原因。③項目決策方法分析。項目決策方法分析，包括決策方法是否科學、客觀，有無主觀臆斷，是否實事求是，有無嘩眾取寵之心。

3. 項目準備階段的後評價

對項目準備的後評價，包括項目勘察設計、採購招投標、投資融資、開工準備等方面的後評價。

對項目勘察設計的後評價要對勘察設計的質量、技術水準和服務進行分析評價。後評價還應進行兩個對比，一是該階段項目內容與前期立項所發生的變化，二是項目實際實現結果與勘察設計時的變化和差別，分析變化的原因，分析的重點是項目建設內容、投資概算、設計變更等。

項目的投資、融資方案直接影響到項目的效益和影響，特別是在現今中國的投資環境和條件下，後評價對項目融資的分析評價更有意義。項目後評價主要應分析評價項目的投資結構、融資模式、資金選擇、項目擔保和風險管理等內容。評價的重點是根據項目準備階段所確定的投融資方案，對照實際實現的融資方案，找出差別和問題，分析利弊。同時還要分析實際融資方案對項目原定的目標和效益指標的作用和影響，特別是融資成本的變化，評價融資與項目的債務的關係和今後的影響。在可能的條件下，後評價還應分析是否項目可以採取更加合理經濟的投融資方案。此外，項目貸款談判也是融資的一個重要環節，談判中的各種承諾關係重大的，也

是後評價應該關注的方面。

對採購招投標工作的後評價，應該包括招投標公開性、公平性和公正性的評價，後評價應對採購招投標的資格、程序、法規、規範等事項進行評價，同時要分析該項目的採購招投標是否有更加經濟合理的方法。

對項目開工準備的後評價是項目後評價工作的一部分，特別是項目建設內容、廠址、引進技術方案、融資條件等重大變化可能在此時發生，應注意這些變化及其可能產生對項目目標、效益、風險的影響。

4. 項目建設實施階段的後評價

項目建設實施階段的後評價包括：項目的合同執行情況分析，工程實施及管理，資金來源及使用情況分析與評價等。項目實施階段的後評價應注意前後兩方面的對比，找出問題，一方面要與開工前的工程計劃對比，另一方面還應把該階段的實施情況可能產生的結果和影響與項目決策時所預期的效果進行對比，分析偏離度。在此基礎上找出原因，提出對策，總結經驗教訓。這裡應該注意的是，由於對比的時點不同，對比數據的可比性需要統一，這也是項目後評價中各個階段分析時需要重視的問題之一。

（1）合同執行的分析評價

合同是項目業主（法人）依法確定與承包商、供貨商、製造商、諮詢者之間的經濟權利和經濟義務關係，並通過簽訂的有關協議或有法律效應的文件，將這種關係確立下來。執行合同就是項目實施階段的核心工作，因此合同執行情況的分析是項目實施階段評價的一項重要內容，這些合同包括勘察設計、設備物資採購、工程施工、工程監理、諮詢服務和合同管理等。項目後評價的合同分析一方面要評價合同依據的法律規範和程序等，另一方面要分析合同的履行情況和違約責任及其原因分析。

在工程項目合同後評價中，對工程監理的後評價是十分重要的評價內容。後評價應根據合同條款內容，對照項目實績，找出問題或差別，分析差別的利弊，分清責任。同時，要對工程監理發生的問題可能對項目總體目標產生的影響加以分析，得出結論。

（2）工程實施及管理評價

建設實施階段是項目建設從書面的設計與計劃轉變為實施的全過程，是項目建設的關鍵，項目單位應根據批准的施工計劃組織設計，應按照圖紙、質量、進度和造價的要求，合理組織施工，做到計劃、設計、施工三個環節互相銜接，資金、器材、圖紙、施工力量按時落實，施工中如需變更設計，應取得項目監理和設計單位同意，並填寫設計變更、工程更改、材料代用報告，做好原始記錄。對項目實施管理的評價主要是對工程的造價、質量和進度的分析評價，工程管理評價是指管理者對工程三項指標的控制能力及結果的分析。這些分析和評價可以從工程監理和業主管理兩個方面進行，同時分析領導部門的職責。

第十一章　項目後評價簡介

(3) 項目資金使用的分析評價

後評價對項目資金供應與運用情況分析評價是項目實施管理評價的一項重要內容。一個建設項目從項目決策到實施建成的全部活動，既是耗費大量活勞動和物化勞動的過程，也是資金運動的過程。建設項目實施階段，資金能否按預算規定使用，對降低項目建設實施費用關係極大。通過對投資項目評價，可以分析資金的實際來源與項目預測的資金來源的差異和變化。同時要分析項目財務制度和財務管理的情況，分析資金支付的規定和程序是否合理並有利於造價的控制，分析建設過程中資金的使用是否合理，是否注意了節約、做到了精打細算、加速資金週轉、提高資金的使用效率。

(4) 項目竣工評價

項目後評價對項目竣工的評價應根據項目建設的實績，對照項目決策所確定的目標、效益和風險等有關指標，分析竣工階段的工作成果，找出差別和變化及其原因。項目竣工後評價包括項目完工評價和生產營運準備等。

三、項目後評價的基本內容

(一) 項目的技術經濟後評價

在投資決策前的技術經濟評估階段所做出的技術方案、工藝流程、設備選型、財務分析、經濟評價、環境保護措施、社會影響分析等，都是根據當時的條件和對以後可能發生的情況進行的預測和計算的結果。隨著時間的推移，科技在進步，市場條件、項目建設外部環境、競爭對手都在變化。為了做到知己知彼，使企業立於不敗之地，就有必要對原先所做的技術選擇、財務分析、經濟評價的結論重新進行審視。

1. 項目技術後評價

技術水準後評價主要是對工藝技術流程、技術裝備選擇的可靠性、適用性、配套性、先進性、經濟合理性的再分析。在決策階段認為可行的工藝技術流程和技術裝備，在使用中有可能與預想的結果有差別，許多不足之處逐漸暴露出來，在評價中就需要針對實踐中存在的問題、產生的原因認真總結經驗，在以後的設計或設備更新中選用更好、更適用、更經濟的設備，或對原有的工藝技術流程進行適當的調整，發揮設備的潛在效益。

2. 項目財務後評價

項目的財務後評價與前評估中的財務分析在內容上基本是相同的，都要進行項目的盈利性分析、清償能力分析和外匯平衡分析。但在評價中採用的數據不能簡單地使用實際數，應將實際數中包含的物價指數扣除，並使之與前評估中的各項評價指標在評價時點和計算效益的範圍上都可比。

在盈利性分析中要通過全投資和自有資金現金流量表，計算全投資稅前內部收益率、淨現值、自有資金稅後內部收益率等指標，通過編製損益表，計算資金利潤

率、資金利稅率、資本金利潤率等指標，以反應項目和投資者的獲利能力。清償能力分析主要通過編製資產負債表、借款還本付息計算表，計算資產負債率、流動比率、速動比率、償債準備率等指標，反應項目的清償能力。

3. 項目經濟後評價

經濟後評價的內容主要是通過編製全投資和國內投資經濟效益和費用流量表、外匯流量表、國內資源流量表等計算國民經濟盈利性指標——全投資和國內投資經濟內部收益率和經濟淨現值、經濟換匯成本、經濟節匯成本等指標，此外還應分析項目的建設對當地經濟發展、所在行業和社會經濟發展的影響，對收益公平分配的影響（提高低收入階層收入水準的影響）、對提高當地人口就業的影響和推動本地區、本行業技術進步的影響等。經濟評價結果同樣要與前評估指標對比。

(二) 項目的環境影響後評價

項目的環境影響後評價，是指對照項目前評估時批准的《環境影響報告書》，重新審查項目環境影響的實際結果。審核項目環境管理的決策、規定、規範、參數的可靠性和實際效果，實施環境影響評價應遵照國家環保法的規定，根據國家和地方環境質量標準和污染物排放標準以及相關產業部門的環保規定。在審核已實施的環評報告和評價環境影響現狀的同時，要對未來進行預測。對有可能產生突發性事故的項目，要有環境影響的風險分析。如果項目生產或使用對人類和生態危害極大的劇毒的物品，或項目位於環境高度敏感的地區，或項目已發生嚴重的污染事件，那麼，還需要提出一份單獨的項目環境影響評價報告。環境影響後評價一般包括五部分內容：項目的污染控制、區域的環境質量、自然資源的利用、區域的生態平衡和環境管理能力。

(三) 項目社會評價

社會評價是總結了已有經驗，借鑑、吸收了國外社會費用效益分析、社會影響評價與社會分析方法的經驗設計的。它包括社會效益與影響評價和項目與社會兩相適應的分析。既分析項目對社會的貢獻與影響，又分析項目對社會政策貫徹的效用，研究項目與社會的相互適應性，揭示防止社會風險，從項目的社會可行性方面為項目決策提供科學分析依據。

社會效益與影響是以各項社會政策為基礎、針對國家與地方各項社會發展目標而進行的分析評價。其內容可分為4個方面、3個層次。即項目對社會環境、自然與生態環境、自然資源以及社會經濟4個方面的效益與影響評價，對國家、地區、項目3個層次的分析。一般項目對國家與地區（省、市）的分析可視為項目的宏觀影響分析，項目與社區的相互影響分析可視為項目的微觀影響分析。

項目與社會相互適應性分析以分析項目與當地社區的相互適應性為主，但大中型項目則還有適應國家、地方（省、市）發展重點的問題。這部分適應性分析的目的是：使項目與社會相適應，以防止發生社會風險，保證項目生存的持續性；使社會適應項目的生存與發展，以促進社會進步與發展。一般可包括如下內容：

第十一章　項目後評價簡介

項目的文化與技術的可接受性：分析項目是否適應當地人民的需求，當地人民在文化與技術上能否接受此項目，有無成本更低、效益更高、更易為當地人民接受的方案等。

項目存在社會風險的程度：項目有無社會風險，嚴重程度如何？幹部與群眾對項目有何反應？他們對項目的態度如何？有無不滿或反對？特別是項目是否為貧困戶、婦女與受損群眾所接受，他們是否存在不滿，採取什麼措施防止社會風險。

受損群眾的補償問題：分析項目使誰受益，使誰受損，特別是有無脆弱群體受損？分析影響受益與受損的因素，研究如何防止效益流失與減少受損群眾的數量以及如何補償的措施等。

項目的參與水準：分析研究社區幹部、群眾參與項目各項活動的態度、要求，可能的參與水準，提出參與規劃。

項目承擔機構能力的適應性：分析項目承擔機構的能力，是否需要採取措施提高其能力以適應項目的持續性，研究是否要建立非政府組織以協助項目承擔機構工作，以及組織機構的發展等問題。

項目的持續性：主要是通過分析研究項目與社會的各種適應性，存在的社會風險等問題，研究項目能否持續實施，並持續發揮效益的問題。對影響項目持續性的各種社會因素，研究採取措施解決，以保證項目生存的持續性。

閱讀材料：國務院國資委《中央企業固定資產投資項目後評價工作指南》中項目後評價的內容要求（2005年6月發布）

（一）項目全過程的回顧

1. 項目立項決策階段的回顧，主要內容包括：項目可行性研究、項目評估或評審、項目決策審批、核准或批准等。

2. 項目準備階段的回顧，主要內容包括：工程勘察設計、資金來源和融資方案、採購招投標（含工程設計、諮詢服務、工程建設、設備採購）、合同條款和協議簽訂、開工準備等。

3. 項目實施階段的回顧，主要內容包括：項目合同執行、重大設計變更、工程「三大控制」（進度、投資、質量）、資金支付和管理、項目管理等。

4. 項目竣工和營運階段的回顧，主要內容包括：工程竣工和驗收、技術水準和設計能力達標、試生產運行、經營和財務狀況、營運管理等。

（二）項目績效和影響評價

1. 項目技術評價，主要內容包括：工藝、技術和裝備的先進性、適用性、經濟性、安全性、建築工程質量及安全，特別要關注資源、能源合理利用。

2. 項目財務和經濟評價，主要內容包括：項目總投資和負債狀況；重新測算項目的財務評價指標、經濟評價指標、償債能力等。財務和經濟評價應通過投資增量效益的分析，突出項目對企業效益的作用和影響。

3. 項目環境和社會影響評價，主要內容包括：項目污染控制、地區環境生態影響、環境治理與保護；增加就業機會、徵地拆遷補償和移民安置、帶動區域經濟社會發展、推動產業技術進步等。必要時，應進行項目的利益群體分析。

4. 項目管理評價，主要內容包括：項目實施相關者管理、項目管理體制與機制、項目管理者水準；企業項目管理、投資監管狀況、體制機制創新等。

(三) 項目目標實現程度和持續能力評價

1. 項目目標實現程度從以下四個方面進行判斷：

項目工程（實物）建成，項目的建築工程完工、設備安裝調試完成、裝置和設施經過試運行，具備竣工驗收條件。

項目技術和能力，裝置、設施和設備的運行達到設計能力和技術指標，產品質量達到國家或企業標準。

項目經濟效益產生，項目財務和經濟的預期目標，包括營運（銷售）收入、成本、利稅、收益率、利息備付率、償債備付率等基本實現。

項目影響產生，項目的經濟、環境、社會效益目標基本實現，項目對產業佈局、技術進步、國民經濟、環境生態、社會發展的影響已經產生。

2. 項目持續能力的評價，主要分析以下因素及條件：

持續能力的內部因素，包括財務狀況、技術水準、污染控制、企業管理體制與激勵機制等，核心是產品競爭能力。

持續能力的外部條件，包括資源、環境、生態、物流條件、政策環境、市場變化及其趨勢等。

(四) 經驗教訓和對策建議

項目後評價應根據調查的真實情況認真總結經驗教訓，並在此基礎上進行分析，得出啟示和對策建議，對策建議應具有借鑑和指導意義，並具有可操作性。項目後評價的經驗教訓和對策建議應從項目、企業、行業、宏觀 4 個層面分別說明。

上述內容是項目後評價的總體框架。大型和複雜項目的後評價應該包括以上主要內容，進行完整、系統的評價。一般項目應根據後評價委託的要求和評價時點，突出項目特點等，選做一部分內容。項目中間評價應根據需要有所區別、側重和簡化。

第三節 項目後評價的實施

一、項目後評價的主要方法

(一) 對比分析法

對比法是指導根據項目各階段所預定的目標，從項目作用與影響、效果與效益、

第十一章 項目後評價簡介

實施與管理、營運與服務等方面追蹤對比和分析評價的方法。對比法可以分為前後對比和有無對比兩種。通常情況下，對比分析法是把客觀事物加以比較，以達到認識事物的本質和規律並做出正確的評價。對比分析法通常是把兩個相互聯繫的指標數據進行比較，從數量上展示和說明研究對象規模的大小，水準的高低，速度的快慢，以及各種關係是否協調。

值得注意的是，在前後對比法的應用過程中，我們經常對項目實施以前和實施以後所出現的經濟效益進行對比，認為其差別反饋了以項目實施前後為分界的經濟效益變化情況。但這種方法並沒有考慮在沒有投資情況下區域內可能會發生的情況變化，因此對於項目投資而帶來的效益的反應有可能出現不全面、不真實，甚至弄不清有哪些效益是因為有了項目才帶來的。此外，前後對比法中還可以將項目前期的可行性研究和評估的預測結論，以及初步設計時的技術經濟指標，與項目實際運行結果及在後評價時所做的新的預測結果相比較，以發現變化並分析原因。按照這種思路所得到的結論不反應項目產生的效益，而是用於揭示計劃、決策和實施的質量。

（二）邏輯框架法（LFA）

邏輯框架法（LogicalFrameworkAPProach，LFA）也叫作邏輯框架結構矩陣法，是美國國際發展署於1970年提出的一種項目開發的工具，主要用於項目規劃、實施、監督和評價。它可以對關鍵因素進行選擇分析，並進行系統化的評價。邏輯框架法可用來總結一個項目的諸多因素（包括投入、產出、目的和宏觀目標）之間的因果關係（如資源、活動產出），並評價其未來的發展方向（如目的、宏觀目標）。採用邏輯框架法具體進行高速公路項目後評價時，可根據後評價的特點和項目的特徵作一些調整，以適應不同項目評價的要求。

邏輯框架法的核心概念是事物的因果邏輯關係，即如果提供了某種條件，那麼就會產生某種結果，這些條件包括事物內在的因素和事物所需要的外部因素。建立項目後評價邏輯框架的目的是依據實際資料，確立目標層次間的邏輯關係，用以分析項目的效率、效果、影響和持續性。見表11-1：

表11-1　　　　　　　　項目後評價邏輯框架表

項目描述	可客觀驗證的指標			原因分析		項目可持續能力
	原定指標	實現指標	差別或變化	內部原因	外部條件	
項目宏觀目標						
項目直接目的						
產出/建設內容						
投入/活動						

LFA立足於項目的發展和變化，認為項目的目標由下而上形成了三個垂直邏輯

關係。第一級是如果保證一定的資源投入，並加以很好的管理，則預計有怎樣的產出；第二級是項目的產出與社會或經濟的變化之間的關係；第三級是項目的目的對地區或國家更高層次目標貢獻關聯性。每個層次的目標水準方向的邏輯關係則由驗證指標、驗證方法和重要的假定條件所構成，從而形成了 4x4 的邏輯框架。其水準邏輯的三項內容主要包括：

（1）客觀驗證指標，包括數量、質量、時間及人員。後評價時，每項指標應具有三個數據，即原來預測值、實際完成量、預測和實際間變化和差距值；

（2）驗證方法，包括主要資料來源和驗證所採用的方法；

（3）重要的假定條件，指可能對項目的進展或成果產生影響，而項目管理者又無法控制的外部條件，即風險。項目假定條件很多，一般應選定其中幾個最主要的因素作為假定的前提條件。

（三）成功度法

成功度評價法也就是通常所稱專家打分的方法。成功度評價是依靠評價專家或專家組的經驗，綜合後評價中各項指標的評價結果，對項目的成功程度做出定性的結論。它是以用邏輯框架法分析的項目目標的實現程度和經濟效益分析的評價結論為基礎，以項目的目標和效益為核心所進行的全面系統的評價。

項目評價的成功度可分為從「非常成功」到「非常不成功」五個等級。在評價具體項目的成功度時，評價人員首先根據具體項目的類型和特點，羅列出可能用於本項目評價的各種指標，並比較指標與項目的相關程度，把它們分為「重要」、「次重要」、「不重要」三類，對「不重要」的指標就不用測定，只需測定重要和次重要的指標內容，一般的項目實際需測定的指標在 10 項左右。然後對項目在各個指標上的表現按五級評價法給出其在每個指標上的得分。在具體操作時，項目評價組成員每人填好一張表後，對各項指標的取捨和等級進行內部討論，或經過必要的數據處理，形成評價組的成功度表，再把結論寫入評價報告。

三、項目後評價工作程序

1. 接受後評價任務、簽訂工作合同或評價協議

項目後評價單位接受和承攬到後評價任務委託後，首要任務就是與業主或上級簽訂評價合同或相關協議，以明確各自在後評價工作中的權利和義務。

2. 成立後評價小組、制定評價計劃

項目後評價合同或協議簽訂後，後評價單位就應及時任命項目負責人，成立後評價小組，制訂後評價計劃。項目負責人必須保證評價工作客觀、公正，因而不能有業主單位的人兼任；後評價小組的成員必須具有一定的後評價工作經驗；後評價計劃必須說明評價對象、評價內容、評價方法、評價時間、工作進度、質量要求、經費預算、專家名單、報告格式等。

第十一章　項目後評價簡介

3. 設計調查方案、聘請有關專家

調查是評價的基礎，調查方案是整個調查工作的行動綱領，它對於保證調查工作的順利進行具有重要的指導作用。一個設計良好的社會調查方案不但要有調查內容、調查計劃、調查方式、調查對象、調查經費等內容，還應包括科學的調查指標體系，因為只有用科學的指標才能說明所評項目的目標、目的、效益和影響。

每個評價項目都有其自身的專業特點，評價單位不可能事事依靠內部專家，還必須從社會上聘請一定數量的專家參加調查評價工作。

4. 閱讀文件、收集資料

對於一個在建或已建項目來說，業主單位在評價合同或協議簽訂後，都要圍繞被評項目給評價單位提供材料。這些材料一般稱為項目文件。評價小組應組織專家認真閱讀項目文件，從中收集與未來評價有關的資料。如項目的建設資料、營運資料、效益資料、影響資料，以及國家和行業有關的規定和政策等。

5. 開展調查、瞭解情況

在收集項目資料的基礎上，為了核實情況、進一步收集評價信息，必須去現場進行調查。一般地說，去現場調查需要瞭解項目的真實情況，不但要瞭解項目的宏觀情況，而且要瞭解項目的微觀情況。宏觀情況是項目在整個國民經濟發展中的地位和作用，微觀情況是項目自身的建設情況、營運情況、效益情況、可持續發展以及對周圍地區經濟發展、生態環境的作用和影響等。

6. 分析資料、形成報告

在閱讀文件和現場調查的基礎上，要對已經獲得的大量信息進行消化吸收，形成概念，寫出報告。需要形成的概念是，項目的總體效果如何？是否按預定計劃建設或建成，是否實現了預定目標，投入與產出是否成正函數關係；項目的影響和作用如何？對國家、對地區、對生態、對群眾各有什麼影響和作用；項目的可持續性如何；項目的經驗和教訓如何等。

對被評項目的認識形成概念之後，便可著手編寫項目後評價報告。項目後評價報告是調查研究工作最終成果的體現，是項目實施過程階段性或全過程的經驗教訓的匯總，同時又是反饋評價信息的主要文件形式。對評價報告的編寫總的要求是：

（1）後評價報告的編寫要真實反應情況，客觀分析問題，認真總結經驗。為了讓更多的單位和個人受益，評價報告的文字要求準確、清晰、簡練，少用或不用過分專業化的詞彙。評價結論要與未來的規劃和政策的制定聯繫起來。為了提高信息反饋速度和反饋效果，讓項目的經驗教訓在更大的範圍內起作用，在編寫評價報告的同時，還必須編寫評價報告摘要。

（2）後評價報告是反饋經驗教訓的主要文件形式，為了滿足信息反饋的需要，便於計算機輸錄，評價報告的編寫需要有相對固定的內容格式。被評價的項目類型不同，評價報告所要求書寫的內容和格式也不完全一致。

7. 提交後評價報告、反饋信息

後評價報告草稿完成後，送項目評價執行機構高層領導審查，並向委託單位簡要通報報告的主要內容，必要時可召開小型會議研討有關分歧意見。項目後評價報告的草稿經審查、研討和修改後定稿。正式提交的報告應有「項目後評價報告」和「項目後評價摘要報告」兩種形式，根據不同對象上報或分發這些報告。

閱讀材料：常見的項目後評價指標集

1 投資環境

1.1 宏觀經濟（國內生產總值、進出口總額、匯率、財政收入、物價指數、固定資產投資）

1.2 產業結構（一、二、三產業結構，同一行業內不同產品的結構）

1.3 產業政策（配額、價格補貼、轉移支付）

1.4 產業技術進步（產品質量提高速度、技術進步週期、高技術產品生命週期、新產品研發週期）

1.5 融資環境（資金市場、利率、信貸政策）

1.6 項目產出市場環境（市場總容量、目標市場容量、競爭對手成本、產出價格、市場週期）

1.7 項目投入市場環境（資源量、主要投入供給量、主要投入價格、市場週期）

1.8 國際貿易（國際市場、產出與投入的進出口量、關稅稅率）

1.9 運輸條件（原料與產品運輸方式、條件與運距）

2 工程技術

2.1 產出規模（設計能力、實際產出能力）

2.2 選址及總圖（地質條件、地理條件、廠區佈局）

2.3 技術或工藝路線（合理性、可靠性、先進性、適應性、試車成功率）

2.4 主要設備（標稱性能指標、實際達到指標）

2.5 基礎（配套）設施（水、電、氣、熱、路、訊、網）

2.6 施工（設計變更、進度、工程造價控制、施工記錄）

2.7 工程質量（監理報告、工程竣工驗收、試運行報告、施工企業質量管理體系）

2.8 產品質量（產品檢驗報告、生產企業質量管理體系、產品質量認證）

2.9 污染排放（污染排放標準、污染實際排放量）

2.10 節能（設計能耗指標、實際耗能指標）

2.11 節水（設計用水標準、實際用水指標、水循環使用率、中水使用量）

2.12 工期（開工日期、完工日期、計劃工期、）

第十一章　項目後評價簡介

3 採購與支付
3.1　採購（設計招標、諮詢招標、施工招標、監理招標、採購合同）
3.2　支付（合同執行驗證、監理報告、支付記錄）
4 財務與經濟
4.1　項目級指標
4.1.1 財務指標
投資費用（總投資、建設投資［土建與設備］、預備費、財務費用、資本金比例）
融資（資金結構、借款利率、資金成本、外資借款融資費用、債務擔保）
資金使用（長期借款總額及分年用款計劃、長期借款還款計劃與實際還款額、短期借款）
市場指標（產品市場價格、目標市場銷量）
營運期財務指標（單位產出成本與價格、年均收入、年均利潤、年均稅金、借款償還期、利息備付率、償債備付率、資產負債率）
折現財務盈利指標（財務內部收益率、淨現值、財務折現率）
非折現財務盈利指標（投資回收期、總投資報酬率、權益資金淨利潤率）
4.1.2. 經濟指標
經濟費用與收益因素
經濟費用與效益量化與貨幣化
經濟盈利能力指標（內部收益率、經濟折現率）
4.2　企業級指標（資產結構、債務結構、企業競爭力、利潤水準、資產增值、對外投資總額、對外投資結構、對外投資收益、企業銀行信用等級）
4.3　財政指標（流轉稅、所得稅、物業稅和資源稅稅率、財政對項目的補貼、項目國家資本金數量及占資本金總量的比例）
4.4　目標群體財務指標（人均支出、收入、土地、房產、生產資料等）
5 費用效果
5.1　單位效果（效能）的費用
5.2　單位費用的效果（效能）
6 環境與生態
6.1　環境容量（水環境容量、空氣環境容量）
6.2　環境控制指標及實際達標情況（空氣質量標準、水質標準、噪聲控制標準、振動控制標準、固體廢棄物指標、輻射污染標準、光污染標準、項目實施過程中及項目完工後以上指標的實際值）
6.3　生態指標（物種數量、水土保持、植被保護、土壤改良等指標項目前及項目後的實際值，）
6.4　文化及自然遺產保護

6.5 環境影響貨幣化

6.6 環境治理與保護投資

7 衛生與健康

7.1 衛生指標（發病率、治愈率、傳染病感染率、醫療廢棄物處理、危險及有毒化學物標準）

7.2 衛生環境指標的貨幣化

7.3 健康指標（死亡率、平均壽命、增加的壽命年限、病殘調整壽命年限、質量調整的壽命年限）

7.4 衛生與健康投資

8 安全生產

8.1 安全生產指標（有毒有害氣體泄漏標準、易燃易爆物體存放標準、防塵標準、防噪標準、萬噸產量死亡率）

8.2 消防指標

8.3 安全生產投資

9 社會環境

9.1 利益相關群體（受益群體及數量、受損群體及數量、對項目有決定性影響的群體）

9.2 社會性別與平等發展機會

9.3 少數民族平等或優先發展機會

9.4 移民和拆遷（移民人口數量、安置計劃、安置率、生計水準、發展機會）

9.5 項目區貧困人口數量

9.6 最低生活保障線

9.7 移民社區環境改變

9.8 項目移民總投資、移民人均投資

10 假設與風險

10.1 假設（因素識別、發生的概率、假設條件的下限）

10.2 風險（因素識別、發生的概率、造成不利影響的程度、可容忍風險因素的上限）

11 組織管理

11.1 前期程序與手續（相關程序）

11.2 招投標（設計、施工、監理）

11.3 工程合同管理

11.4 施工組織與管理

11.5 採購（招標程序、招標公開度、公平性、合同簽訂與履行）

11.6 支付（支付制度、支付計劃、實際執行）

11.7 機構（組織評價、機制評價、管理制度）

第十一章　項目後評價簡介

11.8　項目管理程序

11.9　主要領導人員素質及成就評價

11.10　領導集體能力評價

12 監督

12.1　項目內部監督機構與機制

12.2　項目外部監督機構與機制

12.3　企業內部監督機構與機制

12.4　企業外部監督機構與機制

12.5　利益相關群體監督機制（目標群體）

12.6　法律允許的其他監督（審計、稽查、聽證）

13 項目週期管理信息系統

13.1　工程技術信息

13.2　經濟信息

13.3　環境生態信息

13.4　社會發展信息

13.5　風險信息

13.6　管理信息

13.7　監督信息

以上所有信息的記錄、保存、加工處理、檢索、報告、網絡傳輸能力

14 項目目標

14.1　項目宏觀目標

14.2　項目具體目的

附錄1　資金等值計算系數

附表一

	資金等值計算系數（i=0.01）								
	單一現金流量		等額系列流量				增量系列現金流量		
N	終值	現值	終值	現值	償債基金	資金回收	等額序列	現值	N
	F/P	P/F	F/A	P/A	A/F	A/P	A/G	P/G	
1	1.010	0.990,1	1.000	0.990	1.000,0	1.010,0	0.000	0.000	1
2	1.020	0.980,3	2.010	1.970	0.497,5	0.507,5	0.498	0.980	2
3	1.030	0.970,6	3.030	2.941	0.330,0	0.340,0	0.993	2.921	3
4	1.041	0.961,0	4.060	3.902	0.246,3	0.256,3	1.488	5.804	4
5	1.051	0.951,5	5.101	4.853	0.196,0	0.206,0	1.980	9.610	5
6	1.062	0.942,0	6.152	5.795	0.162,5	0.172,5	2.471	14.321	6
7	1.072	0.932,7	7.214	6.728	0.138,6	0.148,6	2.960	19.917	7
8	1.083	0.923,5	8.286	7.652	0.120,7	0.130,7	3.448	26.381	8
9	1.094	0.914,3	9.369	8.566	0.106,7	0.116,7	3.934	33.696	9
10	1.105	0.905,3	10.462	9.471	0.095,6	0.105,6	4.418	41.843	10

附錄1 資金等值計算系數

附表一(續)

資金等值計算系數 (i=0.01)									
11	1.116	0.896,3	11.567	10.368	0.086,5	0.096,5	4.901	50.807	11
12	1.127	0.887,4	12.683	11.255	0.078,8	0.088,8	5.381	60.569	12
13	1.138	0.878,7	13.809	12.134	0.072,4	0.082,4	5.861	71.113	13
14	1.149	0.870,0	14.947	13.004	0.066,9	0.076,9	6.338	82.422	14
15	1.161	0.861,3	16.097	13.865	0.062,1	0.072,1	6.814	94.481	15
16	1.173	0.852,8	17.258	14.718	0.057,9	0.067,9	7.289	107.273	16
17	1.184	0.844,4	18.430	15.562	0.054,3	0.064,3	7.761	120.783	17
18	1.196	0.836,0	19.615	16.398	0.051,0	0.061,0	8.232	134.996	18
19	1.208	0.827,7	20.811	17.226	0.048,1	0.058,1	8.702	149.895	19
20	1.220	0.819,5	22.019	18.046	0.045,4	0.055,4	9.169	165.466	20
21	1.232	0.811,4	23.239	18.857	0.043,0	0.053,0	9.635	181.695	21
22	1.245	0.803,4	24.472	19.660	0.040,9	0.050,9	10.100	198.566	22
23	1.257	0.795,4	25.716	20.456	0.038,9	0.048,9	10.563	216.066	23
24	1.270	0.787,6	26.973	21.243	0.037,1	0.047,1	11.024	234.180	24
25	1.282	0.779,8	28.243	22.023	0.035,4	0.045,4	11.483	252.894	25
26	1.295	0.772,0	29.526	22.795	0.033,9	0.043,9	11.941	272.196	26
27	1.308	0.764,4	30.821	23.560	0.032,4	0.042,4	12.397	292.070	27
28	1.321	0.756,8	32.129	24.316	0.031,1	0.041,1	12.852	312.505	28
29	1.335	0.749,3	33.450	25.066	0.029,9	0.039,9	13.304	333.486	29
30	1.348	0.741,9	34.785	25.808	0.028,7	0.038,7	13.756	355.002	30

附表一（續）

資金等值計算系數（i=0.02）

N	單一現金流量 終值 F/P	單一現金流量 現值 P/F	等額系列流量 終值 F/A	等額系列流量 現值 P/A	等額系列流量 償債基金 A/F	等額系列流量 資金回收 A/P	增量系列現金流量 等額序列 A/G	增量系列現金流量 現值 P/G	N
1	1.020	0.980,4	1.000	0.980	1.000,0	1.020,0	0.000	0.000	1
2	1.040	0.961,2	2.020	1.942	0.495,0	0.515,0	0.495	0.961	2
3	1.061	0.942,3	3.060	2.884	0.326,8	0.346,8	0.987	2.846	3
4	1.082	0.923,8	4.122	3.808	0.242,6	0.262,6	1.475	5.617	4
5	1.104	0.905,7	5.204	4.713	0.192,2	0.212,2	1.960	9.240	5
6	1.126	0.888,0	6.308	5.601	0.158,5	0.178,5	2.442	13.680	6
7	1.149	0.870,6	7.434	6.472	0.134,5	0.154,5	2.921	18.903	7
8	1.172	0.853,5	8.583	7.325	0.116,5	0.136,5	3.396	24.878	8
9	1.195	0.836,8	9.755	8.162	0.102,5	0.122,5	3.868	31.572	9
10	1.219	0.820,3	10.950	8.983	0.091,3	0.111,3	4.337	38.955	10
11	1.243	0.804,3	12.169	9.787	0.082,2	0.102,2	4.802	46.998	11
12	1.268	0.788,5	13.412	10.575	0.074,6	0.094,6	5.264	55.671	12
13	1.294	0.773,0	14.680	11.348	0.068,1	0.088,1	5.723	64.948	13
14	1.319	0.757,9	15.974	12.106	0.062,6	0.082,6	6.179	74.800	14
15	1.346	0.743,0	17.293	12.849	0.057,8	0.077,8	6.631	85.202	15
16	1.373	0.728,4	18.639	13.578	0.053,7	0.073,7	7.080	96.129	16
17	1.400	0.714,2	20.012	14.292	0.050,0	0.070,0	7.526	107.555	17
18	1.428	0.700,2	21.412	14.992	0.046,7	0.066,7	7.968	119.458	18
19	1.457	0.686,4	22.841	15.678	0.043,8	0.063,8	8.407	131.814	19
20	1.486	0.673,0	24.297	16.351	0.041,2	0.061,2	8.843	144.600	20
21	1.516	0.659,8	25.783	17.011	0.038,8	0.058,8	9.276	157.796	21
22	1.546	0.646,8	27.299	17.658	0.036,6	0.056,6	9.705	171.379	22
23	1.577	0.634,2	28.845	18.292	0.034,7	0.054,7	10.132	185.331	23
24	1.608	0.621,7	30.422	18.914	0.032,9	0.052,9	10.555	199.630	24
25	1.641	0.609,5	32.030	19.523	0.031,2	0.051,2	10.974	214.259	25
26	1.673	0.597,6	33.671	20.121	0.029,7	0.049,7	11.391	229.199	26
27	1.707	0.585,9	35.344	20.707	0.028,3	0.048,3	11.804	244.431	27
28	1.741	0.574,4	37.051	21.281	0.027,1	0.047,0	12.214	259.939	28
29	1.776	0.563,1	38.792	21.844	0.025,8	0.045,8	12.621	275.706	29
30	1.811	0.552,1	40.568	22.396	0.024,6	0.044,6	13.025	291.716	30

附錄 1　資金等值計算系數

附表一（續）

	資金等值計算系數 (i=0.03)								
	單一現金流量		等額系列流量				增量系列現金流量		
N	終值	現值	終值	現值	償債基金	資金回收	等額序列	現值	N
	F/P	P/F	F/A	P/A	A/F	A/P	A/G	P/G	
1	1.030	0.970,9	1.000	0.971	1.000,0	1.030,0	0.000	0.000	1
2	1.061	0.942,6	2.030	1.913	0.492,6	0.522,6	0.493	0.943	2
3	1.093	0.915,1	3.091	2.829	0.323,5	0.353,5	0.980	2.773	3
4	1.126	0.888,5	4.184	3.717	0.239,0	0.269,0	1.463	5.438	4
5	1.159	0.862,6	5.309	4.580	0.188,4	0.218,4	1.941	8.889	5
6	1.194	0.837,5	6.468	5.417	0.154,6	0.184,6	2.414	13.076	6
7	1.230	0.813,1	7.662	6.230	0.130,5	0.160,5	2.882	17.955	7
8	1.267	0.789,4	8.892	7.020	0.112,5	0.142,5	3.345	23.481	8
9	1.305	0.766,4	10.159	7.786	0.098,4	0.128,4	3.803	29.612	9
10	1.344	0.744,1	11.464	8.530	0.087,2	0.117,2	4.256	36.309	10
11	1.384	0.722,4	12.808	9.253	0.078,1	0.108,1	4.705	43.533	11
12	1.426	0.701,4	14.192	9.954	0.070,5	0.100,5	5.148	51.248	12
13	1.469	0.681,0	15.618	10.635	0.064,0	0.094,0	5.587	59.420	13
14	1.513	0.661,1	17.086	11.296	0.058,5	0.088,5	6.021	68.014	14
15	1.558	0.641,9	18.599	11.938	0.053,8	0.083,8	6.450	77.000	15
16	1.605	0.623,2	20.157	12.561	0.049,6	0.079,6	6.874	86.348	16
17	1.653	0.605,0	21.762	13.166	0.046,0	0.076,0	7.294	96.028	17
18	1.702	0.587,4	23.414	13.754	0.042,7	0.072,7	7.708	106.014	18
19	1.754	0.570,3	25.117	14.324	0.039,8	0.069,8	8.118	116.279	19
20	1.806	0.553,7	26.870	14.877	0.037,2	0.067,2	8.523	126.799	20
21	1.860	0.537,5	28.676	15.415	0.034,9	0.064,9	8.923	137.550	21
22	1.916	0.521,9	30.537	15.937	0.032,7	0.062,7	9.319	148.509	22
23	1.974	0.506,7	32.453	16.444	0.030,8	0.060,8	9.709	159.657	23
24	2.033	0.491,9	34.426	16.936	0.029,0	0.059,0	10.095	170.971	24
25	2.094	0.477,6	36.459	17.413	0.027,4	0.057,4	10.477	182.434	25
26	2.157	0.463,7	38.553	17.877	0.025,9	0.055,9	10.853	194.026	26
27	2.221	0.450,2	40.710	18.327	0.024,6	0.054,6	11.226	205.731	27
28	2.288	0.437,1	42.931	18.764	0.023,3	0.053,3	11.593	217.532	28
29	2.357	0.424,3	45.219	19.188	0.022,1	0.052,1	11.956	229.414	29
30	2.427	0.412,0	47.575	19.600	0.021,0	0.051,0	12.314	241.361	30

附表一（續）

資金等值計算系數（i=0.04）										
N	單一現金流量		等額系列流量				增量系列現金流量		N
	終值	現值	終值	現值	償債基金	資金回收	等額序列	現值	
	F/P	P/F	F/A	P/A	A/F	A/P	A/G	P/G	
1	1.040	0.961,5	1.000	0.962	1.000,0	1.040,0	0.000	0.000	1
2	1.082	0.924,6	2.040	1.886	0.490,2	0.530,2	0.490	0.925	2
3	1.125	0.889,0	3.122	2.775	0.320,3	0.360,3	0.974	2.703	3
4	1.170	0.854,8	4.246	3.630	0.235,5	0.275,5	1.451	5.267	4
5	1.217	0.821,9	5.416	4.452	0.184,6	0.224,6	1.922	8.555	5
6	1.265	0.790,3	6.633	5.242	0.150,8	0.190,8	2.386	12.506	6
7	1.316	0.759,9	7.898	6.002	0.126,6	0.166,6	2.843	17.066	7
8	1.369	0.730,7	9.214	6.733	0.108,5	0.148,5	3.294	22.181	8
9	1.423	0.702,6	10.583	7.435	0.094,5	0.134,5	3.739	27.801	9
10	1.480	0.675,6	12.006	8.111	0.083,3	0.123,3	4.177	33.881	10
11	1.539	0.649,6	13.486	8.760	0.074,1	0.114,1	4.609	40.377	11
12	1.601	0.624,6	15.026	9.385	0.066,6	0.106,6	5.034	47.248	12
13	1.665	0.600,6	16.627	9.986	0.060,1	0.100,1	5.453	54.455	13
14	1.732	0.577,5	18.292	10.563	0.054,7	0.094,7	5.866	61.962	14
15	1.801	0.555,3	20.024	11.118	0.049,9	0.089,9	6.272	69.735	15
16	1.873	0.533,9	21.825	11.652	0.045,8	0.085,8	6.672	77.744	16
17	1.948	0.513,4	23.698	12.166	0.042,2	0.082,2	7.066	85.958	17
18	2.026	0.493,6	25.645	12.659	0.039,0	0.079,0	7.453	94.350	18
19	2.107	0.474,6	27.671	13.134	0.036,1	0.076,1	7.834	102.893	19
20	2.191	0.456,4	29.778	13.590	0.033,6	0.073,6	8.209	111.565	20
21	2.279	0.438,8	31.969	14.029	0.031,3	0.071,3	8.578	120.341	21
22	2.370	0.422,0	34.248	14.451	0.029,2	0.069,2	8.941	129.202	22
23	2.465	0.405,7	36.618	14.857	0.027,3	0.067,3	9.297	138.128	23
24	2.563	0.390,1	39.083	15.247	0.025,6	0.065,6	9.648	147.101	24
25	2.666	0.375,1	41.646	15.622	0.024,0	0.064,0	9.993	156.104	25
26	2.772	0.360,7	44.312	15.983	0.022,6	0.062,6	10.331	165.121	26
27	2.883	0.346,8	47.084	16.330	0.021,2	0.061,2	10.664	174.138	27
28	2.999	0.333,5	49.968	16.663	0.020,0	0.060,0	10.991	183.142	28
29	3.119	0.320,7	52.966	16.984	0.018,9	0.058,9	11.312	192.121	29
30	3.243	0.308,3	56.085	17.292	0.017,8	0.057,8	11.627	201.062	30

附錄 1 資金等值計算系數

附表一（續）

資金等值計算系數（i = 0.05）

N	單一現金流量 終值 F/P	單一現金流量 現值 P/F	等額系列流量 終值 F/A	等額系列流量 現值 P/A	等額系列流量 償債基金 A/F	等額系列流量 資金回收 A/P	增量系列現金流量 等額序列 A/G	增量系列現金流量 現值 P/G	N
1	1.050	0.952,4	1.000	0.952	1.000,0	1.050,0	0.000	0.000	1
2	1.103	0.907,0	2.050	1.859	0.487,8	0.537,8	0.488	0.907	2
3	1.158	0.863,8	3.153	2.723	0.317,2	0.367,2	0.967	2.635	3
4	1.216	0.822,7	4.310	3.546	0.232,0	0.282,0	1.439	5.103	4
5	1.276	0.783,5	5.526	4.329	0.181,0	0.231,0	1.903	8.237	5
6	1.340	0.746,2	6.802	5.076	0.147,0	0.197,0	2.358	11.968	6
7	1.407	0.710,7	8.142	5.786	0.122,8	0.172,8	2.805	16.232	7
8	1.477	0.676,8	9.549	6.463	0.104,7	0.154,7	3.245	20.970	8
9	1.551	0.644,6	11.027	7.108	0.090,7	0.140,7	3.676	26.127	9
10	1.629	0.613,9	12.578	7.722	0.079,5	0.129,5	4.099	31.652	10
11	1.710	0.584,7	14.207	8.306	0.070,4	0.120,4	4.514	37.499	11
12	1.796	0.556,8	15.917	8.863	0.062,8	0.112,8	4.922	43.624	12
13	1.886	0.530,3	17.713	9.394	0.056,5	0.106,5	5.322	49.988	13
14	1.980	0.505,1	19.599	9.899	0.051,0	0.101,0	5.713	56.554	14
15	2.079	0.481,0	21.579	10.380	0.046,3	0.096,3	6.097	63.288	15
16	2.183	0.458,1	23.657	10.838	0.042,3	0.092,3	6.474	70.160	16
17	2.292	0.436,3	25.840	11.274	0.038,7	0.088,7	6.842	77.140	17
18	2.407	0.415,5	28.132	11.690	0.035,5	0.085,5	7.203	84.204	18
19	2.527	0.395,7	30.539	12.085	0.032,7	0.082,7	7.557	91.328	19
20	2.653	0.376,9	33.066	12.462	0.030,2	0.080,2	7.903	98.488	20
21	2.786	0.358,9	35.719	12.821	0.028,0	0.078,0	8.242	105.667	21
22	2.925	0.341,8	38.505	13.163	0.026,0	0.076,0	8.573	112.846	22
23	3.072	0.325,6	41.430	13.489	0.024,1	0.074,1	8.897	120.009	23
24	3.225	0.310,1	44.502	13.799	0.022,5	0.072,5	9.214	127.140	24
25	3.386	0.295,3	47.727	14.094	0.021,0	0.071,0	9.524	134.228	25
26	3.556	0.281,2	51.113	14.375	0.019,6	0.069,6	9.827	141.259	26
27	3.733	0.267,8	54.669	14.643	0.018,3	0.068,3	10.122	148.223	27
28	3.920	0.255,1	58.403	14.898	0.017,1	0.067,1	10.411	155.110	28
29	4.116	0.242,9	62.323	15.141	0.016,0	0.066,0	10.694	161.913	29
30	4.322	0.231,4	66.439	15.372	0.015,1	0.065,1	10.969	168.623	30

附表一（續）

資金等值計算系數（i=0.06）

N	單一現金流量 終值 F/P	單一現金流量 現值 P/F	等額系列流量 終值 F/A	等額系列流量 現值 P/A	等額系列流量 償債基金 A/F	等額系列流量 資金回收 A/P	增量系列現金流量 等額序列 A/G	增量系列現金流量 現值 P/G	N
1	1.060	0.943,4	1.000	0.943	1.000,0	1.060,0	0.000	0.000	1
2	1.124	0.890,0	2.060	1.833	0.485,4	0.545,4	0.485	0.890	2
3	1.191	0.839,6	3.184	2.673	0.314,1	0.374,1	0.961	2.569	3
4	1.262	0.792,1	4.375	3.465	0.228,6	0.288,6	1.427	4.946	4
5	1.338	0.747,3	5.637	4.212	0.177,4	0.237,4	1.884	7.935	5
6	1.419	0.705,0	6.975	4.917	0.143,4	0.203,4	2.330	11.459	6
7	1.504	0.665,1	8.394	5.582	0.119,1	0.179,1	2.768	15.450	7
8	1.594	0.627,4	9.897	6.210	0.101,0	0.161,0	3.195	19.842	8
9	1.689	0.591,9	11.491	6.802	0.087,0	0.147,0	3.613	24.577	9
10	1.791	0.558,4	13.181	7.360	0.075,9	0.135,9	4.022	29.602	10
11	1.898	0.526,8	14.972	7.887	0.066,8	0.126,8	4.421	34.870	11
12	2.012	0.497,0	16.870	8.384	0.059,3	0.119,3	4.811	40.337	12
13	2.133	0.468,8	18.882	8.853	0.053,0	0.113,0	5.192	45.963	13
14	2.261	0.442,3	21.015	9.295	0.047,6	0.107,6	5.564	51.713	14
15	2.397	0.417,3	23.276	9.712	0.043,0	0.103,0	5.926	57.555	15
16	2.540	0.393,6	25.673	10.106	0.039,0	0.099,0	6.279	63.459	16
17	2.693	0.371,4	28.213	10.477	0.035,4	0.095,4	6.624	69.401	17
18	2.854	0.350,3	30.906	10.828	0.032,4	0.092,4	6.960	75.357	18
19	3.026	0.330,5	33.760	11.158	0.029,6	0.089,6	7.287	81.306	19
20	3.207	0.311,8	36.786	11.470	0.027,2	0.087,2	7.605	87.230	20
21	3.400	0.294,2	39.993	11.764	0.025,0	0.085,0	7.915	93.114	21
22	3.604	0.277,5	43.392	12.042	0.023,0	0.083,0	8.217	98.941	22
23	3.820	0.261,8	46.996	12.303	0.021,3	0.081,3	8.510	104.701	23
24	4.049	0.247,0	50.816	12.550	0.019,7	0.079,7	8.795	110.381	24
25	4.292	0.233,0	54.865	12.783	0.018,2	0.078,2	9.072	115.973	25
26	4.549	0.219,8	59.156	13.003	0.016,9	0.076,9	9.341	121.468	26
27	4.822	0.207,4	63.706	13.211	0.015,7	0.075,7	9.603	126.860	27
28	5.112	0.195,6	68.528	13.406	0.014,6	0.074,6	9.857	132.142	28
29	5.418	0.184,6	73.640	13.591	0.013,6	0.073,6	10.103	137.310	29
30	5.743	0.174,1	79.058	13.765	0.012,6	0.072,6	10.342	142.359	30

附錄1 資金等值計算系數

附表一（續）

<table>
<tr><th colspan="9">資金等值計算系數（i=0.07）</th></tr>
<tr><th rowspan="3">N</th><th colspan="2">單一現金流量</th><th colspan="4">等額系列流量</th><th colspan="2">增量系列現金流量</th><th rowspan="3">N</th></tr>
<tr><th>終值</th><th>現值</th><th>終值</th><th>現值</th><th>償債基金</th><th>資金回收</th><th>等額序列</th><th>現值</th></tr>
<tr><th>F/P</th><th>P/F</th><th>F/A</th><th>P/A</th><th>A/F</th><th>A/P</th><th>A/G</th><th>P/G</th></tr>
<tr><td>1</td><td>1.070</td><td>0.934,6</td><td>1.000</td><td>0.935</td><td>1.000,0</td><td>1.070,0</td><td>0.000</td><td>0.000</td><td>1</td></tr>
<tr><td>2</td><td>1.145</td><td>0.873,4</td><td>2.070</td><td>1.808</td><td>0.483,1</td><td>0.553,1</td><td>0.483</td><td>0.873</td><td>2</td></tr>
<tr><td>3</td><td>1.225</td><td>0.816,3</td><td>3.215</td><td>2.624</td><td>0.311,1</td><td>0.381,1</td><td>0.955</td><td>2.506</td><td>3</td></tr>
<tr><td>4</td><td>1.311</td><td>0.762,9</td><td>4.440</td><td>3.387</td><td>0.225,2</td><td>0.295,2</td><td>1.416</td><td>4.795</td><td>4</td></tr>
<tr><td>5</td><td>1.403</td><td>0.713,0</td><td>5.751</td><td>4.100</td><td>0.173,9</td><td>0.243,9</td><td>1.865</td><td>7.647</td><td>5</td></tr>
<tr><td>6</td><td>1.501</td><td>0.666,3</td><td>7.153</td><td>4.767</td><td>0.139,8</td><td>0.209,8</td><td>2.303</td><td>10.978</td><td>6</td></tr>
<tr><td>7</td><td>1.606</td><td>0.622,7</td><td>8.654</td><td>5.389</td><td>0.115,6</td><td>0.185,6</td><td>2.730</td><td>14.715</td><td>7</td></tr>
<tr><td>8</td><td>1.718</td><td>0.582,0</td><td>10.260</td><td>5.971</td><td>0.097,5</td><td>0.167,5</td><td>3.147</td><td>18.789</td><td>8</td></tr>
<tr><td>9</td><td>1.838</td><td>0.543,9</td><td>11.978</td><td>6.515</td><td>0.083,5</td><td>0.153,5</td><td>3.552</td><td>23.140</td><td>9</td></tr>
<tr><td>10</td><td>1.967</td><td>0.508,3</td><td>13.816</td><td>7.024</td><td>0.072,4</td><td>0.142,4</td><td>3.946</td><td>27.716</td><td>10</td></tr>
<tr><td>11</td><td>2.105</td><td>0.475,1</td><td>15.784</td><td>7.499</td><td>0.063,3</td><td>0.133,4</td><td>4.330</td><td>32.466</td><td>11</td></tr>
<tr><td>12</td><td>2.252</td><td>0.444,0</td><td>17.888</td><td>7.943</td><td>0.055,9</td><td>0.125,9</td><td>4.703</td><td>37.351</td><td>12</td></tr>
<tr><td>13</td><td>2.410</td><td>0.415,0</td><td>20.141</td><td>8.358</td><td>0.049,7</td><td>0.119,7</td><td>5.065</td><td>42.330</td><td>13</td></tr>
<tr><td>14</td><td>2.579</td><td>0.387,8</td><td>22.550</td><td>8.745</td><td>0.044,3</td><td>0.114,3</td><td>5.417</td><td>47.372</td><td>14</td></tr>
<tr><td>15</td><td>2.759</td><td>0.362,4</td><td>25.129</td><td>9.108</td><td>0.039,8</td><td>0.109,8</td><td>5.758</td><td>52.446</td><td>15</td></tr>
<tr><td>16</td><td>2.952</td><td>0.338,7</td><td>27.888</td><td>9.447</td><td>0.035,9</td><td>0.105,9</td><td>6.090</td><td>57.527</td><td>16</td></tr>
<tr><td>17</td><td>3.159</td><td>0.316,6</td><td>30.840</td><td>9.763</td><td>0.032,4</td><td>0.102,4</td><td>6.411</td><td>62.592</td><td>17</td></tr>
<tr><td>18</td><td>3.380</td><td>0.295,9</td><td>33.999</td><td>10.059</td><td>0.029,4</td><td>0.099,4</td><td>6.722</td><td>67.622</td><td>18</td></tr>
<tr><td>19</td><td>3.617</td><td>0.276,5</td><td>37.379</td><td>10.336</td><td>0.026,8</td><td>0.096,8</td><td>7.024</td><td>72.599</td><td>19</td></tr>
<tr><td>20</td><td>3.870</td><td>0.258,4</td><td>40.995</td><td>10.594</td><td>0.024,4</td><td>0.094,4</td><td>7.316</td><td>77.509</td><td>20</td></tr>
<tr><td>21</td><td>4.141</td><td>0.241,5</td><td>44.865</td><td>10.836</td><td>0.022,3</td><td>0.092,3</td><td>7.599</td><td>82.339</td><td>21</td></tr>
<tr><td>22</td><td>4.430</td><td>0.225,7</td><td>49.006</td><td>11.061</td><td>0.020,4</td><td>0.090,4</td><td>7.872</td><td>87.079</td><td>22</td></tr>
<tr><td>23</td><td>4.741</td><td>0.210,9</td><td>53.436</td><td>11.272</td><td>0.018,7</td><td>0.088,7</td><td>8.137</td><td>91.720</td><td>23</td></tr>
<tr><td>24</td><td>5.072</td><td>0.197,1</td><td>58.177</td><td>11.469</td><td>0.017,2</td><td>0.087,2</td><td>8.392</td><td>96.255</td><td>24</td></tr>
<tr><td>25</td><td>5.427</td><td>0.184,2</td><td>63.249</td><td>11.654</td><td>0.015,8</td><td>0.085,8</td><td>8.639</td><td>100.676</td><td>25</td></tr>
<tr><td>26</td><td>5.807</td><td>0.172,2</td><td>68.676</td><td>11.826</td><td>0.014,6</td><td>0.084,6</td><td>8.877</td><td>104.981</td><td>26</td></tr>
<tr><td>27</td><td>6.214</td><td>0.160,9</td><td>74.484</td><td>11.987</td><td>0.013,4</td><td>0.083,4</td><td>9.107</td><td>109.166</td><td>27</td></tr>
<tr><td>28</td><td>6.649</td><td>0.150,4</td><td>80.698</td><td>12.137</td><td>0.012,4</td><td>0.082,4</td><td>9.329</td><td>113.226</td><td>28</td></tr>
<tr><td>29</td><td>7.114</td><td>0.140,6</td><td>87.347</td><td>12.278</td><td>0.011,4</td><td>0.081,4</td><td>9.543</td><td>117.162</td><td>29</td></tr>
<tr><td>30</td><td>7.612</td><td>0.131,4</td><td>94.461</td><td>12.409</td><td>0.010,6</td><td>0.080,6</td><td>9.749</td><td>120.972</td><td>30</td></tr>
</table>

附表一（續）

資金等值計算系數（i=0.08）

N	單一現金流量 終值 F/P	單一現金流量 現值 P/F	等額系列流量 終值 F/A	等額系列流量 現值 P/A	等額系列流量 償債基金 A/F	等額系列流量 資金回收 A/P	增量系列現金流量 等額序列 A/G	增量系列現金流量 現值 P/G	N
1	1.080	0.925,9	1.000	0.926	1.000,0	1.080,0	0.000	0.000	1
2	1.166	0.857,3	2.080	1.783	0.480,8	0.560,8	0.481	0.857	2
3	1.260	0.793,8	3.246	2.577	0.308,0	0.388,0	0.949	2.445	3
4	1.360	0.735,0	4.506	3.312	0.221,9	0.301,9	1.404	4.650	4
5	1.469	0.680,6	5.867	3.993	0.170,5	0.250,5	1.846	7.372	5
6	1.587	0.630,2	7.336	4.623	0.136,3	0.216,3	2.276	10.523	6
7	1.714	0.583,5	8.923	5.206	0.112,1	0.192,1	2.694	14.024	7
8	1.851	0.540,3	10.637	5.747	0.094,0	0.174,0	3.099	17.806	8
9	1.999	0.500,2	12.488	6.247	0.080,1	0.160,1	3.491	21.808	9
10	2.159	0.463,2	14.487	6.710	0.069,0	0.149,0	3.871	25.977	10
11	2.332	0.428,9	16.645	7.139	0.060,1	0.140,1	4.240	30.266	11
12	2.518	0.397,1	18.977	7.536	0.052,7	0.132,7	4.596	34.634	12
13	2.720	0.367,7	21.495	7.904	0.046,5	0.126,5	4.940	39.046	13
14	2.937	0.340,5	24.215	8.244	0.041,3	0.121,3	5.273	43.472	14
15	3.172	0.315,2	27.152	8.559	0.036,8	0.116,8	5.594	47.886	15
16	3.426	0.291,9	30.324	8.851	0.033,0	0.113,0	5.905	52.264	16
17	3.700	0.270,3	33.750	9.122	0.029,6	0.109,6	6.204	56.588	17
18	3.996	0.250,2	37.450	9.372	0.026,7	0.106,7	6.492	60.843	18
19	4.316	0.231,7	41.446	9.604	0.024,1	0.104,1	6.770	65.013	19
20	4.661	0.214,5	45.762	9.818	0.021,9	0.101,9	7.037	69.090	20
21	5.034	0.198,7	50.423	10.017	0.019,8	0.099,8	7.294	73.063	21
22	5.437	0.183,9	55.457	10.201	0.018,0	0.098,0	7.541	76.926	22
23	5.871	0.170,3	60.893	10.371	0.016,4	0.096,4	7.779	80.673	23
24	6.341	0.157,7	66.765	10.529	0.015,0	0.095,0	8.007	84.300	24
25	6.848	0.146,0	73.106	10.675	0.013,7	0.093,7	8.225	87.804	25
26	7.396	0.135,2	79.954	10.810	0.012,5	0.092,5	8.435	91.184	26
27	7.988	0.125,2	87.351	10.935	0.011,4	0.091,4	8.636	94.439	27
28	8.627	0.115,9	95.339	11.051	0.010,5	0.090,5	8.829	97.569	28
29	9.317	0.107,3	103.966	11.158	0.009,6	0.089,6	9.013	100.574	29
30	10.063	0.099,4	113.283	11.258	0.008,8	0.088,8	9.190	103.456	30

附錄 1　資金等值計算系數

附表一（續）

| \multicolumn{9}{c}{資金等值計算系數（i＝0.09）} |
N	單一現金流量 終值 F/P	單一現金流量 現值 P/F	等額系列流量 終值 F/A	等額系列流量 現值 P/A	等額系列流量 償債基金 A/F	等額系列流量 資金回收 A/P	增量系列現金流量 等額序列 A/G	增量系列現金流量 現值 P/G	N
1	1.090	0.917,4	1.000	0.917	1.000,0	1.090,0	0.000	0.000	1
2	1.188	0.841,7	2.090	1.759	0.478,5	0.568,5	0.478	0.842	2
3	1.295	0.772,2	3.278	2.531	0.305,1	0.395,1	0.943	2.386	3
4	1.412	0.708,4	4.573	3.240	0.218,7	0.308,7	1.393	4.511	4
5	1.539	0.649,9	5.985	3.890	0.167,1	0.257,1	1.828	7.111	5
6	1.677	0.596,3	7.523	4.486	0.132,9	0.222,9	2.250	10.092	6
7	1.828	0.547,0	9.200	5.033	0.108,7	0.198,7	2.657	13.375	7
8	1.993	0.501,9	11.028	5.535	0.090,7	0.180,7	3.051	16.888	8
9	2.172	0.460,4	13.021	5.995	0.076,8	0.166,8	3.431	20.571	9
10	2.367	0.422,4	15.193	6.418	0.065,8	0.155,8	3.798	24.373	10
11	2.580	0.387,5	17.560	6.805	0.056,9	0.146,9	4.151	28.248	11
12	2.813	0.355,5	20.141	7.161	0.049,7	0.139,7	4.491	32.159	12
13	3.066	0.326,2	22.953	7.487	0.043,6	0.133,6	4.818	36.073	13
14	3.342	0.299,2	26.019	7.786	0.038,4	0.128,4	5.133	39.963	14
15	3.642	0.274,5	29.361	8.061	0.034,1	0.124,1	5.435	43.807	15
16	3.970	0.251,9	33.003	8.313	0.030,3	0.120,3	5.724	47.585	16
17	4.328	0.231,1	36.974	8.544	0.027,0	0.117,0	6.002	51.282	17
18	4.717	0.212,0	41.301	8.756	0.024,2	0.114,2	6.269	54.886	18
19	5.142	0.194,5	46.018	8.950	0.021,7	0.111,7	6.524	58.387	19
20	5.604	0.178,4	51.160	9.129	0.019,5	0.109,5	6.767	61.777	20
21	6.109	0.163,7	56.765	9.292	0.017,6	0.107,6	7.001	65.051	21
22	6.659	0.150,2	62.873	9.442	0.015,9	0.105,9	7.223	68.205	22
23	7.258	0.137,8	69.532	9.580	0.014,4	0.104,4	7.436	71.236	23
24	7.911	0.126,4	76.790	9.707	0.013,0	0.103,0	7.638	74.143	24
25	8.623	0.116,0	84.701	9.823	0.011,8	0.101,8	7.832	76.926	25
26	9.399	0.106,4	93.324	9.929	0.010,7	0.100,7	8.016	79.586	26
27	10.245	0.097,6	102.723	10.027	0.009,7	0.099,7	8.191	82.124	27
28	11.167	0.089,5	112.968	10.116	0.008,9	0.098,9	8.357	84.542	28
29	12.172	0.082,2	124.135	10.198	0.008,1	0.098,1	8.515	86.842	29
30	13.268	0.075,4	136.308	10.274	0.007,3	0.097,3	8.666	89.028	30

附表一（續）

N	單一現金流量 F/P	單一現金流量 P/F	等額系列流量 F/A	等額系列流量 P/A	等額系列流量 償債基金 A/F	等額系列流量 資金回收 A/P	增量系列現金流量 等額序列 A/G	增量系列現金流量 現值 P/G	N
1	1.100	0.909,1	1.000	0.909	1.000,0	1.100,0	0.000	0.000	1
2	1.210	0.826,4	2.100	1.736	0.476,2	0.576,2	0.476	0.826	2
3	1.331	0.751,3	3.310	2.487	0.302,1	0.402,1	0.937	2.329	3
4	1.464	0.683,0	4.641	3.170	0.215,5	0.315,5	1.381	4.378	4
5	1.611	0.620,9	6.105	3.791	0.163,8	0.263,8	1.810	6.862	5
6	1.772	0.564,5	7.716	4.355	0.129,6	0.229,6	2.224	9.684	6
7	1.949	0.513,2	9.487	4.868	0.105,4	0.205,4	2.622	12.763	7
8	2.144	0.466,5	11.436	5.335	0.087,4	0.187,4	3.004	16.029	8
9	2.358	0.424,1	13.579	5.759	0.073,6	0.173,6	3.372	19.421	9
10	2.594	0.385,5	15.937	6.145	0.062,7	0.162,7	3.725	22.891	10
11	2.853	0.350,5	18.531	6.495	0.054,0	0.154,0	4.064	26.396	11
12	3.138	0.318,6	21.384	6.814	0.046,8	0.146,8	4.388	29.901	12
13	3.452	0.289,7	24.523	7.103	0.040,8	0.140,8	4.699	33.377	13
14	3.797	0.263,3	27.975	7.367	0.035,7	0.135,7	4.996	36.800	14
15	4.177	0.239,4	31.772	7.606	0.031,5	0.131,5	5.279	40.152	15
16	4.595	0.217,6	35.950	7.824	0.027,8	0.127,8	5.549	43.416	16
17	5.054	0.197,8	40.545	8.022	0.024,7	0.124,7	5.807	46.582	17
18	5.560	0.179,9	45.599	8.201	0.021,9	0.121,9	6.053	49.640	18
19	6.116	0.163,5	51.159	8.365	0.019,5	0.119,5	6.286	52.583	19
20	6.727	0.148,6	57.275	8.514	0.017,5	0.117,5	6.508	55.407	20
21	7.400	0.135,1	64.002	8.649	0.015,6	0.115,6	6.719	58.110	21
22	8.140	0.122,8	71.403	8.772	0.014,0	0.114,0	6.919	60.689	22
23	8.954	0.111,7	79.543	8.883	0.012,5	0.112,5	7.108	63.146	23
24	9.850	0.101,5	88.497	8.985	0.011,3	0.111,3	7.288	65.481	24
25	10.835	0.092,3	98.347	9.077	0.010,2	0.110,2	7.458	67.696	25
26	11.918	0.083,9	109.182	9.161	0.009,2	0.109,2	7.619	69.794	26
27	13.110	0.076,3	121.100	9.237	0.008,3	0.108,3	7.770	71.777	27
28	14.421	0.069,3	134.210	9.307	0.007,5	0.107,5	7.914	73.650	28
29	15.863	0.063,0	148.631	9.370	0.006,7	0.106,7	8.049	75.415	29
30	17.449	0.057,3	164.494	9.427	0.006,1	0.106,1	8.176	77.077	30

資金等值計算系數（i=0.10）

附錄1 資金等值計算系數

附表一（續）

N	單一現金流量 終值 F/P	單一現金流量 現值 P/F	等額系列流量 終值 F/A	等額系列流量 現值 P/A	等額系列流量 償債基金 A/F	等額系列流量 資金回收 A/P	增量系列現金流量 等額序列 A/G	增量系列現金流量 現值 P/G	N
1	1.120	0.892,9	1.000	0.893	1.000,0	1.120,0	0.000	0.000	1
2	1.254	0.797,2	2.120	1.690	0.471,7	0.591,7	0.472	0.797	2
3	1.405	0.711,8	3.374	2.402	0.296,3	0.416,3	0.925	2.221	3
4	1.574	0.635,5	4.779	3.037	0.209,2	0.329,2	1.359	4.127	4
5	1.762	0.567,4	6.353	3.605	0.157,4	0.277,4	1.775	6.397	5
6	1.974	0.506,6	8.115	4.111	0.123,2	0.243,2	2.172	8.930	6
7	2.211	0.452,3	10.089	4.564	0.099,1	0.219,1	2.551	11.644	7
8	2.476	0.403,9	12.300	4.968	0.081,3	0.201,3	2.913	14.471	8
9	2.773	0.360,6	14.776	5.328	0.067,7	0.187,7	3.257	17.356	9
10	3.106	0.322,0	17.549	5.650	0.057,0	0.177,0	3.585	20.254	10
11	3.479	0.287,5	20.655	5.938	0.048,4	0.168,4	3.895	23.129	11
12	3.896	0.256,7	24.133	6.194	0.041,4	0.161,4	4.190	25.952	12
13	4.363	0.229,2	28.029	6.424	0.035,7	0.155,7	4.468	28.702	13
14	4.887	0.204,6	32.393	6.628	0.030,9	0.150,9	4.732	31.362	14
15	5.474	0.182,7	37.280	6.811	0.026,8	0.146,8	4.980	33.920	15
16	6.130	0.163,1	42.753	6.974	0.023,4	0.143,4	5.215	36.367	16
17	6.866	0.145,6	48.884	7.120	0.020,5	0.140,5	5.435	38.697	17
18	7.690	0.130,0	55.750	7.250	0.017,9	0.137,9	5.643	40.908	18
19	8.613	0.116,1	63.440	7.366	0.015,8	0.135,8	5.838	42.998	19
20	9.646	0.103,7	72.052	7.469	0.013,9	0.133,9	6.020	44.968	20
21	10.804	0.092,6	81.699	7.562	0.012,2	0.132,2	6.191	46.819	21
22	12.100	0.082,6	92.503	7.645	0.010,8	0.130,8	6.351	48.554	22
23	13.552	0.073,8	104.603	7.718	0.009,6	0.129,6	6.501	50.178	23
24	15.179	0.065,9	118.155	7.784	0.008,5	0.128,5	6.641	51.693	24
25	17.000	0.058,8	133.334	7.843	0.007,5	0.127,5	6.771	53.105	25
26	19.040	0.052,5	150.334	7.896	0.006,7	0.126,7	6.892	54.418	26
27	21.325	0.046,9	169.374	7.943	0.005,9	0.125,9	7.005	55.637	27
28	23.884	0.041,9	190.699	7.984	0.005,2	0.125,2	7.110	56.767	28
29	26.750	0.037,4	214.583	8.022	0.004,7	0.124,7	7.207	57.814	29
30	29.960	0.033,4	241.333	8.055	0.004,1	0.124,1	7.297	58.782	30

附表一（續）

N	資金等值計算系數 (i=0.15)									N
	單一現金流量		等額系列流量				增量系列現金流量		
	終值	現值	終值	現值	償債基金	資金回收	等額序列	現值	
	F/P	P/F	F/A	P/A	A/F	A/P	A/G	P/G	
1	1.150	0.869,6	1.000	0.870	1.000,0	1.150,0	0.000	0.000	1
2	1.323	0.756,1	2.150	1.626	0.465,1	0.615,1	0.465	0.756	2
3	1.521	0.657,5	3.473	2.283	0.288,0	0.438,0	0.907	2.071	3
4	1.749	0.571,8	4.993	2.855	0.200,3	0.350,3	1.326	3.786	4
5	2.011	0.497,2	6.742	3.352	0.148,3	0.298,3	1.723	5.775	5
6	2.313	0.432,3	8.754	3.784	0.114,2	0.264,2	2.097	7.937	6
7	2.660	0.375,9	11.067	4.160	0.090,4	0.240,4	2.450	10.192	7
8	3.059	0.326,9	13.727	4.487	0.072,9	0.222,9	2.781	12.481	8
9	3.518	0.284,3	16.786	4.772	0.059,6	0.209,6	3.092	14.755	9
10	4.046	0.247,2	20.304	5.019	0.049,3	0.199,3	3.383	16.979	10
11	4.652	0.214,9	24.349	5.234	0.041,1	0.191,1	3.655	19.129	11
12	5.350	0.186,9	29.002	5.421	0.034,5	0.184,5	3.908	21.185	12
13	6.153	0.162,5	34.352	5.583	0.029,1	0.179,1	4.144	23.135	13
14	7.076	0.141,3	40.505	5.724	0.024,7	0.174,7	4.362	24.972	14
15	8.137	0.122,9	47.580	5.847	0.021,0	0.171,0	4.565	26.693	15
16	9.358	0.106,9	55.717	5.954	0.017,9	0.167,9	4.752	28.296	16
17	10.761	0.092,9	65.075	6.047	0.015,4	0.165,4	4.925	29.783	17
18	12.375	0.080,8	75.836	6.128	0.013,2	0.163,2	5.084	31.156	18
19	14.232	0.070,3	88.212	6.198	0.011,3	0.161,3	5.231	32.421	19
20	16.367	0.061,1	102.444	6.259	0.009,8	0.159,8	5.365	33.582	20
21	18.822	0.053,1	118.810	6.312	0.008,4	0.158,4	5.488	34.645	21
22	21.645	0.046,2	137.632	6.359	0.007,3	0.157,3	5.601	35.615	22
23	24.891	0.040,2	159.276	6.399	0.006,3	0.156,3	5.704	36.499	23
24	28.625	0.034,9	184.168	6.434	0.005,4	0.155,4	5.798	37.302	24
25	32.919	0.030,4	212.793	6.464	0.004,7	0.154,7	5.883	38.031	25
26	37.857	0.026,4	245.712	6.491	0.004,1	0.154,1	5.961	38.692	26
27	43.535	0.023,0	283.569	6.514	0.003,5	0.153,5	6.032	39.289	27
28	50.066	0.020,0	327.104	6.534	0.003,1	0.153,1	6.096	39.828	28
29	57.575	0.017,4	377.170	6.551	0.002,7	0.152,7	6.154	40.315	29
30	66.212	0.015,1	434.745	6.566	0.002,3	0.152,3	6.207	40.753	30

附錄 1　資金等值計算系數

附表一（續）

<table>
<tr><td colspan="9" align="center">資金等值計算系數（i＝0.20）</td></tr>
<tr><td rowspan="3">N</td><td colspan="2">單一現金流量</td><td colspan="4">等額系列流量</td><td colspan="2">增量系列現金流量</td><td rowspan="3">N</td></tr>
<tr><td>終值</td><td>現值</td><td>終值</td><td>現值</td><td>償債基金</td><td>資金回收</td><td>等額序列</td><td>現值</td></tr>
<tr><td>F/P</td><td>P/F</td><td>F/A</td><td>P/A</td><td>A/F</td><td>A/P</td><td>A/G</td><td>P/G</td></tr>
<tr><td>1</td><td>1.200</td><td>0.833,3</td><td>1.000</td><td>0.833</td><td>1.000,0</td><td>1.200,0</td><td>0.000</td><td>0.000</td><td>1</td></tr>
<tr><td>2</td><td>1.440</td><td>0.694,4</td><td>2.200</td><td>1.528</td><td>0.454,5</td><td>0.654,5</td><td>0.455</td><td>0.694</td><td>2</td></tr>
<tr><td>3</td><td>1.728</td><td>0.578,7</td><td>3.640</td><td>2.106</td><td>0.274,7</td><td>0.474,7</td><td>0.879</td><td>1.852</td><td>3</td></tr>
<tr><td>4</td><td>2.074</td><td>0.482,3</td><td>5.368</td><td>2.589</td><td>0.186,3</td><td>0.386,3</td><td>1.274</td><td>3.299</td><td>4</td></tr>
<tr><td>5</td><td>2.488</td><td>0.401,9</td><td>7.442</td><td>2.991</td><td>0.134,4</td><td>0.334,4</td><td>1.641</td><td>4.906</td><td>5</td></tr>
<tr><td>6</td><td>2.986</td><td>0.334,9</td><td>9.930</td><td>3.326</td><td>0.100,7</td><td>0.300,7</td><td>1.979</td><td>6.581</td><td>6</td></tr>
<tr><td>7</td><td>3.583</td><td>0.279,1</td><td>12.916</td><td>3.605</td><td>0.077,4</td><td>0.277,4</td><td>2.290</td><td>8.255</td><td>7</td></tr>
<tr><td>8</td><td>4.300</td><td>0.232,6</td><td>16.499</td><td>3.837</td><td>0.060,1</td><td>0.260,6</td><td>2.576</td><td>9.883</td><td>8</td></tr>
<tr><td>9</td><td>5.160</td><td>0.193,8</td><td>20.799</td><td>4.031</td><td>0.048,1</td><td>0.248,1</td><td>2.836</td><td>11.434</td><td>9</td></tr>
<tr><td>10</td><td>6.192</td><td>0.161,5</td><td>25.959</td><td>4.192</td><td>0.038,5</td><td>0.238,5</td><td>3.074</td><td>12.887</td><td>10</td></tr>
<tr><td>11</td><td>7.430</td><td>0.134,6</td><td>32.150</td><td>4.327</td><td>0.031,1</td><td>0.231,1</td><td>3.289</td><td>14.233</td><td>11</td></tr>
<tr><td>12</td><td>8.916</td><td>0.112,2</td><td>39.581</td><td>4.439</td><td>0.025,3</td><td>0.225,3</td><td>3.484</td><td>15.467</td><td>12</td></tr>
<tr><td>13</td><td>10.699</td><td>0.093,5</td><td>48.497</td><td>4.533</td><td>0.020,6</td><td>0.220,6</td><td>3.660</td><td>16.588</td><td>13</td></tr>
<tr><td>14</td><td>12.839</td><td>0.077,9</td><td>59.196</td><td>4.611</td><td>0.016,9</td><td>0.216,9</td><td>3.817</td><td>17.601</td><td>14</td></tr>
<tr><td>15</td><td>15.407</td><td>0.064,9</td><td>72.035</td><td>4.675</td><td>0.013,9</td><td>0.213,9</td><td>3.959</td><td>18.509</td><td>15</td></tr>
<tr><td>16</td><td>18.488</td><td>0.054,1</td><td>87.442</td><td>4.730</td><td>0.011,4</td><td>0.211,4</td><td>4.085</td><td>19.321</td><td>16</td></tr>
<tr><td>17</td><td>22.186</td><td>0.045,1</td><td>105.931</td><td>4.775</td><td>0.009,4</td><td>0.209,4</td><td>4.198</td><td>20.042</td><td>17</td></tr>
<tr><td>18</td><td>26.623</td><td>0.037,6</td><td>128.117</td><td>4.812</td><td>0.007,8</td><td>0.207,8</td><td>4.298</td><td>20.680</td><td>18</td></tr>
<tr><td>19</td><td>31.948</td><td>0.031,3</td><td>154.740</td><td>4.843</td><td>0.006,5</td><td>0.206,5</td><td>4.386</td><td>21.244</td><td>19</td></tr>
<tr><td>20</td><td>38.338</td><td>0.026,1</td><td>186.688</td><td>4.870</td><td>0.005,4</td><td>0.205,4</td><td>4.464</td><td>21.739</td><td>20</td></tr>
<tr><td>21</td><td>46.005</td><td>0.021,7</td><td>225.026</td><td>4.891</td><td>0.004,4</td><td>0.204,4</td><td>4.533</td><td>22.174</td><td>21</td></tr>
<tr><td>22</td><td>55.206</td><td>0.018,1</td><td>271.031</td><td>4.909</td><td>0.003,7</td><td>0.203,7</td><td>4.594</td><td>22.555</td><td>22</td></tr>
<tr><td>23</td><td>66.247</td><td>0.015,1</td><td>326.237</td><td>4.925</td><td>0.003,1</td><td>0.203,1</td><td>4.647</td><td>22.887</td><td>23</td></tr>
<tr><td>24</td><td>79.497</td><td>0.012,6</td><td>392.484</td><td>4.937</td><td>0.002,5</td><td>0.202,5</td><td>4.694</td><td>23.176</td><td>24</td></tr>
<tr><td>25</td><td>95.396</td><td>0.010,5</td><td>471.981</td><td>4.948</td><td>0.002,1</td><td>0.202,1</td><td>4.735</td><td>23.428</td><td>25</td></tr>
<tr><td>26</td><td>114.475</td><td>0.008,7</td><td>567.377</td><td>4.956</td><td>0.001,8</td><td>0.201,8</td><td>4.771</td><td>23.646</td><td>26</td></tr>
<tr><td>27</td><td>137.371</td><td>0.007,3</td><td>681.853</td><td>4.964</td><td>0.001,5</td><td>0.201,5</td><td>4.802</td><td>23.835</td><td>27</td></tr>
<tr><td>28</td><td>164.845</td><td>0.006,1</td><td>819.223</td><td>4.970</td><td>0.001,2</td><td>0.201,2</td><td>4.829</td><td>23.999</td><td>28</td></tr>
<tr><td>29</td><td>197.814</td><td>0.005,1</td><td>984.068</td><td>4.975</td><td>0.001,0</td><td>0.201,0</td><td>4.853</td><td>24.141</td><td>29</td></tr>
<tr><td>30</td><td>237.376</td><td>0.004,2</td><td>1,181.882</td><td>4.979</td><td>0.000,8</td><td>0.200,8</td><td>4.873</td><td>24.263</td><td>30</td></tr>
</table>

附表一（續）

N	單一現金流量		等額系列流量				增量系列現金流量		N
	終值	現值	終值	現值	償債基金	資金回收	等額序列	現值	
	F/P	P/F	F/A	P/A	A/F	A/P	A/G	P/G	
1	1.250	0.800,0	1.000	0.800	1.000,0	1.250,0	0.000	0.000	1
2	1.563	0.640,0	2.250	1.440	0.444,4	0.694,4	0.444	0.640	2
3	1.953	0.512,0	3.813	1.952	0.262,3	0.512,3	0.852	1.664	3
4	2.441	0.409,6	5.766	2.362	0.173,4	0.423,4	1.225	2.893	4
5	3.052	0.327,7	8.207	2.689	0.121,8	0.371,8	1.563	4.204	5
6	3.815	0.262,1	11.259	2.951	0.088,8	0.338,8	1.868	5.514	6
7	4.768	0.209,7	15.073	3.161	0.066,3	0.316,3	2.142	6.773	7
8	5.960	0.167,8	19.842	3.329	0.050,4	0.300,4	2.387	7.947	8
9	7.451	0.134,2	25.802	3.463	0.038,8	0.288,8	2.605	9.021	9
10	9.313	0.107,4	33.253	3.571	0.030,1	0.280,1	2.797	9.987	10
11	11.642	0.085,9	42.566	3.656	0.023,5	0.273,5	2.966	10.846	11
12	14.552	0.068,7	54.208	3.725	0.018,5	0.268,4	3.115	11.602	12
13	18.190	0.055,0	68.760	3.780	0.014,5	0.264,5	3.244	12.262	13
14	22.737	0.044,0	86.949	3.824	0.011,5	0.261,5	3.356	12.833	14
15	28.422	0.035,2	109.687	3.859	0.009,2	0.259,1	3.453	13.326	15
16	35.527	0.028,1	138.109	3.887	0.007,2	0.257,2	3.537	13.748	16
17	44.409	0.022,5	173.636	3.910	0.005,8	0.255,8	3.608	14.108	17
18	55.511	0.018,0	218.045	3.928	0.004,6	0.254,6	3.670	14.415	18
19	69.389	0.014,4	273.556	3.942	0.003,7	0.253,7	3.722	14.674	19
20	86.736	0.011,5	342.945	3.954	0.002,9	0.252,9	3.767	14.893	20
21	108.420	0.009,2	429.681	3.963	0.002,3	0.252,3	3.805	15.078	21
22	135.525	0.007,4	538.101	3.970	0.001,9	0.251,9	3.836	15.233	22
23	169.407	0.005,9	673.626	3.976	0.001,5	0.251,5	3.863	15.362	23
24	211.758	0.004,7	843.033	3.981	0.001,2	0.251,2	3.886	15.471	24
25	264.698	0.003,8	1,054.791	3.985	0.000,9	0.250,9	3.905	15.562	25
26	330.872	0.003,0	1,319.489	3.988	0.000,8	0.250,8	3.921	15.637	26
27	413.590	0.002,4	1,650.361	3.990	0.000,6	0.250,6	3.935	15.700	27
28	516.988	0.001,9	2,063.952	3.992	0.000,5	0.250,5	3.946	15.752	28
29	646.235	0.001,5	2,580.939	3.994	0.000,4	0.250,4	3.955	15.796	29
30	807.794	0.001,2	3,227.174	3.995	0.000,3	0.250,3	3.963	15.832	30

資金等值計算系數（i=0.25）

附錄 1 資金等值計算系數

附表一（續）

資金等值計算系數 (i=0.30)									
	單一現金流量		等額系列流量				增量系列現金流量		
N	終值	現值	終值	現值	償債基金	資金回收	等額序列	現值	N
	F/P	P/F	F/A	P/A	A/F	A/P	A/G	P/G	
1	1.300	0.769,2	1.000	0.769	1.000,0	1.300,0	0.000	0.000	1
2	1.690	0.591,7	2.300	1.361	0.434,8	0.734,8	0.435	0.592	2
3	2.197	0.455,2	3.990	1.816	0.250,6	0.550,6	0.827	1.502	3
4	2.856	0.350,1	6.187	2.166	0.161,6	0.461,6	1.178	2.552	4
5	3.713	0.269,3	9.043	2.436	0.110,6	0.410,6	1.490	3.630	5
6	4.827	0.207,2	12.756	2.643	0.078,4	0.378,4	1.765	4.666	6
7	6.275	0.159,4	17.583	2.802	0.056,9	0.356,9	2.006	5.622	7
8	8.157	0.122,6	23.858	2.925	0.041,9	0.341,9	2.216	6.480	8
9	10.604	0.094,3	32.015	3.019	0.031,2	0.331,2	2.396	7.234	9
10	13.786	0.072,5	42.619	3.092	0.023,5	0.323,5	2.551	7.887	10
11	17.922	0.055,8	56.405	3.147	0.017,7	0.317,7	2.683	8.445	11
12	23.298	0.042,9	74.327	3.190	0.013,5	0.313,5	2.795	8.917	12
13	30.288	0.033,0	97.625	3.223	0.010,2	0.310,2	2.889	9.314	13
14	39.374	0.025,4	127.913	3.249	0.007,8	0.307,8	2.969	9.644	14
15	51.186	0.019,5	167.286	3.268	0.006,0	0.306,0	3.034	9.917	15
16	66.542	0.015,0	218.472	3.283	0.004,6	0.304,6	3.089	10.143	16
17	86.504	0.011,6	285.014	3.295	0.003,5	0.303,5	3.135	10.328	17
18	112.455	0.008,9	371.518	3.304	0.002,7	0.302,7	3.172	10.479	18
19	146.192	0.006,8	483.973	3.311	0.002,1	0.302,1	3.202	10.602	19
20	190.050	0.005,3	630.165	3.316	0.001,6	0.301,6	3.228	10.702	20
21	247.065	0.004,0	820.215	3.320	0.001,2	0.301,2	3.248	10.783	21
22	321.184	0.003,1	1,067.280	3.323	0.000,9	0.300,9	3.265	10.848	22
23	417.539	0.002,4	1,388.464	3.325	0.000,7	0.300,7	3.278	10.901	23
24	542.801	0.001,8	1,806.003	3.327	0.000,6	0.300,6	3.289	10.943	24
25	705.641	0.001,4	2,348.803	3.329	0.000,4	0.300,4	3.298	10.977	25
26	917.333	0.001,1	3,054.444	3.330	0.000,3	0.300,3	3.305	11.005	26
27	1,192.533	0.000,8	3,971.778	3.331	0.000,3	0.300,3	3.311	11.026	27
28	1,550.293	0.000,6	5,164.311	3.331	0.000,2	0.300,2	3.315	11.044	28
29	2,015.381	0.000,5	6,714.604	3.332	0.000,1	0.300,1	3.319	11.058	29

附錄 2　正態分佈數值表

附表 2　　　　　　　　　正態分佈數值表

φ(u) \ n u	0.00	0.01	0.02	0.03	0.04	0.05	0.06	0.07	0.08	0.09
0.0	0.500,0	0.504,0	0.508,0	0.512,0	0.516,0	0.519,9	0.523,9	0.527,9	0.531,9	0.535,9
0.1	0.539,8	0.543,8	0.547,8	0.551,7	0.555,7	0.559,6	0.565,6	0.567,5	0.571,4	0.575,3
0.2	0.579,3	0.583,2	0.587,1	0.591,0	0.594,8	0.598,7	0.602,6	0.606,4	0.610,3	0.614,1
0.3	0.617,9	0.621,7	0.625,5	0.629,3	0.633,1	0.636,8	0.640,6	0.644,3	0.648,0	0.651,5
0.4	0.655,4	0.659,1	0.662,8	0.666,4	0.670,0	0.673,6	0.677,2	0.680,8	0.684,4	0.687,9
0.5	0.691,5	0.695,0	0.698,5	0.701,9	0.705,4	0.708,8	0.712,3	0.715,7	0.719,0	0.722,4
0.6	0.725,7	0.729,1	0.732,4	0.735,7	0.738,9	0.742,2	0.745,4	0.748,6	0.751,7	0.754,9
0.7	0.758,0	0.761,1	0.764,2	0.767,3	0.770,4	0.773,4	0.776,4	0.779,4	0.782,3	0.785,2
0.8	0.788,1	0.791,0	0.793,9	0.796,7	0.799,5	0.802,3	0.805,1	0.807,8	0.810,6	0.813,3
0.9	0.815,9	0.818,6	0.821,2	0.823,8	0.826,4	0.828,9	0.831,5	0.834,0	0.836,5	0.838,9
1.0	0.841,3	0.843,8	0.846,1	0.848,5	0.850,8	0.853,1	0.855,4	0.857,7	0.859,9	0.862,1
1.1	0.864,3	0.866,5	0.868,6	0.870,8	0.872,9	0.874,9	0.877,0	0.879,0	0.881,0	0.883,0
1.2	0.884,9	0.886,9	0.888,8	0.890,7	0.892,5	0.894,4	0.896,2	0.898,0	0.899,7	0.901,5
1.3	0.903,2	0.904,9	0.906,6	0.908,2	0.909,9	0.911,5	0.913,1	0.914,7	0.916,2	0.917,7
1.4	0.919,2	0.920,7	0.922,2	0.923,6	0.925,1	0.926,5	0.927,9	0.929,2	0.930,6	0.931,9
1.5	0.933,2	0.934,5	0.935,7	0.937,0	0.938,2	0.939,4	0.940,6	0.941,8	0.942,9	0.944,1
1.6	0.945,2	0.946,3	0.947,4	0.948,4	0.949,5	0.950,5	0.951,5	0.952,5	0.953,5	0.954,5
1.7	0.955,4	0.956,4	0.957,3	0.958,2	0.959,1	0.959,9	0.960,8	0.961,6	0.962,5	0.963,3
1.8	0.964,1	0.964,9	0.965,6	0.966,4	0.967,1	0.967,8	0.968,6	0.969,3	0.969,9	0.970,6
1.9	0.971,3	0.971,9	0.972,6	0.973,2	0.973,8	0.974,4	0.975,0	0.975,6	0.976,1	0.976,7
2.0	0.977,2	0.977,8	0.978,3	0.978,8	0.979,3	0.979,8	0.980,3	0.980,8	0.981,2	0.981,7
2.1	0.982,1	0.982,6	0.983,0	0.983,4	0.983,8	0.984,2	0.984,6	0.985,0	0.985,4	0.985,7
2.2	0.986,1	0.986,4	0.986,8	0.987,1	0.987,5	0.987,8	0.988,1	0.988,4	0.988,7	0.989,0
2.3	0.989,3	0.989,6	0.989,8	0.990,1	0.990,4	0.990,6	0.990,9	0.991,1	0.991,3	0.991,6
2.4	0.991,8	0.992,0	0.992,2	0.992,5	0.992,7	0.992,9	0.993,1	0.993,2	0.993,4	0.993,6
2.5	0.993,8	0.994,0	0.994,1	0.994,3	0.994,5	0.994,6	0.994,8	0.994,9	0.995,1	0.995,2
2.6	0.995,3	0.995,5	0.995,6	0.995,7	0.995,9	0.996,0	0.996,1	0.996,2	0.996,3	0.996,4
2.7	0.996,5	0.996,6	0.996,7	0.996,8	0.996,9	0.997,0	0.997,1	0.997,2	0.997,3	0.997,4
2.8	0.997,4	0.997,5	0.997,6	0.997,7	0.997,7	0.997,8	0.997,9	0.997,9	0.998,0	0.998,1
2.9	0.998,1	0.998,2	0.998,2	0.998,3	0.998,4	0.998,4	0.998,5	0.998,5	0.998,6	0.998,6
3.0	0.998,7	0.998,7	0.998,7	0.998,8	0.998,8	0.998,9	0.998,9	0.998,9	0.999,0	0.999,0
3.1	0.999,0	0.999,1	0.999,1	0.999,1	0.999,2	0.999,2	0.999,2	0.999,2	0.999,3	0.999,3
3.2	0.999,3	0.999,3	0.999,4	0.999,4	0.999,4	0.999,4	0.999,4	0.999,5	0.999,5	0.999,5
3.3	0.999,5	0.999,5	0.999,5	0.999,6	0.999,6	0.999,6	0.999,6	0.999,6	0.999,6	0.999,7
3.4	0.999,7	0.999,7	0.999,7	0.999,7	0.999,7	0.999,7	0.999,7	0.999,7	0.999,7	0.999,8

國家圖書館出版品預行編目（CIP）資料

技術經濟學：工程技術專案評價理論與方法（第二版）
/ 何建洪, 任志霞 主編. -- 第二版.
-- 臺北市：崧博出版：崧燁文化發行, 2019.07
　　面；　公分
POD版
ISBN 978-957-735-824-0(平裝)

1.經濟學 2.科學技術

550.16　　　　　　　　　　　　　　　108006272

書　　名：技術經濟學：工程技術專案評價理論與方法（第二版）
作　　者：何建洪、任志霞 主編
發 行 人：黃振庭
出 版 者：崧博出版事業有限公司
發 行 者：崧燁文化事業有限公司
E - m a i l：sonbookservice@gmail.com
粉 絲 頁：　　　　　網　址：
地　　址：台北市中正區重慶南路一段六十一號八樓 815 室
8F.-815, No.61, Sec. 1, Chongqing S. Rd., Zhongzheng
Dist., Taipei City 100, Taiwan (R.O.C.)
電　　話：(02)2370-3310　傳　真：(02) 2370-3210
總 經 銷：紅螞蟻圖書有限公司
地　　址：台北市內湖區舊宗路二段 121 巷 19 號
電　　話：02-2795-3656　傳真:02-2795-4100　　網址：
印　　刷：京峯彩色印刷有限公司（京峰數位）
　　本書版權為西南財經大學出版社所有授權崧博出版事業股份有限公司獨家發行電子書及繁體書繁體字版。若有其他相關權利及授權需求請與本公司聯繫。

定　　價：450 元
發行日期：2019 年 07 月第二版
◎ 本書以 POD 印製發行